集刊

集人文社科之思　刊专业学术之声

集 刊 名：励耘学刊
主办单位：北京师范大学文学院

主 编：杜桂萍
副 主 编：李 怡 马东瑶
顾 问：郭英德



2020年第2辑（总第三十二辑）

集刊序列号：PIJ-2018-258
中国集刊网：www.jikan.com.cn
集刊投约稿平台：www.iedol.cn

2020年第2辑
总第三十二辑
CSSCI来源集刊

# 勵耘学刊

启功敬题

杜桂萍　主编

社会科学文献出版社
SOCIAL SCIENCES ACADEMIC PRESS (CHINA)

# 目　　录

## 文献考辨



## 品书录

# Contents

## THE STUDY OF MODERN AND CONTEMPORARY LITERATURE



## TEXTUAL RESEARCH ON THE DOCUMENTS

## BOOK REVIEWS

# 西王母“石室”来源考述*

◇王兴芬**

**摘　要：**汉魏六朝文献中记述的西王母石室，究其来源，一方面是甘肃河西走廊、青海以及西南川滇一带古羌戎族多以石头堆砌而成的民居特点的反映；另一方面也来自汉末魏晋动乱时期西北边塞军民用土石堆砌的坞壁亭障，是民间传说对特定历史时期广大民众生活状况的真实反映。除此之外，这一时期文献中有关西王母石室的大量记载，也是道教徒受佛教文化中与石相关的民间传说、大量佛教石窟以及石室等的影响，模仿佛教石窟、石室对西王母“穴居”居所改造的结果。

**关键词：**西王母　石室　山海经　丝绸之路

《山海经》是最早记载西王母神话的典籍①，《山海经·西山经》云：“又西三百五十里曰玉山，是西王母所居也。西王母其状如人，豹尾虎齿而善啸，蓬发戴胜，是司天之厉及五残。”② 又《山海经·大荒西经》云：“昆仑之丘……有人戴胜，虎齿豹尾，穴处，名曰西王母。”③《庄子·大宗师》亦云：“西王母得之，坐乎少广，莫知其始，

---

* ［基金项目］国家社科基金一般项目“汉唐河陇地区的民间传说与文化研究”，项目编号：16BZW052。

** 王兴芬，西北师范大学文学院副教授，硕士生导师，主要研究方向为汉魏六朝文学文献。

① 一般认为，《山海经》是最早记载西王母神话的典籍，《庄子》则只是对《山海经》中西王母神话进行了汲取，没有过多的敷衍。由此，本文将《山海经》和《庄子》中有关西王母的神话放在一起讨论。而下文《穆天子传》和《竹书纪年》中记载的西王母已经被历史化成了传说中西部边远地区小国的国君。《穆天子传》与《竹书纪年》二书于西晋初年在汲郡出土。关于《穆天子传》的成书年代，目前有西周说、春秋末战国初说、战国说、汉以后伪作说等，其中以战国说影响最大，本文即取此说。《竹书纪年》是战国时期魏国编写的一部史书。在《穆天子传》与《竹书纪年》的成书先后上，顾颉刚认为《穆天子传》早于《竹书纪年》，该说见《古史辨自序》中《〈穆天子传〉与〈竹书纪年〉中的昆仑》一文。

② 袁珂：《山海经校注》，北京联合出版公司2014年版，第45页。

③ 袁珂：《山海经校注》，第344页。

莫知其终。”[①]“少广”是神话传说中的岩穴名。可以看到，《山海经》和《庄子》等书中记述的西王母住在昆仑山的山洞里。而在《山海经》之后的文献典籍对西王母传说的记述中，西王母的居所由“穴处”变为昆仑山的“石室”，随着道教徒对西王母形象的改造和西王母地位的逐渐提升，汉末魏晋时期的西王母已经住进昆仑山豪华的“墉宫”。通过对史料的梳理，我们发现西王母居于石室的记载主要集中在两汉魏晋时期古丝绸之路的甘肃、青海一带以及西南的四川、云南等地区。对西王母居于石室的原因，也有学者做过探究，日本学者小南一郎就说：“如此传说在某一特定地区有西王母石室，大概起源于古代；但西王母居住在石室中的观念却可上溯到往古。这与日本的天照女神一样，是被认为由于定期闭居于石室中以得到生命力而再生的。”[②] 笔者以为西王母居所由“穴处”到“石室”再到道教典籍中以玉石筑造的豪华“墉宫”的变化，实际上体现了西王母由神话人物到历史传说人物进而到道教女仙领袖的转变。本文试就历史传说人物西王母所居石室的来源做一简要考述。

## 一　历史化的西王母及其国的民居特点

由《山海经》中的记述可知，神话人物西王母“穴居”于西部的昆仑山，半人半兽，形象怪异。很多学者认为这一时期的西王母原型应该是原始氏族的图腾形象。朱芳圃就说：“西王母犹言西方神貘。从《山海经》所载居处、形状、服饰考之，当为西方貘族所奉祀的图腾神像。”[③] 孙作云也说：“此虎齿豹尾的西王母，并不是她长得真是这个怪样，可能是她的图腾服饰。古代氏族人，她们的服饰模仿她们的图腾的

① （清）郭庆藩撰，王孝鱼点校《庄子集释》，中华书局1961年版，第247页。

② 〔日〕小南一郎：《中国的神话传说与古小说》，孙昌武译，中华书局1993年版，第117页。

③ 朱芳圃：《西王母考》，《开封师范学院学报》1957年第2期。

样子。”[①] 笔者以为，西王母极有可能就是古羌戎部落奉祀的图腾形象，《后汉书》卷八十七《西羌传》记载：“羌无弋爰剑者，秦厉公时为秦所拘执，以为奴隶。不知爰剑何戎之别也。后得亡归，而秦人追之急，藏于岩穴中得免。羌人云爰剑初藏穴中，秦人焚之，有景象如虎，为其蔽火，得以不死。既出，又与劓女遇于野，遂成夫妇。女耻其状，被发覆面，羌人因以为俗，遂俱亡入三河间。诸羌见爰剑被焚不死，怪其神，共畏事之，推以为豪。”[②] 这段神异的传说记述了羌人以发覆面的习俗及推爰剑为羌戎族始祖的原因，其中在“爰剑初藏穴中，秦人焚之，有景象如虎，为其蔽火，得以不死”的记述中，爰剑藏身的岩穴，与《山海经》中所述西王母的穴居很相似，而为爰剑灭火的“景象如虎”的神物又与西王母虎齿豹尾的形象有一定的契合度。由此，不排除羌人将其始祖爰剑藏身的岩穴与“景象如虎”的神物结合起来，创造出他们所奉祀的虎齿豹尾、穴居的半人半兽的图腾形象——西王母，当然这也只是笔者的推断，还有待进一步考证。

《山海经》之后，《穆天子传》中周穆王西巡到达昆仑山所见的西王母已经是一个小国的国君了，西王母也由半人半兽的怪异形象变成了优雅端庄、情深义重的女性形象。而且据史料记载，周穆王西巡回国后不久西王母即来回访，《穆天子传》注引《竹书纪年》曰：“穆王十七年，西征昆仑丘，见西王母。其年来见，宾于昭宫。”[③] 两汉时期的很多文献也记载了西王母在不同时期来朝并进献礼物的情形：

> 黄帝时，西王母乘白鹿来献白环，舜时复来献白环。（《太平御览》卷六九二引《瑞应图》）[④]

---

① 孙作云：《敦煌画中的神怪画》，《考古》1960 年第 6 期。

② （南朝宋）范晔撰，（唐）李贤等注《后汉书》，中华书局 1965 年版，第 2875 页。

③ （晋）郭璞注《穆天子传》卷三，《汉魏六朝笔记小说大观》本，上海古籍出版社 1999 年版，第 14 页。

④ （宋）李昉等：《太平御览》，中华书局 1960 年版，第 3089 页。

昔虞舜以天德嗣尧，布功散德制礼，朔方幽都来服，南抚交趾，出入日月，莫不率俾，西王母来献其白琯。（《大戴礼记》卷十一《少闲》）[①]

舜之时，西王母来献其白玉琯。（《说文解字》卷五）[②]

当然也有各代帝王或者使者往见西王母的传说：

是故尧教化及雕题、蜀、越，抚交趾，身涉流沙，地封独山，西见王母。（《新书·修政语上》）[③]

稷为尧使，西见王母，拜请百福，赐我喜子。（《易林·坤之噬磕》）[④]

殷帝太戊使王孟采药于西王母。（《太平御览》卷七九〇引《括地图》）[⑤]

显然，以上文献的记述都是在《竹书纪年》中所记“（西王母）其年来见，宾于昭宫”传说基础上的进一步敷衍。“其所反映的实质，也无非是王权强化之后汉家天下的威力。然而，透过这些友好交往的记录，我们难道不能窥见两种不同文化圈的交流、渗透与融合吗？无论是西王母被访还是来访，实际上已昭示着陇右民族悠久的发展历史以及处于过渡地带的陇右文化在西域文化与中原文化的碰撞与交融中逐渐成型的过程。”[⑥]

① 黄怀信主撰，孔德立、周海生参撰《大戴礼记汇校集注》，三秦出版社2005年版，第1231页。

② （汉）许慎撰，（宋）徐铉校定《说文解字》，江苏古籍出版社2001年版，第98页。

③ 王心湛：《贾子新书集解》，广益书局民国二十五年（1936）影印本，第107页。

④ 芮执俭：《易林注译》，敦煌文艺出版社2001年版，第20页。

⑤ （宋）李昉等：《太平御览》，第3499页。

⑥ 张兵、李子伟：《陇右文化》，辽宁教育出版社1998年版，第31页。

考察这一时期的文献还发现，西王母所居也已经由《山海经》中昆仑山上的“穴居”变为昆仑山的“石室”：

> 赤松子者，神农时雨师也。服水玉，以教神农，能入火自烧。往往至昆仑山上，常止西王母石室中，随风雨上下。炎帝少女追之，亦得仙俱去。高辛时，复为雨师。（《列仙传》卷上）①

> 赤水西有白玉山，山有西王母石室。（《太平御览》卷三八引阚骃《十洲记》）②

> 酒泉太守马岌上言：“酒泉南山，即昆仑之体也。周穆王见西王母，乐而忘归，即谓此山。此山有石室玉堂，珠玑镂饰，焕若神宫。宜立西王母祠，以裨朝廷无疆之福。”骏从之。（《晋书》卷八十六《张轨传附张骏传》）③

又，《后汉书》卷二《显宗孝明帝纪》“（永平十七年）冬十一月，遣奉车都尉窦固、驸马都尉耿秉、骑都尉刘张出敦煌昆仑塞，击破白山虏于蒲类海上”④ 几句下，章怀太子李贤注“昆仑塞”亦云：“昆仑，山名，因以为塞，在今肃州酒泉县西南。山有昆仑之体，故名之。周穆王见西王母于此山，有石室，王母台。”除此之外，今青海境内也有很多有关西王母石室的记载：

> 后至四年（平帝元始四年），金城塞外，羌良桥桥种良愿等，献其鱼盐之地，愿内属汉，遂得西王母石室，因为西海郡。（《论

① 王叔岷：《列仙传校笺》，中华书局2007年版，第1页。

② （宋）李昉等：《太平御览》，第138页。

③ （唐）房玄龄等：《晋书》，中华书局1974年版，第2240页。

④ （南朝宋）范晔撰，（唐）李贤等注《后汉书》，第122页。

衡》卷十九《恢国》)[①]

金城郡治也，汉昭帝始元六年置……河水径其南，不在其北，南有湟水出塞外，东径西王母石室、石釜、西海盐池北。(《水经注》卷二《河水》)[②]

(西海郡)置在古伏俟城，即吐谷浑国都。有西王母石窟、青海、盐池。(《隋书》卷二十九《地理志上》)[③]

可以看到，汉魏六朝时期史料中记载的西王母石室遍及甘肃、青海一带。而要弄清楚这一带有如此多有关西王母石室记载的原因，就必须先弄清楚西王母国的具体方位。《尔雅·释地》说："觚竹、北户、西王母、日下，谓之四荒。"[④]《史记》卷一百二十三《大宛列传》曰："安息长老传闻条支有弱水、西王母，而未尝见。"[⑤] 又，《后汉书》卷八十八《西域传》亦云："或云其国西有弱水、流沙，近西王母所居处，几与日所入也。"[⑥] 由此可以看到，西王母国是遥远的西部边陲的一个小国，距离弱水不远，而《穆天子传》中周穆王与西王母相会的昆仑山下就有弱水环绕，这一带正是古代犬戎(亦称羌戎)族聚居的地方。萧兵就说："西王母是我国西北高原先住氏族，殆无疑义，其地原为狄戎集团生息游牧之区，亦可肯定。"[⑦] 孙作云则认为："她(西王母)是从原始社会时期，一直到西周时期，西方甘、青之间的女酋长。"[⑧] 刘尧汉也说："西王母和伏羲同是甘、青

① (汉)王充撰，黄晖校释《论衡校释》，中华书局1990年版，第832页。

② (北魏)郦道元著，陈桥驿校证《水经注校证》，中华书局2007年版，第47页。

③ (唐)魏徵等:《隋书》，中华书局1973年版，第816页。

④ (晋)郭璞注，叶自本纠讹，陈赵鹄重校《尔雅》，中华书局1985年版，第83—84页。

⑤ (汉)司马迁撰，(宋)裴骃集解，(唐)司马贞索隐，(唐)张守节正义《史记》，中华书局2014年版，第3841页。

⑥ (南朝宋)范晔撰，(唐)李贤等注《后汉书》，第2920页。

⑦ 萧兵:《西王母以猿猴为图腾考》，《楚辞与神话》，江苏古籍出版社1987年版，第448页。

⑧ 孙作云:《敦煌画中的神怪画》，《考古》1960年第6期。

一带远古羌戎氏族的女祭司、酋长。”[①]《史记》卷四《周本纪》记载：

> 穆王将征犬戎，祭公谋父谏曰：“……先王之顺祀也，有不祭则修意，有不祀则修言，有不享则修文，有不贡则修名，有不王则修德，序成而有不至则修刑。……是以近无不听，远无不服。今自大毕、伯士之终也，犬戎氏以其职来王。天子曰‘予必以不享征之，且观之兵’，无乃废先王之训，而王几顿乎？吾闻犬戎树敦，率旧德而守终纯固，其有以御我矣。”王遂征之，得四白狼四白鹿以归。自是荒服者不至。[②]

《后汉书》卷八十七《西羌传》亦载：“至穆王时，戎狄不贡，王乃西征犬戎，获其五王。”[③] 可以看到，周穆王在位期间确实曾西征犬戎。钟敬文说：“任何传说都是有一定的历史意义的，因为它的产生都是有一定的历史现实作为依据的，就是说都脱离不了历史的条件，带有一定历史性。”[④] 因此，《穆天子传》中周穆王西巡在昆仑山与西王母相会的传说是对周穆王西征犬戎一事的敷衍，与其相会的西王母应该就是居住在甘肃河西及青海一带的古犬戎国的国君。

笔者认为，汉晋时期文献中记载的西王母“石室”在一定程度上是远古时代居住于今甘肃河西、青海以及西南川、滇一带的古羌戎族民居特点的反映。尹荣方《西王母与原始织机》一文说：“西王母石室不过是对西王母神庙建筑特点的说明而已。根据确切的文献资料，可知用石头堆垒成建筑物，为河西走廊以及四川一带的羌人所擅长。羌人所居除了毡帐及土屋，便是石头建筑，石头建筑是羌人颇具特色的一种民俗

① 刘尧汉：《中国文明源头新探——道家与彝族虎宇宙观》，云南人民出版社 1985 年版，第 104 页。

② （汉）司马迁撰，（宋）裴骃集解，（唐）司马贞索隐，（唐）张守节正义《史记》，第 173—174 页。

③ （南朝宋）范晔撰，（唐）李贤等注《后汉书》，第 2871 页。

④ 钟敬文：《民间文艺谈薮》，湖南人民出版社 1981 年版，第 195—196 页。

住居及防卫形式。"① 需要指出的是，尹荣方《西王母与原始织机》一文中"石头建筑是羌人颇具特色的一种民俗住居及防卫形式"的相关论述，是对其所提出的"西王母石室不过是西王母神庙建筑特点的说明而已"这一观点的解释，并未对西王母石室与古羌戎族民居特点的渊源进行深入的探究，本文则对二者渊源关系进行了探析。两汉时期的史料就记载了河西走廊以及四川一带古羌戎族的石室：

> （乌秅国民）山居，田石间，有白草，累石为室，民接手饮，出小步马，有驴无牛。（《汉书》卷九十六《西域传上》）②

> 故夷人冬则避寒，入蜀为佣，夏则违暑，反其聚邑。皆依山居止，累石为室，高者至十余丈，为邛笼。（《后汉书》卷八十六《南蛮西南夷列传》）③

胡朴安《中华全国风俗志·四川》"茂州"下引《图经》亦曰："其俗叠石为巢以居，如浮图。高二、三丈者，谓之笼鸡；十余丈者，谓碉房。"④ 时至今日，四川西北茂县、汶川一带的羌人住所还保留着用石块筑造这一特点，"羌族一般都是三五十户聚居成一个寨子，分布在高山、半山或河谷台地上，住屋平面呈方形，屋分三层和二层两种，以三层为多，均以独木截成锯形的楼梯上下。……无论三层或两层住屋，多用碎石片拌和粘土筑成平坦的屋顶"⑤。这一地区出土的墓葬中的画像石、砖中也有以西王母居于石室为表现内容的：新繁清白乡一号画像砖墓中出土的西王母画像砖中，西王母上方正中有一个圆形似盖的装饰与龙虎坐相连接，形成龛状，西王母则居于龛内正中央，有学者考

---

① 尹荣方：《西王母与原始织机》，迟文杰主编《西王母文化研究集成·论文卷》（下），广西师范大学出版社2008年版，第1488页。

② （汉）班固撰，（唐）颜师古注《汉书》，中华书局1962年版，第3882页。

③ （南朝宋）范晔撰，（唐）李贤等注《后汉书》，第2858页。

④ 胡朴安：《中华全国风俗志》（上编），河北人民出版社1986年版，第241页。

⑤ 冉光荣等：《羌族史》，四川民族出版社1985年版，第333页。

证认为这就是西王母所居的石室。日本学者小南一郎就说：“在四川画像砖中所见西王母坐在两侧支起的华盖之下，可能表示它在石室里；还有人指出这种石室作壶形。把这与在壶形中能保持生命力的古老观念合起来考虑，也许能暗示那再生观念的根本性质，因此是很有趣的。”[①] 联系《后汉书》卷八十二下《费长房传》中对早期道教仙人壶公“卖药，悬一壶于肆头。及市罢，辄跳入壶中”[②] 等的记述，上述画像砖中西王母所居的壶形石室，应该是受东汉后期道教仙人壶公居于壶中传说影响的结果。此外，四川新津、广汉三水等地出土的钱树片上，西王母虽形体较小，但她头顶的华盖与龙虎坐上方相接，形成龛状，也被认为是西王母居于石室传说的体现。[③]

之所以将西南四川一带羌族的民居特点及这一地区出土的画像砖及钱树片上的西王母石室与甘肃河西、青海一带文献记载的西王母石室放在一起加以论述，是因为西南四川一带的羌人是从甘肃河西及青海河湟一带迁徙而来的，他们具有共同的风俗习惯。据史料记载，秦穆公时期，居住在西北偏远地区的羌人迫于秦王朝的军事压力，开始了大规模的迁徙。在向不同地区迁徙的过程中，“还有大量羌人继续向西南移动……这些迁徙的羌人与当地原有的居民共同生活，由于自然条件的差别……决定了他们走上不同的发展道路。……随着历史的发展，西南、西北地区民族日趋繁多，然而其中一些民族在语言及风俗习惯、宗教信仰、居住建筑、神话传说等方面，却有许多的共同点，并都可以从古羌人那里找到一定的线索，这证明他们都与古代羌人有着族源上的联系”[④]。由此，笔者以为，既然两汉魏晋时期河西走廊及西南四川一带的羌族居民以石室作为日常的居所，地下出土的画像砖、石以及钱树片又有很多以西王母居于石室为表现内容，因此，我们说这一时期西王母

---

① 〔日〕小南一郎：《中国的神话传说与古小说》，孙昌武译，第 117 页。

② （南朝宋）范晔撰，（唐）李贤等注《后汉书》，第 2743 页。

③ 周静：《汉晋时期西南地区有关西王母神话考古资料的类型及其特点》，迟文杰主编《西王母文化研究集成·论文卷》（下），第 1336 页。

④ 冉光荣等：《羌族史》，第 48—49 页。

传说中大量出现的石室，应该就是先秦汉魏时期甘肃河西、青海以及西南川、滇地区羌戎族民居特点的反映。由神话中古羌戎部落奉祀的穴处、虎齿豹尾的图腾形象，到民间传说中居于石室、美丽优雅的西部边远地区古羌戎国的国君，是历史化的西王母作为一国之君，其国所处地理位置及民风民俗的反映。

## 二　西北边塞民众生活状况的反映

两汉魏晋时期为避战乱，西北边塞地区的人们大量屯聚，用石头堆砌了很多坞堡。由于汉魏时期西北边塞的甘肃河西、青海一带曾为古羌戎族的居地，因此，笔者以为，这一带民众用土石堆砌的坞堡与他们的日常居所石室一样，都是用于自保的一种防卫形式，也是这一时期西北边塞民众生活状况的真实反映。早在先秦时期，由于战争的需要，西北边塞就已经有“累石为城”的做法，《新序》卷十曰：“昔者秦缪公都雍郊，地方三百里，知时之变，攻取西戎，辟地千里，并国十二，陇西北地是也。其后蒙恬为秦侵胡，以河为境，累石为城，积木为寨，匈奴不敢饮马北河。”① 可以看到，蒙恬“累石为城，积木为寨”以抵御匈奴的城寨，其实就是后来坞堡的雏形。

有关“坞”的记载最早出现在《后汉书》卷七十七《酷吏列传》：“时赵、魏豪右往往屯聚，清河大姓赵纲遂于县界起坞壁，缮甲兵，为在所害。……章与对宴饮，有顷，手剑斩纲，伏兵亦悉杀其从者，因驰诣坞壁，掩击破之，吏人遂安。”② “现由居延汉简中的边塞制度可以推知，至迟在西汉昭帝始元三年（公元前84年）时，西北边塞上已经有坞的存在了。”③ 王谟《汉唐地理书钞》辑阚骃《十三州志》即曰：“张掖郡居延县，汉武帝使伏波将军路博德筑遮虏障于居延城。”④ 20

① 马世年译注《新序》，中华书局2014年版，第480页。

② （南朝宋）范晔撰，（唐）李贤等注《后汉书》，第2492页。

③ 〔韩〕具圣姬：《两汉魏晋南北朝的坞壁》，民族出版社2004年版，第8页。

④ （北魏）阚骃：《十三州志》，王谟辑《汉唐地理书钞》，中华书局1961年版，第141页。

世纪70年代，甘肃省居延考古队在河西地区额济纳河流域破城子汉代居延都尉府甲渠候官治所就发掘出了鄣坞、烽火台遗址。不过当时的“坞”还只是边塞的一种军事防御设施，主要为抵御匈奴入侵而建。据史料记载，从元狩二年到天汉元年（前121—前100）的二十多年时间里，汉王朝所设置的亭障就从令居以西，经酒泉、敦煌、玉门，向西一直延伸到了罗布泊。西汉末年北方地区发生饥荒，驻守边疆的军队因为没有军需粮草而发动叛乱，各地盗贼纷起，整个社会动荡不安，北方的一些豪右为求自保，纷纷建造坞壁营堡。据史料记载，这些坞壁营堡大多是用土石堆砌建造的，《后汉书》卷二十《铫期王霸祭遵列传》曰：“是时，卢芳与匈奴、乌桓连兵，寇盗尤数，缘边愁苦。诏霸将弛刑徒六千余人，与杜茂治飞狐道，堆石布土，筑起亭障，自代至平城三百余里。”① 西晋末年，由于连年的战乱，坞堡数量急剧增加，《晋书》卷一百四《石勒载记》就说石勒攻打冀州，攻陷坞堡一百多座，堡内居民达十多万人；《晋书》卷一百十四《苻坚载记下》也说苻坚与慕容冲战于关中，“关中堡壁三千余所，推平远将军冯翊赵敖为统主，相率结盟，遣兵粮助坚”②。这一时期志怪小说中盛行的凡人误入“石穴”的传说在一定程度上也是人们屯聚自保的坞壁的反映：

> 晋太元中，武陵人捕鱼为业。缘溪行，忘路远近，忽逢桃花……林尽水源，便得一山。山有小口，仿佛若有光。便舍舟，从口入。初极狭，才通人。复行数十步，豁然开朗，土地旷空，屋舍俨然。有良田、美池、桑、竹之属。阡陌交通，鸡犬相闻。男女衣着，悉如外人。……村中人闻有此人，咸来问讯。……此人一一具言所闻，皆为叹惋。……停数日，辞去。……既出，得其船，便扶向路，处处志之。及郡，乃诣太守，说如此。太守刘歆即遣人随之往，寻向所志，不复得焉。（《搜神后记》卷一）③

① （南朝宋）范晔撰，（唐）李贤等注《后汉书》，第737页。

② （唐）房玄龄等：《晋书》，中华书局1974年版，第2926页。

③ （晋）陶潜：《搜神后记》，《汉魏六朝笔记小说大观》本，第443—444页。

> 元嘉初，武溪蛮人射鹿，逐入石穴，才容人，蛮人入穴，见其旁有梯，因上梯，豁然开朗，桑果蔚然，行人翱翔，亦不以怪。此蛮于路斫树为记，其后茫然，无复仿佛。（《异苑》卷一）[①]

李丰楙说："对于洞穴后的开旷世界，治史者有以当时的坞堡组织解说，避乱自保是乱世的保聚生活，汉末以来既已存在。"[②] 就桃花源传说产生的地理背景而言，陈寅恪认为是纪实的北方弘农、上洛一带的坞堡材料。[③] 如果这一说法是正确的，那么，不论是陶渊明笔下"寻向所志，不复得焉"的桃花源，还是"其后茫然，无复仿佛"的石穴，无一例外都体现了屯聚坞堡的民众在动乱时代对那些突然闯入的不速之客强烈的排外性，也体现了坞堡民众寻求自保的强烈愿望。这种排外自保的心理，也与坞堡在汉末魏晋时期作为河西地区经济发展的主要特点有关。《汉书》卷四十九《爰盎晁错传》记载，晁错曾上书汉文帝说：

> 陛下幸忧边境，遣将吏发卒以治塞，甚大惠也。然令远方之卒守塞，一岁而更，不知胡人之能，不如选常居者，家室田作，且以备之。以便为之高城深堑，具蔺石，布渠答，复为一城其内，城间百五十步。要害之处，通川之道，调立城邑，毋下千家，为中周虎落。[④]

晁错建议汉文帝徙民戍边，将迁徙到边塞的居民每千家分为一堡，修筑高城深堑，并在堡外堆设雷石，广布蒺藜，堡内则修建田地和庄园，住在堡里的居民平时耕种，战时戍边。后来的坞堡建筑也大都承袭这种形制。河西地区特有的庄园坞堡在这一时期的墓葬画像砖、石中也多有发现，如在嘉峪关魏晋一号墓和三号墓中就分别出土了记录当时河西特有

① （南朝宋）刘敬叔：《异苑》，《汉魏六朝笔记小说大观》本，第600页。
② 李丰楙：《仙境与游历：神仙世界的想象》，中华书局2010年版，第381页。
③ 陈寅恪：《桃花源记旁证》，《清华大学学报》（自然科学版）第11卷第1期，1936年。
④ （汉）班固撰，（唐）颜师古注《汉书》，第2286页。

的庄园坞堡生活的画像砖，尤其是三号墓中出土的坞堡“画面中有带垛的高大坞墙，坞墙既高又厚，墙上还筑有值更瞭敌的楼阁，高墙下设有对开的大门。坞堡内除了一般用来居住的建筑物，还广植树木，里面既有生产的堡民，又有嬉戏的儿童。另外还建有畜栏，从画面看，饲养的畜类有一般的马和牛。从这些形象画面中，可以看出当时坞堡经济自给自足、自得其乐的生活场景”①。前文所引《后汉书·南蛮西南夷列传》中夷人“累石为室，高者至十余丈，为邛笼”句中的“邛笼”也是一种类似坞堡的建筑。“邛笼”一词是古羌语的汉语音译，相当于汉语中的“碉楼”。据史料记载，羌族人的住房一般是三五十家连在一起，组成羌寨，一个羌寨内有几幢十几层楼高的碉楼用作瞭望，如有战争，羌民就会携带武器、粮、水等进入碉楼据守。现在从成都去九寨沟的岷江两岸，还能看到羌寨和矗立在山腰的碉楼。羌人的这种用石头建造的碉楼实际上也反映了古代羌族部落长期征战的历史，一个羌寨既是一个供羌民平时生活的村落，也是一个军事化的防御体系。这种坞堡就是战乱年代维护人们安定生活的有力屏障，因此对于突然闯入堡中的外人，不论是从安全角度，还是从有限的仅仅能够提供给堡民以自保的食粮等物产角度来看，排外都是必然的反应。

冈察洛夫说：“我有（或者曾经有）自己的园地，自己的土壤，就像我有自己的祖国，自己的家乡的空气，朋友和仇人，自己的观察、印象和回忆的世界——我只能写我体验过的东西，我思考过和感觉过的东西，我爱过的东西，我清楚地看见过和知道的东西。总而言之，我写我自己的生活和与之长在一起的东西。”② 民间传说在流传过程中的衍生与演变也是如此，民众对传说内容的改造也只能是自己日常生活中所熟悉和习惯的社会生活场景，因而，不同时期的民间传说反映的就是特定历史时期广大民众的生活状态与情感倾向。前文已述，汉魏时期地处西北边塞的甘肃河西、青海一带曾为古羌戎族的居地，以石室

① 林少雄：《古冢丹青：河西走廊魏晋墓葬画》，甘肃教育出版社 1999 年版，第 143 页。

② 古典文艺理论译丛编委会编《古典文艺理论译丛》（第一册），人民文学出版社 1961 年版，第 189 页。

作为日常的居所又是羌戎族最为典型的民居特点，因此，在战乱年代，羌戎族民众用以自保的坞壁也只能以石头作为建筑材料。既然汉魏六朝时期居住在河西走廊一带的民众主要的居住方式就是用土石堆砌的房屋或屯聚自保的坞堡，那么当地民众对西王母传说中西王母住所的改造也只能是石头堆砌的房子即“石室”。由此，笔者认为，两汉魏晋时期文献中有关西王母石室的大量记载，应该说在一定程度上也是受到这一时期河西地区用土石堆砌的坞壁营堡影响的结果。

## 三 佛教“石室”文化的影响以及道教徒的改造

从旧石器时代开始，人们对石头的运用一直贯穿在中华文明的历史长河中，从日常生活中运用的粗糙的石器到作为精美装饰品的玉石，从用来珍藏古籍的金匮石室到古人死后下葬用的石棺石椁，从石崖的岩画到刻有文字用作纪念的石碑，以及前文所述古羌戎族独具特色的石头建筑、西北边塞民众用以自保的用土石堆砌的坞壁等，都是古老的中华文明中源远流长的石文化的体现。在中国古代的文献典籍中就有很多有关石室的记载，通过对这些文献的分析可以发现，唐代以前文献记载中的石室用途是多样的。第一，这一时期有关石室的记载，大都和金匮连在一起，而金匮石室中的“石室”通常指珍藏古籍的地方，如《史记》卷一百三十《太史公自序》曰：“卒三岁而迁为太史令，细史记石室金匮之书。”①《汉书》卷一《高帝纪下》亦曰：“又与功臣剖符作誓，丹书铁契，金匮石室，藏之宗庙。”② 第二，古人也常用石室来珍藏祖宗神位，并置于宗庙之中。如许慎《五经异义》曰：“《春秋左氏传》曰‘徙主石于周庙’，言宗庙有郊宗石室，所以藏栗主也。虞主所藏，无明文也。”③ 又，《左传·庄公十四年》“（原繁）对曰‘先君桓公命我

① （汉）司马迁撰，（宋）裴骃集解，（唐）司马贞索隐，（唐）张守节正义《史记》，第4001页。

② （汉）班固撰，（唐）颜师古注《汉书》，第81页。

③ （宋）李昉等：《太平御览》，第2411页。

先人典司宗祏’”句下，杜预注：“宗祏，宗庙中藏主石室。……祏，音石，藏主石函也。”孔颖达正义曰：“宗祏者，虑有非常火灾，于庙之北壁内为石室，以藏木主，有事则出而祭之，既祭，纳于石室。”①显然这里的石室比较小，应该是指用来珍藏祖宗神位的石函。第三，石室因其本身的坚固性，先秦时期也常用来囚禁犯人，如：

元王曰：“不然。寡人闻之，谏者福也，谀者贼也。……箕子恐死，被发佯狂。杀周太子历，囚文王昌。投之石室，将以昔至明。”（《史记》卷一二八《龟策列传》）②

吴王知范蠡不可得为臣，谓曰：“子既不移其志，吾复置子于石室之中。”范蠡曰：“臣请如命。”吴王起，入宫中，越王、范蠡趋入石室。（《吴越春秋》卷七《勾践入臣外传》）③

乐野者，越之弋猎处，大乐，故谓乐野。其山上石室，句践所休谋也，去县七里。（《越绝书》卷八《越绝外传记地传》）④

第四，这一时期文献记载中的石室也被作为神仙的居所或者用来供养神灵的地方，如：

衡山有三峰，极秀。其一名华盖，又名紫盖。天景明澈，辄有一双白鹤回翔其上。一峰名石囷，下有石室，中常闻讽诵声，清响亮彻。（《异苑》卷一）⑤

---

① （晋）杜预注，（唐）孔颖达等正义《春秋左传正义》，《十三经注疏》（下），上海古籍出版社1997年版，第1771页。

② （汉）司马迁撰，（宋）裴骃集解，（唐）司马贞索隐，（唐）张守节正义《史记》，第3928页。

③ 张觉校注《吴越春秋校注》，岳麓书社2006年版，第120页。

④ 张仲清校注《越绝书校注》，国家图书馆出版社2009年版，第207页。

⑤ （南朝宋）刘敬叔：《异苑》，《汉魏六朝笔记小说大观》本，第597页。

芒水出南山芒谷，北流径玉女房，水侧山际有石室，世谓之玉女房。（《水经注》卷十八“又东，芒水从南来流注之”句下郦道元注）[①]

城之西南，水东有孔子石室，故庙堂也。中有孔子像，弟子问经。既无碑志，未详所立。（《水经注》卷二十六“又东北过寿光县西”句下郦道元注）[②]

高祖乃诏有司营建寿陵于方山，又起永固石室，将终为清庙焉。（《魏书》卷十三《文成文明皇后冯氏传》）[③]

前文所述东汉魏晋时期文献中有关西王母石室的记述也属于此类。通过对这类文献的考察，我们发现石室用作神仙居所以及供养神灵之处的记述大都集中在汉末魏晋时期，而这一时期正是佛教传入中土并逐渐走向兴盛的时期，因此笔者认为，西王母石室的来源尽管有受中国传统石文化影响的因素，但更多的是受到佛教石室文化影响的结果。

印度对石材的使用也具有悠久的历史，如古代印度的阿育王就喜欢将诏文刻在独块巨石制成的石柱上，“每根石柱是由一块石头做成柱身，支撑着另一块石头制成的柱顶。诏文刻在柱身上，柱身由下而上逐渐变细，精工磨光，大小均匀，典雅优美”[④]。在佛教文化中，石头是永恒不灭的象征。佛祖或圣僧在拯救民众、行善积德的过程中，每到一处，便在石上留下印迹，所以佛教文化中有许多与石头相关的传说故事，这在《大唐西域记》中多有记载：

① （北魏）郦道元著，陈桥驿校证《水经注校证》，第443页。
② （北魏）郦道元著，陈桥驿校证《水经注校证》，第619页。
③ （北齐）魏收：《魏书》，中华书局1974年版，第329页。
④ 尚会鹏：《印度文化史》，浙江大学出版社2016年版，第124页。

阿波逻罗龙泉西南三十余里，水北岸大磐石上，有如来足所履迹，随人福力，量有短长，是如来伏此龙已，留迹而去。后人于此积石为室，遐迩相趋，花香供养。（卷三《乌仗那国·阿波逻罗龙泉》）①

摩诃伐那伽蓝西北下山三四十里，至摩愉、伽蓝。有窣堵波，高百尺余。其侧大方石上，有如来足蹈之迹。是佛昔蹈此石，放拘胝光明，照摩诃伐那伽蓝，为诸人、天说本生事。（卷三《乌仗那国·醯罗山等地》）②

珊尼罗阇川北石崖边，有窣堵波。病者至求，多蒙除瘥。如来在昔为孔雀王，与其群而至此，热渴所逼，求水不获，孔雀王以嘴啄崖，涌泉流注。今遂为池，饮沐愈疾。石上犹有孔雀趾迹。……窣堵波侧大河滨，有大石，状如象。昔上军王以大白象负舍利归，至于此地，象忽嗔仆，因而自毙，遂变为石，即于其侧起窣堵波。（卷三《乌仗那国·醯罗山等地》）③

而对于那些舍身施救众生之人，国王或僧众也多建石塔、石龛以纪念或供养他们：

从此复还呾叉始罗国北界，渡信度河，东南行二百余里，度大石门，昔摩诃萨埵王子于此投身饲乌麃。其南四百五十步有石窣堵波……舍身北有石窣堵波，高二百余尺，无忧王之所建也。……小窣堵波及诸石龛动以百数，周此茔域，其有疾病，旋绕多愈。（《大唐西域记》卷三《僧诃补罗国·大石门》）④

① （唐）玄奘撰，章撰点校《大唐西域记》，上海人民出版社 1977 年版，第 60 页。
② （唐）玄奘撰，章撰点校《大唐西域记》，第 61 页。
③ （唐）玄奘撰，章撰点校《大唐西域记》，第 62 页。
④ （唐）玄奘撰，章撰点校《大唐西域记》，第 71—72 页。

苾刍证果东石崖上，有石窣堵波，习定苾刍投崖证果之处。(《大唐西域记》卷九《摩揭陀国下·毗布罗山》)①

瓶耆罗城侧不远有大伽蓝……伽蓝前有石窣堵波，高数百尺，并阿折罗阿罗汉之所建也。(《大唐西域记》卷十《案达罗国》)②

正是由于佛教文化中对石头所赋予的独特文化内涵，汉唐西域诸国也有大量有关石室的记载，《史记》卷一百二十三《大宛列传》“大夏民多，可百余万，其都曰蓝市城，有市贩贾诸物，其东南有身毒国”句下张守节《正义》引《括地志》云：“小孤石，石上有石室者，佛坐其中，天帝释以四十二事问佛，佛一一以指画石，其迹尚存。”③《括地志》中所说“小孤石”位于印度摩揭陀国境内，《大唐西域记》卷九《摩揭陀国下》亦曰：“孤山东北四五里，有小孤山，山壁石室广袤可坐千余人也。如来在昔于此三月说法。石室上有大磐石，帝释、梵王磨牛头栴檀涂饰佛身，石上余香，于今郁烈。”④ 又如：

伽蓝北岭上有数石室，质子习定之处也。其中多藏杂宝，其侧有铭，药叉守卫。(《大唐西域记》卷一《迦毕试国·质子伽蓝》)⑤

跋虏沙城东北二十余里，至弹多落迦山。……岩间石室，太子及妃习定之处。谷中林树垂条若帷，并是太子昔所游止。其侧不远有一石庐，即古仙人之所居也。(《大唐西域记》卷二《健驮逻国·跋虏沙城》)⑥

---

① (唐) 玄奘撰，章撰点校《大唐西域记》，第 211 页。

② (唐) 玄奘撰，章撰点校《大唐西域记》，第 244 页。

③ (汉) 司马迁撰，(宋) 裴骃集解，(唐) 司马贞索隐，(唐) 张守节正义《史记》，第 3843 页。

④ (唐) 玄奘撰，章撰点校《大唐西域记》，第 205—206 页。

⑤ (唐) 玄奘撰，章撰点校《大唐西域记》，第 24 页。

⑥ (唐) 玄奘撰，章撰点校《大唐西域记》，第 53—54 页。

依岩据岭，石室相距，或罗汉所居，或仙人所止。（《大唐西域记》卷四《屈露多国》）①

精舍南山崖侧有大石室，如来在昔于此入定。……精舍侧有数石室，舍利子等诸大罗汉于此入定。（《大唐西域记》卷九《摩揭陀国下·鹫峰山》）②

可以看到，西域诸国的石室或是佛祖所居，或是太子及妃习定之处，甚至还有上古仙人修行的居所“石庐”，无一例外都是身份尊贵之人说法、修习、入定的地方。

公元1世纪前后的两汉之际，随着丝绸之路的畅通和中西文化的相互交流，佛教也传入了中原地区，东汉明帝时，洛阳建造了中国历史上的第一座寺庙——白马寺，供僧人诵经居住。通过对佛教史的研究可知，佛教在中土的发展经历了一个从中原百姓了解、认识到逐步接受的过程，佛教思想也从最初依附道家的方术、神仙到逐步脱离道家走向独立发展并逐步中土化。而随着佛教的东传，佛教艺术也逐步传入中土，受印度佛教石窟艺术的影响，佛教在沿着丝绸之路一路东传的过程中，在丝绸之路沿线也开凿了大量的石窟寺庙，新疆境内沿丝绸之路遗存的大量佛教石窟，主要有古代龟兹地区的克孜尔石窟、克孜尔尕哈石窟、森木塞姆石窟、库木吐喇石窟，焉耆的七格星石窟，高昌的吐峪沟石窟、柏孜克里克石窟、胜金口石窟、七康湖石窟、拜锡哈石窟，以及塔里木南沿绿洲国家于阗、楼兰等地的石窟，等等。

河陇地区丝绸之路沿线的石窟，据粗略统计，较著名的也有敦煌莫高窟、天水麦积山石窟、永靖炳灵寺石窟、张掖马蹄寺石窟、武威天梯山石窟、武山的拉稍寺石窟、庆阳的北石窟寺、甘谷的大象山石窟、庄

① （唐）玄奘撰，章撰点校《大唐西域记》，第89页。
② （唐）玄奘撰，章撰点校《大唐西域记》，第208—209页。

浪的云崖寺石窟、肃南裕固族自治县的文殊山石窟以及安西的榆林石窟等十多处。“如果说丝绸之路是汉唐盛世文明的象征，那么佛教就是汉唐盛世精神文明的代表。丝绸之路是佛教得以传入中国的‘大乘’（大道），而这种佛教传播的来往亦使丝绸之路充满生机，显示灵性。‘佛教文化是外部文化大规模输入中国的第一次，它进入中国后，很快便被中国固有文化所改造、吸收，成为中国传统文化的一个重要组成部分。’”① 而在被中国固有文化改造、吸收的过程中，中国的本土宗教道教深受佛教文化的影响。考察有关史料可以看到，道教在很多方面模仿佛教并做出了一系列改造，张庆民就说：

> 佛道二教在中国的兴起处于同一历史时期，两者互相依存又互相排斥，其结果是二者同获益，共发展。道教徒一方面攻击佛教，另一方面又借鉴佛教现成的教规、教义及教团组织形式等，剽取佛经，加以改造，充实自身。可以说，“正是由于佛教的介入与影响，道教才在汉末魏晋崛起，并在南北朝以后具备了一个上层大教的规模和面貌”。②

其中最为明显的是道教徒对道教教祖老子所做的改造。受佛教经典中大量记述的佛祖释迦牟尼为国师等内容的影响，道教徒也尊道教教祖老子为国师；而在老子的感生传说中，老子在李树下“剖母左腋而出”以及“生而能行”等情节的记述也完全是模仿佛教而来：“《神仙传》记老子之母，感大流星而有娠，在母怀七十二年，剖母左腋而出。（见葛洪《神仙传》卷一）又有人说：‘有玄妙玉女年八十而未字，老子化为玄黄弹丸，适玉女昼寝，流入口中，吞之而孕。’又有人说：‘当太阳将出，玉女手攀李树，对目凝思，良久，日精渐小，从天下坠，化为流星，如五色珠，飞至口边，捧而吞之，忽裂左腋而生婴孩，甫生即行九步。’这些神话，完全抄袭佛教而来。佛教记释迦历史，说佛母摩耶，

① 齐小艳：《丝绸之路历史文化研究》，煤炭工业出版社 2018 年版，第 119 页。

② 张庆民：《魏晋南北朝志怪小说通论》，首都师范大学出版社 2000 年版，第 154 页。

感日而孕，在无忧树下，从右胁而生，生时即行七步。道教中人，欲将老子抬高，过于释迦，所以说老子为日所化，在李树下，从左腋生，生而行九步，甚至说释迦是老子的化身，这实在穿凿得非常可笑。”① 除此之外，佛教教祖及佛教诸神的石身雕像及其被安置的石窟也引起了道教徒的注意，虽然道教是一个追求现世享乐，“最大限度地满足现世的欲望”② 的宗教，但毕竟被他们尊为道教女仙领袖的西王母在《山海经》中还是一个“蓬发戴胜”“虎齿豹尾”而“穴居”的半人半兽的怪物，笔者认为，西王母石室是道教徒受佛教教祖石身雕像、石窟、石室等的影响，对西王母“穴居”住所改造的结果。石头象征着永恒不灭，既然佛教教祖及佛教诸神的雕像均以石头雕刻而成，且都住在石窟之中，那么道教的女仙西王母也可以住在石室之中，而且从道教神仙长生不死的角度来看，西王母掌管着不死之药，而她自己又是长生不死的神仙，那么住在象征永恒和不灭的石室中也就再合适不过了。考察东汉魏晋时期的文献可以看到，有关西王母石室的记载多出现在河陇丝绸之路沿线地区，而这一带也是佛教石窟最为密集的地区。随着道教神仙思想的发展和道教徒对西王母的进一步改造，西王母的住所也由昆仑山上的“石室”变为昆仑山上豪华的“墉城”“墉宫”，这从很多宣传道教神仙思想的道教典籍中就可以看出来：

> 昆仑，号曰昆崚……其一角有积金，为天墉城，面方千里，城上安金台五所，玉楼十二所。其北户山、承渊山，又有墉城。金台、玉楼，相鲜如流，精之阙光，碧玉之堂，琼华之室，紫翠丹房，锦云烛日，朱霞九光，西王母之所治也。(《海内十洲记·昆仑》)③

> (西王母）所居宫阙，在龟山春山西那之都，昆仑之圃，阆风之苑，有城千里，玉楼十二，琼华之阙，光碧之堂，九层玄室，紫翠丹房，左带瑶池，右环翠水。其山之下，弱水九重，洪涛万丈，非飙车

① 王治心：《中国宗教思想史大纲》，东方出版社 1996 年版，第 19 页。

② 张庆民：《魏晋南北朝志怪小说通论》，第 174 页。

③ 《海内十洲记》，《汉魏六朝笔记小说大观》本，第 70 页。

羽轮，不可到也。(《太平广记》卷五十六《女仙一·西王母》)①

可以看到，道教女仙至尊神西王母昆仑山的住所“墉城”“墉宫”金碧辉煌、光彩夺目，但从其中“玉楼十二”“琼华之室”等的记述可以窥见，西王母在昆仑山的居所“墉城”“墉宫”仍然以石块堆砌而成，只不过这一时期建造宫殿的石头已经不再是普通的石头，而是晶莹剔透、光彩照人的玉石了，道教徒对西王母“墉城”“墉宫”的描述极尽铺陈夸张之能事，这种豪华的宫殿是西王母作为道教女仙领袖尊贵身份的象征，也体现出道教以追求现世享乐为目的的宗旨。

## 结　语

综上所述，通过对西王母石室来源的探究，笔者以为，西王母的居所由《山海经》中昆仑山上的“穴居”变为昆仑山上的“石室”，是受多方面因素影响的结果。首先，西王母石室的出现是受甘肃河西走廊、青海以及西南川、滇一带古羌戎族多以石头堆砌而成的民居特点影响的结果，这也是西王母从神话人物演变为历史传说中河西走廊一带古羌戎国国君身份的反映；其次，有关西王母石室的传说多出现在两汉魏晋时期的文献记载中，在一定程度上也是受汉末魏晋动乱时期西北边塞羌戎族民众用土石堆砌的坞壁影响的结果，是民间传说对特定历史时期广大民众生活状况的真实反映；最后，两汉魏晋时期文献中有关西王母石室的大量记载也与佛教文化的影响密切相关，是道教徒受佛教文化中与石相关的民间传说、佛教教祖的石身雕像以及大量佛教石窟、石室等的影响，从而模仿佛教石窟、石室对西王母“穴居”居所改造的结果。总的来说，西王母居所由《山海经》中昆仑山的“穴居”到两汉魏晋时期昆仑山的“石室”再到道教典籍中昆仑山上用玉石建造的豪华“墉城”“墉宫”的变化，也体现了西王母由神话人物到历史传说人物进而到道教女仙领袖的演变过程。

① （宋）李昉等编《太平广记》，中华书局1961年版，第344页。

# 试论先秦两汉《书序》之流传与今古文之争*

◇赵朝阳　赵成杰**

**摘　要：** 先秦《书序》之结集当在《荀子》成书之后至秦国统一之前，即公元前238年至公元前221年；因其编纂受到荀子一派的影响，故其传播者也应是齐鲁地区荀子一派的儒生。据熹平石经可知，西汉《书序》不应传自伏生，当与孔安国密切相关。一方面，孔安国及其后人孔卬、孔衍、孔驩、孔子立、孔子元俱传古文《尚书》，使得这种传习成为一种传统；另一方面，非古文《尚书》学派如司马迁及倪宽等人，所学虽是今文，亦与孔安国古文尚书学息息相关，古文《尚书》出现以后，今文学家虽怀疑《尚书大传》之篇目，却因政治原因不愿承认《尚书》有缺。

**关键词：** 书序　尚书　今古文之争

《尚书》百篇小序的作者、成书时间与流传情况，虽经历代学者之研究，却仍存诸多疑点。① 但有些旧说，如《书序》为孔子所作②、东汉人作③、刘歆伪造说④等现已确知其非。在《书序》的研究中，关键问题仍是其

---

＊ ［基金项目］国家社科基金西部项目“清人笔记所见《尚书》类文献整理与研究”，项目编号：18ZXS005；国家社科基金重大项目“中国古代类书叙录、整理与研究”，项目编号：19ZDA245。

＊＊ 赵朝阳，吉林大学古籍研究所博士研究生，主要研究方向为《尚书》学；赵成杰，文学博士，历史学博士后，同济大学人文学院助理教授，主要研究方向为《尚书》学。

① 程元敏：《书序通考》，（台北）台湾学生书局1999年版。

② 两汉皆谓《书序》为孔子所作，并无异辞。如司马迁、班固、马融、郑玄等皆持此说。

③ （宋）黎靖德编，王星贤点校《朱子语类》，中华书局1986年版，第1983—1986页。魏源疑东汉卫宏曾造古文《书序》。［《书古微》卷六，《魏源全集》（第2册），岳麓书社2004年版，第168页］

④ 崔适及康有为均谓《书序》为刘歆所伪造。［崔适著，张列点校《史记探源》，中华书局1986年版，第12页；康有为：《新学伪经考》，《康有为全集》（第一集），中国人民大学出版社2007年版，第522页］

产生时代及西汉今古文与《书序》关系之问题。本文试图钩沉文献，结合新发现的战国楚地竹书，对《书序》产生时代以及西汉流传经过进行再讨论。

## 一　先秦《书序》的形成及流传

在百篇《书序》产生之前，也有近似于《书序》"言其作意"之文句见于载籍，如《左传·定公四年》载"命以《康诰》"事，与《康诰》所述大致相同；《左传·昭公六年》"夏有乱政而作《禹刑》，商有乱政而作《汤刑》，周有乱政而作《九刑》"，亦与《书序》体制类似。清华简的问世也为考察先秦时期《书序》的流传提供了借鉴，清华简《金縢》14 号简背面题有"周武王有疾周公所自以代王之志"，应是清华简《金縢》篇的序言。[①] 当然有些简背文字并不是篇题，而只是表明该篇文献的某种属性，处在这种篇题制度不定的时代，简背文字的长短并不能成为是不是篇题的关键因素。清华简《金縢》篇 14 号简背面所题文字很符合概括通篇大意的篇题形式，只是在未有精短篇题意识的情况下，写得略长，近似后世的小序。"某某之志"的格式也与典籍所载篇题格式一致。[②] 这种前《书序》形态的篇题形式，自然也为小序的撰写提供了参考。

### （一）《书序》的形成时间

百篇《书序》的形成时间大致有两种说法，一是程元敏《书序通考》论证《书序》产生于"秦王政十九年至秦二世二年"[③]；二是腾兴建考定《书序》成书年代在公元前 289 年到公元前 213 年[④]，其成书年代可能在《缁衣》产生之后，又据《史记》引《书序》有为避刘

① 刘光胜：《清华简与先秦〈书〉经传流》，《史学集刊》2012 年第 1 期。

② 廖名春：《清华简与〈尚书〉研究》，《文史哲》2010 年第 6 期。

③ 程元敏：《书序通考》，第 587 页。

④ 腾兴建：《清华简与〈书序〉研究》，《孔子研究》2017 年第 4 期。

邦讳而改字的现象，而认定《书序》的成书时间在刘邦称帝之前，更属无稽。

《汉书·艺文志》载“《尚书古文经》四十六卷”，较今文二十九篇及逸《书》十六篇多出一卷，即总为一卷的《书序》。壁中《书序》的入藏时间必然是其成书下限，《经典释文·序录》：“及秦禁学，孔子之末孙惠壁藏之。”注云：“《家语》云：‘孔腾字子襄，畏秦法峻急，藏《尚书》《孝经》《论语》于夫子旧堂壁中。’”① 诸说皆出于东汉及以后，东汉以前未见。而壁中古文的入藏当在秦统一之后，孔壁古文的文字主要是鲁国文字，而又杂有少量楚国文字。② 楚国灭鲁国之年为公元前255年，入藏之年即在此后；而古文本并未杂有多少秦体，说明是在秦令“书同文”之前入藏的。根据书体考定的入藏时段便在公元前255年至公元前221年。③

《书序》的编写、汇集是在百篇《书》目选定之后完成的，通过对百篇之目的考察可以考见小序的编写时间。伪孔本百篇《书序》目次始于《尧典》，终于《费誓》《秦誓》。《费誓》《秦誓》二篇出现在《书》目之中颇为可疑。伪《孔传》：“诸侯之事而连帝王，孔子序《书》，以鲁有治戎征讨之备，秦有悔过自誓之戒，足为世法。”傅斯年、金兆梓、蒋善国皆谓《尚书》终于《秦誓》似是秦汉人所为，是以秦继周统，并非出自孔子之手。④ 程元敏以为将《秦誓》编次于篇末的原因是“《书》篇依时次序列，秦事最晚，乃终于秦穆”⑤。上述编次义例之说稍显不妥。一方面，《秦誓》不是由于时次最末而被采入，恐怕“秦继周统”之说更为有力，即有些篇目乃因秦制而加以改定。⑥ 另一方面，据《史记·封禅书》“及秦帝而齐人奏之，故始皇采用之”

① （唐）陆德明撰，吴承仕疏证《经典释文序录疏证》，中华书局2008年版，第50页。

② 张富海：《汉人所谓古文之研究》，线装书局2007年版，第326页。

③ 赵成杰、赵朝阳：《周秦〈书〉经之文本特征及其学术变迁》，《郑州大学学报》（哲学社会科学版）2019年第5期。

④ 傅斯年：《中国古代文学史讲义》，上海古籍出版社2012年版，第58页。

⑤ 程元敏：《尚书学史》，华东师范大学出版社2013年版，第52页。

⑥ 陈梦家：《尚书通论》，商务印书馆1957年版，第135—146页。

说明《秦誓》出现在百篇之末，极有可能是齐鲁儒生目及秦帝之势而将其加入，以迎合秦之霸统以继王道。

《书序》的结集自然是在《秦誓》被编入《尚书》之后，那么《秦誓》的编次时间就成了讨论的重点。《尚书》的编纂应与荀子一派有密切的联系[①]，《荀子》引《尚书》共28次，其中有16次见于今文二十九篇，而将《秦誓》编入《尚书》是为迎合秦帝，其结集当在《荀子》之后至秦国统一之前这段时间，也即公元前238年至公元前221年。

## （二）《书序》的流传情况

前文已述《书序》的编定大致在战国晚期，距秦统一已然不远，这必然影响到《书序》的传播。因《书序》的编纂受荀子的影响，其传播者也应是齐鲁地区荀子一派的儒生。孔子壁中有《书序》一卷，表明孔子末孙曾传习之。不过壁中古文所出篇目有逸出百篇《书序》者，说明百篇本《尚书》可能只是初具雏形，并未划一。

故秦博士伏生承袭荀子，伏生传《书》也可能受到了荀子的影响。[②] 伏生所传二十九篇《尚书》皆在百篇之中，而考其《尚书大传》所载篇目，《大战》《揜诰》二篇为《书序》所无。又《大传》“践奄”一词不见于二十九篇，而《书序》两见，程元敏据此认为是伏生曾见《书序》之证。[③]《大传》所述还有明显与《书序》相异者。《金縢》之序云“武王有疾，周公作《金縢》”，是说《金縢》所载为周公生前之事。而《大传》云“吾死必葬于成周，示天下臣于成王也”，并将雷雨示警之事定在周公去世以后。对于这种差异，程元敏解释为“夫《金縢》风雷变动，言天人相感，自来传说必多，而伏生治《书》，长于五行灾异，取以为谊，不足怪也”[④]。《大传》还有一处，不能确定与

① 蒋善国：《尚书综述》，上海古籍出版社1988年版，第16页。
② 蒋善国：《尚书综述》，第16页。
③ 程元敏：《书序通考》，第59—60页。
④ 程元敏：《书序通考》，第62页。

《书序》是否不同。《书序》："伊陟相大戊，亳有祥，桑、谷共生于朝，伊陟赞于巫咸，作《咸乂》四篇。"而《大传·殷传》系此祥于"武丁"之时，且非《咸乂》篇。或谓此祥大戊、武丁时皆有[①]，殊难断定。要之，若如程氏之说，则伏生确曾见过《书序》，只是并不全从《书序》。伏生是否传授《书序》，典籍并未明载。

## 二　今文《书序》不传于伏生辨

西汉鲁恭王因扩建宫室坏孔子宅，而得古文《尚书》，《汉书·艺文志》载为"《尚书古文经》四十六卷"。伏生二十九篇加上壁中逸出的十六篇，以篇为卷而得四十五卷。《汉志》所记为四十六卷者，王先谦云："《释文》云'马、郑之徒，百篇之序总为一卷'，以一加四十五，是四十六卷也。马、郑序总一卷，盖本孔壁之旧，陆德明但见马、郑本如此，故据以为言也。"[②] 桓谭《新论》不数《序》，故谓"《古文尚书》旧有四十五卷"。《尚书正义》载束皙云："《尚书序》'盘庚五迁，将治亳殷'，旧说以为居亳，亳殷在河南。孔子壁中《尚书》云'将始宅殷'，是与古文不同也。"[③]《汉志》所载及束皙所云，为孔壁中有《书序》一卷的明证。有些学者认为《书序》只出于壁中，如朱熹谓"今按此百篇之序，出孔氏壁中"[④]。清人戴震《尚书今文古文考》、王鸣盛《尚书后案》等亦主《书序》为伏《书》所无之说。[⑤]

与壁中有《书序》的明确记述不同，今文是否传《书序》则典籍未有明确记载。持今文有《书序》之说者，均是根据其他证据推论而

① 程元敏：《书序通考》，第 61 页。

② （清）王先谦撰，何晋点校《尚书孔传参正》，中华书局 2011 年版，第 3 页。

③ （汉）孔安国传，（唐）孔颖达疏，廖名春、陈明整理，吕绍纲审定《尚书正义》，北京大学出版社 1999 年版，第 223 页。

④ （宋）朱熹：《晦庵集》，《景印文渊阁四库全书》第 1145 册，（台湾）商务印书馆 1986 年版，第 251 页。

⑤ （清）戴震著，赵玉新点校《尚书今文古文考》，《戴震文集》，中华书局 1980 年版，第 3—5 页；（清）王鸣盛著，顾宝田、刘连朋校点《尚书后案》，北京大学出版社 2012 年版，第 668 页。

得，如清陈寿祺专门撰写《今文尚书有序说》列十七证以明之[①]。皮锡瑞约略陈氏之说为：

(1) 以欧阳经三十二卷，西汉经师不为《序》作训，故欧阳章句仍止三十一卷；(2)《史记》于《书序》胪举十之八九，说义、文字往往与古文异，显然兼取伏书；(3) 张霸案百篇《序》造百二篇，即出今文，非古文也；(4)《书正义》曰“伏生二十九卷，而序在外”，必见石经《尚书》有百篇之《序》；(5)《书传》云“遂践奄”，三字明出于《成王政》之《序》；(6)《书传》言葬周公事，本于《亳姑序》；(7)《大传》曰“武丁祭成汤，有雉飞升鼎耳而雊”，此出《高宗肜日》之《序》；(8)《大传》曰“成王在丰，欲宅洛邑，使召公先相宅”，此述《召诰》之《序》；(9)《大传》曰“夏刑三千条”，此本《甫刑》之《序》；(10)《大传》篇目有《九共》《帝告》《槩命》,《序》又有《嘉禾》《拚诰》，在二十九篇外，非见《书序》，何以得此篇名；(11)《白虎通·诛伐》篇称“《尚书序》曰：武王伐纣”，此《大誓序》及《武城序》之文；(12)《汉书·孙宝传》曰“周公大圣，召公大贤，尚犹有不相说，著于经典”，此引《君奭》之《序》；(13)《后汉书·杨震传》曰“般庚五迁，殷民胥怨”，此引《般庚》之《序》；(14)《法言·问神》篇曰“《书》之不备过半矣，而习者不知。惜乎!《书》序之不如《易》也”，《书》不过半，唯今文为然；(15)《法言》又曰“古之说《书》者序以百，而《酒诰》之篇俄空焉，今亡矣夫”，《酒诰》唯今文有脱简；(16)《论衡·正说》篇曰“按百篇之《序》，阙疑者七十一篇”，亦据今文为说，若古文，有逸《书》二十四篇，不得云“阙疑者七十一篇”；(17) 杜预《春秋左传后序》曰，“《纪年》与《尚书序》说太甲

① (清) 陈寿祺：《左海经辨》卷上，《续修四库全书》(第175册)，上海古籍出版社2002年版，第379—382页。

事乖异。老叟之伏生，或致昏忘”。

皮氏直言《书序》出自伏生。对于此十七证，皮氏深然其说，谓“十七证深切著明，无可再翻之案”，并再倡今文《书序》胜于古文之说。[①] 上述十七证中，前三条为今文有《书序》说者最重要的证据[②]，然其他亦有辨明的必要，正如康有为所云“近人主今文有《序》者甚多，以陈氏之说最为强辨”[③]，故今分别辨析于下。

第一条。20世纪60年代新出土有熹平石经残石，据遗字可知确为欧阳《尚书》，且有今文二十九篇的《书序》一卷。[④] 蒋善国据此残石，云“《夏侯尚书》末也当有二十九篇小序，惟不计卷数”[⑤]。据新、旧汉石经残石实际只能知道欧阳《尚书》有今文部分的《书序》[⑥]，而且据大、小夏侯《尚书》二十九的卷数而言，应该并无《书序》，因为如果欧阳和大、小夏侯均传《书序》，班固不可能只注明欧阳《尚书》为三十二卷[⑦]。既然只有欧阳有《书序》，便不能说“夫三家《尚书》有序，则伏生所得不得谓无序”[⑧]，更不能据此一家之《书序》说今文传《书序》。欧阳之《书序》，程元敏认为是从孔壁中献上之《书序》采编本经所有部分而成。[⑨]《史记·儒林传》载伏生教欧阳生，欧阳生教倪宽，倪宽通《尚书》后，又受业于孔安国。又《汉书·儒林传》云：

① （清）皮锡瑞：《经学通论》，中华书局1954年版，第79—80页。

② 马楠：《周秦两汉书经考》，清华大学博士学位论文，2012，第14—15页。

③ 康有为：《新学伪经考》，《康有为全集》（第一集），第523页。

④ 许景元：《新出熹平石经〈尚书〉残石考略》，《考古学报》1981年第2期。

⑤ 蒋善国：《尚书综述》，第62页。

⑥ 钱玄同：《重论经今古文学问题》，《钱玄同文集》（第四卷），中国人民大学出版社1999年版，第147—155页；屈万里：《汉石经〈尚书〉残字集证》，《屈万里先生全集》，（台北）联经出版事业公司1984年版。

⑦ 三十二卷之数者，合伏生本二十九篇为二十八篇（合《顾命》《康王之诰》为一篇），加上后得之《大誓》三篇，再加上《书序》。

⑧ 范文澜：《群经概论》，《范文澜全集》（第一卷），河北教育出版社2002年版，第61页。

⑨ 程元敏：《书序通考》，第63—64页。高中正先生于此说续有考论。（高中正：《文本未定的时代——先秦两汉“书”及〈尚书〉的文献学研究》，复旦大学博士学位论文，2018，第51—55页）

> 欧阳、大小夏侯氏学皆出于宽。宽授欧阳生子，世世相传，至曾孙高子阳，为博士。高孙地馀长宾以太子中庶子授太子，后为博士，论石渠。元帝即位，地馀侍中，贵幸，至少府。……地馀少子政为王莽讲学大夫。由是《尚书》世有欧阳氏学。

孔安国兼通今古文《尚书》，而欧阳《尚书》所从出的倪宽曾从其受业，那么欧阳之《序》很有可能是由倪宽取材于孔安国。[①]

至于第二条，司马迁曾从整理壁中古文的孔安国问故，王国维谓其“从安国问古文《尚书》”[②]，故《史记》所述《书序》当来自孔壁中。对于此点，程元敏亦有详论。[③]《史记》述《书序》说义不同之处极少，致异的原因，“或因昧于史实，或舍《书序》别采《左传》为说耳”[④]。《史记》述《书序》文字不同者较多，程元敏将其原因总结为：今本《书序》脱字；《史记》脱字；古今字及今古字；人名地名音近写异；以训诂易字。[⑤]除此之外，还有一些文字问题是今古文之别，司马迁之世，今文《尚书》立于学官，司马迁所学自当是今文，而又从孔安国学古文，所以自然造成《史记》述《书序》时今古文兼用。这些今文用字采自今文二十九篇以及伏生《尚书大传》。另外，今本（伪孔本）《书序》已非古文旧本，篇次、文字皆有异，故而将《史记》与之相较，异处未必就是今文。而《经典释文》所录古文家马融、郑玄本《书序》（间或取今文）多有与《史记》相合者，如《金縢序》“武王有疾”，《经典释文》云“马本作‘有疾不豫’”，同于《史记》；又如《康王之诰序》“康王既尸天子”，《经典释文》云“马本‘康王’上更

① 《汉书·儒林传》：“夏侯胜，其先夏侯都尉，从济南张生受《尚书》，以传族子始昌。始昌传胜，胜又事同郡蕳卿。蕳卿者，倪宽门人。胜传从兄子建，建又事欧阳高。胜至长信少府，建太子太傅，自有传。由是《尚书》有大小夏侯之学。”按，大夏侯受《尚书》自张生，自无《书序》，虽又受业于倪宽门人蕳卿，殆仅受经。而小夏侯出于夏侯胜，又事欧阳高，殆学《尚书欧阳章句》三十一卷，而未学无训注之《书序》。

② 王国维：《太史公行年考》，《观堂集林》，河北教育出版社2003年版，第249页。

③ 程元敏：《书序通考》，第80—82页。

④ 程元敏：《书序通考》，第80、81页。

⑤ 程元敏：《书序通考》，第82页。

有‘成王崩’”，与《史记·周本纪》所述相近，凡此益可证《史记》述义多出于壁中古文。

第三条，张霸造“百二篇”奏上以与中书相异而被黜之事，为《汉书·儒林传》、《论衡·佚文》及《正说》所载。“百二篇”之数①，《儒林传》谓是“分析合②二十九篇以为数十，又采《左氏传》《书叙》为作首尾，凡百二篇”，《佚文》篇谓“案百篇《序》，以《左氏》训诂，造作百二篇”。据二书所载，张霸是据百篇《书序》之目，而造作百篇之文，又采《左氏传》为首，以《书序》为尾则是仿照“古者《书序》自为一篇，列于全书之后”③ 的旧例。如此则张霸确曾见及百篇之《序》，那么是否就是为伏生所传呢？陈寿祺的推论是：

> 如所采《书序》出古文，是霸见孔壁之本矣，宁不知孔氏古文？天子自有中书可校，而敢更作之而遽献之于朝哉？且霸见孔壁之本，则见其中逸《书》二十四篇，捃拾较易，乃不并取以为《百两篇》，而转取《左氏传》，何哉？故知霸所取《书序》，出今文也。④

古文《尚书》原本天汉后即秘于中，非校书者不得见，所以张霸并未见原本《书序》及逸《书》二十四篇，但张霸采古文《书序》未必非要见孔壁之本不可。“霸未见中秘所藏之孔安国所献壁中《书序》原

---

① 《尚书纬》云“以百二篇为《尚书》”，其与张霸“百二篇”的关系，孔颖达谓：“或云百二篇者，误有所由，以前汉之时，有东莱张霸伪造《尚书》百两篇，而为纬者附之。”［（汉）孔安国传，（唐）孔颖达疏，廖名春、陈明整理，吕绍纲审定《尚书正义》，第11页］张西堂云：“依清儒的考订，纬说非起于哀平，在哀平以前，既已有纬说，则正恐张霸之伪百两篇，是依附纬说而来，纬说以百二篇为《尚书》，十八篇为《中候》，《中候》后来流行于世，其篇数既实在，而与百二篇配合，较有理由。张霸之伪百两篇依附纬说，也是较有理由的。张霸之伪百两，在当时即已发觉，造纬说者，又何必依此伪说呢？”（张西堂：《尚书引论》，陕西人民出版社1958年版，第68—69页）按，张说较有理据。

② “合”字王引之谓是“今”字误。［（汉）班固撰，（清）王先谦补注《汉书补注》，上海古籍出版社2008年版，第5439页］

③ （清）朱彝尊：《曝书亭集》卷第五十九《书论二》，世界书局1937年版，第688页。

④ （清）陈寿祺：《左海经辨》卷上，《续修四库全书》（第175册），第380页。

本，乃得自民间传抄本。”① 司马迁、倪宽、都尉朝等皆从孔安国问学，《史记》多取百篇之《书序》，从出于倪宽的欧阳《尚书》亦节取本经部分之《书序》，而都尉朝则继续传授古文《尚书》，这说明壁中《书序》很有可能自此以传抄的形式流出。时间更晚的孙宝（《汉书·孙宝传》）、扬雄（《法言·问神》）等皆见《书序》，证明民间确有出自孔壁的抄本流传。

第四条，陈氏据《书正义》所云推测石经《尚书》有百篇之《书序》，即为今文之《书序》。据汉石经可知，确有《书序》，不过只有欧阳《尚书》本经部分之《书序》。且前已述此《书序》亦出自孔壁中，并非伏生所传。

第五至十诸条，是伏生见及《书序》并加以引述之证，非伏生传《书序》之证，于此程元敏已有详述。② 前已述伏生亲及《书序》创作、传播之世，必然有所闻见，但是传授《书序》一事，典籍无征。汉定，伏生求其所藏之《书》，已亡数十篇，独得二十九篇（见《史记·儒林传》），并不见《书序》的影子。又伏生弟子所录《尚书大传》一书，是伏生在“音声犹有讹误，先后犹有舛差”（《尚书大传》之郑玄《序》）的情况下之残余记忆。如果伏生确曾传授百篇《书序》，那么《尚书大传》必不至于残缺至百篇之目多不存。凡此均可说明，伏生曾见《书序》，而并未传之，或是同二十九篇之外的数十篇偕亡亦未可知。

第十一条，康有为云：“《白虎通》虽用今文，然亦有用古文者。他不征引，即如《爵篇》引《书·亡逸篇》，《社稷篇》引《尚书》逸篇之类，独非古文邪？……虎观诸儒如贾逵之等乃治古文者，班固之学亦杂糅古今，其引古文何足怪也。”③《白虎通》所引之《书序》，自有可能出自古文《书序》传抄本。

第十二、十三条，《汉书·孙宝传》《后汉书·杨震传》亦同，不过因为所引之《书序》在二十九篇中，亦可能得自欧阳《尚书》学。

① 程元敏：《书序通考》，第32页。

② 程元敏：《书序通考》，第55—63页。

③ 康有为：《新学伪经考》，《康有为全集》（第一集），第527页。

第十四条，《法言·问神》“书序之不如《易》也”之“书序”，陈氏解为“《书序》”，故有此论。实此“书序”当为“《书》序”，即《尚书》各篇之序次。扬雄之意为《易》序每卦先后皆有意义，而《尚书》篇序并无意义，所以致使亡阙而不自知。若如陈氏解为“《书序》”，篇目俱在，今文《尚书》之“不备过半”，习者岂能不知！这也说明今文之不传百篇《书序》。

第十五条，所引《法言》亦是《问神》篇，是扬雄亲见百篇《书序》，故而能知今文《尚书》之不备。扬雄与刘歆为友，而刘歆曾校书中秘，扬雄自能见及古文《书序》。扬雄所谓“《酒诰》之篇俄空焉”，是说不见《酒诰》之序，而非如陈氏所说是指《酒诰》之脱简。

第十六条，王充“按百篇之《序》，阙疑者七十一篇”之说，实当指欧阳《尚书》之《书序》而言。前已述，欧阳《尚书》节取壁中古文《书序》本经部分，置于篇尾以传，后刊于熹平石经。

第十七条，杜预所述尤不足辨，杜预时，古文《书序》流传已久。正如康有为所云：“预不过以伏生乃首传《书》之人，故凡《书》即归之伏生耳。……且两汉人皆无谓伏生有《序》者，预时代在后，从何得此说邪？”①

## 三 两汉《书序》之流传与今古文之争

辨明了今文与《书序》的关系之后，才能进一步概括西汉《书序》的流传。根据前文所述可知，《书序》首先出现于孔子壁中，由孔安国加以整理、传授。孔壁原本《书序》，《汉书·刘歆传》载：“天汉之后，孔安国（家）② 献之，遭巫蛊仓卒之难，未及施行。”③

① 康有为：《新学伪经考》，《康有为全集》（第一集），第 528 页。

② 《汉纪》载：“武帝时，孔安国家献之。会巫蛊事，未立于学官。”按，有“家”字是，孔安国未及见巫蛊之祸。[（汉）班固撰，（清）王先谦补注《汉书补注》，第 3308 页]

③ （汉）班固：《汉书》卷三十六，中华书局 1962 年版，第 1969 页。

## （一）西汉《书序》传习的主要类别

第一类，《书序》随古文《尚书》在孔安国家世代相传。《后汉书·儒林传》云："自安国以下，世传古文《尚书》、《毛诗》。"孔家自安国下世传古文《尚书》，其后人自当多传之。《史记·孔子世家》载"安国生卬，卬生驩"，《孔子家语》载安国尚有孙孔衍，则孔衍与孔驩（《孔丛子》作"仲驩"）当为兄弟。又，《孔丛子·连丛子上》载："（孔）仲驩生子立，善《诗》《书》，少游京师，与刘歆友善。……以《诗》《书》教于阙里数百人。子立生子元，以郎校书。时刘歆大用事，而子元校书七年而官不益，或讥以为不恤于进取，唯扬子云善之。"要之，终西汉之世，孔安国及其后人孔卬、孔衍、孔驩、孔子立、孔子元俱传古文《书序》。

第二类，《书序》随古文《尚书》学流传。《汉书·儒林传》云："孔氏有古文《尚书》，孔安国以今文字读之，因以起其家逸《书》……安国为谏大夫，授都尉朝……都尉朝授胶东庸生。庸生授清河胡常少子……常授虢徐敖。敖为右扶风掾，又传《毛诗》，授王璜[①]、平陵涂恽子真。"还有一些人传古文《尚书》学，但是授受不明。《初学记》卷十八引谢承《后汉书》载："董春，字纪阳，会稽余姚人。少好学，师事侍中祭酒王君仲，受古文《尚书》。后诣京房授《易》，穷极圣旨，条列科义。"据此，则西汉后期尚有王君仲、董春师徒传《书序》。此外，张霸按百篇《书序》造"百两篇"献上，《汉书·儒林传》载"霸辞受父，父有弟子尉氏樊并"，则霸父及张霸、樊并皆见及百篇《书序》。霸父或学古文《尚书》学者，故能传古文《书序》。

第三类，非古文《尚书》学而习《书序》的司马迁及倪宽。司马迁本习今文《尚书》，又从孔安国问古文《尚书》学，得见古文《书序》，故《史记》多述之。而倪宽本从欧阳生学，后又受业于兼通今古

① 《经典释文》"王璜"上有"琅邪"二字。

文的孔安国，其所学虽是今文，但亦必染孔安国古文《尚书》学，故节取所学今文《尚书》本经所有之《书序》，而置于书尾以传。据《汉书·儒林传》，倪宽又传与欧阳生子，世世相传，终西汉之世，直至欧阳政。《汉书·儒林传》又载，蕳卿为倪宽门人，则蕳卿也可能见过《书序》，不过只是节录本。《汉书·儒林传》载，欧阳高又传《书》学于林尊，林尊又传于平当、陈翁生，平当门下传平晏（《汉书·平当传》）、朱普、鲍宣；陈翁生门下传殷崇、龚胜、龚舍。又哀、平时人杨宝亦习欧阳《尚书》（《后汉书·杨震传》），不知所出，《传经表》《尚书综述》均系于陈翁生门下[①]，俟考。另外，汉元帝刘奭兼从欧阳地馀、孔霸受《尚书》（见《汉书·儒林传》《汉书·孔光传》《后汉书·孔融传》《经典释文·序录》），得欧阳、夏侯两家之学。《经义考·承师》载，明成化中所出陈宣碑云“卿承家学欧阳《尚书》”[②]，不知所授。

以上三类《书序》的流传均直接与孔安国有关，还有一些通过其他方式闻习《书序》者。刘向、刘歆父子先后校书中秘，亲及百篇《书序》，刘歆于所撰《世经》中还曾引述《伊训》《太誓》《洪范》三篇之序。[③] 扬雄《法言·问神》曾据《书序》立论，知其亦见百篇之《书序》，其与刘歆友善，殆从歆处见及。此外，《逸周书·序》作者、《尚书纬》作者及汉成帝时人孙宝俱曾见及《书序》，当是见自壁中传抄本。[④]《书序》随古文《尚书》至西汉末时，传习已久，流传已广，所以渐有不知授受的盖豫、杜林等人传习。

### （二）今文学家对《书序》问题的摇摆

孔臧《与侍中从弟安国书》云“唯闻《尚书》二十八篇，取象二

① （清）毕沅：《传经表（附通经表）》，中华书局 1985 年版；蒋善国：《尚书综述》，第 83 页。

② （清）朱彝尊：《经义考》卷二百八十四，《四部备要》（第一二册），中华书局 1989 年版，第 1454 页。

③ 程元敏：《书序通考》，第 34—35 页。

④ 程元敏：《书序通考》，第 31—33 页。

十八宿，谓为至然也。何图古文乃自（有）百篇邪?”① 伏生二十九篇合《顾命》《康王之诰》为一，而得二十八篇。《论衡·正说》:“或说《尚书》二十九篇者，法曰斗七宿也，四七二十八篇；其一曰斗矣，故二十九。”刘盼遂云：“上曰字当为四字之误，而又与斗字互倒。……是《太誓》未出以前，《尚书》学通以二十八篇法四七宿矣。法斗者，《太誓》出后，《尚书》家以比二十八宿有斗星也。”② 孔壁古文《尚书》及《书序》出现以前，今文家仅传习伏生所传二十九篇，以为完备，虽有《尚书大传》多载二十九篇外之目，然并未引起今文家的怀疑。

壁中古文《尚书》被发现后，由孔安国家献于中秘，但古文亦有抄本传习。至哀帝时，刘歆校书中秘，欲立古文《尚书》于学官。哀帝令刘歆与今文《尚书》学博士讲论其义，而博士或不肯置辞以对。刘歆遂移书责让太常博士，责其“以《尚书》为备”“专己守残，党同门，妒道真”（《汉书·刘歆传》）。

章太炎据刘歆责今文博士“以《尚书》为备”之说，谓今文“如有《书序》，则不至以《尚书》为备矣”③。那么，今文“以《尚书》为备”的原因是今文无《书序》吗?《书序》自壁中出后，首先由孔安国整理，又经欧阳生弟子倪宽节录入欧阳《尚书》中，则倪宽之弟子自然知道有百篇之目。前文已述《书序》自壁中出后，流传渐广，尤其至汉哀帝之时，今文《尚书》博士必然知道二十九篇有缺。西汉的官方学术一向是以帝王所好为转移，汉武帝时民间得《泰誓》，武帝悯于“书缺简脱”，使博士集而读之，又增入伏生所传的《书》中。哀帝时，今文久立于学官，正当今古文之争，若承认《尚书》有缺，势必因古文《书》出而使既有的政治利益遭到破坏。故有公孙禄责议立经

① 此书载于《孔丛子·连丛子上》，王引之谓其“取象”之说不可信［（清）王引之：《伏生〈尚书〉二十九篇说》，钱文忠、虞万里、杨蓉蓉整理，朱维铮审阅《经义述闻》（上），上海书店出版社2012年版，第130页］，然《论衡·正说》所载，自当可信。

② （汉）王充著，刘盼遂集解《论衡集解》，古籍出版社1957年版，第553页。

③ 章太炎：《章太炎全集·演讲集》（下），上海人民出版社2015年版，第892页。

古文的刘歆“颠倒五经，毁坏师法”（《前汉纪·孝平皇帝纪》），师丹奏劾刘歆“改乱旧章，非毁先帝所立”（《汉书·刘歆传》）。类似的情况还有，儒生一直讲习的辟雍、封禅、巡狩制度，至哀帝时今文博士则“幽冥而莫知其原”（《汉书·刘歆传》）。实际上，今文学家对此并非一无所知，而是迫于君主的淫威，且有汉武帝时赵绾、王臧欲议明堂、巡狩、封禅等制未就而自杀的前车之鉴，自然不敢妄议。[①]

## 结　语

本文通过对百篇《书序》的考察，认为《秦誓》被编入《尚书》是为了迎合秦帝之势，《书序》结集的时间当在《荀子》之后至秦国统一之前（前238—前221）。又据《史记》《汉书》等典籍的记述，考察了《书序》在汉代的流传情况，认为伏生并未传《书序》，《书序》实出自孔子壁中，汉石经所附今文《书序》当为倪宽自孔安国处节录传出。另外，今文学家为了维护自己的政治利益，不愿承认《尚书》有缺。由于文献不足，《书序》产生和流传中的诸多学术问题仍然难以清晰地描述出来，如《书序》的编纂者以及在汉代具体传授情况等问题，仍需要继续探索。

① 蒙文通：《经学抉原》，上海人民出版社2006年版，第249—250页。今文学者并未觉知《书》之有缺，如《法言·问神》“《书》之不备过半矣，而习者不知”，葛洪《抱朴子·明本》“每见凡俗守株之儒，营营所习，不博达理”。

# 《清代学术概论》成书的学术因缘及梁启超科学观之折射[*]

◇梁苍泱[**]

**摘　要：**梁启超《清代学术概论》的早期面目有赖梁氏《前清一代中国思想界之蜕变》而存世。两者比勘，可推原该学术史名作从原稿到《改造》初刊至商务印书馆定本的成书过程，可覙缕梁启超与胡适学术因缘，尤其是他在胡适建议下对原稿的增删；可窥见梁氏通过该书出版支持共学社丛书、推扬浙籍友人蒋百里著述之深心。梁启超于清学研究的对象实体外，提炼出一种普适的、适应现代的科学精神；为了避免清学研究的方法论价值随着本体论价值一起被边缘化，梁启超暗示不必在意清学研究的对象实体作为手段是否经世致用，而应将重点放在它们作为学问之目的所表现出来的科学精神之上。这与梁氏旨在整理国故、致就新文化又反对"科学万能"的思想相通。

**关键词：**梁启超　清代学术概论　胡适　蒋百里　科学精神

对学术史等专门史的建构，是20世纪初"新史学"的重要内容。① 而《清代学术概论》（下称《概论》）为梁启超《中国学术史》五种计划中唯一完成，且为后世学术史研究者无法回避的一部名著，其重"论"，贵在梳理和点评，在史学上突破了学案体的旧模式。②

《概论》成书速度之快，常为人感佩。但正如梁氏早就自我意识到

---

* ［基金项目］绍兴文理学院越文化传承与创新研究中心自设课题"浙江近代文化转型人物研究——以夏曾佑、项兰生、魏易为中心"，项目编号：2019YWHJD15。

** 梁苍泱，绍兴文理学院人文学院讲师，主要研究方向为明清及近代文学与文化。

① 刘永祥：《文明史学：20世纪初"新史学"建构的知识谱系》，《济南大学学报》（社会科学版）2019年第3期。

② 刘永祥：《梁启超与历史编纂学的近代转型》，《求是学刊》2018年第2期。

的，作文太快，不规则之处难以避免，《概论》中“舛漏当甚多，惟读者教之”① 之言，并非虚作谦逊或推卸责任。但幸运的是，此书最早的几位读者，如胡适、蒋百里、林志钧三君，各有所是正。此书自原稿到《改造》杂志上初刊的《前清一代中国思想界之蜕变》（下称《蜕变》）及至定本出版，虽然时间短促，但在此期间，梁启超一直得“相知定文”，经“增加三节，改正数十处”②，而使该书呈现出如今的传世经典面目。

《概论》中，梁启超表示“非敢掠美，为行文避枝蔓”，对上述“三君之说，不复具引”。蒋、林二人传世著述有限，与梁氏通信也多佚失，《概论》原稿更不复得见。但幸有《蜕变》存世，较为清晰地呈现了大大小小数十处改动。本文便尝试借助初刊本与定本文本比勘，参酌胡、蒋、林的著论与通信等，推原《概论》成书面世的相关细节，如梁启超与胡适的学术往还、梁氏对共学社与蒋百里著述的推扬，以重现当时学术的景象。

此外，在《概论》的成书变迁中，梁启超对科学精神的揄扬与对学问有用无用之论等的思考，可谓核心主题之一。对此学者已从社会文化的宏观层面有不少阐述，如指出梁启超对墨子名学和清代朴学的研究，是“发明”了其科学精神③，旨在把清学嵌入西学话语体系，以“寻求可以接榫或对抗西学的资源”④。不过，在微观的原典文本层面考察比对《蜕变》与《概论》的文本，仍可见其价值。我们可发现任公对学问有用无用之论等关键话题的思考演变，颇有值得细析之处，笔者希冀借此管窥当时的著述氛围和社会思潮。

## 一　增删改正：与胡适的互动

梁启超在日本期间，深受“东学”影响，其中一个重要方面就是

① 梁启超：《清代学术概论·自序》，商务印书馆1921年版，第4页。

② 梁启超：《清代学术概论·第二自序》，第2页。

③ 宁腾飞：《科玄之争的学术回响：胡适、梁启超墨学阐释的异同离合》，《齐鲁学刊》2017年第1期。

④ 张瑞龙：《学术与世变：20世纪上半期清学史论述的形成与演变》，《齐鲁学刊》2014年第2期。

从本国经典入手整顿国学。[①] 清代离梁启超最近，清代学者又系统考据过历代学术，故清代学术史写作自然是重头。1904 年，梁启超补写《论中国学术思想变迁之大势》（下称《大势》）第八章“近世之学术”，1918 年他进行家庭讲学时又编著了“前清一代学术备忘录”[②]。《概论》的启动还直接受到外界推力的影响。

《概论》序言中，梁启超开篇指出文章命笔动机乃是应胡适与蒋百里之请。梁启超为蒋氏写一序而成一专著的雅事，早已流传。梁、胡于此中的学术因缘也多被研究者提及[③]，但仍有可发覆的空间。

1920 年 9 月 26 日梁启超去信告知胡适“昨谭快慰……晚清今文学运动拟即草一篇，草成上麈教”[④]。10 月 18 日即全书完稿后四天，梁又致信胡云：

> 公前责以宜为今文学运动之记述，归即属稿……知公已见矣。关于此问题资料，公所知当比我尤多，见解亦多独到处，极欲得公一长函为之批评。[⑤]

胡适在初见梁启超的 1920 年 3 月 21 日至提议梁氏写作晚清今文学的半年时间中一直陆续记录其在写作的《清代汉学家的科学方法》（收入《胡适文存》时改题为《清代学者的治学方法》）。据 1921 年 11 月 3 日胡适附记，此文第一章至第六章作于 1919 年 8 月，第七章作于 1920 年春。[⑥] 其

---

① 史少博：《梁启超“国学”的“东学”渊源》，《理论学刊》2016 年第 5 期。

② 关于此讲稿在梁启超清代学术研究脉络中的位置与意义，参见夏晓虹《梁启超家庭讲学考述》，《梁启超：在政治与学术之间》，东方出版社 2014 年版，第 205—214 页。

③ 梁胡此段因缘参见夏晓虹《1920 年代梁启超与胡适的学术因缘》，《梁启超：在政治与学术之间》，第 120—130 页；徐雁平《〈清代学术概论〉考述》，《中国典籍与文化论丛》第八辑，北京大学出版社 2005 年版，第 282—311 页；梁启超著，朱维铮导读《清代学术概论》，上海古籍出版社 1998 年版，第 1—43 页。

④ 夏晓虹：《新见梁启超致胡适书》，《梁启超：在政治与学术之间》，第 181 页。

⑤ 梁启超：《与适之老兄书》，丁文江、赵丰田编《梁启超年谱长编》，上海人民出版社 1983 年版，第 922 页。

⑥ 胡适：《清代学者的治学方法》，欧阳哲生编《胡适文集 2 · 胡适文存》，北京大学出版社 2013 年版，第 267 页。

间胡、梁数次往来。[①] 9月2日胡适开始养病。此中，梁氏极可能曾与之探讨。且此时梁启超正筹划共学社、讲学社、中国公学等事务，与胡适这一新文化运动主将自然会产生交集。

胡适被期待的“长函批评”既见于梁氏12月18日复信：

> 前得病中复我长笺……《清代思想》一文已如公所教，悉为改正，所以惠我者良多矣。……第二书所示各节恐不及改正，因原书久已付印，将成也。[②]

胡氏读了出版的《概论》，于1921年5月2日之日记也可佐证：

> 此书的原稿，我先见过，当时曾把我的意见写给任公，后来任公略有所补正。《改造》登出之稿之后半已与原稿不同。此次付印，另加惠栋一章，戴氏后学一章，章炳麟一章，皆原稿所无。此外，如毛西河一节，略有褒词；袁枚一节全删；姚际恒与崔适的加入，皆是我的意见。[③]

胡适对自家意见在《蜕变》与定本中的细节多有留心，所记基本合于梁氏前信，亦合于《蜕变》与定本比勘实情。然其记忆也不免有些微出入，主要在于“章炳麟一章”。

若就章节标目言，《蜕变》三十一节，《概论》三十三节，相差两节。有论者注意到《蜕变》第十节文字直接承接第八节，因之将《蜕变》节数减一，而为三十，以弥合此二节与梁氏《第二自序》所谓“增加三节”的一节差距。

但这并非《蜕变》文本实际。《蜕变》第六节包含《概论》第六、

① 胡适著，曹伯言整理《胡适日记全编》（第三卷），安徽教育出版社2001年版，第128、165、201、204页。

② 夏晓虹：《新见梁启超致胡适书》，《梁启超：在政治与学术之间》，第182页。

③ 胡适著，曹伯言整理《胡适日记全编》（第三卷），第240页。

七两节内容，即在“顾黄王阎同一‘王学’”句前未分节①，故其后第七、八节对应《概论》第八、九节，所谓“第九”的脱漏只是排版错误，因而《改造》第3卷第4号续出《蜕变》章节即从“第十”开始标起，以补前期之遗漏。②

《概论》定本实际内容较《蜕变》只增加两节，且为第十节叙惠栋汉学派与第十二节写戴氏后学者。至于“章炳麟一章”，《蜕变》见于第二十六节，《概论》见于第二十八节，文字并无差别。这可视作梁启超最早纳入原稿文本改动的胡适意见，且分量颇足。梁氏《第二自序》所称之“增加三节”也得以落实为：章炳麟一节在《蜕变》本前加入；惠栋与戴氏后学两节在《蜕变》刊登后加入（详见第三部分）。

若前揭成立，便可追寻到1920年9月25日至12月18日胡、梁关于《概论》修改讨论的些许线索。胡适可能早已对之有所思，但考虑到10月18日梁启超还在请胡适回应其文，胡适回信后，梁氏方能将章炳麟等内容补入，梁氏10月14日《自序》自陈的“稿成即以寄《改造杂志》应期出版，更无余裕复勘”就有可讨论的空间了。

时任中华书局编辑的左舜生曾回忆《概论》初稿在当时中华书局所印行之《改造》杂志发表时，梁启超来函将有关胡适意见的文字改正。③ 梁启超此函何时发出无从可考。然1920年9月15日《改造》月刊第3卷第1号出版④，第3卷第3号《蜕变》刊行，并在第4、5号连载。若以月刊准时发行计，则《蜕变》正刊时间应为1920年11月15日、12月15日及1921年1月15日。据《申报》广告，至少在11月

① 梁启超：《前清一代中国思想界之蜕变》，《改造》第3卷第3号，1920年，第13页。

② 该号文末有小字：“前号第十三页第十五行以下应为第七节，依次类推。故与本号第十节仍是衔接，特此订正。”参见梁启超《前清一代中国思想界之蜕变》，《改造》第3卷第4号，1920年，第22页。

③ 左舜生：《我眼中的梁启超（1893—1929）》，夏晓虹编《追忆梁启超》，中国广播电视出版社1997年版，第279页。

④ 此出版时间据蒋百里6月28日致梁启超信，谓杂志“第一期赶不及初一，拟改十五”。“初一”“十五”可定为西历，因《申报》1920年9月17日已有广告《中华书局发行〈改造〉第一号出版新思潮中之第一流杂志》，则杂志出版当在此前，大致可定为9月15日。

19日和12月20日杂志已然面世。①

由此可推知梁氏致左舜生的函最晚也在杂志预定刊出即11月15日前。极可能因胡适接到梁氏10月18日信件后，对文稿已有评议。则1921年1月15日后才刊发的第3卷第5号关于章炳麟的补缀也合乎情理，部分印证了胡适提及的"《改造》登出之稿之后半已与原稿不同"一说。

当然，胡适更多的言论是在《蜕变》到《概论》定稿过程中被采纳的。考虑到《蜕变》初刊约在11月15日，总结"增加三节，改正数十处"的《第二自序》作于11月29日，12月9日已得商务印书馆张元济回复称《概论》书稿已付印。② 故《概论》增删定稿约在11月15日至29日，至迟不会晚于12月8日，内容至少包含了胡适日记前述惠栋、戴氏后学、章炳麟、崔适、姚际恒以及毛奇龄等相关文字。

张勇教授也通过对比文本，认为章炳麟一节等是《概论》"可谓充分吸收了胡适的意见"的表现。③ 不过，鉴于上述可修改时间段的短暂性，梁启超在10月18日致函胡适求批评原稿之余，未等到复函就自行增添章炳麟一节的可能性同样存在。毕竟，梁启超1902年写作《大势》时，便多方引用章炳麟《訄书·清儒》中的观点。④ 如此在清学蜕分期与衰落期"能为正统派大张其军者"⑤，在清代学术史著作中也理应特书，章炳麟在《蜕变》中理当占据一席。事实上，《概论》定本第十四节在介绍俞樾与马建忠时，较之《蜕变》，插入章炳麟，曰："而以极严正之训诂家法贯穴群书而会其通者……（笔者略）近世则章炳麟之《小学答问》亦多新理解。"⑥

---

① 参见《中华书局〈改造〉》，《申报》1920年11月19日、12月20日广告。

② 参见张元济《致任公吾兄书》，《梁启超年谱长编》，第926页。张元济每日发信寄信应酬以及有关本馆诸事多会分项记载，但12月9日并未见发信任公之记录。当然，这也不足为怪，值得一提的是，《概论》定稿、寄达张元济并发排的时间极可能比12月8日更早，详见下文。

③ 张勇：《"偶然"的背后：试说梁任公著述〈清代学术概论〉之心意》，《清华大学学报》（哲学社会科学版）2013年第5期。

④ 梁启超：《论中国学术思想变迁之大势》，梁启超著，夏晓虹点校《清代学术概论》，中国人民大学出版社2009年版，第112页。

⑤ 梁启超：《清代学术概论》（下称《概论》），第157页。

⑥ 梁启超：《概论》，第84页。

## 二 为共学社与蒋著张本

在《概论》定稿过程中，梁启超有一个直接而现实的考虑：为《改造》供稿，为共学社编译与蒋百里著述张本。

1920 年 3 月欧游归国，梁启超“神气益发皇，决意在言论界有所积极主张”[①]，重要计划与动作有组织共学社，成立讲学社，整顿《改造》杂志，承办中国学会等。蒋百里甚且将之称作“新文化运动”[②]。

《改造》本为创办于 1919 年 9 月的《解放与改造》半月刊。1920 年 3 月梁启超等着手对其进行更名与改版，“鼓吹在使文化运动向实际的方面进行”[③]，“宗旨在群性个性之交融，思想及经济社会之改造，并介绍世界有力之学说，发扬吾国固有之文明。月出一册”[④]。

梁启超为《改造》宏旨的意思在《蜕变》文本中亦有所透露，见于第二节文末：

> 即然其所以能著著奏解放之效者，则科学的研究精神实启之。今清学固衰落矣；“四时之运，成功者退”，而吾犹哓哓于此陈迹者，盖亦明思潮之危进，无时而非解放，无事而非改造。改造者，全人生也。今之闻解放改造而却走者，则必曰周程生许郑之后，便不愿倡所谓宋学；顾阎生陆王之后，便不应唱〈倡〉所谓汉学也。有是理乎？[⑤]

此番论述在《概论》中从“成功者退”开始相对简化为：

---

① 梁启超：《与思顺书》，《梁启超年谱长编》，第 904 页。

② 此称呼后来已然易主，但这种情形至少表明梁、蒋等人彼时的活动与五四新文化运动有某种关联。参见张朋园《梁启超与民国政治》，吉林出版集团有限责任公司 2007 年版，第 132 页。

③ 《发刊词》，《改造》第 3 卷第 1 号，1920 年，第 5 页。

④ 《中华书局发行〈改造〉第一号出版新思潮中之第一流杂志》，《申报》1920 年 9 月 17 日广告。

⑤ 梁启超：《前清一代中国思想界之蜕变》，《改造》第 3 卷第 3 号，1920 年，第 6 页。

> 其衰落乃势之必然，亦事之有益者也，无所容其痛惜留恋；惟能将此研究精神转用于他方向，则清学亡而不亡也矣。①

《蜕变》突出解放与改造，有对其前文所谓“以复古为解放”的必要性再度申述，提示对原名《解放与改造》的杂志的声援之意。②《概论》论说则直承“科学的研究精神”一句，侧重达诸解放的途径与方法，论述紧凑，优于前者。

梁启超1920年12月31日为蒋百里《欧洲文艺复兴史》补作序言。《蜕变》前言中有一段专在褒扬蒋作的学术价值，提及“适蒋百里著《欧洲文艺复兴史》新成，来索序”③。但此段文字并不见于《概论》定本，却被代以序言何以独立为专著的因由说明。这是因为梁氏另有筹划，即同时出版《概论》与《欧洲文艺复兴史》。

1920年10月21日即《概论》成书一周左右，梁启超已与张元济谈及相关事宜，此番接洽在张元济日记“编译”项下记录为：

> 访卓如，言著有《有清文学变迁史》一册，原为蒋百里所著《欧洲文艺复兴史》作序，不料愈作愈长，与蒋书相等，只可分行。现已誊清，即日交本馆付印。得此两书，可将共学社名誉抬起。④

书名当是张氏误记。共学社为梁启超等人归国后立即着手的事项，于1920年4月成立，首脑除了梁启超，还有蒋百里、张君劢、张东荪等，张元济也在参与之列。彼时梁启超正与同仁“公共祈向”于“培养新人才、宣传新文化、开拓新政治”⑤。共学社便为此种事业之基础，与

---

① 梁启超：《概论》，第13页。

② 在《发刊词》中，《改造》同仁明确表达了该刊物对《解放与改造》精神之继承。参见《改造》第3卷第1号，1920年，第5页。

③ 梁启超：《前清一代中国思想界之蜕变》，《改造》第3卷第3号，1920年，第1页。

④ 张元济：《张元济全集》第七卷《日记》，商务印书馆2008年版，第239页。

⑤ 梁启超：《致伯强亮侪等诸兄书》，《梁启超年谱长编》，第909页。

《改造》积极发表进步主张殊途同归。

共学社主要业务为编译书籍，1920 年 6 月与商务印书馆签订出版合同。[①] 四个月后，梁启超供稿《概论》。12 月 9 日张氏致梁启超信为延误而道歉，称“稿已付印矣”[②]。

查张氏日记，10 月 21 日其与梁启超京中会面两次，10 月 25 日有信发梁氏，10 月 30 日南下上海，11 月 5 日回浙江海盐乡里，11 月 23 日启程返沪。[③] 故此，《概论》书稿虽然更可能是在 11 月 29 日（《第二自序》作日）后、12 月 8 日前发排，亦不排除在 11 月 5 日至 23 日已寄予张元济，其写作《第二自序》则在书稿寄出之后。无论何种情况，都为梁启超提供了修改《概论》原稿或《蜕变》刊行稿的时间。大约也正因此，便有了上文所述之参酌胡适意见进行的至少两番订正。

张元济确实尊重了梁启超的意愿，将《概论》与《欧洲文艺复兴史》归在共学社“史学丛书”项下推出。1921 年 2 月《概论》初版[④]，4 月《欧洲文艺复兴史》初版，商务印书馆以“共学社二大名著”进行宣传。[⑤] 此一“捆绑式”宣传思路同时期也为《学生》之类报刊采用[⑥]，确实张大了共学社丛书的名目。

## 三　梁启超如何看待科学精神的理念与方法

《概论》上市时，《学生》杂志介绍道：

---

① 张元济：《致任公吾兄书》，《梁启超年谱长编》，第 911 页；并见张元济《张元济全集》第 3 卷《书信》，商务印书馆 2007 年版，第 222 页。

② 张元济：《致任公吾兄书》，《梁启超年谱长编》，第 926 页；并见张元济《张元济全集》第 3 卷《书信》，第 222 页。

③ 张元济：《张元济全集》第 7 卷《日记》，第 239、243、247—249 页。

④ 《概论》版权页署 2 月出版，但《申报》对之最早广告时间为 3 月 27 日。

⑤ 参见《共学社二大名著》，《申报》1921 年 4 月 18 日、19 日广告。另据《申报》5 月 16 日《商务印书馆十年四月份出版新书》广告可知，该年 4 月出版的共学社丛书尚有归入“文学丛书”的托尔斯泰的《艺术论》，以及归入“俄罗斯文学丛书”的七种（有三种已先期出版）。

⑥ 《书报介绍》，《学生》第 8 卷第 7 号，1921 年，第 96 页。

> （此书对）有清一代两种主要运动——考证学和今文学——的发展情形，叙述甚详，是一种很好的参考资料；追溯我国新思想发展路径者，更有一读的价值。①

此一论断的前半句，近于梁启超自家对该作的定位："欲略知清代学风，宜读此书。"② 梁启超将有清学术思潮分为启蒙期、全盛期、蜕分期和衰落期，并论列各期代表人物，以统摄后文的阐述。于各时期详论后，更设专节揭橥此期学派盛衰之因由。其阐述效果基本实现了此一设计。

《学生》后半句所谓"新思想发展路径"，与《概论》第一、二节便张扬的新思潮相勾连。清代新思潮之内容，梁启超概括为"以复古为解放"，而欲得致此解放之效，则需要科学的研究精神。③ "有清学者，以实事求是为学鹄，饶有科学的精神，而更辅以分业的组织。"④何谓科学精神？梁启超在 1902 年《大势》中首次做了界定：

> 所谓科学的精神何也？善怀疑，善寻间，不肯妄徇古人之成说，与一己之臆见，而必力求真是真非之所存，一也。既治一科，则原始要终，纵说横说，务尽其条理，而备其左证，二也。其学之发达，如一有机体，善能增高继长，前人之发明者，启其端绪，虽或有未尽，而能使后人因其所启者而竟其业，三也。善用比较法，胪举多数之异说，而下正确之折衷，四也。凡此诸端，皆近世各种科学所以成立之由，而本朝之汉学家皆备之，故曰其精神近于科学。⑤

① 《书报介绍》，《学生》第 8 卷第 7 号，1921 年，第 96 页。

② 梁启超：《国学入门书要目及其读法》，《晨报副刊》1923 年 6 月 14 日。

③ 梁启超：《概论》，第 13 页。

④ 梁启超：《概论·自序》，第 2 页。

⑤ 梁启超：《论中国学术思想变迁之大势》，梁启超著，夏晓虹点校《清代学术概论》，第 103—104 页。

简言之，求真，求条理，善递进，博采众长。这既有关于研究的态度，也有关于研究的方法。而《蜕变》中又有对上述比较和折中方法的操作性展开，在《概论》第十七节沿用：

> 第一步：必先留心观察事物，觑出某点某点有应特别注意之价值；第二步：既注意于一事项，则凡与此事项同类或相关系者，皆罗列比较以研究之；第三步，比较研究的结果，立出自己一种意见；第四步，根据此意见，更从正面旁面反面博求证据，证据备则泐为定说，遇有力之反证则弃之。凡今世一切科学之成立，皆循此步骤，而清考证学家之每立一说，亦必循此步骤也。①

由此，“可以知学问之价值，在善疑，在求真，在创获；所谓研究精神者，归著于此点”②。

梁氏所谓“科学精神”对精确、实证、系统的要求，照应对旧学臆想、笼统、无系统的批判，因而与借鉴自然科学的研究方法几乎同义。③ 但就《概论》具体言之，还是可以将其内涵细化为研究理念与研究方法（或称“研究策略”）两端。前者内核为怀疑求真、独立创造、自由解放的态度，大约在“怀疑—不依附—破坏—解放—自由—建设”一线之上；后者则重视有条理、有比较、有系统的论述手段。以是之故，梁启超对清代学人的裁断便有明确标准。

论研究理念，梁启超发现“中国思想之痼疾，确在‘好依傍’与‘名实混淆’”，“此病根不拔，则思想终无独立自由之望”④，因而正面表彰启蒙时代之大学者“常规定研究之范围，创革研究之方法，而以

---

① 梁启超：《概论》，第101页。

② 梁启超：《概论》，第176页。

③ 夏晓虹：《以觉世始　以传世终——梁启超与20世纪中国》，吴瑞群主编《新会梁启超学术研讨会文集》，2008年版，第4页。

④ 梁启超：《概论》，第146—147页。

新锐之精神贯注之”①。

如肯定顾炎武粉碎宋明理学之神圣学阀“实四五百年来思想界之一大解放”②，黄宗羲《明夷待访录》为“极大胆之创论”③，颜元“对于旧思想之解放，最为彻底”④。梁启超揄扬全盛期戴震可“代表清学派时代精神之全部”的出发点为“无论何人之言，决不肯漫然置信，必求其所以然之故，常从众人所不注意处觅得间隙”⑤；“《孟子字义疏证》随处发挥科学家求真求是之精神”⑥。褒奖蜕分期与衰落期之康有为“为学界别辟一新殖民地”，“鼓舞人创作精神”⑦；谭嗣同为思想界彗星，有“冲决罗网”的勇气，“尽脱旧思想之束缚，戛戛独造”⑧。亦反面指摘宋明理学“遏制创造”“奖励虚伪”的根本缺点⑨，遗憾章炳麟对思想解放之勇决不逮今文家⑩。

论研究方法，亦可见正反之比。既以科学与否作为启蒙期与全盛期的重要区别，而将有科学精神的全盛期之考证学推为清学根基，所谓“无考证学则是无清学”⑪，如梁启超评今文学家刘逢禄著作“用科学的归纳研究法，有条贯，有断制，在清人著述中，实最有价值之创作”⑫；也不慊于康有为纯任主观，“不惜抹杀证据或曲解证据，以犯科学家之大忌”⑬；等等。

上述文字皆见于《蜕变》与《概论》，自可见梁启超对科学精神的弘扬为其叙述的基调之一，若从后续订文角度切入，梁氏此心更形显

① 梁启超：《概论》，第 19 页。
② 梁启超：《概论》，第 19 页。
③ 梁启超：《概论》，第 32 页。
④ 梁启超：《概论》，第 35 页。
⑤ 梁启超：《概论》，第 57 页。
⑥ 梁启超：《概论》，第 68 页。
⑦ 梁启超：《概论》，第 131 页。
⑧ 梁启超：《概论》，第 150—152 页。
⑨ 梁启超：《概论》，第 15 页。
⑩ 梁启超：《概论》，第 159 页。
⑪ 梁启超：《概论》，第 51 页。
⑫ 梁启超：《概论》，第 122 页。
⑬ 梁启超：《概论》，第 128 页。

明。下面仍从理念与方法角度胪陈几例。

《蜕变》第五节论阎若璩《尚书古文疏证》“诚思想界之一大解放”，胡渭《易图明辨》“实思想之一大革命”。[①] 但《概论》中，此后尚有两段专叙毛奇龄与姚际恒，结论为：

> 毛氏在启蒙期，不失为一冲锋陷阵之猛将，但“于学者的道德”缺焉。后儒不宗之宜耳。
>
> 同时有姚际恒者，其怀疑精神极炽烈……多精凿之论也。[②]

据前引胡适1921年5月2日日记，姚际恒部分出于其建议。鉴于《大势》与《蜕变》第二节总论各时期人物，皆无姚氏之名，此一段后出痕迹较鲜明。而增加的理由，当为姚极具“怀疑精神”。

对毛奇龄的评价，胡适亦称有其影响，“略有褒词”。梁启超此处实有转捩性变化。

至少在《大势》第一节末便甚鲜明，中有专段挞伐毛奇龄“乘时得位”，“挟其雕虫炙輠之才，行以狂悖恣肆之态，其戕贼学界，亦颇有力”，并云汤斌、李光地等以伪君子相率，毛奇龄等“以真小人自豪，而皆负一世重名，以左右学界”，袁枚、俞樾等汲毛氏之流或间接受影响者，不可指数。[③] 毛氏于清学衰落罪莫大焉。

《蜕变》第十七节意在论列“古文家”，节末亦有此一段文字：

> 此外尤有一不成派，然常鬼蜮出没，为清学蟊贼。明清之交，有毛奇龄其人者，内行不修，奔竞侥幸，老而无耻，好为大言，嬉笑怒骂，古今人无一能免。于学一无所知，而剽窃穿凿，成书数百卷。……当时受其欺者竟不少……至乾隆间，则

① 梁启超：《前清一代中国思想界之蜕变》，《改造》第3卷第3号，1920年，第11页。

② 梁启超：《概论》，第28—29页。

③ 梁启超：《论中国学术思想变迁之大势》，梁启超著，夏晓虹点校《清代学术概论》，第108—109页。

> 有袁枚其人者，轻薄淫秽，卑鄙鲜耻，章学诚大声疾呼，字之曰“无行文人”……然亦杂博，摭拾猥琐语为书数百卷。……此两人者，诚不足齿，然固当播肩（散）其毒于社会，三百年间，汲其流者甚重，致使文艺界、学术界常留臭恶，以劳湔涤。夫今日京国中，祖西河而祢随园者，犹大有人在，但其姓名更不堪污吾笔耳。①

此处为《蜕变》罕见的语气强硬、铺张扬厉特出的一段。言辞近乎丑诋，“纵笔所至不检束”。但在《概论》第十九节相应段落，上述内容全被裁汰，该段亦为《概论》唯一一处大删减。胡适曾整理《毛西河集》，对毛奇龄所知较深入②，或能令梁氏态度发生此一大转变，自显示出梁启超对胡适意见的尊重，但也未始没有梁氏自家观念的内在微调。如梁在1918年“前清一代学术备忘录”中已将毛奇龄在经学列表中的位次提升。③ 然在《概论》语境中，此段与前述第五节梁启超评价毛氏为“最初之革命者”形成照应。

而取代这一删减的为如是两段：

> 方东树之《汉学商兑》，却为清代一极有价值之书。其书成于嘉庆间，正值正统派炙手可热之时，奋然与抗，亦一种革命事业也。其书为宋学辩护处，固多迂旧，其针砭汉学家处，却多切中其病……后此治汉学者颇欲调和汉宋……盖颇受此书之反响云。
>
> 在全盛期与蜕分期之间，有一重要人物，曰会稽章学诚。学诚不屑屑于考证之学，与正统派异。……与今文家异。然其所著《文史通义》，实为乾嘉后思想解放之源泉……书中创见类此者不

① 梁启超：《前清一代中国思想界之蜕变》，《改造》第3卷第4号，1920年，第21—22页。

② 参见胡适著，曹伯言整理《胡适日记全编》（第三卷），第162页。

③ 参见夏晓虹《梁启超家庭讲学考述》，《梁启超：在政治与学术之间》，第211页。

> 可悉数，实为晚清学者开拓心胸，非直史家之杰而已。[①]

增减之间，或因梁氏更重视正面阐发清学学者独立、求疑的科学精神，而非对其论作是否为“大言”的实体判断。[②]

《概论》还有两处绝大增加不离科学精神，一是惠栋与戴震的比较。《概论》增加了惠栋一节，这除了令学术谱系更完整外，似更有对比以揄扬戴震的作用，第十节称：“共推惠栋、戴震，而戴学之精深，实过于惠。今略述二人之著述言论及其传授之绪，资比较焉。”[③] 第十一节则直言：“戴学所以异于惠学者，惠仅淹博，而戴则识断且精审也。”[④] 汉学正宗的惠学“凡古必真，凡汉皆好”，可谓只有静态的知识观，戴震“无稽者不信，不信必反复参证而后即安，以故胸中所得，皆破出传注重围”[⑤] 所体现的怀疑、考证精神和由此产生的有力识见，则是更可贵的、动态的科学精神的体现。

二是新增的第十二节戴氏后学：

> 然则诸公曷为能有此成绩耶？一言以蔽之曰：用科学的研究法而已。……吾尝研察其治学方法。第一曰注意：凡常人容易滑眼看过之处，彼善能注意观察，发现其应特别研究之点；所谓读书得间也。……凡学问上能有发明者，其第一步工夫必恃此也。第二曰虚己：注意观察之后，既获有疑窦，最易以一时主观的感想，轻下判断……考证家决不然，先空明其心，绝不许有一毫先入之见存，惟取客观的资料，为极忠实的研究。第三曰立说：研究非散漫无纪也，先立一假定之说以为标准焉。第四曰搜证：既立一说，绝不遽

① 梁启超：《概论》，第113—114页。

② 方东树本节前文已有提及，章学诚进入看似突兀，实际不然。因《蜕变》第二节叙启蒙期代表人物黄宗羲、万斯同流衍曾云“其后则衍为全祖望、章学诚等，于清学为别派”，说明章氏本亦在注意范围内。同时还可纳入考察的，是胡适在1921年写就的《章实斋年谱》。

③ 梁启超：《概论》，第51页。

④ 梁启超：《概论》，第61页。

⑤ 梁启超：《概论》，第60页。

> 信为定论，乃广集证据，务求按诸同类之事实而皆合……第五曰断案，第六曰推论。经数番归纳研究之后，则可以得正确之断案矣，既得断案，则可以推论于同类之事项而无阂也。王引之《经传释词》自序云……此自言其治学次第及应用之法颇详明……此清学所以异于前代，而永足为我辈程式者也。①

此前在《大势》中，梁启超已经注意到清代学者的科学精神，分四点述说，其四即为“善用比较法，胪举多数之异说，而下正确之折衷”②。《蜕变》稿中更有相似论说，在《概论》定本也得以保留，见诸第十七节解说清儒所用归纳法与科学精神（见前文），并且紧接着指出这不只是王念孙父子的“治学次第及应用之法”，“此清学所以异于前代而永足为我辈程式者也”③。

这与胡适对清代学者的科学精神之相关论述较接近。胡适《清代学者的治学方法》提出“大胆假设，小心求证”，并以戴氏后学王念孙、王引之、段玉裁、钱大昕的音韵学、训诂学、校勘学为例，证明清代朴学“归纳和演绎同时并用的科学方法”④ 何以暗合科学的精神，并着意强调“汉学家的长处就在他们有假设通则的能力。因为有假设的能力，又能处处求证据来证实假设的是非，所以汉学家的训诂学有科学的价值”⑤。

## 四　梁启超科学观的另一维度：如何认识学问的有用性

梁启超在反复思索与申说科学的研究精神之余，另有一番跳出科学

---

① 梁启超：《概论》，第 74—76 页。

② 梁启超：《论中国学术思想变迁之大势》，梁启超著，夏晓虹点校《清代学术概论》，第 104 页。

③ 梁启超：《概论》，第 74—76 页。

④ 胡适：《清代学者的治学方法》，欧阳哲生编《胡适文集 2 · 胡适文存》，第 263 页。

⑤ 胡适：《清代学者的治学方法》，欧阳哲生编《胡适文集 2 · 胡适文存》，第 268 页。

研究的非理性主义哲学的思考。第一次世界大战的疮痍激发了梁启超对西方文明的反思，他在作《概论》前一年写作的《欧游心影录》批判科学打乱了旧宗教和哲学，“把一切内部生活、外部生活都归到物质运动的‘必然法则’之下”，“意志既不能自由，还有什么善恶的责任?”最终令乐利主义、强权主义得势。①

在此情境下，文本比勘或许可提供一种考察线索。《蜕变》第十一节末曾讨论朴学有用无用的问题：

> 实则学问有用之与无用，界说至难定也。哲学则何用者？谈空说有而已。科学号称最有用，学者在讲堂在化验室中，说公理说公式，则何用者？其应用之则别有人矣。凡真学者之态度，皆为学问而治学问，夫“学以致用”云者，以所用为目的，学问为达此目的之一手段也。为学问而治学问者，学问即目的，故更无有用无用之可言。老子曰：“三十辐共一毂，当其无，有车之用。”学问之本质盖如是也。故就学者之见地论之，只当问成为学不成为学，不当问有用与无用。非如此，则学问不能独立不能发达。夫此学派则真能成为学者也，其在我国文化史上有价值者以此。②

可以看到，梁启超明确提出清学“为学问而治学问”，“学问即目的”，乃是针对世人以“有用”为标准而贬低清学的辩驳。这在第二节已涉及：“启蒙派抱通经致用之观念，故喜言成败得失经世之务；正统派则为考证而考证，为经学而治经学。”③

《概论》则对此进行了具体发挥，梁启超对其文字做了不少修润，调整为：

---

① 梁启超：《欧游心影录》，《梁启超全集》，北京出版社1999年版，第2973页。
② 梁启超：《前清一代中国思想界之蜕变》，《改造》第3卷第4号，1920年，第8—9页。
③ 梁启超：《前清一代中国思想界之蜕变》，《改造》第3卷第3号，1920年，第4页。

> 正统派所治之学，为有用耶？为无用耶？此甚难言。试持以与现代世界诸学科比较，则其大部分属于无用，此无可讳言也。虽然，有用无用云者，不过相对的名词。老子曰："三十辐共一毂，当其无，有车之用。"此言乎以无用为用也。循斯义也，则凡真学者之态度，皆当为学问而治学问；夫用之云者，以所用为目的，学问则为此发达目的之一手段也；为学问而治学问者，学问即目的，故更无有用无用之可言。庄子称："不龟手之药，或以霸，或不免于洴澼絖。"此言乎为用不为用，存乎其人也。循斯义也，则同是一学，在某时某地某人治之为极无用者，易时易地易人治之，可变为极有用，是故难言也。其实就纯粹的学者之见地论之，只当问成为学不成为学，不必问有用与无用。①

对照之可见：《蜕变》以提出观点为主，《概论》则辩证论之，将哲学、科学两个例子简化为"此甚难言"一句，实际减少论述漏洞，其后用《老子》《庄子》提领，用"循斯义"引申，分"无用为用"和"为用不为用，存乎其人"两种情况，结构相对，行文严整，条贯清晰，可见重订此段时的字句斟酌。

清学之有用无用，梁启超在《大势》中的论断偏向后者。他曾对考据学有正面评价，如"有清学者以实事求是为学鹄，饶有科学的精神，而更辅以分业的组织"，本来尚有"惜乎其用不广，而仅寄诸琐琐之考据"② 之语，但在《概论》的自序中则只引了前半句。《大势》对"乾嘉间"一节多有恶评。《概论》中却由消极而变积极，花费笔墨为考据派申辩。

究其原因，当是时代的不同造就了梁启超思考重心之起落。写作《大势》之际，国家刚刚经历过庚子大乱，科举尚未废除，新学尚属萌

① 梁启超：《概论》，第79—80页。

② 梁启超：《论中国学术思想变迁之大势》，梁启超著，夏晓虹点校《清代学术概论》，第103页。

芽，梁启超亦需要批评考据琐细，而二十年后，两千年未有之变局已然向新学大幅推进。梁氏“清代学术”所涉及的范畴在近代学术体系下，只是相对远离现实生活的一个分支而已，对救亡图存的价值较小，在纷纷兴起的新学堂中也日趋边缘化。

故而，一方面，梁启超此时强调清学在（传统）学术史上的崇高地位，重点已经不完全放在清学研究的对象实体上，而是同时提炼出一种普适的、适应现代的科学精神，以期启迪其他学科和整个社会；另一方面，为了避免清学研究的方法论价值随着本体论价值一起被边缘化，他暗示不必在意清学研究的对象实体作为手段是否经世致用，应将重点放在它们作为学问之目的所表现出来的科学精神之上。“语一时代学术之兴替，实不必问其研究之种类，而惟当问其研究之精神。”①

由此，梁启超在科学观上实现了对清学两个层次的揄扬。一是肯认了清学本身研究理念和方法的科学性；二是强调了学者和学问的纯粹性，否认清学研究的无用性，从根本上塑造了其价值的不可磨灭性。

如果把观察目光再投远一点，可以发现梁启超对学问“不必问有用与无用”的立场，与他后些年对科学的反思一脉相承。国内对科学的提倡已经声音大强，甚至在陈独秀辈看来科学可成为“新宗教”时，梁启超在《欧游心影录》中却已经有了“绝不承认科学破产，不过也不承认科学万能”的反思②，1923年的《人生观与科学》一文又明确提出情感是“绝对的超科学”，批判物质的、机械的、功利的科学主义让人成为“消耗面包的机器”。本来自居为论战中的居中派的梁启超还因此被“科学派”划入反对派、玄学派的阵营。③

① 梁启超：《概论》，第175页。

② 梁启超：《欧游心影录》，《梁启超全集》，第2974页。

③ 魏万磊：《由科玄论战的外围看“文化保守阵营”的复杂性》，《中国社会科学院研究生院学报》2019年第1期。

梁启超当然不是科学的反对者，他仍然是一个追寻进步的审慎的现代主义者①，他始终肯定科学的研究理念与方法，只是不认为科学能研究一切，或一切都需要以科学尺度来评价功用。他思想中日渐浓重的对情感价值的揄扬、不计成败的“趣味主义”②，不仅使他在以国民常识教育民众时，以“有用”的社会科学为主转向侧重“无用”的人文科学③，亦令其在学术史中开始珍视学问的“无用性”或者说“无关有用性”，而以一种新的眼光看待学问④。

在《概论》中，梁启超似乎还是一种“无用很可能变成有用”的论调，即“极无用者，易时易地易人治之，可变为极有用”。但结合其后来的思想，梁启超可谓进一步侧重于“只当问成为学不成为学，不必问有用与无用”的本义。

例如，梁氏虽然把清代视为中国之文艺复兴时代，但强调其不如先秦，又与欧洲文艺复兴存在一处重大差别。他推崇将中国先秦和欧洲文艺复兴时期科学的方法与文艺的美学相联通，真美合一，强调儒学资源的情感价值，“认为孔子的伟大在于能把‘知’‘情’‘义’调和得非常完美”⑤。他批评清儒“崇实黜华”和晚近欧洲文化中以科学理性排斥情感的动向。⑥ 再如《中国韵文里头所表现的情感》之类撰述从最初注重文学作品之社会功用转向重新宣说作品的情感价值，以此返观《概论》蒋百里序言中的“当世士大夫大声以倡科学，而迄今乃未有成者”⑦ 的原因，自也另有了一番解释。

---

① 高力克：《晚年梁启超的文化自觉：〈欧游心影录〉的现代性反思》，《学习与探索》2019 年第 2 期。

② 对梁启超的趣味主义的分析，参见陈望衡《趣味与人生：人生论美学的一种维度》，《社会科学战线》2017 年第 10 期。

③ 夏晓虹：《梁启超的“常识”观》，《天津社会科学》2014 年第 1 期。

④ 夏晓虹：《阅读梁启超》，生活·读书·新知三联书店 2006 年版，第 269—270 页。

⑤ 张翼飞：《中国近代的“现代化困境”：现代性视角下的五四东西文化论战》，《学习与探索》2019 年第 2 期。

⑥ 张冠夫：《梁启超〈清代学术概论〉中的清代文学美术论》，《华中师范大学学报》（人文社会科学版）2014 年第 5 期。

⑦ 蒋百里：《序》，梁启超《概论》，第 1 页。

## 五　揄扬清学的本意是爱护国故、致就新文化

科学的精神并非只源于清学，但梁启超努力揄扬清学的科学性，又为何故？他整顿国学，从中寻找接榫或对抗西学的资源，应当并不只是为治学问而治学问，而是大有其社会关怀在。较之胡适等更为新派的、主张“全盘西化”的思想家，梁启超始终存有一个中西文化并重、“两文明结婚”的念头①，希望可以建立与西方对接的中国“新道学”，更要实现在“科学之上”求中国传统“身心之学以为之原”②。

梁启超对与胡适互动的期待、对共学社著作与蒋百里的西学论著的推扬皆是对现实的因应。又如梁启超对青年提出的几点希望：

> 第一步，要人人存一个尊重爱护本国文化的诚意。第二步，要用那西洋人研究学问的方法研究他，得他的真相。第三步，把自己的文化综合起来，还拿别人的来补助他，叫他起一种化合作用，成了一个新文化系统。第四步，把这新系统往外扩充，叫人类全体都得着他好处。③

此亦可视为他用心以科学的研究方法总结清学、揄扬清学的目的，也可谓他赞赏的“情感价值”的体现。胡适称《概论》为“聪明的著述”④，亦可谓意味深长。

---

① 杨萌芽：《传承与断裂：梁启超与胡适思想之若干比较》，《兰州学刊》2006年第9期。

② 梁启超：《德育鉴》，《饮冰室合集》（第7册），中华书局1989年版，第23页。

③ 梁启超：《欧游心影录》，《梁启超全集》，第2987页。

④ 胡适著，曹伯言整理《胡适日记全编》（第三卷），第240页。

# 寻根文学的现代性精神特征分析*

◇熊修雨**

**摘　要：** 寻根文学是20世纪中国文学现代性追求历史进程中的一个重要环节，以文学和文化的方式参与了中国当代社会的现代性探询与精神建构。寻根文学中蕴含着强烈的现代性精神诉求，体现出鲜明的现代性精神特征。因此，从现代性的相关理论维度来剖析寻根文学的现代性精神追求，不仅可以深化对寻根文学的理解，而且有助于我们认识20世纪80年代以来中国文学现代性探询的方向及努力。寻根文学体现出现代性的政治属性、时间属性和经济属性；反思性是寻根文学的重要精神特征，文化反思带来以“苍凉”为特征的审美现代性艺术体验。

**关键词：** 寻根文学　现代性　文化反思

现代性是深蕴于20世纪以来中国文学的内在精神驱力。言必称现代性，是20世纪80年代以来中国当代文学与文化思潮的共同言说特征。寻根文学是20世纪中国文学现代性追求历史进程中的一个重要环节，以文学和文化的方式参与了中国当代社会的现代性探询与精神建构。寻根文学萌生于20世纪80年代上半期中国特定的政治、经济和文化语境之中，其中充满了碰撞冲突的现代性文化张力。彼时，一方面，不断展开的思想解放运动导致了启蒙主义文化语境的重现，整个社会充满了对启蒙现代性精神的诉求；另一方面，改革开放拉开了中国社会现代化建设的帷幕，向世界敞开了中国的大门，从而开启了中国全球化的历史进程。全球化既是一种经济进程，又是一种文化进程。这种全球化

* ［基金项目］教育部人文社会科学研究规划基金项目“中国当代寻根文学批评研究及其研究史料选编”，项目编号：18YJA751032。

** 熊修雨，北京师范大学文学院教授，主要研究方向为中国当代文学与文化。

的发展方向，正是寻根文学的努力目标所在。寻根文学有强烈的民族文化认同和现代主义艺术冲动，体现了 80 年代以来中国文学本土文化意识的觉醒和走向世界的艺术渴望。置身于这种启蒙和开放文化语境中的寻根文学，无疑具有强烈的现代性精神诉求，体现出鲜明的现代性精神特征。因此，从现代性的相关理论维度来剖析寻根文学的现代性精神追求，不仅可以深化我们对寻根文学的理解，而且有助于我们认识 80 年代以来中国文学现代性探询的方向及努力。尤其在加强传统文化建设的今天，这种理解和认识，对于中国当代文学与文化的现代性精神建构及未来发展走向，具有重要的借鉴和启发意义。

## 一

什么是现代性？这是一个众说纷纭的概念，“如尼采曾经说过的，历史性概念没有定义，只有历史”[①]。尽管相当多的人试图为现代性下定义，但迄今为止，现代性仍没有一个完整的定义。现代性是一个多维的意义复合体，而且始终处在发展演变之中，所以，我们需要做的，是从不同维度确认它的特征，为我们认识寻根文学的现代性精神诉求提供理论指引。

作为一种历史意识和价值观念，现代性的出现显然是一个渐进的历史过程。现代性萌生于西方，是伴随欧洲文艺复兴运动而出现的一种新的现代社会精神。文艺复兴运动以反对欧洲中世纪的封建神权、倡导人的解放为宗旨，本质上是一次资产阶级文化运动。陈晓明认为，现代性随着资本主义的兴起而出现，最终形成于 18 世纪。[②] 马泰·卡林内斯库在《现代性的五副面孔》中，从历时性的角度，描述了现代性产生以来的五种发展形态：现代主义、先锋派、颓废、媚俗主义和后现代主

① 〔美〕马泰·卡林内斯库：《现代性的五副面孔·中译本序言》，商务印书馆 2010 年版，第 2 页。

② 陈晓明：《导言：现代性与文学研究的新视野》，《现代性与中国当代文学转型》，云南人民出版社 2003 年版，第 4 页。

义。这五种形态的演变与西方资本主义的经济和文化发展事实直接相关。这表明“现代性”是一个历史概念，与经济和社会的发展息息相关，是资本主义社会发展的产物。

从词源学来看，现代性的英文表述是“modernity”，其词根是“modern”（现代），由拉丁文“modenrus”（现时的）一词派生而来。“Modenrus”一词在中世纪就已经出现，与“past”（过去）和“tradition”（传统）意义相对。所以，“现代性”最初的意义是一个时间概念，表明现代与过去的对立，具有历史断代特征。这种具有对立性的时间意识，从达尔文的生物进化论来看，表明的是一种基于线性时间观的历史进步理论，也就是现在优于过去，离现在越近越好，永远指向发展和未来。所以，后人在定义“modernity”（现代性）时，往往又会将它与“improve”（进步）和“progress”（发展）相联系，意思是现代性是一个表示社会进步和发展的理论。而“improve”和“progress”这两个词本身属于经济学范畴，在现代社会，经济的发展程度往往被看作社会现代化实现水平的衡量标准。所以，作为一种精神概念的“现代性”又与具有极大物质属性的现代化相关联。在很多时候，特别是在一些发展中国家和地区，现代化往往就被当成现代性。吉登斯就认为：“我们应该把资本主义和工业主义看成是现代性制度的两个彼此不同的‘组织类型’或‘维度’。”① 这种词源学的考察，至少可以告诉我们两点：第一，“现代性”是一个时间概念，意味着与传统的断裂；第二，现代性具有经济属性，经济现代化水平往往是衡量精神现代性程度的一个重要标尺。

现代化固然可以理所当然地成为现代性的重要表现，但是现代化在高速发展和向世界蔓延的过程中，也滋生了自己的对立面情绪，那就是对现代化负面效应的不满与反思。现代化虽然给人类创造了大量的物质财富，提供了众多的生活便利，但也带来了环境污染、自然资源破坏和人性异化等一系列问题，从而催生了现代化的灾难。所以，几乎在现代化向世界蔓延的同时，反现代化的浪潮就出现了。这种反

① 〔英〕安东尼·吉登斯：《现代性的后果》，田禾译，译林出版社 2000 年版，第 49 页。

现代化的浪潮，其实是对现代化的理性反思和批判，是现代性的另一种表现。欧洲18世纪兴起的大规模的浪漫主义文学运动（如卢梭等），抵制工业文明，倡导向农业文明回归，在潜在心理上，就是对现代化的一种反动，是对汹涌而来的世俗现代化浪潮的某种担忧和抗拒。也正因此，美国学者艾恺说："对乡村社会、乡民和中世纪（常常包括宗教在内）等的加以提升和歌颂，在浪漫文化民族主义思潮中几乎是无处不见的主题。"① 这种乡土文化抒情，其实就是对工业文明的抵制和对农业文明的赞颂。吉登斯认为，现代社会的一个重要特征就是"知识的反思性"。人类具有思维，能够不断地检视自己，这是现代社会进步的主体能力保障。所以，他认为，现代性"并不是为新事物而接受新事物，而是对整个反思性的认定，这当然也包括对反思性自身的反思"②。这表明，反思性是现代性的内在固有属性，几乎是现代性与生俱来的一面镜子。

反思现代性在审美的意义上表现为审美现代性，其从审美的角度来表现传统与现代或农业文明与工业文明之间的冲突，表现审美主体处于其间的二难选择困境，充满感伤气息和抒情色彩，具有诗性特征和挽歌情调。审美现代性是一种源于审美主体的现代性美感体验，其具体表现就是历史与审美的冲突，或者叫作启蒙与审美的冲突。卡林内斯库认为，现代性表现为两种形式："作为西方文明史一个阶段的现代性同作为美学概念的现代性。"③ 二者之间的关系是："作为一个文化或美学概念的现代性，似乎总是与作为社会范畴的现代性处于对立之中，这也就是许多西方思想家所指出的现代性的矛盾及其危机。"④ 波德莱尔在《现代生活的画家》一文中提出了一种新的现代性阐释："现代性是艺术昙花一现，难以捉摸，不可预料的一半，艺术的另一半是永恒和不可改变的。"在这里，波德莱尔指出了现代性的两种形态，一种是"永恒

① 〔美〕艾恺：《世界范围内的反现代化思潮》，贵州人民出版社1991年版，第91页。
② 〔英〕安东尼·吉登斯：《现代性的后果》，田禾译，第34页。
③ 〔美〕马泰·卡林内斯库：《现代性的五副面孔》，第48页。
④ 〔美〕马泰·卡林内斯库：《现代性的五副面孔·总序》，第3页。

和不可改变的”，指的是那种建立在理性指导下的启蒙现代性；另一种是“昙花一现，难以捉摸，不可预料的”，指的是那种建立在个人主观认识基础上的审美现代性，因人不同，因时而异。卡林内斯库认为，波德莱尔是最早“将美学现代性同传统对立起来，而且将它同实际的资产阶级文明现代性对立起来的艺术家之一”。① 审美现代性概念的出现，打破了启蒙现代性的理性专制局面。它使那些被理性压抑和排斥在外的文学传统、伦理道德等重新进入文学审美。它打破了那种功利性的文学审美观念，恢复了文学审美意义的多元化和不确定性。它把个人感性从理性桎梏中解放出来，肯定文学审美中的个人主观能动性。审美现代性的这些意义和功能，使它成为现代性的一种重要的美学风格和体验特征。

除此之外，还有一点不容忽视，那就是现代性的政治属性。对现代民族国家或现代民主政治的追求，是现代性的重要目标和表现，这在第三世界国家民族解放和民族独立运动的过程中表现得尤为突出。这种政治属性，在西方现代性的发展过程中并不明显，但在后来广大第三世界国家民族独立解放运动过程中却表现得特别突出，对其而言，政治属性乃现代性首要之义。南京大学周宪教授认为：“在某种意义上说，现代性涉及以下四种历史进程之间复杂的互动关系：政治的、经济的、社会的和文化的过程。”② 政治属性成为其考量现代性的首要因素。

从以上简略论述中，我们可以大致厘清现代性概念的几个主要属性或特征：第一，现代性具有政治属性；第二，现代性具有时间属性；第三，现代性具有经济属性；第四，现代性具有文化反思特征，审美现代性是反思现代性的重要美学体验特征。这些认识，为我们认识寻根文学的现代性精神指向提供了重要的理论指引。

我们可以上述现代性的几个主要属性为指导，来分析寻根文学的现代性精神特征。

---

① 〔美〕马泰·卡林内斯库：《现代性的五副面孔·导论》，第 11 页。

② 〔美〕马泰·卡林内斯库：《现代性的五副面孔·总序》，第 3 页。

## 二

第一，寻根文学的政治诉求。自晚清以来，对建立一个独立、自由、民主、富强的现代民族国家的追求始终是中国知识分子们梦寐以求的目标，也是 20 世纪以来中国社会最大的现代性目标追求所在。20 世纪 80 年代中期的寻根文学有强烈的民族文化认同和走向世界的渴望，这是新形势下文学现代性精神诉求的特别表现，是“五四”以来现代民族国家理想的重现及其时代发展。对寻根作家们来说，固然不存在民族国家建构的宏大使命，但是在 20 世纪 80 年代初的文化语境中，却存在民族文化认同及走向世界的迫切需要。受 50—70 年代的民族文化虚无主义的影响，80 年代初，整个社会出现了民族文化危机，特别是面对汹涌而来的强势的西方现代文化，人们普遍地感到一种文化的压迫感和失落感。如何重建民族传统文化，恢复文化自信，如何走向世界并在世界文化舞台上获得一席之地，是寻根作家们所面临的迫切的时代命题。

民族文化认同是对民族传统文化价值的自我确认。寻根作家的理论宣言中，普遍有民族文化认同的热情及走向世界的渴望。“我们/中国”与“世界”成为寻根作家们经常使用的一组相对而又相关的概念。例如韩少功在《文学的“根”》中直接说：“万端变化中，中国还是中国，尤其是在文学艺术方面，在民族的深层精神和文化物质方面，我们有民族的自我。我们的责任是释放现代观念的热能，来重铸和镀亮这种自我。”① 重铸和镀亮“民族的自我”，就是一种明确的民族文化认同意识。李杭育在《文化的“尴尬”》中，一直有感于中国民族传统文化的缺失，并为此感到“尴尬”：“倘使我们的文学里没有一点自己的气味，自己的面孔，那我们又何必做人做文呢？我们跑到世界上去，人家问起

① 韩少功：《文学的“根”》，《作家》1985 年第 4 期。

来，我们算什么人呢？我们的作品算是个什么东西呢？”[①] 由此，他希望获得一种“开放性”的民族意识，潜在表达的也是对民族传统文化的认同心理。

寻根作家们对民族文化的认同，是对自身文化价值和力量的发掘与累积，目的还是走向世界，与世界文化对话，确认自身在世界文化中的地位和价值。在20世纪80年代充满竞争意识的世界文化语境中，如何才能屹立于世界民族文化之林，是一个时代的政治和文化命题。新时期以来轰轰烈烈展开的改革开放拉近了中国与世界的距离。“世界”作为一个强大的充满诱惑力和压迫性力量的“他者”，一下子矗立在中国人面前。对处于第三世界发展中的中国来说，“世界”其实就是西方，世界文化其实就是现代化。对现代化的追求，既是一个文化的命题，在当时，更是一个政治的命题，是20世纪80年代以来中国社会最大的现代性目标所在。寻根作家们在各自的言论中，直接表达了对“世界”的向往。韩少功希望寻找和重建一个可以与世界对话的东方，表明了一种世界性的文化视野。[②] 阿城则从“限制即自由”这个哲学命题出发，考虑中国文学与世界文学对话的问题：“没有一个强大的、独特的文化限制，大约是不好达到文学先进水平这种自由的，同样也是与世界文化对不起话的。”[③] 郑万隆则直接表达了“中国文学要走向世界”的愿望。[④] 郑义有感于“五四”和“文革”时期两个“文化断裂带”的出现，导致了一代人文化意识的匮乏，阻断了与世界文化的交流，认为“一代人能跨越民族文化断裂带，终于走向世界”[⑤]，表达了借助文化走向世界的愿望。还有贾平凹对“商州”、莫言对“高密”文学地理的营造，在潜在心理上，都受到了美国作家福克纳对家乡“约克那帕塔法”小县城和哥伦比亚作家马尔克斯对家乡马孔多小镇的文学书写的影响，都

---

① 李杭育：《文化的“尴尬”》，《文学评论》1986年第2期。

② 韩少功：《东方的寻找与重建》，《湖南文学》1986年第1期。

③ 阿城：《文化制约着人类》，《文艺报》1985年7月6日。

④ 郑万隆：《中国文学要走向世界——从植根于“文化岩层”谈起》，《作家》1986年第1期。

⑤ 郑义：《跨越文化断裂带》，《文艺报》1985年7月13日。

暗含着一个走向世界的文学愿望。对寻根作家们而言，这种走向世界的愿望与他们的民族文化认同之间相互关联，既是目的，也是动力。这种民族国家文化认同和走向世界的愿望，是 20 世纪 80 年代以来中国社会政治文化的主要目标，也是中国当代社会现代性追求的重要的价值体现。

第二，寻根文学的时间意识。现代性的时间特征，意味着时间不同，现代性的内涵也不同。现代性与传统之间，是一种时间断裂关系。现代性在不断地告别传统的过程中，展现出新面孔，推动着社会的发展。寻根文学有强烈的时间意识，主要表现为两种：一种是传统与现代的对立；另一种是现代文明发展进程中的时间落后感和紧迫感。而很多时候，这两种时间意识是交织在一起的。

在韩少功的《爸爸爸》中，这两种时间意识都有所体现。鸡头寨在时间表现上，是原始的、封闭的、凝滞的，如同一潭死水。小说中的环境，如同化外之地；人物的活动和思维，给人一种原始初民的感觉。但是，小说中又通过一位游走于山内和山外的浪荡子德龙，将一些现代文明的象征物，比如打火机、镜子等，带到山内，从而表明了一种现代的时间属性。而且，小说中还出现了一位新派人物仲满，满嘴新词汇，经常对现实不满，同样表明了一种新的时间属性。这种原始与现代之间的冲突，体现的是两种时间的冲突，表明了传统与现代的对立。鸡头寨既属于浑浑噩噩的过去，又属于历史的当下——现在。在象征的意义上，鸡头寨可以视为中国的缩影，小说中僵化、凝滞的时间意识，表明的是在世界现代文明发展的历史进程中，中国文化发展显得严重封闭、滞后，存在文明危机。这种时间观念，体现出一种现代性视角的文化启蒙意识。

郑义的《老井》中，写到老井村世世代代为了求雨和挖井取水，做了种种努力，极其原始、悲壮和惨烈。主人公孙旺泉为了完成替乡亲们挖井的使命，也义不容辞地走上了先辈的道路，拒绝了恋人赵巧英远走高飞的进城要求。这种人物和故事的书写，在时间感觉上，同样给人一种凝滞、静止之感。孙旺泉和他的父辈、祖辈们相比，到底又有什么不同？很难见到。孙旺泉被誉为“小龙转世”，“转世”意味着时间的循环，他不过是传统的延续和化身而已。同样，老井村的时间似乎也在转圈儿，一拨拨的打井队走了又来，来了又走，老井村依然如故，打不出水。小说中时间的落后感和凝滞感随处可见。小说中对物质层面的贫困和老井村人的僵化思维的书写，就是最鲜明的例子。在世界现代化的大潮中，老井村人还在延续着传统的思维和生活方式，为了生存而打井，用种种原始的方法打井，用充满迷信色彩的方式求雨，看不出时间发展所带来的新的变化。时间在老井村似乎停滞不前，老井村似乎也被排除在现代文明之外。同样的情况还可见于郑义的另一篇小说《远村》，杨万牛为了心爱的女人叶叶拉了二十年“边套”。二十年，作为一段不算短的时间，在小说中几乎也是静止的。二十年前如此，二十年后还是如此，除了人物变老之外，其余的似乎都没有变。这种有形的和无形的时间描写，除了体现出文明的落后感和紧迫感之外，还都暗含着变革的要求，体现出传统与现代的对立。

还有在张承志的《黑骏马》中，年轻女性的代表索米娅和老年女性的代表额吉，在年龄身份上是两代人，但在本质上，很难说二者有什么不同。在文明的进程中，时间对她们而言其实也是停滞的。索米娅最后很自然地走上了老奶奶的道路，同时，这也是无数蒙古草原女人的人生之路和命运之路，一代代重复着。作者以一种现代文明的视角来审视以她们为代表的草原人们的生活，发掘出其中的蒙昧、混沌和不幸，展现出现代与传统之间的对立。莫言的《红高粱》中，“我爷爷”与“我奶奶”、“父亲”和“我”之间，明显呈现出一种断代的时间特征，文化属性各不相同，在时间意义上，表明的是现代与传统的断裂，一代不如一代，即种的退化。

寻根文学中，对时间意识表现得最为强烈的是藏族作家扎西达娃。他的那两部非常有影响的西藏文化寻根小说《西藏，系在皮绳扣上的魂》和《西藏，隐秘岁月》，都直接以时间作为标题，以特别醒目的方式，表达了藏族现代文明发展进程中在时间上的滞后感和紧迫感，指出了时间意识对于西藏文明发展的特殊意义。这种时间意识的凸显，使扎西达娃的这两部作品体现出强烈的现代性精神诉求，直至今天，仍然具有迫切的现实意义。

第三，寻根文学的经济属性。经济属性其实就是物质属性。寻根文学重在对文化的书写，但文化不能凭空表达，必须借助物质才能体现，所以，寻根文学中出现了大量的物质书写。阿城的《棋王》中，王一生专注于“吃”，食物不求精美，但求温饱，追求“顿顿饱即是福”。这种书写，看似简单自然，实则不正刻画了那个灰色年代食物匮乏和人们刻骨铭心的饥饿记忆吗？这也正是 20 世纪 80 年代相当多的作家作品共同书写“吃”和“饥饿”的根本原因。例如汪曾祺的作品中有大量的对“吃”的描写，陆文夫的《美食家》中有对“美食”的大量介绍，张贤亮的《绿化树》中有对“饥饿”的刻骨铭心的记忆，刘恒的《狗日的粮食》中有对粮食的特别关注等。对这个问题的重视，体现的是一种民本主义原则，是对人的生存状况的正视。只有满足了人们最基本的物质需要，才能谈得上其他的追求和社会的发展。对个人如此，对民族、国家、社会，同样也是如此。在这种意义上，寻根文学中的这种物质书写，具有鲜明的现代性意义。

李杭育的《最后一个渔佬儿》中的主人公福奎，固守传统的生活方式，但穷得只有一条破船栖身，连裤头都是相好阿七给的。因为穷，交往多年的相好娶不起，最终只能眼睁睁地看着她另投他人。作者在此表现出了一种文化两难：坚守传统，可以保持人格的独立、自由；但拒绝现代，却意味着贫穷、孤独。经济的差距拉开了传统与现代之间的距离，经济因素成为衡量作品现代性程度的一个重要标尺。在郑义《远村》中，穷倒一片，穷得人直不起腰，穷得人没有尊严。作者甚至直接发出感叹：“这个山沟，狼多，狐多，石头多，就是缺个钱。”“钱”，作为一种物质经济表达，是现实中很多问题的决定因素。正是因为穷，拿不出彩礼，主人公杨万牛娶不起心爱的女人叶叶，只能眼看着她以换亲的方式嫁给张四奎，屈辱地给他们拉了二十多年的“边套”。经济的贫困转化为文化的悲哀，而文化的悲哀又导致人格的屈辱。贫穷的现实催生了畸形的文化，“拉边套”陋俗应时而生。面对这样的现实，人的价值和尊严根本无从谈起。文化的悲哀体现为人的命运悲剧，但背后的关键制约力量却是经济因素。

这样的经济因素书写，在其他寻根文学作品中还有很多。例如莫言的《红高粱》中，“我奶奶”戴凤莲最初被她的父亲以两头骡子的价钱卖给麻风病人李大头，她父亲还沾沾自喜，以为卖了个好价钱。在这种人和物的交换中，人不如物，人的尊严荡然无存。同样，王安忆的《小鲍庄》中，捞渣母亲对小翠子的收养，就有很实际的经济考虑，表面上显得仁义，而实质上却怀着白捡一个童养媳的私心。作者借助于此，从一个侧面揭示了儒家“仁义”文化的虚伪面目。这种经济因素书写，从不同角度体现出寻根文学的现代性精神考量。

第四，我们来看看寻根文学的反思性特征，这是寻根文学中最具文化意蕴和审美价值的现代性表达。反思是人类区别于动物界的一大特征。人类一边前行，一边不断回头检视曾经走过的路，从中汲取经验和力量，这是人类社会不断进步的保证。寻根文学面向民族传统文化的挖掘与审视，是以回头望的姿态来重新检视本土民族文化，并从中寻找力量和依据的。这种行为本身，就是一种文化反思。“文化寻根可以看成是当代中国文学对现代性做出的反思，这种反思在历史和美学的双重意义上，达到了一种深度。”① 在反思中予以文化批判和文化重建是寻根文学的共同思路。在这种意义上，寻根文学的现代性可以称为一种反思现代性。这种反思现代性主要表现为以下几个方面。

首先，对民族传统文化的反思。寻根文学中，文化反思具有多重指向，有的是反思民族文化劣根性并对其进行批判，如韩少功的《爸爸》和李锐的《厚土》系列等，二者都具有“五四”启蒙的那种国民性批判意识；有的是表现民族文化混沌、蒙昧、原始，并对其进

① 陈晓明：《导言：现代性与文学研究的新视野》，《现代性与中国当代文学转型》，第19页。

行现代审视，如张承志的《黑骏马》、韩少功的《爸爸爸》等；有的是对民族传统文化的现代解剖，并对其当代走向予以特别思考，如王安忆的《小鲍庄》等。这种文化反思，深化了人们对民族传统文化的认识。

其次，对作为历史主体的“人”的反思。刘小枫认为：“现代性不仅是一场社会文化的转变，不仅是所有知识事物的转变，而根本上是人本身的转变，是人的身体、欲动、心灵和精神的内在构造本身的转变。”① “人”是文化的主体，对文化的反思其实也是对“人”的反思。寻根文学中，对“人”的反思也有多种指向。

一种是反思人物主体意识蒙昧，缺乏现代理性精神。如《爸爸爸》中，撇开作为民族文化劣根性集大成者的丙崽不说，鸡头寨中其他人，也都是混沌、蒙昧、思维不清的。他们一忽儿称丙崽为“白痴”，对其又打又骂，一忽儿称丙崽为“丙相公”“丙大爷”，对其顶礼膜拜，缺乏理性思维能力。还有《黑骏马》中，作为蒙古草原上两代女性的代表，老奶奶额吉和索米娅都未受到现代文明的洗礼，她们因循守旧，蒙昧麻木，以一种混沌、自然的方式延续着草原的文化和生命。

另一种是对人的主观能动性的反思。在传统文化的长期浸润下，主体往往变得僵化、懦弱，缺乏行动能力，从而变成文化的囚徒。寻根文学对人的主观能动性的缺失予以表现和反思，这可以郑义的《远村》和《老井》为代表。《远村》中的男主人公杨万牛，因袭着传统文化的重负，懦弱、无力，缺乏抗争精神和改变现状的勇气，只是被动地接受命运的安排。他和心爱的女人叶叶之间，上演了一出屈辱的现代爱情悲剧。这种爱情悲剧，既是文化的悲剧，从某种意义上说，也是人的悲剧、性格的悲剧。还有《老井》中的孙旺泉，人送外号“小龙再世”。他以承续传统文化使命为己任，拒绝了恋人赵巧英远走高飞的要求，最终沦为传统文化的牺牲品，

① 刘小枫：《现代性社会理论绪论——现代性与现代中国》，上海三联书店1998年版，第19页。

成为一具刻在崖壁上的无法腾飞的龙。传统文化对他来说既是一种使命，也是一种桎梏，而他缺乏的恰恰就是挣脱这种桎梏的决心和勇气。

还有一种是对当代人的生命力——种的退化的担忧。这主要以莫言为代表。在《红高粱》中，作者塑造了三代人物谱系——“我爷爷”“我奶奶”—“我父亲”—“我”，人物的生命力一代不如一代，从而表达了作者对当代人的人格萎缩和生命力退化的担忧。这种文明的担忧是一个世界性的普泛的文化命题。

最后，对传统文明与现代文明之间矛盾冲突关系的思考。这种思考是西方本来意义上的现代性的反思内涵。但由于中西文化语境的差异，在中国，现代性的反思内涵绝不仅仅局限于传统文明与现代文明之间的冲突，而是有更为宽泛的内容。相较于西方工业文明与农业文明之间的冲突，20 世纪 80 年代的中国，基本上还是一个前工业社会，整个社会的文化冲突还达不到西方的那种层次，而更多地表现为“文明与愚昧的冲突”（季红真语）。例如，在郑万隆的《黄烟》中，山顶上不断冒出黄烟，山民们以为是山神显灵，会给部落带来灾难，为此部落里每年都要用活人来祭祀，但其实这不过是活火山在冒烟而已。青年哲别冒险来到山顶探明了真相，却被部族认为冒犯了山神而成为集体罪人，被乱刀处死。文化的愚昧导致了人的悲剧，令人痛心。《钟》里的鄂伦春青年猎手莫里图与被视为灾星的姑娘恋爱，被认为犯了众忌，给部族招致了灾难，要被杀死用来献祭，文化的愚昧和野蛮令人悲哀。还有张承志的《黑骏马》和 90 年代以后阿来的《尘埃落定》与迟子建的《额尔古纳河右岸》等作品，其中都暗含着“文明与愚昧的冲突”的文化主题，都体现出特定的文化反思。尽管如此，在 20 世纪 80 年代中西文化交流的背景下，西方工业文明的弊病传到中国，再加上中国现代化工业建设正在全面展开，工业文明与农业文明之间的冲突隐现，还是引起了一些寻根作家的担忧和隐约的心理抗拒。所以，20 世纪 80 年代中期出现的寻根文学，其现代性的反思，比起西方原初意义上的文明冲突反思，具有更为深广的文化和人性内涵。

寻根文学中，致力于表现传统文明与现代文明之间矛盾冲突的是作家李杭育。在《最后一个渔佬儿》中，作者通过描写福奎这个人物形象在传统文明与现代文明之间的两难处境，表达了对现代文明理智上认同而情感上排斥的矛盾心理。另一个表现这种传统文明与现代文明冲突的作家是张炜。张炜可以被视为农业文明的守护者和大地上的行吟诗人。他对农业文明有偏执的热爱，对工业文明则有近乎敌视的反抗态度。这种文明冲突成为张炜反复表达的文学主题。特别是90年代以来，他在一系列长篇小说如《九月寓言》《外省书》《刺猬歌》等作品中，都反复演绎了这两种文明的冲突，其态度甚至近乎偏执。在《九月寓言》的《融入野地（代后记)》中，张炜表达了回归自然、回归大地的理想。张炜说："城市是一片被肆意修饰过的野地，我最终将告别它。我想寻找一个原来，一个真实。"[①] 这表明了他对城市文明的拒绝，而他所要寻找的精神寄托，就是野地。他说："当我还一时无法表述'野地'这个概念时，我就想到了融入。因为我单凭直觉就知道，只有在真正的野地里，人可以漠视平凡，发现舞蹈的仙鹤……野地是万物的生母，她子孙满堂却不会衰老。她的乳汁汇流成河，涌入海洋，滋润了万千生灵。"[②] 这种对土地的无尽礼赞，体现的正是张炜的那种带有偏执的对农业文明的向往和对现代工业文明的拒斥。

在艺术审美上，因为反思视角的植入，寻根文学普遍呈现出一种苍凉的悲剧性审美格调。黄子平、陈平原和钱理群三人在《论"二十世纪中国文学"》一文中曾指出，中国现代文学的总体审美特征——悲凉，如同鲁迅所言"悲凉之雾，遍布华林"。他们认为原因是"先觉者的个性解放的热情以及由此带来的文化反思的痛苦"[③]。这种感觉其实就是一种审美现代性体验。寻根文学与此相类似，但又有区别。不同于中国现代文学以"人"为本，注重"人"的遭际、命运和感受，寻根文学是一次面向过去的文化发掘和文化思考，以文化代替社会与现实，以整体替代个人，从而湮没了作为艺术主体的个人化的审美感悟，而呈

① 张炜：《融入野地（代后记)》，《九月寓言》，人民文学出版社2005年版，第296页。

② 张炜：《融入野地（代后记)》，《九月寓言》，第297页。

③ 黄子平、陈平原、钱理群：《论"二十世纪中国文学"》，《文学评论》1985年第5期。

现出一种群体性的审美特征——苍凉。“苍凉”是一种宏观的历史美感，是一种整体性的审美体验，是审美现代性的特定美学风格呈现。历史和文化的悠远、苍茫、博大、厚重，以及由深蕴于其间的文化反思与文化批判所带来的悲剧体验，合力铸就了寻根文学的反思现代性审美特征。

# 王维安史之乱“受伪职”真相辨析

◇邵明珍*

**摘　要**：两《唐书》关于王维“受伪职”“失节”之记载与史实有不少出入。君相代表的朝廷对突发的叛乱局势之严重误判，是导致王维以及大量官员陷入敌手的根本原因。安禄山下命令将王维等“迎置洛阳”，王维却因为企图逃跑而最终被叛军以“刀环筑口，戟枝叉颈”的方式“缚送贼庭”。王维之前一直坚持不屈，其同意出任伪官还另有隐情。王维是肃宗收复洛阳后，第一批被严加甄别的陷贼官员之一。王缙并未因为王维“赎罪”而被削职，王维也没有“下迁”“责授”，而是“官复原阶”。王维因其对皇朝的忠心，受到了皇室成员的高度礼遇。而南宋以后王维因所谓的“失节”被严重污名化，必须加以廓清。

**关键词**：王维　受伪职　安史之乱

早在20世纪50年代，林庚先生就指出：“王维长期以来被人们认为乃是以《辋川集》诸作为代表的山水诗人，这主要是宋元以后的历史原因造成的。……晚年的孤寂之作不过是王维诗歌生平的一个角落，并不代表王维当时的全部成就。我们对王维的诗歌正是久已失去了全面的了解，就是对于他的山水诗，也应该有一个再认识。”① 之后的几十年时间里，对王维其人其作的研究，取得了丰硕的成果，但王维至今因为所谓的“毁节偷生的政治污点”仍遭到严重的“污名化”，长期以来没有得到足够公允之评价。尤其是有关王维在安史之乱中“受伪职”“失节”一事，虽经杨军、毕宝魁等先后撰文做了考证与辨析，一致认

---

*　邵明珍，华东师范大学国际汉语文化学院教授，主要研究方向为唐宋文学、国际汉学。

①　林庚：《唐诗综论·唐代四大诗人》，清华大学出版社2006年版，第105页。按：此为1957年夏在青岛所做报告，1985年9月重加修订。

为王维在安史之乱中并无“变节”行为，而是保持了一个正直大臣应有的节操，但此一认识却未被学界真正认识并接受。如：“战乱中大量唐朝官员成了伪朝新贵，知名者如王维、李华、郑虔等，出任伪职。出土的近40方署有僭伪年号的墓志，也说明在安史集团的威逼利诱下，像张巡、许远和颜杲卿这样能够坚决抗敌、为国殉难的官员只是凤毛麟角，相当多的唐朝官员则是投降附逆，难以坚持政治气节。”① 仅仅因为王维等人没有临难死节，就被长久钉在历史的耻辱柱上，由此造成了对王维其人其作的种种“误读”甚至“曲解”。而种种文学上的“误读”与“曲解”，又与史学研究在某些问题上的不够明晰具有密切关系。因此，笔者认为有必要对王维在安史之乱中所谓“受伪职”一节再做梳理，除了新旧《唐书》，王维撰写的《大唐故临汝郡太守赠秘书监京兆韦公神道碑铭》《为薛使君谢婺州刺史表》《与工部李侍郎书》等相关资料，也值得我们认真探析，以纠正长期以来对王维的严重“污名化”与“误读”现象。

## 一

为了厘清王维“迫任伪官”而“失节”一事，有必要对相关历史记载做一梳理。关于王维之“失节”，《旧唐书·王维传》记载：

> 禄山陷两都，玄宗出幸，维扈从不及，为贼所得。维服药取痢，伪称喑病。禄山素怜之，遣人迎置洛阳，拘于普施寺，迫以伪署。禄山宴其徒于凝碧宫，其乐工皆梨园弟子、教坊工人。维闻之悲恻，潜为诗曰：“万户伤心生野烟，百官何日再朝天？秋槐花落空宫里，凝碧池头奏管弦。”贼平，陷贼官三等定罪。维以《凝碧诗》闻于行在，肃宗嘉之，会缙请削己刑部侍郎以赎兄罪，特宥

① 马强：《大动乱时期的士庶遭际与记忆——基于涉及安史之乱出土唐人墓志的分析》，《陕西师范大学学报》（哲学社会科学版）2016年第4期。

之，责授太子中允。[①]

《新唐书·王维传》的记载差不多：

安禄山反，玄宗西狩，维为贼得，以药下利，阳喑。禄山素知其才，迎置洛阳，迫为给事中。禄山大宴凝碧池，悉召梨园诸工合乐，诸工皆泣，维闻悲甚，赋诗悼痛。贼平，皆下狱。或以诗闻行在，时缙位已显，请削官赎维罪，肃宗亦自怜之，下迁太子中允。久之，迁中庶子，三迁尚书右丞。[②]

学界据此通常认为："天宝十五载（维五十六岁），安史叛军陷长安，王维扈从玄宗不及，为叛军所俘获，乃服药取痢，伪称暗疾；但仍被迫接受伪官。中心悒郁，曾作诗表示哀痛……唐军收复两京（西京长安、东京洛阳）后，作过伪官的分等定罪。王维以上述《凝碧池》一诗得到肃宗哀怜，同时他的弟弟王缙当时官位已高，愿削官为兄赎罪，因此仅降职为太子中允。"[③] 这几乎成为南宋以后关于王维陷贼一事之共识与定论。

针对所谓王维陷贼失节一事，自20世纪80年代开始，杨军、毕宝魁两位教授便根据王维《大唐故临汝郡太守赠秘书监京兆韦公神道碑铭》（以下简称《韦斌碑铭》）的相关记载，认为王维在安史之乱中并无"变节行为"。为便于说明问题，录《韦斌碑铭》相关内容如下：

逆贼安禄山……云诛君侧，尚惑人心。列郡无备，百司安堵，变折冲为贼矣，兼法令而盗之。将逃者已落彀中，谢病者先之死

---

① （后晋）刘昫等：《旧唐书》卷一九〇下《王维传》，中华书局1975年版，第5052页。

② （宋）欧阳修、宋祁：《新唐书》卷二〇二《王维传》，中华书局1975年版，第5765页。

③ 王运熙：《王维与他的诗（代序）》，（唐）王维撰，（清）赵殿成笺注《王右丞集笺注》，上海古籍出版社1961年版，第1—2页。陈贻焮《王维传》的看法也与王运熙基本一致，见《中国历代著名文学家评传》第二卷，山东教育出版社1997年版，第180—181页。

地。密布罗网，遥施陷阱，举足便跌，奋飞即挂。智不能自谋，勇无所致力。贼使其骑劫之以兵，署之以职，以拏为质，遣吏挟行。公溃其腹心，候其间隙，义覆元恶，以雪大耻。呜呼！上京既骇，法驾大迁，天地不仁，谷洛方斗，凿齿入国，磨牙食人。君子为投槛之猿，小臣若丧家之狗。伪疾将遁，以猜见囚。勺饮不入者一旬，秽溺不离者十月；白刃临者四至，赤棒守者五人。刀环筑口，戟枝叉颈，缚送贼庭，实赖天幸，上帝不降罪疾，逆贼恫瘝在身，无暇戮人，自忧为厉。公哀予微节，私予以诚，推食饭我，致馆休我。毕今日欢，泣数行下，示予佩玦，斫手长吁，座客更衣，附耳而语。指其心曰："积愤攻中，流痛成疾，恨不见戮专车之骨，枭枕鼓之头，焚骸四衢，然脐三日。见子而死，知予此心。"之明日而卒。某年月日，绝于洛阳某之私第。以某月日返葬于某原，礼也。皇帝中兴，悲怜其意，下诏褒美，赠秘书监，天下之人谓之赏不失德矣。①

早在1982年，杨军就在其《王维事迹证补》一文中认为《韦斌碑铭》为后世提供了安史之乱中陷贼官员遭遇的真相，从文中可以清楚看到王维深陷囹圄，饱受折磨和屈辱。杨军认为，新旧《唐书》本传称“禄山素知其才，迎置洛阳”之记载不实，恐系猜测之词。② 杨军的观点得到了陈铁民先生的认同，他在《王维生平五事考辨》中也对《韦斌碑铭》做了进一步分析，认为：

这段文字，提供了王维陷贼遭遇的真相，可补充并纠正史传记载之不足与讹误。如根据这段文字，可知王维的“服药取痢，伪成喑疾”，是想借机逃离长安，摆脱安禄山的控制；又维是在备受折磨、侮辱之后，被叛军捆缚，用武力强行押送到洛阳的，所以，

---

① （唐）王维撰，陈铁民校注《王维集校注》卷十一《大唐故临汝郡太守赠秘书监京兆韦公神道碑铭》，中华书局1997年版，第1051—1057页。

② 杨军：《王维事迹证补》，《唐代文学论丛》1982年第2期。

所谓“禄山素怜之，遣人迎置洛阳”，并不是事实。[①]

1992 年，杨军又发表了《王维受伪职史实甄别》一文，继续针对新旧《唐书》、《资治通鉴》关于王维受伪职的记载，分六个问题逐一加以辨析。杨军指出，正史所着重介绍的王维受伪职的经过及其处理的真相是在不适当的渲染中被严重歪曲了，一桩在当时即有肃宗皇帝昭雪的历史旧案被颠倒了。根据杨军的观点，沿用正史旧说形成的诸如“贪生恶死，临难不能尽节”之类的评述也宜改写。[②] 1998 年，毕宝魁《王维安史之乱“受伪职”考评》一文认为：“在安史之乱中王维保持了一个正直大臣应有的节操，丝毫没有变节行为，不但不应受到任何指责，而且应该给予充分的肯定。”[③] 杨、毕二位的考辨，对还原王维“迫任伪官”的事实真相起了重要的廓清作用，值得引起王维研究者的重视，虽然他们的论证也并非无懈可击。2005 年，张炳尉《两〈唐书·王维传〉与〈韦斌碑〉所载王维陷贼事异同辨析》一文对王维是如何陷贼的问题做出了推测，认为两《唐书》记载的安禄山“素怜之”“素知其才”针对的或许是王维的音乐才能而非其政治才能，因此，“在安禄山方面，他下达了‘迎置洛阳’的命令；而在王维方面，在扈从不及为贼所得后，由于有‘迎置’的命令，他不会被加以‘刀环筑口，戟枝叉颈’的对待。他在此时采取了‘服药取痢，伪称喑病’的办法与贼周旋伺机逃跑。但王维的举动引起了叛军的怀疑，最终被加以‘刀环筑口，戟枝叉颈’的对待。这就是《韦斌碑》所谓‘伪疾将遁，以猜见囚’。于是，‘迎置洛阳’最终成了‘缚送贼庭’。而两《唐书》和《韦斌碑》所记载的是同一件事的两个不同的方面”。[④] 这个推论或许更符合当时之实际，比较合情合理。张炳尉的辨析有助于我们进一

① 陈铁民：《王维论稿》，人民文学出版社 2006 年版，第 62 页。

② 杨军：《王维受伪职史实甄别》，《铁道师院学报》1990 年第 2 期。

③ 毕宝魁：《王维安史之乱“受伪职”考评》，《辽宁大学学报》（哲学社会科学版）1998 年第 2 期。

④ 张炳尉：《两〈唐书·王维传〉与〈韦斌碑〉所载王维陷贼事异同辨析》，《文教资料》2005 年第 31 期。

步辨析王维陷贼之真相，起码可以说明王维并没有屈服，他先是服药以图逃脱，在被发现后，也没有低头就范。因此，本来安禄山因为欣赏王维的音乐、绘画才能，下令将王维等“迎置洛阳”，王维却因为企图逃跑而最终被叛军以“刀环筑口，戟枝叉颈”的方式“缚送贼庭”。

## 二

尽管我们不能否认王维确实最终做了安禄山之“伪官”，有一些问题还是需要我们进一步加以辨析。

比如王维以及当时的唐朝官员何以会大量被安史乱军所俘虏的问题。《旧唐书·王维传》：“禄山陷两都，玄宗出幸，维扈从不及，为贼所得。”“扈从不及”乃是王维与大量陷贼官员被叛军俘获的真正原因，但仅仅四个字不能说明当时“扈从不及”的复杂的历史背景。除了少数对唐王朝心怀不满主动投奔者之外，君相代表的朝廷对突发的叛乱局势之严重误判，才是导致大量官员在防备不足的情况下陷入敌手的根本原因。因此，朝廷尤其是唐玄宗与宰相杨国忠负有不可推卸的责任。

天宝十四载（755）十一月初九，身兼范阳、平卢、河东三节度使的安禄山发动叛乱，“借天子之宠，称天子之官，征天子之兵”，具有很大的欺骗性，“始反幽蓟，稍逼温洛，云诛君侧，尚惑人心”，朝廷与地方军政要员都毫无防备。同年十二月十二日，安史叛军攻入洛阳。天宝十五载（756），唐玄宗于六月十二日亲自登临勤政楼，号称要亲征，但六月十三日凌晨，唐玄宗和杨贵妃姐妹、皇太子、亲王、妃嫔、皇孙、杨国忠、韦见素、高力士、魏方进、陈玄礼以及亲近宦官、宫人等，就悄悄地离开未央宫，西出延秋门，向咸阳方向逃去。此刻其他皇亲国戚、王公大臣都被蒙在鼓里，早晨，许多大臣依旧到兴庆宫上朝参拜，但皇帝已经不知去向。长安城大乱，不久即失陷。史载：

安禄山不意上遽西幸，遣使止崔乾祐兵留潼关，凡十日，乃遣孙孝哲将兵入长安……孝哲为禄山所宠任，尤用事，常与严庄争权；禄山使监关中诸将，通儒等皆受制于孝哲。孝哲豪侈，果于杀戮，贼党畏之。禄山命搜捕百官、宦者、宫女等，每获数百人，辄以兵卫送洛阳。王、侯、将、相扈从车驾、家留长安者，诛及婴孩。①

王公大臣们来不及出逃，纷纷被安禄山大军俘获后送往洛阳，负责押送者孙孝哲“果于杀戮”，“百官、宦者、宫女”由其负责“以兵卫送洛阳”。不难想象当时情形是何等恐怖以及平时安于逸乐的百官的惶惧程度。韦斌就是在“贼使其骑劫之以兵，署之以职，以孥为质，遣吏挟行”的情况下，为了保全妻孥（其中有皇亲薛王李业之女平恩县主）不得已投降安禄山，“伪授黄门侍郎”。王维《韦斌碑铭》与《为薛使君谢婺州刺史表》对此均有很详细的记载，《韦斌碑铭》记载：

逆贼安禄山，吠尧之犬，驱彼六骡，凭武之狐，犹威百兽，借天子之宠，称天子之官，征天子之兵，逆天子之命。始反幽蓟，稍逼温洛，云诛君侧，尚惑人心。列郡无备，百司安堵，变折冲为贼矣，兼法令而盗之。将逃者已落彀中，谢病者先之死地。密布罗网，遥施陷阱，举足便跌，奋飞即挂。②

韦斌乃是“真宰相”韦安石之子，其兄韦陟开元中袭郇国公，累授吏部尚书。韦斌贵为玄宗之弟薛王李业之驸马。③ 这样一位相门之后、皇室驸马，却与大量朝廷官员一样不得已陷入叛军之手，为了使皇亲免遭戮辱，韦斌假意投降，想日后伺机刺杀安禄山。据《旧唐书·王

① （宋）司马光：《资治通鉴》卷二一八“至德元载”，中华书局2011年版，第7098页。

② （唐）王维撰，陈铁民校注《王维集校注》卷十一《大唐故临汝郡太守赠秘书监京兆韦公神道碑铭》，第1051页。

③ 李业，本名李隆业，唐睿宗李旦第五子，唐玄宗之弟。景云元年（710），唐睿宗复位，进封薛王。开元十七年（729），薛王业为女平恩县主招韦斌为驸马。开元二十一年（733），进拜司徒。

维传》，王维兄弟年轻时就游于宁王、薛王之门，与薛王李业以及其驸马韦斌、韦斌兄长韦陟早年就已经熟识，王维于乾元二年（759）秋有《送韦大夫东京留守》一诗，送别对象韦大夫即韦斌之兄韦陟。而《旧唐书》对韦斌之卒的记载远无王维《韦斌碑铭》详细，韦陟、韦斌的传附于其父韦安石之后，仅粗略几笔：“十四载，安禄山反，陷洛阳，斌为贼所得，伪授黄门侍郎，忧愤而卒。及克复两京，肃宗乾元元年，赠秘书监。”[①] 对此，王维《为薛使君谢婺州刺史表》的有关记载也可参看：

> 臣素书生，少为文吏。折冲御侮，几何不亡？奉法守文，一日之长。当贼逼温洛，兵接河潼，拜臣陕州，催臣上道，驱马才至，长围已合，未暇施力，旋复陷城。戟枝叉头，刀环筑口，身关木索，缚就虎狼。[②]

表中提到的“薛使君”也是朝廷误判局势下的牺牲品。曾涧《王维〈为薛使君谢婺州刺史表〉之“薛使君”考》一文认为“薛使君”即薛巘。[③] 天宝十四载（755）十一月，安禄山反于范阳，朝廷以李琬为征讨元帅，高仙芝为副，而荣王琬，即肃宗同父异母弟荣王李琬（玄宗第六子），正是薛巘之长女婿。

据史载，天宝十四载（755）十二月十二日，安禄山陷陈留郡。十五日，陷荥阳郡。十七日，封常清与贼战于成皋罂子谷，大败，常清奔于陕郡。当时安禄山的叛军势如破竹，陕郡太守窦庭芝逃跑，而作为文臣之薛巘却被派往陕郡（治所在今河南省陕县），则已在安禄山大军逼近之后，大概在此年十二月初。王维《为薛使君谢婺州刺史表》称

① （后晋）刘昫等：《旧唐书》卷九十二《韦斌传》，第 2963 页。

② （唐）王维撰，陈铁民校注《王维集校注》卷十一《为薛使君谢婺州刺史表》，第 1024—1025 页。

③ 曾涧：《王维〈为薛使君谢婺州刺史表〉之“薛使君”考》，《湖南人文科技学院学报》2017 年第 2 期。

“驱马才至，长围已合，未暇施力，旋复陷城”，正是当时情景的真实写照。薛嶦刺陕郡的实际时间，应该只有短短的一两日。安禄山大军所向披靡，但朝廷却做出了严重的误判，《资治通鉴》载：“（天宝十四载十一月二十二日）上闻禄山定反，乃召宰相谋之。杨国忠扬扬有德（得）色，曰：‘今反者独禄山耳，将士皆不欲也。不过旬日，必传首诣行在。’上以为然。”① 十二月二十四日，斩封常清于潼关。“常清草遗表曰：‘臣死之后，望陛下不轻此贼，无忘臣言！’时朝议皆以为禄山狂悖，不日授首，故常清云然。”② 因此，荣王在如此危急的情况下将作为文臣之丈人派往陕郡，错误地以为可能是建功立业之良机，万万没有想到却把他推入了火坑。至德二载（757）九月，唐军收复长安，十月，收复东京。薛嶦被槛车押送至西京，系狱中。③

王维与薛嶦，可能原本就非常熟悉，此刻也很可能成了狱中难友，其后的遭遇也基本相同，所以，他代薛写的表文也可以说是他自己的感受：

> 臣实惊狂，自恨驽怯，脱身虽则无计，自刃有何不可！而折节凶顽，偷生厕溷。纵齿盘水之剑，未消臣恶；空题墓门之石，岂解臣悲？今于抱衅之中，寄以分忧之重，且天兵讨贼，曾无汗马之劳，天命兴王，得返屠羊之肆，免其衅鼓之戮，仍开祝网之恩，臣纵粉骨糜躯，不报万分之一。④

因此，韦斌、薛嶦等人包括王维自己都是在不得已的情况下被乱军所获，更因为情势所逼才勉强出任伪官，乱后都得到了褒奖或者宽大处理。而王维之前一直坚持不屈，其同意出任伪官还另有隐情。

① （宋）司马光：《资治通鉴》卷二一七“天宝十四载”，第7054页。
② （宋）司马光：《资治通鉴》卷二一七“天宝十四载”，第7061页。
③ 曾文为我们钩稽的有关薛嶦的生平以及安史之乱中陷贼的大致经过，比较清晰可信。
④ （唐）王维撰，陈铁民校注《王维集校注》卷十一《为薛使君谢婺州刺史表》，第1024—1025页。

## 三

必须指出的是，与后来得到宽大处理的众多“贰臣”不同，王维之被收押、赦免以及授官是在肃宗严厉打击附逆官员的情况下完成的，王维是肃宗收复洛阳后第一批被严加甄别的陷贼官员之一。事实上，王缙并未削职为王维“赎罪”，王维也并非因为王缙的关系才被宽大处理，且非“下迁”“责授”，而是“官复原阶”。

唐皇朝对“贰臣”的处理先严后宽。仇鹿鸣《一位“贰臣”的生命史——〈王伷墓志〉所见唐廷处置陷伪安史臣僚政策的转变》一文根据出土的王伷墓志，研究这位“贰臣”“四易其主”却还被唐朝重用的特殊遭际，从而指出：唐廷对处置陷伪臣僚的政策发生过明显的变化，至德二载（757）第一次收复两京时力主严惩，乾元元年（758）相州之役失败后改为怀柔，导致对“贰臣”的处分前后严宽不同。当时士大夫普遍同情“贰臣”，显示出魏晋以来“先家后国”士族社会的传统影响犹在，“忠”这一观念在唐宋间发生了明显的变化。其观点较为通达也符合当时社会之情形。但论及王维在安史之乱后受到的处分则完全按照旧说：

> 郑虔、王维等皆属陷伪的中层官员，以文学、艺术名世，虽然本传对他们在安史政权中的活跃程度，多少有所讳饰，但总体而言，此类文臣在战乱中不过与世浮沉，起不了多少作用。唐廷对于这一数量庞大的人群进行了严格甄别，分别予以不同的处分。王维所受处分较郑虔为轻，盖是缘于他有心怀唐室的《凝碧诗》行于世，为肃宗所知，更关键的是其弟王缙“削己刑部侍郎以赎兄罪”，方得以仅责授太子中允，未遭远贬。[①]

① 仇鹿鸣：《一位“贰臣”的生命史——〈王伷墓志〉所见唐廷处置陷伪安史臣僚政策的转变》，《文史》2018 年第 2 期。

但事实上，肃宗对收复西京、东京时收押的第一批附逆官员之处分十分严峻，王维被宽大不太可能："丁卯……上入居大明宫。御史中丞崔器令百官受贼官爵者皆脱巾徒跣立于含元殿前，搏膺顿首请罪，环之以兵，使百官临视之。"① 可谓毫无尊严。收复洛阳后，"广平王俶之入东京也，百官受安禄山父子官者陈希烈等三百余人，皆素服悲泣请罪。俶以上旨释之，寻勒赴西京。己巳，崔器令诣朝堂请罪，如西京百官之仪，然后收系大理、京兆狱。其府县所由，祗承人等受贼驱使追捕者，皆收系之"②。当时附逆官员三百余人，王维等人就在其中。《资治通鉴》载：

> 崔器、吕諲上言："诸陷贼官，背国从伪，准律皆应处死。"上欲从之。李岘以为："贼陷两京，天子南巡，人自逃生。此属皆陛下亲戚或勋旧子孙，今一概以叛法处死，恐乖仁恕之道。且河北未平，群臣陷贼者尚多，若宽之，足开自新之路；若尽诛，是坚其附贼之心也。书曰：'歼厥渠魁，胁从罔理。'諲、器守文，不达大体。惟陛下图之。"争之累日，上从岘议，以六等定罪，重者刑之于市，次赐自尽，次重杖一百，次三等流、贬。壬申，斩达奚珣等十八人于城西南独柳树下，陈希烈等七人赐自尽于大理寺；应受杖者于京兆府门。③

肃宗原来认同崔器对所有从逆官员一律处死之主张，经群臣多日争议，考虑到"河北未平，群臣陷贼者尚多"，为了早日平定叛乱，最后采取"六等定罪"，虽然没有一律处死，但惩处十分严峻。对此，玄宗的态度比肃宗更为严厉：

> 上欲免张均、张垍死，上皇曰："均、垍事贼，皆任权要。均

① （宋）司马光：《资治通鉴》卷二二〇"至德二载"，第7160页。
② （宋）司马光：《资治通鉴》卷二二〇"至德二载"，第7161页。
③ （宋）司马光：《资治通鉴》卷二二〇"至德二载"，第7167页。

仍为贼毁吾家事，罪不可赦！”上叩头再拜曰：“臣非张说父子，无有今日。臣不能活均、垍，使死者有知，何面目见说于九泉！”因俯伏流涕。上皇命左右扶上起，曰：“张垍为汝长流岭表，张均必不可活，汝更勿救！”上泣而从命。①

可见连肃宗亲自为二张求情尚且为玄宗所不许，由此断言，“王缙‘削己刑部侍郎以赎兄罪’，方得以仅责授太子中允，未遭远贬”之说未必符合事实。

毋庸讳言，王缙提出削己刑部侍郎为兄赎罪确有其事。但事实上，王维不需要王缙为他赎罪，王缙之后所历官职与“刑部侍郎”乃是同样的官阶，并未因为兄长赎罪而受到削职处理。王维《责躬荐弟表》说：“臣顷负累，系在三司，缙上表祈哀，请代臣罪。”② 王缙在不了解情况的前提下，出于兄弟情义，愿意为兄赎罪，在情理之中。《旧唐书·王缙传》：

王缙……禄山之乱，选为太原少尹，与李光弼同守太原，功效谋略，众所推先，加宪部侍郎，兼本官。时兄维陷贼，受伪署，贼平，维付吏议，缙请以己官赎维之罪，特为减等。缙寻入拜国子祭酒，改凤翔尹、秦陇州防御使，历工部侍郎、左散骑常侍。③

值得注意的是，《新唐书·王缙传》并无“请以己官赎维之罪”的相关记载。④ 王缙在唐朝收复两京前后之履历，之前是太原少尹加宪部侍郎。据《新唐书·百官志四下》“少尹二人，从四品下。掌贰府州之

① （宋）司马光：《资治通鉴》卷二二〇“至德二载”，第 7167—7168 页。

② （唐）王维撰，陈铁民校注《王维集校注》卷十一《责躬荐弟表》，第 1129 页。

③ （后晋）刘昫等：《旧唐书》卷一一八《王缙传》，第 3416 页。

④ “王缙……禄山乱，擢太原少尹，佐李光弼，以功加宪部侍郎，迁兵部。史朝义平，诏宣慰河北，使还有指，俄拜黄门侍郎、同中书门下平章事。”［（宋）欧阳修、宋祁：《新唐书》卷一四五《王缙传》，第 4715 页］

事，岁终则更次入计”①，宪部侍郎即刑部侍郎，唐玄宗天宝十一载（752）改宪部侍郎，肃宗至德二载（757）复名刑部侍郎。“尚书一人，正三品；侍郎一人，正四品下。”② 由此可知，王缙回长安前跟随李光弼平定叛乱，因功加宪部侍郎，同为正四品下。之后，王缙“寻入拜国子祭酒，改凤翔尹、秦陇州防御使”。又据《新唐书·百官志三》：“祭酒一人，从三品。”③ 而尹也是从三品：“西都、东都、北都、凤翔、成都、河中、江陵、兴元、兴德府尹各一人，从三品。……十一年，太原府亦置尹及少尹。”④ 再看防御使，防御使是唐代开始设置的地方军事长官，全称防御守捉使，有都防御使、州防御使两种，其地位略低于节度使，唐朝节度使为正二品官，那么防御使也起码是三品。如此，则王缙在不了解真相的情况下，对被与大量“伪官”一起收押在牢狱之中的兄长顾念手足之情，向朝廷提出“请以己官赎维之罪”之请求，确有其事。但朝廷经过对王维严加甄别，认为王维并无罪过，无须王缙为他赎罪，故被无条件释放甚至官复原阶。

再从时间上看，至德二载（757）十月，唐军收复东京，王维与众多附逆官员一起被收押。而此时王缙作为太原少尹，正跟随李光弼积极平乱。此年正月，“思明、希德率高秀岩、牛廷玠将兵十万攻光弼”，因李光弼指挥得当，以少胜多，取得了太原之战的巨大胜利，为后来胜利收复两京奠定了基础。胜利消息传到灵武，肃宗下诏奖赏李光弼，加他为司空兼兵部尚书，仍兼同平章事，封魏国公。王缙作为太原少尹，“佐李光弼，以功加宪部侍郎”，可见王缙因追随李光弼平乱有功，得到了朝廷之嘉奖。但两人并未回到长安，直到乾元元年（758）八月，肃宗才诏李光弼入朝，升他为侍中，改封郑国公。而据《王维年谱》，乾元元年（758）春，王维复官，授太子中允，加集贤殿学士；迁太子中庶子、中书舍人。是年秋，复拜给事中。由此我们可以推断，王缙向

① （宋）欧阳修、宋祁：《新唐书》卷四十九下《百官志四下》，第1312页。
② （宋）欧阳修、宋祁：《新唐书》卷四十六《百官志一》，第1199页。
③ （宋）欧阳修、宋祁：《新唐书》卷四十八《百官志三》，第1265页。
④ （宋）欧阳修、宋祁：《新唐书》卷四十九下《百官志四下》，第1311页。

朝廷提出为兄赎罪，应该是在太原大捷，收复两京，王维被收押之后。因为王缙起码要到乾元元年（758）八月与李光弼一起被诏入朝才有可能真正了解事情的真相。而之前王缙尚远在山西，对王维陷贼后的种种情况难以明了，只能想方设法竭力营救亲如手足的兄长。

由此，我们可以认为关于历来流行的王缙削职为兄赎罪之说其实并不全然符合实情，实际情况是王缙有申请而未被朝廷采纳并实行。另外，王维作为第一批被唐皇朝严加甄别的陷贼官员与后来政策放宽时被无罪释放之附逆官员也有所区别。据《资治通鉴》："戊午，敕两京陷贼官，三司推究未毕者皆释之；已贬、降者续处分。"① 但必须指出的是，王维在朝廷对"两京陷贼官"宽大释放之前就已经通过朝廷的严格甄别，几乎可以说是官复原阶。对此，毕宝魁早已指出：

> 乱平后，朝廷对受伪职的官员处分相当严厉，分六等定罪。或斩首，或赐自尽，或杖刑，或降职贬谪。而王维却是特例，他没有受到任何处分，连职务也没有降，竟官复原阶。他复官的职务是"太子中允"，旋加"集贤学士"衔。按照《旧唐书·百官志》和杜佑《通典·职官二十二·大唐官品（开元二十五年制定）》载，太子中允均为正五品上阶。……"责"、"下"两字当为修史者臆加，与史实不符。②

另外，值得注意的是，王维官复原阶之后仅几个月就又恢复了给事中的职位。而给事中属于谏官，与散骑常侍、谏议大夫、起居郎、补阙、拾遗等共同构成了唐代的谏官系统，担任此类职位，必须具备正直、勇敢、无畏的品格。《新唐书·百官志二》载：

> 给事中四人，正五品上。掌侍左右，分判省事，察弘文馆缮写

① （宋）司马光：《资治通鉴》卷二二〇"乾元元年"，第7175页。

② 毕宝魁：《王维安史之乱"受伪职"考评》，《辽宁大学学报》（哲学社会科学版）1998年第2期。按，杨军《王维受伪职史实甄别》一文对此也有辨析。

雠校之课。凡百司奏抄，侍中既审，则驳正违失。诏敕不便者，涂窜而奏还，谓之“涂归”。季终，奏驳正之目。凡大事，复奏；小事，署而颁之。三司详决失中，则裁其轻重。发驿遣使，则与侍郎审其事宜。六品以下奏拟，则校功状殿最、行艺，非其人，则白侍中而更焉。与御史、中书舍人听天下冤滞而申理之。[①]

于此可见其职位之重要。不仅如此，王维最后的官职是尚书省的尚书右丞，属正四品下阶，举凡皇帝诏敕和尚书省下发的命令以及各部各司上报的文书，均要经过“都省”，而尚书左右丞的人选均由皇帝特别挑选。由此亦可见王维依然深受肃宗以及朝廷的信任与尊崇。

## 四

那么，王维到底为何可以经得起唐王朝对两京陷贼官员的严格甄别？其所谓“下迁”“责授”云云均与事实不符，实际上是官复原阶。除了上述他一直坚持不屈、“服药”与被羁押中写过《凝碧诗》之外，他很可能还负有某种特殊使命，因此，他被严加甄别之后，被唐皇朝认为忠心可嘉，还得到了皇室成员的高度礼遇。我们可以从《韦斌碑铭》《为薛使君谢婺州刺史表》《与工部李侍郎书》等文字中找到不少有益的线索。《韦斌碑铭》有如下一段文字非常值得注意：

公哀予微节，私予以诚，推食饭我，致馆休我。毕今日欢，泣数行下，示予佩玦，斫手长吁，座客更衣，附耳而语。指其心曰：“积愤攻中，流痛成疾，恨不见戮专车之骨，枭枕鼓之头，焚骸四衢，然脐三日。见子而死，知予此心。”之明日而卒，某年月日，绝于洛阳某之私第。以某月日返葬于某原，礼也。皇帝中兴，悲怜

① （宋）欧阳修、宋祁：《新唐书》卷四十七《百官志二》，第1207页。

其意，下诏褒美，赠秘书监，天下之人谓之赏不失德矣。[①]

毕宝魁《王维安史之乱“受伪职”考评》一文对此做了详细解读分析后认为，王维在囚禁中，被假意投降安禄山的驸马韦斌请去托以后事，韦斌自己则于第二天就服毒自杀；收复两京后，肃宗不仅没有追究韦斌的附逆之罪，反而亲自下诏褒奖；王维奉旨为韦斌撰写了墓志铭。“从韦斌被褒扬受赠封及碑文的撰写来看，在韦斌得到朝廷公正评价方面，王维是起了很大作用的。而此事对王维的官复原阶也起了关键的作用。”[②] 笔者以为，此一推断可以成立。

韦斌于天宝十四载（755）被俘：“十二月……常清既败，唯与数骑走至陕郡，高仙芝率兵守陕城，皆弃甲西走潼关，惧贼追蹑，相蹂藉而死者塞路。陕郡太守窦庭芝走投河东。贼使崔乾祐守陕郡。临汝太守韦斌降于贼。”[③] 而天宝十五载（756）正月，安禄山僭越称帝，国号大燕，第二年，也就是至德二载（757）正月初一（一说正月初五）安禄山即被谋杀。韦斌自杀，应该在他不得已降敌一年左右、安禄山被杀之前。至德二载（757）十月，唐军收复东京。此时距离唐军收复两京，还有八九个月时间，王维如果在韦斌自杀后假意同意出任伪官，前后应该也有八九个月时间。从时间上看，王维的这段历史确实不能算“清白”。但需要考虑的是，王维本不甘屈服，他是在被囚禁之时，韦斌帮他脱离牢狱，请至家中，托以后事后，才假意答应出任伪职，以便日后为韦斌向朝廷表明心志。

王维在当时不仅受到肃宗的宽大处理与特别的垂青，还受到了皇室重要成员的礼遇，王维《与工部李侍郎书》记曰：

一昨出后，伏承令从官将军车骑至陋巷见命，恨不得随使者

① （唐）王维撰，陈铁民校注《王维集校注》卷十一《大唐故临汝郡太守赠秘书监京兆韦公神道碑铭》，第1051—1057页。

② 毕宝魁：《王维安史之乱“受伪职”考评》，《辽宁大学学报》（哲学社会科学版）1998年第2期。

③ （后晋）刘昫等：《旧唐书》卷二百上《安禄山传》，第5370页。

> 诣舍下谒。……维自结发，即枉眷顾，侍郎素风，维知之矣。……及乎晚岁时危，益见臣节，草莽之中，乘舆播越，列郡或弃车走林，畏贼顾望，贡献不至，莫有斗心；侍郎慨然，枕戈泣血，奋不顾命，捍卫圣主。杨奉之以兵奉迎，萧何之运粮致馈，曹洪之以良马济，赵衰之以壶飧从。收合亡骑，缮完弃甲，喻以大义，慰而勉之。然后以剑率卒，执戈前驱，浃辰之间，六军响振，以成兴复之业。岂非侍郎忠节盖世，义贯白日？垂名竹帛，为一代宗臣，诚可爱也。①

于此可见，王维一出狱，工部侍郎李遵就派“从官将军车骑至陋巷见命”，邀请王维与其相见，王维回信表示感谢。信中“及乎晚岁时危”以下，就是对李遵跟随肃宗平定叛乱之叙述。

李遵是唐宗室，在跟随肃宗平定叛乱的过程中起了重要作用。玄宗逃往西川，太子李亨被玄宗任为天下兵马大元帅，领朔方、河东、平卢节度使，负责平叛。李亨与玄宗分道，北上至灵武，一路之上仓皇颠沛：“太子既留，莫知所适。……太子自奉天北上，比至新平，通夜驰三百里，士卒、器械失亡过半，所存之众不过数百。新平太守薛羽弃郡走，太子斩之。是日，至安定，太守徐瑴亦走，又斩之。”② 直至乌氏“彭原太守李遵出迎，献衣及糗粮。至彭原，募士，得数百人。是日至平凉，阅监牧马，得数万匹，又募士，得五百余人，军势稍振”③，最后顺利抵达朔方军治所灵武。李遵不仅在肃宗最为危难之时及时雪中送炭，在平定叛乱的过程中起了举足轻重的作用，而且是劝肃宗登天子位的功臣之一。独孤及为李遵写的墓志铭记载：“于时法驾播越，神器无主。公与裴冕等率群臣劝进，陈天意，上尊号，以定民志。上乃即皇帝位，拜公尚书工部侍郎，领宗正卿。……乾元二年，论功行封，策为郑国公，定食

---

① （唐）王维撰，陈铁民校注《王维集校注》卷十一《与工部李侍郎书》，第1031页。
② （宋）司马光：《资治通鉴》卷二一八“至德元载”，第7096页。
③ （宋）司马光：《资治通鉴》卷二一八“至德元载”，第7097页。

实封二百户，加特进工部尚书，宗正如故。”① 就是这样一位皇室重臣，在王维刚一出狱，就派专人迎请，如果王维在朝廷对附逆官员严加甄别中被认定有罪，李遵如此礼遇王维这样一个“罪人”，简直匪夷所思。

从以上种种情况来看，我们有理由认为，王维的“附逆”罪名在当时就得到了洗刷。而杜甫、储嗣宗、唐代宗等人对王维的评价，也很可说明问题。对此，学界已有清晰的梳理，如袁晓薇的《王维诗歌接受史研究》一书，其第一章第一节就是“同时代人对王维的评价”，其中提到杜甫：“与王维同时代的诗人中，以杜甫（712—770）对王维的评价最多，也最有代表性。杜甫集中现存有关王维的3首诗，分别从人格和诗歌成就两方面对王维做了较为全面的评价，对后世产生了深远的影响。”② 上述韦斌及王维的事迹，以王维之身份名声，应该为当时朝野所熟知，杜甫作为古代文学史上最伟大的爱国诗人之一，竟然对王维的所谓“变节”行为没有丝毫的指责与批评，反而在乱后的几首作品中对王维表达了很高的敬意。而杜甫在安史之乱中也曾被安史叛军所俘获。天宝十五载（756）七月，太子李亨即位于灵武，杜甫已将家搬到鄜州（今陕西富县）羌村避难，听说肃宗在灵武，便于八月只身投奔肃宗，途中不幸为叛军俘虏，押至长安，杜甫因为官小，没有受到囚禁。至德二载（757）四月，郭子仪大军到长安之北，杜甫冒险从城西金光门逃出长安到凤翔投奔肃宗。五月十六日，杜甫被肃宗授为左拾遗。杜甫被俘获，而且有大半年时间滞留在被安史控制的长安，应对王维等人的被俘以及惨痛的经历有比较清楚的了解。

如前所述，朝廷在完成对韦斌、王维的甄别之后，追赠韦斌，并且命王维为韦斌撰写墓志铭。从他服药以图逃脱、被监禁以及《凝碧诗》等综合考察，王维与心甘情愿为安禄山效劳的达奚珣等附逆官员截然不

① （唐）独孤及：《唐故特进太子少保郑国李公墓志铭》，见（清）董诰等编《全唐文》卷三九一，中华书局1983年版，第3974—3975页。

② 袁晓薇：《王维诗歌接受史研究》，安徽大学出版社2012年版，第5页。如杜甫《奉赠王中允维》：“中允声名久，如今契阔深。共传收庾信，不比得陈琳。一病缘明主，三年独此心。穷愁应有作，试诵白头吟。”

同。在那样一个连武将都难以逃脱被俘命运的严酷的历史时刻，王维、郑虔等几百人之多的官员之被俘，大多并非甘心附贼，而王维更是做了作为一个文臣应有的抗争，只是没有如韦斌那样自杀殉国而已，而“不死”正是王维在乱后为之痛心疾首之事。

## 五

综上，对王维“变节”这一所谓的“政治问题”，其实在当时就已不成问题了。重提此事并贬责王维的大概自朱熹开始。[①] 朱熹说过：

> 维以诗名开元间。遭禄山乱，陷贼中，不能死，事平复幸不诛。其人既不足言，词虽清雅，亦萎弱少气骨。独此篇与《望终南》、《迎送神》为胜云。[②]

> 王维、储光羲之诗非不修然清远也，然一失身于新莽、禄山之朝，则其平生之所辛勤而仅得以传世者，适足为后人嗤笑之资耳。[③]

朱熹其实是很喜欢王维的诗与画的[④]，但出于当时情势，他不能不拿王维开刀，以救世道之偏。宋人强调气节，有其历史原因，《宋史·忠义列传一》说：“士大夫忠义之气，至于五季，变化殆尽。宋之初兴，范质、王溥犹有余憾，况其他哉！艺祖首褒韩通，次表卫融，足示意向。……真、仁

① 有学者认为：“从现存资料看，朱熹是自唐以来，第一个贬责王维失节的人。”见张进《论朱熹与王维接受》，《徐州工程兵学院学报》（社会科学版）2005年第1期。

② （宋）朱熹：《楚辞集注·楚辞后语》卷四，《朱子全书》第19册，上海古籍出版社、安徽教育出版社2002年版，第275页。

③ （宋）朱熹：《晦庵先生朱文公文集》卷七十六《向芗林文集后序》，《朱子全书》第24册，第3662页。

④ 虽然朱熹对王维的所谓“失节”一事多有批评，但朱熹在离开人世前不久也说过：“王摩诘《辋川·漆园》诗云：‘古人非傲吏，自阙经世务。偶寄一微官，婆娑数株树。’余深爱之，而以语人，辄无解余意者。……庆元庚申正月二十八日晦翁书。”［（宋）朱熹：《晦庵先生朱文公文集》卷八十四《跋杨子直所赋王才臣绝句》，《朱子全书》第24册，第3975—3976页］

之世，田锡、王禹偁、范仲淹、欧阳修、唐介诸贤，以直言谠论倡于朝，于是中外搢绅知以名节相高，廉耻相尚，尽去五代诸陋矣。故靖康之变，志士投袂，起而勤王，临难不屈，所在有之。及宋之亡，忠节相望。”①

元人对王维气节的看法基本延续朱熹的评判。作为道学家，刘因在《辋川图记》中完全因袭朱熹之观点：“后世论者，喜言文章以气为主，又喜言境因人胜，故朱子谓维诗虽清雅，亦萎弱少气骨，程子谓绿野堂宜为后人所存，若王维庄，虽取而有之可也。呜呼！人之大节一亏，百事涂地，凡可以为百世之甘棠者，而人皆得以刍狗之。彼将以文艺高逸自名者，亦当以此自反也。”② 元人吴师道的看法也大致相同，他在《辋川图》后题曰：“维文词清雅，风度高胜，超然山水间，疑其非世之人矣。而居位显荣，污贼不能死，适累是图，惜哉！”③

明人王世贞认为李白、杜甫、王维三分鼎足，但他还是对王维的气节颇有微词，《书李白王维杜甫诗后》说：

> 摩诘弱，故不能致死安民，然其意非肯为之用也。生平悟禅理，舍家宅，无妻子，而不之恤，顾不能辞。禁近以殁，岂晚途牢落不能自遣，白香山之所谓“老将荣补贴”者耶？④

可见，自朱熹开始，对王维“陷贼中不能死”大加非难者比比皆是。⑤

---

① （元）脱脱等：《宋史》卷四四六《忠义列传一》，中华书局1977年版，第13149页。

② （元）刘因：《静修先生文集》卷十八《辋川图记》，《丛书集成初编》本，中华书局1985年版，第41页。

③ （元）吴师道：《礼部集》卷十七《题跋·跋辋川图临本后》，《摛藻堂钦定四库全书荟要》集部第406册，（台湾）世界书局1985年版，第245页。

④ （明）王世贞：《读书后》卷三，《景印文渊阁四库全书》第1285册，（台湾）商务印书馆1986年版，第41页。

⑤ 当然，为王维辩护者也代不乏人，如清人赵殿成认为：“论者以其不能死禄山之难，而遽讥议其诗，以为萎弱而少气骨；抑思右丞之服药取痢，与甄济之阳为欧（呕）血，苦节何殊？而一则竟脱于樊笼，一则不免于维絷者，遇之有幸有不幸也。普施拘禁，凝碧悲歌，君子读其辞而原其志，深足哀矣。即谓揆之致身之义，尚少一死，至于辞章之得失何与，而亦波及以微辞焉，毋乃过欤。”见（唐）王维著，赵殿成笺注《王右丞集笺注·序》，上海古籍出版社1984年版，第1页。

而王维对自己于乱中未能“死难”也深自感愧，在复职后的文字中多有表露。他在《谢除太子中允表》中说：

> 臣闻食君之禄，死君之难，当逆胡干纪，上皇出宫，臣进不得从行，退不能自杀，情虽可察，罪不容诛。……今上皇返正，陛下御乾……仍开祝网之恩，免臣衅鼓之戮，投书削罪，端衽立朝。秽污残骸，死灭余气，伏谒明主，岂不自愧于心？仰厕群臣，亦复何施其面！局天内省，无地自容。且政化之源，刑赏为急，陷身凶虏，尚沐官荣，陈力兴王，将何宠异？况臣夙有诚愿，伏愿陛下中兴，逆贼殄灭，臣即出家修道……臣得奉佛报恩，自宽不死之痛，谨诣银台门冒死陈请以闻。无任惶恐战越之至。①

王维虽以“诗佛”著称，但他思想中有牢固的“食君之禄，死君之难”的忠君意识，对自己陷贼没有死难深感“罪不容诛”“无地自容”，因而只希望以出家修道来“自宽不死之痛”。但朝廷却不能体察其苦心，反而授其高官，与那些在平定叛乱中出生入死的功臣如弟弟王缙、裴遵庆、李遵等相比，王维更不能不深感愧疚。他在《责躬荐弟表》中称扬王缙之“忠”：“臣弟蜀州刺史缙，太原五年，抚养百姓，尽心为国，竭力守城，臣即陷在贼中，苟且延命，臣忠不如弟。”② 而在给李遵的回信中也盛称李遵之“忠节”：“侍郎慨然，枕戈泣血，奋不顾命，捍卫圣主。……岂非侍郎忠节盖世，义贯白日？垂名竹帛，为一代宗臣，诚可爱也。”③ 给收复两京的功臣裴遵庆写真赞曰：“大盗振骇，群臣困蒙。忘身徇节，历险能通。仁者之勇，义无失忠。……麟阁之上，其谁比崇！”④

王维的这种愧悔心理，与韩偓《避地》诗中说的“偷生亦似符天意，未死深疑负国恩”差不多是同样的内涵。但我们不能由此认

---

① （唐）王维撰，陈铁民校注《王维集校注》卷十一《谢除太子中允表》，第 1003—1004 页。
② （唐）王维撰，陈铁民校注《王维集校注》卷十一《责躬荐弟表》，第 1128 页。
③ （唐）王维撰，陈铁民校注《王维集校注》卷十一《与工部李侍郎书》，第 1031 页。
④ （唐）王维撰，陈铁民校注《王维集校注》卷十一《裴右丞写真赞》，第 1070 页。

定王维未能死难就一定是“不忠”，如上文所述，王维之“不死”有多种因素，不能仅仅以其未能死难就断定其“失节”进而否定其人品。王维与死难者如韦斌和冒死平叛者王缙、裴遵庆、李遵等比，的确不能无愧；但作为一个文官，他也做了抗争，内心也依然忠于朝廷，与甘心为虎作伥者相去万里，绝不可同日而语。因此，王维自惭可以理解，但不问青红皂白责备他的“不死”为“不忠”，则不合情理。

## 六

自朱熹批评王维“失节”后，王维迫受伪官之事一直未得到公允的评价。而与对王维政治上不能坚持气节的历史评价相对应，对王维的生活实际与人生态度以及作品也存在诸多批评、曲解或者误读。对王维人品的批评直至近几年还时有所见。如胡可先《政治兴变与唐诗演化》中的《王维与安史之乱》一文指出，安史之乱中无论文官、武将，还是诗人，他们陷入安史之乱中，以致投降安禄山，并出任伪职，“都具有特殊的政治历史背景。我们必须根据原始材料加以全面分析，深入挖掘，才能取得近乎实际的结论。后代学者常常以封建正统观念画线，笼统地将被迫任伪官者都认定不忠，并加以全面否定，这也是不全面的”①。其对此抱有同情之理解。但很可惜的是，虽然胡可先据杜甫等对郑虔的态度明确认为“陷于安史乱军后且被迫任伪官的郑虔，更是当时和后世钦敬的人物”，论及王维，却说：

> 王维本是个官迷，而安史之乱陷贼使得他的心理状态与生活道路产生了很大的变化。他以陷贼后的无可奈何的处境而向往退隐，又不甘于生命的落空而继续谋求官职。这样就造成了他后来亦官亦隐的心态。……王维在安史之乱之后，之所以写诗没有涉及这段经

① 胡可先：《政治兴变与唐诗演化》，中国社会科学出版社 2003 年版，第 88 页。

> 历，而是流连于山水美景，寻求天下最为纯美的天地，一个重要的原因，就是要回避这段人生经历，以减少追悔的痛苦。但他的内心仍然是复杂的，矛盾的。①

如此苛责王维，与其对陷贼官员尤其是郑虔的同情之理解态度大相径庭，令人深感遗憾。对此，有两个问题值得辨析。

一是所谓的"官迷"与"亦官亦隐"的问题。关于"官迷"，王维与当时的李白、杜甫、高适、岑参等著名诗人一样积极入世，而所谓的"隐士"孟浩然也通过多种途径谋求仕进②。如果说王维是"官迷"，那么其他以多种途径积极谋求仕进的诗人与王维又有何区别呢？是否都可视为"官迷"？给王维扣上这么一个帽子，显然有失公允。

二是关于"亦官亦隐"，虽历来以此描述王维的生活状态，但也需要认真加以辨析。陈铁民先生在《也谈王维与唐人之"亦官亦隐"》一文中明确认为王维有亦官亦隐的思想，而"亦官亦隐"可以说明王维何以成为盛唐田园山水诗人的突出代表：

> 我们说王维"亦官亦隐"，大抵有两层意思。第一，从思想和人生态度方面看，诗人无心仕进，对政治取消极态度。天宝时期，奸相李林甫、杨国忠相继专权，朝政日非，正是政局的险恶，使诗人感到理想破灭，于是进取之心与用世之志销减殆尽。……第二，从生活方式上说，诗人追求山林隐逸之乐。他经常利用公余闲暇或休假期间游息于辋川，过优游山水、啸傲林泉的生活。《酬张少府》……诗中"晚年"二句，正反映了诗人对政治的消极态度，"空知"二句说自视无良策，只知返回辋川，"松风"四句表现隐

① 胡可先：《政治兴变与唐诗演化》，第102页。

② 笔者认为，纵观孟浩然一生，其读书、隐居、参加科举考试、献赋以及求人荐举，都是为了求仕，因此孟浩然不能算"真正的隐士"，详见拙作《重谈孟浩然》（《求是学刊》2007年第2期）。

> 居生活的闲适自在和快乐自由；可以说，此诗全面地反映了王维“亦官亦隐”的思想与行为。①

按照陈铁民先生的分析，王维的“亦官亦隐”就是“经常利用公余闲暇或休假期间游息于辋川，过优游山水、啸傲林泉的生活”，他还把王维的“亦官亦隐”与当时以及后世文人的“吏隐”等同起来。如果此说可以成立，那么，王维与后世的白居易的“中隐”、王安石的“禄隐”也没有本质的区别。陈铁民先生认为唐人的假期其实很长，他以李峤《和同府李祭酒休沐田居》为例，说明唐人之休假隐居就是“吏隐”。如此，则所谓的“亦官亦隐”与其他初盛唐以及后世文人的生活方式并无区别。陈贻焮先生的《山水诗人王维》也持同样看法：“当他四十多岁的时候，终于归隐了。说他归隐不完全符合事实。因为他……一直到死都在作官。准确地说，他只是经常住在山庄、别墅，竭力逃避现实，对政治采取不闻不问、敷衍应付的消极态度而已。……半官半隐地生活起来了。”②

笔者认为，无论唐代官员的假期有多长，王维都不可能做到“亦官亦隐”或者“半官半隐”。从王维的生平履历来看，王维真正居住于辋川的时间其实不多，因此，我们可以明确认为，“亦官亦隐”不符合王维的生活实际。如果按照休假时间长来论定，那么与王维同时的官员享受的假期应该差不多，王维应该没有特别的优待，那同样享受长假的官员是否都可以算作“亦官亦隐”？故而以此论定王维的人生态度并不合适。

对王维的这一误解或许还与对其辋川山庄的理解偏差有关。如冯贽《云仙杂记》说：“《洛阳要记》曰：‘王维居辋川，宅宇既广，山林亦远，而性好温洁，地不容浮尘，日有十数扫饰者，使两童专掌缚帚，而

① 陈铁民：《也谈王维与唐人之“亦官亦隐”》，《东南大学学报》（哲学社会科学版）2006年第2期。

② 陈贻焮：《山水诗人王维》，《唐诗论丛》，湖南人民出版社1980年版，第94页。

有时不给。’”[①] 由此使得后世产生了辋川山庄规模宏大的误解，宋人张戒称王维隐居辋川的诗“于富贵山林，两得其趣”[②]。对此，陈铁民于1991年及1995年两度到辋川别业故址参观考察后，明确判定原先的传闻不正确。他指出：

> 王维之所以在辋川购置别业，以为其母崔氏奉佛习静之山居（见王维《请施庄为寺表》），除了因为那里环境宁静幽美外，与辋川是一条通道，便于王维在公余闲暇自长安还家探母，也不无关系。由此也可看出，辋川并不是一个与世隔绝的桃源。
>
> ……
>
> 其次应说明的一点是，辋川的二十处游止（址），并非都为王维所营造，归王维所有，也不都在王维别业的范围内。[③]

由此可见，“于富贵山林，两得其趣”之评判，有部分原因来自对王维辋川山庄实际情形之误传及对王维“亦官亦隐”生活模式之错误理解。陈铁民据实地考察，对此得出了接近事实的正确结论，但关于“亦官亦隐”，则囿于王维是“田园山水诗人”的突出代表这样一个“成见”，为证成其说，与“吏隐”等同，反而造成了其观点之内在矛盾。

我们还需辨析的是，王维从乱后出狱到一再加官晋爵，直至去世，时间极为短暂。学界对安史之乱给王维创作产生的影响关注有加，但大多忽略了其乱后创作的具体时间长度，往往将乱前就已经创作的作品以及心态错误地移位到乱后，由此做出的分析与解读，显然不足以取信于人。如《论安史之乱对王维晚年创作的影响》[④]，看似是很不错的题目，

---

① （后唐）冯贽编《云仙散录》，中华书局1998年版，第99页。

② （宋）张戒：《岁寒堂诗话》卷上，丁福保辑《历代诗话续编》，中华书局1983年版，第460页。

③ 陈铁民：《辋川别业遗址与王维辋川诗》，《中国典籍与文化》1997年第4期。

④ 史薇、周建中：《论安史之乱对王维晚年创作的影响》，《江苏社会科学》2010年第5期。

但从王维安史之乱陷贼到去世，前后不过五年[①]，从乱后出狱到去世，则不过两年半时间，安史之乱时王维已经56岁，这个“晚年”又将如何界定？

## 结　语

尽管近几十年来对王维及其作品的地位已有比较充分的认识，但学界对王维陷贼“失节”一事还是没有做出足够清晰的梳理。从朱熹提出严厉批评开始，再加上后世对其“亦官亦隐”“富贵山林，两得其趣”等一系列误读，无论是史学界还是文学界，诸多与王维有关的问题都没有得到厘清，因而对王维至今仍然存在严重的污名化现象，由此，在对其作品解读方面也存在诸多问题。我们认为，正是因为学界长期以来对王维的陷贼、复官、参禅等一系列问题真相不明，王维被严重污名化，由此造成了种种“误读”。因此，厘清王维陷贼“失节”一事，很有必要。

① 据陈铁民《王维年谱》，天宝十五载（756）六月，王维转任给事中，时年56岁，六月底长安陷落，陷贼。至德二载（757）九月，唐军收复长安，十月，收复东京洛阳。王维被下狱，时年57岁。乾元元年（758），春，授太子中允，王维58岁，上元二年（761）七月卒，时年61岁。

# 论宋代厅壁记的文体新变

◇胡 晓*

**摘 要**：宋代厅壁记在形态、文类、写法及风尚四个层面实现了文体发展的唐宋转型。就形态而言，随着载体形态及适用场合的变化，厅壁记“篇题”中“题名”一词得到了凸显，厅壁记由厅壁之记变为了“题名记”；就文类而言，宋代职官制度对唐代职官制度的因袭与变革直接造成了唐宋厅壁记文类的承续与变更，同时，宋代特殊的社会风气与特定的政治文化亦促成了地方行政类厅壁记、学校教育类厅壁记及财政类厅壁记三类特殊厅壁记的产生；就写法而言，“题名”地位由可有可无到重点凸显，议论范围由狭小到广阔，述写结构由单一到多元构成了唐宋厅壁记写法转型的主要方面；就风尚而言，由重骈俪工整到尚自由流畅，由重叙述到重议论，由追求说事详雅到追求说理透彻乃是唐宋厅壁记风尚转变的具体表现。

**关键词**：题名记 厅壁记 文体新变

厅壁记①，是主要以厅壁为载体而运用于官署中“听断之所”的一种特殊类型的记体文。厅壁记的兴起在唐代，宋、元、明、清的厅壁记均是承之而来。由唐至宋，中国社会、文化发生了重大转变，厅壁记也在宋代迎来了发展转型的关键时期。“若无新变，不能代雄”②，新变正

* 胡晓，厦门大学人文学院博士研究生，主要研究方向为唐宋文学研究。

① 本文所论厅壁记不包括载于厅壁的营建类的记体文。篇题中有无“厅”“壁”“厅壁”等字词并非甄辨一篇记文是否为厅壁记的正确标准。通过对《文苑英华》所收厅壁记的分析及对唐宋厅壁记文体形态的考察，笔者认为：厅壁记是指一类常被用于官署中“听断之所”的记体文，其形式主要以官厅之壁为载体，其内容一般围绕某类官职的创置变更或某类官员的迁授始末展开，其写作目的主要是为后来居是官者留下可资观览、劝诫的资料。凡是符合以上标准的记体文，都应算作厅壁记，否则，便不能算作厅壁记。

② （南朝梁）萧子显：《南齐书》卷五十二《文学列传》，中华书局1972年版，第908页。

是一类文体保持生命力和创造性的核心所在，是应当予以充分重视的。遗憾的是，近年来唐代厅壁记逐渐为研究者所关注，对宋代厅壁记的研究则并不多见[①]，其中对宋代厅壁记的文体新变问题，或尚无涉及，或语焉未详，允为阙典。有鉴于此，本文试从形态、文类、写法及风尚四个层面揭示宋代厅壁记的文体新变。

## 一　形态变更

中国古代存在多种多样的文体命名方式，其中，依据篇题而命名是一种重要的命名方式。例如，“七”体的命名便离不开篇题中的“七”字，“原”体的命名也离不开篇题中的“原”字，“解”体的命名亦与篇题中的“解”字有莫大关系。从无题到有题，从无体到有体，篇题与文体总有割不断的紧密联系。篇题除了有揭示内容的功用，实还具备标识文体的价值。篇题因而也就成为一种有意味的文体形式，当一类文体发生变化之时，篇题往往也会随之做出改变。

厅壁记是中国古代一类特殊的文体，厅壁记的篇题无疑也是一种有意味的文体形式。在中国古代文体发展的长河中，记文一体，“《文选》不列其类，刘勰不著其说，则知汉、魏以前，作者尚少。其盛自唐始也”[②]。厅壁记，作为记文之一种，亦非古已有之。唐玄宗开元二十二年（734），孙逖作《吏部尚书壁记》，始启厅壁记的创作之风。此后，台省风靡，郡邑响应，最终形成了“朝廷百司诸厅皆有壁记”[③] 的繁盛

① 有关唐代厅壁记的研究主要有〔韩〕赵殷尚《“厅壁记”的源流以及李华、元结的革新》，《文献》2006 年第 4 期；刘兴超《论唐代厅壁记》，《四川大学学报》（哲学社会科学版）2008 年第 3 期；吴河清《论唐代厅壁记的文献价值》，《河南大学学报》（社会科学版）2011 年第 3 期。涉及宋代厅壁记的研究则主要有梅华《宋代题名记的传承与发展》，《西北大学学报》（哲学社会科学版）2013 年第 6 期；杨俊峰《我曹之春秋：盛唐至北宋官厅壁记的刊刻》，《台湾政治大学历史学报》2015 年第 44 期；曹书辉《宋代厅壁记研究》，西南大学硕士学位论文，2016。

② （明）徐师曾：《文体明辨序说·记》，王水照编《历代文话》，复旦大学出版社 2007 年版，第 2116 页。

③ （唐）封演撰，赵贞信校注《封氏闻见记校注》卷五，中华书局 2005 年版，第 41 页。

状况。综唐一代观之，厅壁记篇题的主要形式大致可以概括为以下几种。

第一种，官职名+壁记。如孙逖《吏部尚书壁记》。

第二种，官职名+厅壁记。如李华《御史大夫厅壁记》。

第三种，地名+官职名+厅壁记。如李华《杭州刺史厅壁记》。

第四种，地名+官职名+厅记。如白居易《江州司马厅记》。

第五种，官职+位置+壁记。如权德舆《京兆少尹西厅壁记》。

第六种：位置+壁记。如崔元翰《判曹食堂壁记》。

第七种：位置+厅壁记。如杜牧《淮南监军使院厅壁记》。

以上七种形式涵盖了唐代厅壁记80%以上的篇目①，考虑到其他形式命名的篇题中亦多有"厅""壁""厅壁"等字词，可见绝大多数的唐代厅壁记的篇题都含有"厅""壁""厅壁"等字词。

而到了宋代，厅壁记的篇题则悄然发生变化。最明显的表现包括以下几点。

第一，篇题中出现了不少将"题名"与"厅""壁""厅壁"等字词连用的情况。如苏轼《密州通判厅题名记》、魏了翁《海州太守题名壁记》、韩琦《扬州厅壁题名记》等就是如此。

第二，篇题中可以不出现"厅""壁""厅壁"等字词，而代之以"题名"二字。如黄庭坚《吉州庐陵县令题名记》、陈师道《彭城县令题名记》、杨万里《枢密院官属题名记》等便是如此。

第三，篇题中出现了"厅""壁""厅壁"等字词之外的标识位置或载体的字词。如苏颂《起居院题名石柱记》篇题中便出现了标识载体的"石柱"一词，袁肃《宗学前廊题名记》篇题中亦有标识位置的"前廊"一词。

以上种种表现可以透露出一项重要的信息——由唐至宋，"厅"

---

① 有关唐代厅壁记的篇目，可翻检李昉等编《文苑英华》（中华书局1966年版）、董诰等编《全唐文》（中华书局1983年版）、陈尚君辑校《全唐文补编》（中华书局2005年版）等文献。另外，郑永霞的《唐代壁记研究》（河南大学硕士学位论文，2006）附录部分有唐代厅壁记篇目整理，虽有少量误收、漏收的情况，但大体可以参考。

“壁”“厅壁”等字词在厅壁记篇题中的重要性已经发生变化，它们不再处于不可或缺、无可替代的地位，至迟在宋代时便已经出现可以与它们并列的词或者替代它们位置的词。

这样的变化虽然细微，但隐藏于变化背后的文体变革却是翻天覆地的。厅壁记，就本义而言乃是指厅壁之记，在唐宋时期，“厅”是指“官居之临人者”①，即官署中的“听断之所”②，“壁”乃是指墙壁，故而厅壁之记乃是指以官厅的墙壁为载体的记体文。“厅壁记”中的“厅”字标示的是这类文体的适用场合，“壁”字则揭示出这类文体的载体形式。古人揭出“厅”“壁”二字来给这类文体命名，足以显示此二者对于厅壁记的重要意义。宋人厅壁记篇题中“厅”“壁”二字地位下降甚至消失的情况，其实正反映了该类文体适用场合及载体形式的新变化。

就载体形式而言，宋代的厅壁记已经不再局限于厅壁。唐代的厅壁记主要是直接书写于厅壁或者刻石嵌于厅壁，厅壁乃其唯一载体，厅壁记与厅壁不可分割。宋代厅壁记也有不少仍然选择以厅壁为载体，但不是绝对的。考苏颂《审刑院题名石柱记》有“石柱置于听事之东庑云”③，可知有的厅壁记是以离开厅壁的石柱为载体的；考詹大声《通判题名碑记》有“命工刊石，立于官舍”④，《说文解字》释“碑”本义云“竖石也”⑤，可知有的厅壁记是以离开厅壁的碑为载体的；邓文举《建康军签判厅续题名记》有“吾县有题名之碣，镌勒遍矣。将伐石以续”⑥，《说文解字》释“碣”本义云“特立之石”⑦，可知有的厅壁记是以离开厅壁的碣为载体的。

就适用场合而言，宋代的厅壁记已经不再局限于厅。考程珌《翰

① （宋）胡寅：《新州重修厅记》，曾枣庄、刘琳主编《全宋文》第190册，上海辞书出版社、安徽教育出版社2006年版，第103页。

② （宋）韩琦：《定州厅壁题名记》，曾枣庄、刘琳主编《全宋文》第40册，第45页。

③ （宋）苏颂：《审刑院题名石柱记》，曾枣庄、刘琳主编《全宋文》第61册，第372页。

④ （宋）詹大声：《通判题名碑记》，曾枣庄、刘琳主编《全宋文》第207册，第230页。

⑤ 张舜徽：《说文解字约注》，华中师范大学出版社2009年版，第2300页。

⑥ （宋）邓文举：《建康军签判厅续题名记》，曾枣庄、刘琳主编《全宋文》第325册，第138页。

⑦ 张舜徽：《说文解字约注》，第2298页。

苑续题名记》有“写之翠珉，刊置玉堂之侧”①，可知有的厅壁记可以置于屋侧；吴子良《两浙转运使题名续记》有“睨庭下二石，书前人名氏适遍”②，可知有的厅壁记可以置于庭下；郑起潜《太学前庑学位记》有“事业伟然而碑题未立……序其后先，大书深刻，列于崇化堂之左”③，徐锴注《说文解字》释“庑”本义云“大屋四边垂檐”④，可知有的厅壁记可以置于屋外的垂檐下；袁肃《宗学前廊题名记》篇题中有“前廊”一词，可知有的厅壁记可以置于屋外的廊檐下；庄夏《漳州府续郡守题名记》记题名记位置有“揭之道院，庶几朝夕便于观省”⑤，可知有的厅壁记可以置于院中。

此外，宋代厅壁记篇题中“题名”一词的凸显也是值得重视的现象。唐代的厅壁记多数也与题名相关。如孙逖所作最早的厅壁记《吏部尚书壁记》即有“天监有唐，俾多吉士。践此位者，四十八人……系以日月，自得《春秋》之义。记其代迁，更是公卿之表。以备官学，列为壁记焉”⑥，显然与题名相关；梁肃《河南府仓曹参军厅壁记》云“其两曹位次与前政名氏，端如贯珠，列于记之左右”⑦，亦可知与题名相关。但是，唐代厅壁记对“题名”似乎不甚重视，篇题中几乎不会出现“题名”一词，这样的状况一直到宋代才发生改变。据统计，宋代厅壁记篇题中含“题名”二字的记文共有221篇，约占现存宋代厅壁记的56.38%⑧；与题名相关的记文则有376篇，约占总数的95.92%。其实，在不少宋代人的观念中，

---

① （宋）程珌：《翰苑续题名记》，曾枣庄、刘琳主编《全宋文》第298册，第93页。

② （宋）吴子良：《两浙转运使题名续记》，曾枣庄、刘琳主编《全宋文》第341册，第26页。

③ （宋）郑起潜：《太学前庑学位记》，曾枣庄、刘琳主编《全宋文》第323册，第25页。

④ 张舜徽：《说文解字约注》，第2270页。

⑤ （宋）庄夏：《漳州府续郡守题名记》，曾枣庄、刘琳主编《全宋文》第287册，第196页。

⑥ （唐）孙逖：《吏部尚书壁记》，（清）董诰等编《全唐文》卷三一二，中华书局1983年版，第3169页。

⑦ （唐）梁肃：《河南府仓曹参军厅壁记》，（清）董诰等编《全唐文》卷五一九，第5273页。

⑧ 据笔者考察，现存宋代厅壁记当不少于392篇，其中《全宋文》收录有356篇，地方志、类书及部分存世石碑尚保存有不少于36篇的厅壁记。

“厅壁记”或者简称为“壁记”的这类文体，其实就是指“题名记”。如张叔振《登闻检院题名记》云“院故无壁记，以见前人之名氏岁月……题名碣可置乎?”①，便是将“题名记”与“壁记”二词等同使用；赵汝袭《临封郡守题名记》称“州厅壁记书太守姓名与夫更代岁月，其来尚矣”②，乃是将“题名记”与“厅壁记”二词等同使用。另外，厅壁记篇题中出现的“题名壁记”“厅壁题名”“厅壁题名记”等也是这种观念的很好的证明。可见，在宋代时，绝大多数的厅壁记其实都是题名记。

如此看来，由唐至宋的厅壁记确然已经发生改变。对于唐宋厅壁记的形态之别，或者说宋代厅壁记的形态之变似乎可以获得如下认识：唐代的厅壁记多与题名相关，但却常于篇题中凸显“厅”“壁”二字，题名于该文体中的重要性并不显著；宋代的厅壁记虽然多载于厅壁，却多于篇题中凸显“题名”一词，“厅”“壁”在该类文体中的重要性明显下降；隐藏于篇题变化背后的是厅壁记的载体形态、适用场合及文体观念的深刻变革，由唐至宋，人们对厅壁记的认识发生了改变，人们不再认为厅壁记最明显的特征是载于厅壁，题名在该文体中的重要性得到了重视和彰显，厅壁记已经由厅壁之记变为题名记。

## 二　文类兴替

唐宋厅壁记除了在形态上有差异，在类别上也有较多的不同。仅就现存文献来看，宋代厅壁记中有三分之一左右的作品所属的文类是唐代厅壁记没有的，而唐代厅壁记中亦有一半左右的作品所属的文类是宋代厅壁记没有的。从这样的简单对比便不难发现，从唐代到宋代，有些类型的厅壁记仍然存在，有些类型的厅壁记则消失了，还有一些新的类型

---

① （宋）张叔振：《登闻检院题名记》，曾枣庄、刘琳主编《全宋文》第272册，第277页。

② （宋）赵汝袭：《临封郡守题名记》，殷梦霞选编《日本藏中国罕见地方志丛刊续编》第15册，北京图书馆出版社2003年版，第619页。

的厅壁记出现了。如果对唐宋厅壁记的类别做进一步的分析，便能发现唐代厅壁记中最为特别的一类是刺史厅壁记，数量众多、名篇迭出的刺史厅壁记乃是唐代厅壁记中最闪耀的明星。而宋代最为特殊的厅壁记则有三类：一类是以县令、县主簿、通判、县尉厅壁记等为代表的地方行政类厅壁记，该类记文的特殊性主要体现于数量众多、佳构颇多；另一类是以主讲、州学教授、宗学教授厅壁记等为代表的教育类厅壁记，该类记文的特殊性主要在于内容新颖，且多数记文都是宋代新出的；还有一类则是以度支副使、盐官监税、酒正厅壁记等为代表的财政类厅壁记，此类记文的特殊性主要在于内容特殊，此前并不多见。由此观之，唐宋厅壁记在文类方面存在兴替变化当是不争的事实。

造成变化的原因是多方面的，其中较为重要的应当有以下几点。

第一，宋代职官制度变革的影响。厅壁记自诞生之初便与职官制度建立了深厚的联系，其载体便主要是官厅的墙壁，其内容亦主要是“叙官秩创置及迁授始末”①，最早收录厅壁记的总集《文苑英华》对厅壁记的分类依据亦是记文所属官僚机构的不同②。作为一种服务于特定官僚机构的实用文体，厅壁记的文类变化与职官制度的变革息息相关。

一方面，宋代职官制度对唐代职官制度的承袭影响了宋代厅壁记的文类。“宋承唐制”③是宋代职官制度的一个重要特点，这样的承袭不仅体现于宋初时承袭唐代职官的名号、品秩，还体现于神宗朝依《唐六典》进行的职官改革，以及此后屡屡出现的复设唐代官职的变革。只有唐宋两朝都设有某类相同的官职时，才有可能出现两朝都有的厅壁记文类。例如，唐宋两朝均设吏部尚书一职，唐人孙逖有《吏部尚书壁记》，宋人韩元吉有《吏部尚书厅记》，故而吏部尚书厅壁记方能由

---

① （唐）封演撰，赵贞信校注《封氏闻见记校注》卷五，第41页。

② 《文苑英华》共收录了十卷厅壁记，分十七个小类，分别是中书、翰林、尚书省、御史台、寺监、府署（衔附）、藩镇（观察附）、州郡、监军使（给纳使附）、使院、幕职、州上佐、州官、县令、县丞、簿尉、宴飨。

③ （元）脱脱等：《宋史》卷一百六十一《职官志·总序》，中华书局1977年版，第3768页。

唐代延续至宋代。

另一方面，宋代职官制度的变革更会对宋代厅壁记的文类产生影响。职官制度的变革一般包括创设新官职、裁汰旧官职及对官职性质的调整等内容，影响至厅壁记的文类便会带来新文类的产生以及旧文类的消失。例如，北宋时新设立了度支副使一职，王安石为之创作的《度支副使厅壁题名记》便为宋代厅壁记增加了一个新的文类；唐代有国子四门助教一职，柳宗元曾为之作《四门助教厅壁记》，因为国子四门助教在北宋神宗元丰改制时被删汰不置，此后四门助教厅壁记便在宋代厅壁记的文类中消失了；节度使一职在唐代时是有实权的官职，其时尚有节度使厅壁记，如唐人杨炎《河西节度使厅壁记》便是此中代表，至宋初官制调整时，节度使一职被改为仅具定品秩、俸禄、章服和序迁功用的官阶，自此宋代厅壁记中便没有了节度使厅壁记。总体而言，宋代厅壁记的新文类主要产生于宋代职官制度变革较大的时期。通过对现存宋代厅壁记的考证，可以发现在北宋神宗朝元丰官制改革之后的一段时间内，以及南宋官制多有变革的高、孝两朝产生了较多的厅壁记新文类，而职官制度相对稳定的北宋仁宗朝，南宋光宗朝、理宗朝、宁宗朝等，虽然厅壁记创作数量较多却鲜有新文类的出现。可见，职官制度的变革乃是厅壁记文类变化的直接动因。

第二，宋代社会风气的影响。文学，深深扎根于时代之中，时代对文学的影响是极其深刻的，其中社会风气的影响就是重要的一项。社会风气的形成与人的观念有莫大的联系，社会风气的差异说到底还是不同时代人的观念的差异。唐人及宋人均喜作厅壁记，但喜好对象的不同及喜好程度的差异铸就了不同的社会风气。

唐人往往执着于追求仕宦显达，对卑贱之职的关注和肯定都不够，杜甫所云之“白头趋幕府，深觉负平生”[①]，正能很好地体现此类观念。反映于厅壁记创作中，则表现为中央机构官职及地方要职类的厅壁记多

① （唐）杜甫撰，（清）仇兆鳌注《杜诗详注》卷十四《正月三日归溪上有作简院内诸公》，中华书局 1979 年版，第 1201 页。

有创作，而鲜有为职位卑下的官职创作的厅壁记。唐人对厅壁记的喜好主要集中于权势显赫类官职的厅壁记，涉及的范围虽广却尚未周全，喜好的程度仍然是有限的。

而到了宋代，情况则大不一样了。宋代的官员人数远远超过唐代，宋代官员升迁的难度也略高于唐代，沉沦下僚乃是大多数宋代士人的共同命运。此外，依据宋代的选官制度及磨勘考课制度的相关规定，宋代官员在仕宦之初一般都会有一段较长的担任卑下官职的经历，故而宋人对卑贱之职明显少了几分鄙夷与不屑。“官无崇卑，皆可以行志”① 成了宋代流行的观念，故而不管是中央机构还是地方机构，无论官职尊卑，都盛行创作厅壁记的风气。宋人林希逸所云之“厅壁有记，自唐始……凡今郡邑皆有之，况天府乎?”②，可以很好地揭示这种风气的流行情况。宋人对厅壁记的喜爱没有表现对象的尊卑之别，用厅壁记来记录“我曹之春秋”③ 是宋人出于自发、自觉的行为，可以说，宋人对厅壁记的喜爱是要胜过唐人的。当不同职位、不同地域的宋代士人都自觉地开展厅壁记的创作活动时，厅壁记的覆盖面变得空前广阔，厅壁记的新文类自然也容易随之产生。例如，郑公显《左藏库提辖官题名记》、王安中《相州右狱壁记》、王墀《买纳听题名记》等为卑下官职而作的记文，便为宋代厅壁记增加了几类新的文类。

第三，宋代政治文化的影响。特定的政治文化催生特别的政策，特别的政策创造特别的职位，有了特别的职位之后，特别的厅壁记也便有可能出现了。宋代政治文化的一个重要特点是注重加强地方控制。肇建于五代迭乱基础之上的宋王朝一直注重防范地方势力的威胁，削弱地方势力以巩固中央政权是其重要的执政理念。最明显的表现便是特别重视知县一职，宋代的知县是由中央直接选派京朝官或选人担任的，宋人韩

① （宋）郑公显：《左藏库提辖官题名记》，曾枣庄、刘琳主编《全宋文》第259册，第191页。

② （宋）林希逸：《浙西安抚司干办公事厅壁记》，曾枣庄、刘琳主编《全宋文》第336册，第26页。

③ （唐）独孤及：《吏部郎中厅壁记》，（清）董诰等编《全唐文》卷三八九，第3950页。

元吉所云之“然国家之制，由选调而更京朝，必历令而正其资，号曰亲民。比岁益严其格，往往不得命为他官”①，很能说明知县被重视的情况。同时，政府还会根据县等差异设置县丞、县主簿及县尉等佐官，佐官的任务是对知县进行分权协助及监督制衡。因而，唐代权势极大的刺史在宋代政治体系中的重要性便下降了，刺史一职被用作并无实权的官阶。知县、县丞、县主簿、通判、县尉等官职在全国各地广泛设立，一大批为这类官职而作的地方行政类厅壁记也随之涌现，最终便构成了宋代厅壁记中一种特殊的类别。宋代政治文化的另一重要特点是注重学校教育。南宋人赵善沛《元丰官志》有“宋初但有四书院，庐山白鹿洞书院、嵩阳书院、岳麓书院、应天府书院，未建州学也。景祐四年，诏藩镇始立学，他州勿听。庆历四年，始诏诸路州、军、监各立学，如学者二百人以上，许更置县学。自是州郡无不有学，始置教授”② 之语，可知庆历新政的兴学政策带来了学校教育的兴盛，学校教育的兴盛也带来了教职的兴盛。随着国家教育政策的推进，教育体系的建设也趋于完备，当宋代在全国范围内建成官方教育机构与地方书院齐全的教育体系时，各类教育机构的教职也广泛设立，为府学、州学、县学及地方书院等教育机构写作厅壁记的需求也随之增加，于是教育类厅壁记也逐渐成为一类特殊的厅壁记。重视理财也是宋代政治文化的一个重要特点。宋代虽然是经济较为发达的时期，但仍然伴有巨大的财政压力与严重的财政危机，故而特别重视对财政的管理。宋人刘宰《金坛监务厅壁记》所云之“征商非周盛时，榷酤非汉令典，迄于今不废，经费所仰，不可已已”③ 能够很好地说明宋代重视财政管理的原因。税收是财政收入的主要来源，盐税、酒税又是其中的重要组成部分，因而宋代多有设置监盐税、监酒税的官职，宋人刘宰《婺女征官题名记》所云之

① （宋）韩元吉：《天台县题名记》，曾枣庄、刘琳主编《全宋文》第216册，第229页。

② （宋）赵善沛：《元丰官志》，转引自龚延明《中国古代制度史研究》，浙江大学出版社2013年版，第163页。

③ （宋）刘宰：《金坛监务厅壁记》，曾枣庄、刘琳主编《全宋文》第300册，第95页。

“国家以酒税命官，殆遍区宇”① 能够很好地反映当时的风气。当全国范围内遍布管理财政的官职之后，为此类官职创作厅壁记的需求便大大增加，随着创作数量的逐渐增多，财政类厅壁记也逐渐成为一类特殊的厅壁记。

综上可知，唐宋厅壁记在文类方面的兴替变化是由时代的变化引起的，在宋代职官制度变革的影响、宋代社会风气的影响及宋代政治文化的影响合力之下，宋代厅壁记的创作逐渐呈现出与唐代不一样的样貌，最终在文类方面实现了对唐代的继承与发展。

## 三　写法转型

文体的演进不会仅仅局限于外在形态及文体类别两个方面，写法转型亦是文体演进历程中的重要一环。不同文体有不同的写法，同一文体内部的细微差异也多是由写法来体现的。写法其实就是指一篇作品的写作方法，关注的乃是材料的选择、剪裁及组织。总体而言，唐宋厅壁记的写法差异主要体现于内容选择及述写结构两个方面。其具体表现有以下三点。

第一，“题名”地位的变化：由可有可无到重点凸显。在唐代厅壁记的叙述内容中，最重要的部分乃是官职的历史沿革、州县的地理沿革、官员的除任授代，“题名”处于一个可有可无的边缘位置。在唐代厅壁记的通行写法中，有关“题名”的载体、所在的位置、作题名的原因、主事者、襄助者、题名中官员的数量、题名的编写方式等信息常常被省略，许多提及题名的厅壁记也往往只在文末透露此记文实与题名相关，如唐人乔潭《饶阳县令厅壁记》文末之“权舆先天置郡之后，凡名士改转，列于左偏，庶几将来，亦克用劝”② 便是如此。而到了宋代，“题名”在厅壁记中的位置发生了翻天覆地的变化。首先，在宋代厅壁记中，有关题名的叙述多了起来。题名在一篇文章中所占的分量较

① （宋）刘宰：《婺女征官题名记》，曾枣庄、刘琳主编《全宋文》第300册，第129页。

② （唐）乔潭：《饶阳县令厅壁记》，（清）董诰等编《全唐文》卷四五一，第4613页。

之以往大大提升，有的厅壁记甚至直接声明此文是为题名所作的序文，如李韶《南雄州学教授题名序》就是如此。其次，在宋代厅壁记中，有关题名的叙述更加详细。厅壁记的作者在写作中常常会尽可能详细地叙述题名的有关信息，如苏颂《审刑院题名石柱记》之“审刑院旧以板记揭于楹间，年世浸远，铅墨侵剥，殆不可读。熙宁八年正月，院长主客郎中崔君易以石柱，冀堪永久。其题自枢密直学士李公昌龄而下至君，凡一百一十九命，总九十七人。先后相续，书用旧法”①，便详细记录了有关审刑院题名的载体、位置、设置的历史、主持者、题名内容等信息。最后，在宋代厅壁记中，重视题名的现象多了起来。宋代厅壁记中至少有一半记文会在文章中叙述与题名有关的内容，于记文中叙述题名的相关信息逐渐成为厅壁记创作的一种惯例。由此可见，在宋代，题名在厅壁记的叙述内容中的地位得到了充分的重视与有意的凸显，在厅壁记叙述内容的选择方面，宋代厅壁记已经呈现出与唐代厅壁记不一样的特点。

第二，议论范围的变化：由狭小到广阔。唐人在厅壁记中阐发议论毕竟较少，厅壁记中议论所触及的领域仍然较为狭小。概括而言，不外乎官员的善恶、厅壁记的写法、官员贤佞与地方治理的关系、某地的社会风气及某类官职的为官之难等方面。唐人元结《道州刺史厅壁记》是唐代厅壁记中议论较多的记文，其议论曰：“天下太平，方千里之内，生植齿类，刺史能存亡休戚之。天下兵兴，方千里之内，能保黎庶，能攘患难，在刺史耳。凡刺史若无文武才略，若不清廉肃下，若不明惠公直，则一州生类，皆受其害。於戏！自至此州，见井邑邱墟，生人几尽。试问其故，不觉涕下。前辈刺史，或有贪猥昏弱，不分是非，但以衣服饮食为事。数年之间，苍生蒙以私欲，侵夺兼之，公家驱迫，非奸恶强富，殆无存者。问之耆老，前后刺史，能恤养贫弱，专守法令，有徐公履道、李公廙而已。遍问诸公，善或不及徐、李二公，恶有

① （宋）苏颂：《审刑院题名石柱记》，曾枣庄、刘琳主编《全宋文》第61册，第371页。

不堪说者。”[①] 元氏记文的议论针对现实所见的丑恶现象而发，直抒胸臆，“既彰善而不党，亦指恶而不诬”[②]，最能见出唐人厅壁记议论的风采。

宋代厅壁记是在唐代厅壁记的基础之上继续发展的，在继承前贤的固有疆域之外，宋人还将厅壁记的议论推向了更广阔的空间。有的议论是针对为官之道的，如张耒《临淮县主簿厅题名记》：“吾闻之，君子之道，使内不伤己，外不伤物可也。不当事物之责，而求尸天下之至劳，则伤己；必求甚安至乐之地，而不能少行所不欲，则伤义。是二者皆过矣，择乎中而无伤者，君子之道也。”[③] 有的议论是针对设官本旨的，如吴子良《两浙转运使题名续记》：“转运，转运粟与刍尔，而转运之职才若是止乎？转运，监司也，民利病，俗美恶，当广问细筹；讼牒朝暮四面集，当烛情伪，雪冤枉；寮采贤不肖杂袭，吏胥或恣横为公私蠹，当区别澄汰；所兼领郡县学，当新士习，振儒风；值科诏下，当遴选所部官精考校，为国家得士。是为布宣天子德泽，是为不负临遣意，是为转运之职最大最要者。”[④] 有的议论是针对征税政策的，如刘宰《金坛监务厅壁记》：“盖利，怨府，我实征之；酒，狂药，我实售之。怨斯哗，狂斯侮，所操一舛于正，殆矣。”[⑤] 有的议论是针对官职崇卑与行志的关系的，如王禹偁《单州成武县主簿厅记》：“噫，士君子学古入官，不以位之高下，身之贵贱，在行乎道、利乎民而已矣。故中都宰、鲁司寇，圣人为之者，为是也。矧百里之惨舒，系一邑之令长，令长得其人，主簿又裨赞之，则人受其赐也宜矣；令长非其人，主簿又阿谀之，则人罹其苦也又宜矣。苟能曲尽规正，俾合于道，则一邑

① （唐）元结：《道州刺史厅壁记》，（清）董诰等编《全唐文》卷三八二，第 3875 页。

② （唐）吕温：《道州刺史厅后记》，（清）董诰等编《全唐文》卷六二八，第 6339 页。

③ （宋）张耒：《临淮县主簿厅题名记》，曾枣庄、刘琳主编《全宋文》第 128 册，第 97 页。

④ （宋）吴子良：《两浙转运使题名续记》，曾枣庄、刘琳主编《全宋文》第 341 册，第 25 页。

⑤ （宋）刘宰：《金坛监务厅壁记》，曾枣庄、刘琳主编《全宋文》第 300 册，第 95 页。

之政有由主簿而化者，得轻其所任乎?”[①] 有的议论是针对军队费用的，如吴博古《审计院题名记》：“余曩尝阅军簿，会兵费，窃喟然叹曰：‘本邦维财，蠹财惟兵，观本与蠹相盛衰。’盍即是焉观之?试挈一岁审放之最，钱以缗计，粮以斛计，帛以匹计，纩以两计者百二十有四亿，仅足以赡中都之兵，列戍三垂者不预焉。秦、汉以来，虽或连兵旷岁，费不拟此。今櫜弓桑远，期与天下修养，而无涯之费如故，民力安得不屈耶?”[②] 有的议论是针对磨勘制度的，如陈元晋《翁源县令厅壁记》：“今仕者每患五削不易得，故抗走尘俗，惟视上官色可否，胁息不敢喘；同列矛戟相向，见便则夺；权要之门，苟可梯媒，如蚁慕膻，如蚋聚醯，不复顾惜名义。使其气馁精摇，为身之殃、心之病者，甚于瘅也。”[③] 有的议论是针对学校教育的，如黄震《长兴县主学厅题名记》：“县之有学，于教养为最切。盖士方少长闾里，闻见未杂，父诏其子，兄率其弟，必先使挟策游县学。于斯时也，早正而素定之，是水方出而澄其源，木初生而培其本，关系异日之成就，夫岂小小!”[④] 总之，宋代厅壁记议论的触及面非常广阔，既有对社会上相关现象的评论，又有对政府重大政策的见解，还有对官职本身及君子立身之道的思考，实实在在地将厅壁记的议论引入了更加宽广的天地之中。

第三，述写结构的变化：由单一到多元。唐代厅壁记的述写结构，目前一般认为由三部分组成，“虽然有些作者在作壁记时会省略诸如风俗、编制、冠绶、品秩等内容，但首叙历史沿革，次叙在任者的才德及政绩，末叙作记的缘由、目的，以及作者、时间这个三段式的述写结构始终不曾改变”[⑤]。然而，到了宋代，厅壁记的这种稳定的述写结构却

① （宋）王禹偁：《单州成武县主簿厅记》，曾枣庄、刘琳主编《全宋文》第8册，第62页。

② （宋）吴博古：《审计院题名记》，曾枣庄、刘琳主编《全宋文》第242册，第346页。

③ （宋）陈元晋：《翁源县令厅壁记》，曾枣庄、刘琳主编《全宋文》第325册，第67页。

④ （宋）黄震：《长兴县主学厅题名记》，曾枣庄、刘琳主编《全宋文》第348册，第305页。

⑤ 康震：《中国散文通史·隋唐五代卷》，安徽教育出版社2012年版，第367页。

已悄然发生变化。其表现主要有以下几点。一是述写顺序的变化。宋代厅壁记的述写顺序并不是一成不变的，如苏颂《审刑院题名石柱记》便将作记缘由、目的等内容放在了文章的开头部分，朱熹《蕲州教授厅记》乃将在任者之才德及政绩放在了文章的开头部分，曾丰《赣县丞厅记》则将历史沿革放在在任者之才德及政绩之后叙述。二是内容构成的变化。宋代厅壁记有的是不述历史沿革的，刘宰《滁州州治题名记》即如此；有的是不述在任者之才德及政绩的，魏了翁《涪州太守题名石记》即如此；有的还会增加三段式述写结构之外的内容，如曾巩《洪州新建县厅壁记》便将有关为县令之难的议论放在文章开头进行重笔渲染。三是述写模式的变化。宋代厅壁记中有不少从根本上改变了唐代厅壁记的述写模式，如王禹偁《待漏院记》便以相君待漏之际的所思所想展开想象与议论来结构文章，苏轼《密州通判厅题名记》则围绕作者与赵成伯的交游经历展开，虞俦《湖州州学教授厅壁题名记》甚至直接将文章主体变成了罗列教授姓名的“点将录”。可见，厅壁记发展至宋代，述写结构已变得更为多元，多元的述写结构为厅壁记的创作带来了更为自由的写法，厅壁记因而能够绽放出更多的光彩。

文体的发展总是伴随着改变的，当以固定的模式写作成为一种传统之后，模式化与因袭的弊端便会随之出现，改变也就势在必行了。宋代厅壁记的写法转型是在唐人的基础之上展开的，宋人自觉求新求变的意识顺应了文体发展的需要，当宋人在厅壁记内容选择及述写结构层面实现了写法转型之后，宋代厅壁记便跳出了唐代厅壁记的樊篱，逐渐形成具有时代特色的独特风貌。

## 四　风尚转变

唐宋厅壁记的风貌是迥然不同的，诗分唐宋，厅壁记亦分唐宋。要而言之，唐宋厅壁记的风尚转变主要有以下三种表现。

第一，由重骈俪工整到尚自由流畅。唐代的厅壁记中有不少是以骈文形式写成的，而宋代厅壁记中仅宋初时有一篇以骈文形式写成[①]，此后厅壁记均不用骈文写作，可见在文章形式方面，唐宋厅壁记有明显不同。再具体到一篇文章之中，骈俪对仗的句子在唐代厅壁记中较为习见，如李白《兖州任城县令厅壁记》中便比比皆是，而宋代厅壁记中却并非如此。在宋代厅壁记中，骈俪对仗的句子多数已被自由流畅的散句取代，苏轼《密州通判厅题名记》便是如此。此外，唐代厅壁记一般不会在文章中用散句记录人物的话语或者征引古人经典中的话语，而此类现象在宋代厅壁记中则出现较多。有的记文仅记录人物的话语，如洪迈《福州教授壁记》之“我曹特幸耳，若又饫其家而饥其徒，弗学之问不可”[②] 即记录了洪迈与刘祥至的话语，“有士前曰：‘自吾学张官至今若干人，名数具在，倘仍弗纪录，惧其年多而莫知也，愿石而刻之。’予曰：‘诚然’”。[③] 则记录了当地某士人与洪迈的对话。有的记文仅征引古人经典中的话语，如魏了翁《海州太守题名壁记》之“天险不可升也，地险山川丘陵也，王公设险以守其国”[④] 即征引了《周易·坎卦》中的话语。有的记文既记录人物的话语，又征引古人经典中的话语，如苏轼《密州通判厅题名记》之“吾厅事未有壁记”“吾将托子以不朽”[⑤] 便记录了友人赵成伯的话语，“昔羊叔子登岘山，谓从事邹湛曰：‘自有宇宙而有此山，登此远望，如我与卿者多矣，皆堙灭无闻，使人悲伤。’湛曰：‘公之名，当与此山俱传，若湛辈，乃当如公言耳。’”[⑥] 便是征引了《晋书·羊祜传》中羊祜与邹湛的对话。由此观之，唐宋厅壁记在形式上乃存在一种由重骈俪工整到尚自由流畅的风尚转变。

---

① 张咏的《麟州通判厅记》是目前可见宋代唯一一篇以骈文形式写成的厅壁记。

② （宋）洪迈：《福州教授壁记》，曾枣庄、刘琳主编《全宋文》第222册，第67页。

③ （宋）洪迈：《福州教授壁记》，曾枣庄、刘琳主编《全宋文》第222册，第67页。

④ （宋）魏了翁：《海州太守题名壁记》，曾枣庄、刘琳主编《全宋文》第310册，第332页。

⑤ （宋）苏轼：《密州通判厅题名记》，曾枣庄、刘琳主编《全宋文》第90册，第417页。

⑥ （宋）苏轼：《密州通判厅题名记》，曾枣庄、刘琳主编《全宋文》第90册，第417页。

产生转变的原因是多方面的，但有三点值得注意。一是作者个性的影响。宋代有不少文人都是自由不羁的，在写作时崇尚自由流畅地创作，往往喜突破规则的限制，苏轼便是其中代表。苏轼为文“常行于所当行，常止于不可不止”[①]，一任天性自由挥洒，故而运用散句为文更能适应其创作个性和特点。二是古文运动的影响。中唐兴起的古文运动在宋代取得了最终的胜利，在文章领域由骈俪工整转向散体为文，转向自由流畅乃是基本趋势，厅壁记的创作自然难以例外。三是文体发展的需要。散句相较于骈句而言具有更多的灵活性和更大的包容性，以散句来记录人物对话或者征引古人经典的话语能更好地适应厅壁记叙事及议论的需要，故而由重骈俪工整到尚自由流畅的风尚转变是厅壁记文体发展的内在要求。

第二，由重叙述到重议论。“记者，记事之终始、物之本末也……文以叙事为主，然欧、苏以下，则杂以议论。”[②] 可见，记体文中议论成分地位的提升乃是宋代记体文发展的重要表现，议论成分愈来愈重要是宋代记体文发展中的一个重大趋势。作为记体文之一种的厅壁记，自然也有这样的特点。唐代厅壁记中议论的成分多数仅为文末的点缀，叙述与某官职或某地域相关的历史沿革方是厅壁记创作的重心所在，甚至不少厅壁记乃是纯叙述的，如孙逖《吏部尚书壁记》便是如此。而在宋代厅壁记的创作中，以厅壁记“论政”[③]，或者说以厅壁记议论乃是极为普遍的现象，王安石《度支副使厅壁题名记》、曾巩《洪州新建县厅壁记》等便是其中的代表。在这类记文中，议论占据了文章很大的篇幅，议论的重要性已经压过叙述的重要性而成为文章的核心所在。由此观之，在厅壁记的创作中，唐人与宋人在观念上已经有不少差异，实则存在一种由重叙述到重议论的风尚转变。

转变产生的原因应当与对厅壁记功能的认识有关。厅壁记的主要功

① （宋）苏轼撰，孔凡礼点校《苏轼文集》卷六十六《自评文》，中华书局 1986 年版，第 2069 页。

② 来裕恂：《汉文典·文章典》，王水照编《历代文话》，第 8628—8629 页。

③ （宋）苏颂：《江宁县令题名记》，曾枣庄、刘琳主编《全宋文》第 61 册，第 370 页。

能为记事、劝诫、褒颂，以厅壁记来记录风土物宜、“我曹之春秋”及前政往绩主要发挥的是其记事、褒颂功能，以厅壁记来自我警醒及叮嘱后来继任的官员则主要发挥的是其劝诫功能。唐人喜作厅壁记以补史阙，更重厅壁记的观览价值，因此重叙述。宋人则更喜以厅壁记来警劝来者，更重厅壁记的劝诫价值，故而重议论。

第三，由追求说事详雅到追求说理透彻。关于厅壁记应当写成什么样的问题，唐宋两代人的认识并不相同。关于唐代厅壁记的写作追求，唐人封演、马总的说法最具代表性。封演云：“朝廷百司诸厅皆有壁记，叙官秩创置及迁授始末。原其作意，盖欲著前政履历，而发将来健羡焉。故为记之体，贵其说事详雅，不为苟饰。”① 可见“说事详雅”正是唐代厅壁记的追求所在。至于详雅到何种程度，当如马总所云之“其土风物宜，前政往绩，不俟咨耆访耋，搜籍索图，一升斯堂，皆可辨喻”②。虽然唐人厅壁记中也有议论成分较多的文章，但重叙事、追求说事详雅乃是当时厅壁记创作的主流倾向。唐人的厅壁记主要不是要说明什么道理，而是要将某地区或某官职的过往历史叙说清楚，从而“俾将来俊茂，有所观焉”③。

宋人的厅壁记则往往不是追求将某地区或某官职的过往历史叙说清楚，在宋人看来，厅壁记的主要功能不应是叙述，“若原地理，条物宜，陈山川之形胜与风俗之好尚，则图牒存焉。其所取者，在乎彰善而志恶”④。既然所取者在于“彰善而志恶”，那么明确善、恶便是必要的前提。再抽象些说，“彰善而志恶”便是要在记文中明确对与错，故而用大量的文字证明“对”是对，斥责“错”是错乃是题中应有之义。所以“因纪年而又论政”⑤ 成了宋代厅壁记的常见写法，厅壁记成为宋人的“载道之文”，以厅壁记来抒发作者的独特政论或者见解成了宋人

---

① （唐）封演撰，赵贞信校注《封氏闻见记校注》卷五，第41页。
② （唐）马总：《郓州刺史厅壁记》，（清）董诰等编《全唐文》卷四八一，第4917页。
③ （唐）李华：《河南府参军厅壁记》，（清）董诰等编《全唐文》卷三一六，第3209页。
④ （宋）韩琦：《定州厅壁题名记》，曾枣庄、刘琳主编《全宋文》第40册，第44页。
⑤ （宋）苏颂：《江宁县令题名记》，曾枣庄、刘琳主编《全宋文》第61册，第370页。

的自觉追求。能够体现宋代厅壁记风貌特点的记文有很多，王安石的《度支副使厅壁题名记》极具代表性。其文云：

> 三司副使，不书前人名姓。嘉祐五年，尚书户部员外郎吕君冲之始稽之众史，而自李纮已上至查道，得其名，自杨偕已上，得其官，自郭劝已下，又得其在事之岁时，于是书石而镵之东壁。夫合天下之众者财，理天下之财者法，守天下之法者吏也。吏不良，则有法而莫守；法不善，则有财而莫理。有财而莫理，则阡陌闾巷之贱人，皆能私取予之势，擅万物之利，以与人主争黔首，而放其无穷之欲，非必贵强桀大而后能。如是而天子犹为不失其民者，盖特号而已耳。虽欲食蔬衣敝，憔悴其身，愁思其心，以幸天下之给足，而安吾政，吾知其犹不得也。然则善吾法，而择吏以守之，以理天下之财，虽上古尧、舜犹不能毋以此为先急，而况于后世之纷纷乎？三司副使，方今之大吏，朝廷所以尊宠之甚备。盖今理财之法，有不善者，其势皆得以议于上而改为之，非特当守成法，吝出入，以从有司之事而已。其职事如此，则其人之贤不肖，利害施于天下如何也？观其人，以其在事之岁时，以求其政事之见于今者，而考其所以佐上理财之方，则其人之贤不肖，与世之治否，吾可以坐而得矣。此盖吕君之志也。①

王氏此文未将行文重心放在对官职历史或官员善政的叙说上，而是集中了主要的笔墨来阐明民、财、法、吏之间的关系，明确了理财、变法、择吏的重要性，进而提出了国家治理应当“善吾法，而择吏以守之，以理天下之财”的主张。明人茅坤评王氏此文云“何等识见，何等笔力”②，甚为中肯。“识见”正是王氏《度支副使厅壁题名记》的精髓所在，《度支

---

① （宋）王安石：《度支副使厅壁题名记》，曾枣庄、刘琳主编《全宋文》第65册，第39—40页。

② （明）茅坤编《唐宋八大家文钞》卷八十七，《景印文渊阁四库全书》第1384册，（台湾）商务印书馆1986年版，第78页。

副使厅壁题名记》的价值也便在于其说理透彻，展示了超凡的“识见”。

就总体而论，可以说“识见”是宋代厅壁记的核心所在，宋人写作厅壁记追求说理透彻无非是要清晰、准确地传达出一己之见。唐代厅壁记追求说事详雅，保留的乃是厅壁记诞生之初具备的品质，延续的是史书“实录”的精神，此时厅壁记尚未被广泛用作“载道之文”。唐宋厅壁记艺术追求的转变与古文运动有关。伴随古文运动在唐宋时期轰轰烈烈地展开，“文以载道”的观念也普遍地植入了宋人的头脑中，在厅壁记中阐发一己之见也便是自然的事了。于是，唐宋人对于厅壁记便有了不同的艺术追求，追求说事详雅与追求说理透彻也便成了厅壁记区分唐宋的重要标志。

# 支拄颓澜、真朴胜人的嘉定文派

## ——以娄坚“救时心”的文论与创作为中心

◇刘　霞[*]

**摘　要**：娄坚是晚明“文章正宗”脉络中的一员，他继承归有光古文衣钵，说服钱谦益有所担当、光大嘉定古学、摧陷廓清前后七子剽摹与竟陵派幽仄之风。黄宗羲、王士禛、四库馆臣诸文史大家均给予高度评价和赞誉，认为娄坚能支拄于七子、钟谭沧海横流之时，针砭俗学，卓然名家，古文为“嘉定四先生”之冠。娄坚论文不以时代为限，强调自得、真性情，以实学为古文根柢，讲求六经史迁韩欧之道。他的古文纡余唱叹、和平渊雅、真朴胜人，得力于以经史为文章根本的理念与合道德行谊为一的品性。他以理论和实践致力于传承古文真脉，变浮靡为平实，扭剽窃为自得，斥空疏主朴学，为明末古文正本清源和明朗健康的发展做出了贡献。

**关键词**：娄坚　嘉定文派　救时心　韩欧之道

在明清文学史上，嘉定文派以其独特的文化品格、文论观点及文学风貌对明清文学思潮的演变起到过非同一般的影响，其与整个文学环境、其他地域流派错综复杂的互动、博弈，丰富了被前后七子派、竟陵派所主导、垄断的文学生态。嘉定文派与其“古学传统”（或曰“实学”“朴学”）是从明中叶至清中叶由几代嘉定文士自觉自动、锲而不舍地塑造而成，娄坚则是晚明时期主动建构嘉定文派的关键人物。目前学界对娄坚的研究尚处于浅层①，不足以证明其倾力转变学

---

* 刘霞，苏州大学文学院博士后、上海科学技术职业学院人文系副教授，主要研究方向为明清近代文学。

① 董晓霞：《娄坚诗文研究》，暨南大学硕士学位论文，2008。

风文风的贡献。本文便以娄坚为例，探析嘉定文派是如何在“伪体”盛行[①]、沧海横流之时支拄颓澜，“不随世俗为转移，而且能转移乎世俗”[②]，为传承古文真脉做出贡献的。

## 一 “文章正宗”中的嘉定文派

黄宗羲《明文案序》梳理有明一代“文章正宗”脉络至崇祯时，指出归有光遗泽未泯，娄坚、唐时升、钱谦益、顾大韶、张大复皆能拾其坠绪。黄氏所列举的五位归文继承人中，唐、娄是嘉定文派的中坚力量，钱谦益是受他们教导的虞山后学，就学脉传承而言，亦属嘉定文派“法胤”。据此可知，嘉定文派在明代文学发展史上占有重要一席，其“正宗”属性在当时和后世都受到了表彰。

黄氏是按照理学线路来梳理的，正是这种理解，使得明代古文家承继韩欧古文内在的孔孟思想凸显了出来，再次为“古文”内涵正本清源。延续这种思路，我们便能充分理解黄宗羲将嘉定唐、娄二人设置为崇祯时代古文路线图上的重要一环绝非无据拔高，而是独具慧眼。他指出：唐、娄二人以斯文为己任，以六经之文为源头，搏剽窃模拟之时雾，扫黄茅白苇之习气，接归有光之学灯，烛衰弊空疏之文界，为深湛朴真之文，读其文者可因文而见道。清代金之俊《读唐叔达先生〈三易集〉序》云：“抑自归太仆震川先生以后，古学一派独在祁川，其渊源为有所自，而未可概期之天下后世之人欤?”“我吴古学一派，当俗尚波靡后，幸衍如线之绪于未断，而迄今文章家犹知有响慕归太仆为先民法程者，不可谓非先生力也。”[③] 对唐时升的赞誉同样适用于娄坚。可以说，唐、娄不但传归文之薪火，更传明代古文之“法脉”，见道、

① （清）王鸣盛：《嘉定王鸣盛全集》第十一册《重刻黄陶庵先生全集序》，中华书局2010年版，第446页。

② （清）张云章：《朴村文集》卷九《嘉定四先生集后序》，清康熙华希闵等刻本。

③ （清）金之俊：《金文通公集》卷一《读唐叔达先生〈三易集〉序》，清康熙二十五年（1686）怀天堂刻本。

实学、自得、情真是他们所传古文之精髓；“卓然名家，能自拔于流俗”（宋荦《嘉定四君集序》）是他们共有的气质和风骨；“箴砭俗学，原本雅故，溯熙甫而上之，以蕲至于古之立言者”（钱谦益《四先生集序》）是他们的历史贡献。王士禛所赞“四先生之所长，不必尽同，而其渊源古学，不逐时好为向背，则一也”（《嘉定四先生集序》），可移植评价嘉定文派所有成员。

古学之所以能在嘉定一枝独秀，与此地卓然独立的文化氛围的不断培植、养成有关。养成的关键在于人才的接替，有了超拔俗流的才士，才能有更多后学的浸染与自觉坚守。钱谦益早已指出其中缘由，曰：“嘉定为吴下邑，僻处东海，其地多老师宿儒，出于归太仆之门，传习其绪论。其士大夫相与课《诗》、《书》，敦名行，父兄之训诲，师友之提命，咸以谀闻寡学、叛道背德为可耻。”后学者“胚胎前光，得以服事其乡之孝秀，若唐叔达、娄子柔、程孟阳者，濡染其风尚，而浸渍其议论。盖其学问不出于家庭唯诺几席杖函之间，而话言诵习，已超然拔出于俗学矣”。钱谦益接受传统的天地时运与人杰相互感应以至气运流行而产生人才的观念，认为“世之俊民才子，含章挺生者，皆天地之间气也”。嘉定之地的文化，自王彝始便塑造出了卓然不畏俗流的地域文化个性，经百年的积蕴涵养，终于厚积薄发，蓬勃而出，至嘉靖、万历、崇祯时期，形成第一个高潮，撼动时风，光耀后世。钱谦益云：“嘉定之多君子，读书修行，涵养蕴蓄，百有余年，风流弘长，余分闰气，演迤旁薄。”[①] 先前几世的文化学术积累，形成了影响后学的最大福泽。文化土壤一旦形成，此后孕育的人才便自然而然地承袭前贤的特质——这既是文脉的因果关系，亦是其发展轨迹。黄汝成《安亭新建震川书院记》亦记述过嘉定古文脉络：

> 嘉定忠孝气节、经术训诂之盛，代有传人，而古文之学，则启

① （清）钱谦益：《牧斋有学集》卷十七《金尔宗〈诒翼堂诗草〉序》，上海古籍出版社 2007 年版，第 775 页。

自震川先生。先生之文，继韩氏、欧阳氏而兴，宜为学者所宗仰。而嘉定自唐叔达、娄子柔及张汉瞻诸先生后，鲜有其传，岂非无贤而在上位者恢张其业以兴起其邦人士之故哉？……平湖陆清献公尝令吾邑，故邑书院署曰“当湖”，原前人所以名者，岂以是相矜宠哉？然则邑士贤者睹斯之建，而思由文章之邃上窥儒学之传，相与讨论服习……①

此文梳理的嘉定古文脉络从归有光至唐、娄，至张云章，便直接到了陆陇其。实则不是那么简单。嘉定文派自王彝开端，至嘉靖时期归有光从昆山到嘉定安亭教书，上续韩欧的古文再次传播嘉定；徐学谟与归有光亦师亦友，广泛宣扬归氏理论，又教化嘉定后学以古文为职志；后学中最为突出的是唐时升、娄坚、程嘉燧、李流芳，被称为“嘉定四先生”，尤以唐、娄古文出彩；四先生之后有侯峒曾、黄淳耀、陆元辅、张云章等相继而出，自明末至清初，嘉定文派无论是理学、学术、文学，还是节义躬行，都称得上卓越；清中期有王鸣盛、钱大昕两家族以文学、朴学起，闳中肆外，波澜壮阔，余韵悠扬，给吴中乃至全国学术以巨大影响，可谓嘉定文派在清代的辉煌高峰。

现今学术界对嘉定文派关注最多的，除归有光外，便是四先生了，这得益于钱谦益的大力宣扬。劝导钱氏改弦易辙，由追随前后七子变为服膺嘉定古学的关键人物，除了钱氏自己频繁提起的李流芳和程嘉燧，另一个被遮蔽的重要人物是娄坚。他向钱氏传授古文真谛，说服钱氏有所担当，扩大嘉定古学的影响力，颠覆前后七子之剽拟与钟谭竟陵派之幽仄的时风。如果说钱谦益在这场博弈中是领袖，那么娄坚足可称为启蒙者或导师。至于有意抹去受教源头的潜意识和行为，钱锺书先生曾做过睿智的剖析，他说：

① （清）沈粹芬、黄人编《国朝文汇》卷五，清宣统元年（1909）上海国学扶轮社石印本。

> 古来作者于己之入手得力处，往往未肯探怀而示；或则夸而饰之，如蒋子潇之自言“初学三李”，或则默而存之，如定庵之勿道金寿门……西方论师喻诗文赏析云：“有如中世纪相传，狮子每行一步，辄掉尾扫去沙土中足印，俾追者无可踪迹。”词旨一揆，均《老子》第二十七章所谓“善行无辙迹”尔。[①]

发覆娄坚与钱谦益的关系[②]，有助于扫清历史迷障，不辜负娄氏赤子之心，亦使钱氏对嘉定“老师宿儒”的感谢更为圆满。

## 二　“真古文”与“救时心”

娄坚（1554—1631），字子柔，他的思想与心态大体可以四十岁为界，分为前后两期。前期主要是与师友交游、寄望科举、寻求社会认可的阶段；后期则是醉心禅悦、抱道守真、追求自适自在与心灵解脱的阶段，与此同时，他通过与各路柄权者的交游，宣扬嘉定文派乃古文正宗，倡导不分门户、由唐宋上溯秦汉古文的学古路径，实践真挚朴实的古文风格。关于娄坚一生之行事、文章、气谊，程嘉燧《祭娄兄子柔》（《耦耕堂集》文卷上）有所概括。祭文中的“二老”指丘集与张茂仁，“三子”是唐时升、娄坚、程嘉燧，三人学术文章渊源于乡贤，“二老”的“微言”“前史”之学来自归有光，他们是归氏入室弟子，又把古学传给了唐、娄、程三人。这是娄坚年轻时代受学途径之一种。此外，他追陪杖履、听闻绪论于徐学谟，所谓“予昔未冠，获侍宗伯”，“洎公归田，数参末席”[③]，“获交且三世，平生辱公知最深”[④]，

---

① 钱锺书：《谈艺录》，生活·读书·新知三联书店2008年版，第350页。

② 参见拙作《从徐学谟至娄坚再至钱谦益——明代嘉定文脉传承之考论》（上、下），《宁夏师范学院学报》2015年第1、2期。

③ （明）娄坚：《学古绪言》卷十七《祭徐太母金夫人文》，明崇祯三年（1630）谢三宾刻清康熙三十三年（1694）陆廷灿重修本。

④ （明）娄坚：《学古绪言》卷六《诰封夫人徐太母金氏寿序》。

并与徐氏二子徐兆曦、徐兆稷及女婿张伯隅“情均弟兄”①。

唐时升与娄坚是表兄弟，娄小唐三岁，文集中常称唐为“表叔兄弟”，唐则云“君之王母，我母之姑”②，即娄坚祖父与唐时升之父同为沈氏姑侄婿。娄父年少时，因其表姐之故，受《易》于唐父（唐钦尧，道虔先生）③，比冠学成，唐时雍（唐钦尧子，兄）与唐时叙（弟）又师事娄坚之父，两家往来甚密④。《唐先生遗稿》中《祭子柔》云唐、娄一起长大，情同手足，乃异姓轼辙，“临溺则援，遇颠则扶”。唐虽年长于娄，却视娄为良师友，称之“通儒”，给予极高的评价：“君生浊世，古道是敦。忠信为宅，恬淡为园。机械之巧，不得其门。面无色庄，口无伪言。多士所宗，无爵而尊。诲我诸子，以及诸孙。先民往矣，典刑所存。”唐时升之文、娄坚之书法、李流芳之画，时人称为“嘉定三绝”，若加上程嘉燧之诗，则为“嘉定四绝”。其实四先生诗文书画俱当行，然各有特长，古文辞乃唐、娄传承了归有光衣钵，尽得其真髓。

卢世漼言唐时升和娄坚“直入古文堂奥”⑤，他虽称赞徐学谟《麈谐》《镜戒》等六七种书“议论极可喜”，然对徐氏古文辞仅评曰“泛应而未曾深入”，也就是说，卢氏认为作为导师的徐学谟之古文辞远不如其弟子唐、娄。卢世漼比王士禛更早指出娄坚序元白《长庆集》乃真古文，曰：“向于友人处见新刻元白《长庆集》，有娄子柔二序，心最爱之。”“元白二序首列集内，甚惬夙好，置之行箧，时时翻阅。园居多暇，遂从而钞之。”⑥ 孙尔准认为四先生中当以娄坚为冠，《跋娄子柔书苏文忠石鼓诗册》云：

---

① （明）娄坚：《学古绪言》卷十四《祭张仪部无隅文》。

② （明）唐时升：《唐先生遗稿·祭子柔》，上海图书馆藏清抄本。

③ （明）娄坚：《学古绪言》卷六《唐实甫六十寿序》。

④ （明）娄坚：《学古绪言》卷十《唐长君伯和墓志铭》。

⑤ （清）卢世漼：《尊水园集略》卷七《抄书杂序·徐太史杂著》，清顺治刻十七年（1660）卢孝余增修本。

⑥ （清）卢世漼：《尊水园集略》卷七《抄书杂序·娄子柔集》。

> 孟阳为钱蒙叟所推，声称籍甚，其实品学皆当以子柔先生为冠。《学古绪言》能沿溯古文源流以传太仆之绪，独支撑于七子、钟谭沧海横流之时，识力亦伟矣。新城王文简公尝称其《长庆集叙》为真古文，盖其得力在元和、大历之间，故纡余清深，非捋扯汉魏以为古者可比。顾松圜（程嘉燧）、泡庵（李流芳）画笔流传颇多，而先生书罕见。兰溪明经携此册见示，书苏诗故多用苏法而实出平原。明经自跋，目以俊伟，可谓知言矣。①

孙尔准认为娄坚能“独支撑于七子、钟谭沧海横流之时”，品学皆胜过钱谦益所推至高的程嘉燧。且不管此论有多少“反其道行之”的成分，单就评价娄氏“识力亦伟”而言，孙氏已指出娄氏坚守古文辞正宗的良苦用心。艺术同源，娄坚的古文和书法皆可列为绝尘之品，其古文取法与书法师承有异曲同工之处。娄坚书法学苏轼，“尺蹄寸简，人争传购”②。清代王应奎认为娄氏书法高出董其昌，曰：“诗文外，尤精钟、王书法，晚乃变而学东坡，一洗柔媚之习。时华亭董尚书方以工书重海内，而秀整有余，苍劲不足，先生视之蔑如也。后吾邑冯氏书学讲贯最善，实得先生之传云。”③ 王应奎认为娄坚书法“苍劲”胜出董其昌，亦是许多内行大家的共识。翁方纲是清代的大书法家，“论明人书格，每服膺娄子柔、孙雪居。其实子柔有萧羊余韵，雪居不能及也”。吴荣光云：“大有胜文（徵明）、董（其昌）处，亦如怀琳在唐，与颜柳并视，毕竟带有六朝气韵耳。”④ 王时敏作为故交后人（王锡爵之孙、王衡之子），深知娄坚书学渊源，曰“其法原本山阴（王羲之），旁追北海（李邕）”，其书唐时升园中诗八首，“结构精密，神采陆离，洵得晋

① （清）孙尔准：《泰云堂集》卷二《跋娄子柔书苏文忠石鼓诗册》，清道光刻本。

② （清）王昶纂修（嘉庆）《直隶太仓州志》卷三十七，清嘉庆七年（1802）刻本。

③ （清）王应奎：《柳南随笔》卷六，清嘉庆刻借月山房汇抄本。

④ （清）方濬颐：《梦园书画录》卷十四《明娄子柔谢饷茶诗卷》，清光绪三年（1877）定远方氏成都刻本。

唐三昧”，“追溯畴中诸君子，学问艺业悉有渊源”。[①] 世人认为李邕笔法学王羲之，结体茂密，笔画雄劲，杜甫诗云：“声华当健笔，洒落富清制。风流散金石，追琢山岳锐。情穷造化理，学贯天人际。”（《八哀诗·赠秘书监江夏李公邕》）王时敏所言“晋唐三昧”，正是指娄坚有“健笔”，其“艺业渊源”得于嘉定文派前辈的“道德文章”。方濬颐《明娄子柔谢饷茶诗卷》评娄坚书法“其淳厚处，得魏晋气派”，也是指其笔带风骨、显苍劲而言。伍元蕙题《谢饷茶诗卷》曰“机神流畅，洒脱自如，无一点尘俗气”，皆因“人品既高，书法亦妙”。袁翼比较同是模仿苏轼书法的娄坚与李流芳，认为“生熟各宜，态色并得，含婀娜于刚健之中，藏骨力于锋棱之外，则长蘅似逊一筹”[②]。的确，李流芳书画中萧闲澹逸之味更浓一些，得于元人精神处最多，而娄坚书文俱苍劲，更接近魏晋风骨与唐雄壮之风，呼应了人品、书品相辉彰之论。

娄坚受徐学谟影响，又与丘集、张茂仁等先生“商略史语”，养就济世之志，只可惜时不相与，终身未遇，英雄白头，空怀壮志。他的这种心志在诗中多有流露，如《赠别秋试诸君子口号》（《吴歈小草》卷四）云：“徒工词学非经济，若论淹通在古今。不是全无干禄意，长怀一片救时心。”既是赠人，亦是自况。在诸乡贤相继离世后，看到世风浮靡、典型不再，娄坚的经世之志以另一种方式表现出来，即通过个人影响力游说官宦，借由他们实现挽狂澜于既倒而扭转世风的愿望。他所选中的学术旗手是钱谦益，钱氏在文章中极少提及娄坚对他的影响，然而通过娄氏文集依然可以追溯影响痕迹。关于娄坚热肠救世之事，还有他例。黄汝亨给娄坚的信中写道：“巽甫（马元调）来，接手教，且为名宦事谆切大义，业已闻之观察矣。”[③] 娄坚

① （清）王时敏：《王奉常书画题跋》卷上《题娄子柔书唐叔达诗册》，清宣统二年（1910）李氏瓯钵罗室刻本。

② （清）袁翼：《邃怀堂全集》骈文卷十一《娄子柔先生书刘公幹诗墨迹跋后》，清光绪十四年（1888）袁镇嵩刻本。

③ （明）黄汝亨：《寓林集》卷二十八《与娄子柔》，明天启四年（1624）吴敬、吴芝等刻本。

以“名宦事”劝进黄汝亨，虽不知何事，想必不离文教事业。尽管目前只有少量证据证明娄坚以布衣之身介入家国大事，但足以见其用心之勤与苦，若非深明文化传承之大义，并能义不容辞地担当津梁之任，定然不会僭越身份之别而妄言“大义”。更为可贵的是，娄坚不是“要结附丽以钓名而诡遇”者，而是“崇尚经术，耻为浮薄”的“特立之士”，他“身不出菰芦之中，名不通金闺之籍”，只是与同邑同志“素心晨夕，讲德考业，守先正之道”①，进而以言辞动达宦，期以古学变时尚向背。

娄坚与唐时升一样深通时务，由时人对他的评价可略窥其才干。梅鼎祚写给嘉定李教谕的信中称：“经师易，人师难，以吾丈之端醇冲挹，真所为人师也。练川，名士之薮，即一娄子柔，昕夕在门下函丈之间，致足乐矣。”② 梅鼎祚熟悉嘉定人才，他在信中还提到殷都和徐学谟的两个儿子皆其“弟友”，可知他与嘉定文士交谊不浅。此信所谓得一娄坚便足以致乐，表明娄氏才学与人品高逸足与李教谕相匹，可做人师，可做经师。

娄坚进取时的风发意气，可由程嘉燧《送娄兄子柔赴京兆试三十二韵》③ 观得。他众艺皆精，才气飞扬，风流潇洒，然时运未通，“几年遭按剑”。这是四先生共同的性格特征与人生际遇，包含程嘉燧自身的生命感悟在内，“怀椠十年犹未遇，无人真解荐雄文”④。娄坚内心的渴望与期许是“豪杰须观国，才华必擅场。词源鲲变化，笔阵骥腾骧”，虽然他未能于庙堂上脱颖而出，但在民间以一介布衣的身份擅扬文界，敦好古义，力挽颓澜，弸中彪外，鲲鹏变化，骥腾笔阵，终因“立言”“立德”的勋业而被载入史册。程嘉燧评其《杂怀诗》，便是替他剖露济世心迹：

---

① （清）王士禛：《带经堂集》卷七十三《嘉定四先生集序》，清康熙五十七年（1718）程哲七略书堂刻本。

② （明）梅鼎祚：《鹿裘石室集》卷十三《答李广文》，明天启三年（1623）玄白堂刻本。

③ （明）程嘉燧：《松圆浪淘集》卷一《送娄兄子柔赴京兆试三十二韵》，明崇祯刻本。

④ （明）程嘉燧：《松圆浪淘集》卷三《喜见子柔襆被就舟中夜话赋赠一首》。

> 其诗云："岂谓平生意，才消一领衫。道心长自照，世味总无馋。"又云："世已无如假，余犹颇识真。最怜惟稚子，难使学时人。"又云："青袍宁再误，绿酒尚无情。"时固已慨然与世违矣。近又为《杂怀诗》三十篇，诗皆五言近体，其中多指切时事，识深而虑远，盖其心若恻然有所不得已，而形于咏叹，犹且虞其多忤，缄秘而不出也。余谓："自古感遇讽刺之作多矣，至以律诗含讽谕，剀切忠厚，则未有若子柔诸诗也。"子柔为人，和顺详雅，而至于持论是非，独侃侃无少徇。平生恬于荣利，恶衣菲食，而好求当世之务……使当世之君子，有若古之采风者，能听其言，则此诗犹庶几为中流之壶也哉！①

娄坚平生志向无以实现，然"道心"不衰，发之于诗，讽谕"剀切忠厚"，即便晚年逃禅，修心净土，依然无法忘情世事，"忧天悯人之意，老而逾至"。四库馆臣虽厌恶钱谦益与程嘉燧，却向娄坚致敬，程嘉燧"中流之壶"的赞誉可谓确评。时人因娄坚"才品绝世"而"欣慕其人"②，娄氏不愿辜负"欣慕"而倾肝沥胆四处以文业相嘱。姚希孟云："往年家慈帨辰，锡我鸿篇，所以相期甚远，而相勖甚厚。"③ 可知他多次借祝寿之际，劝诫其人以立言为重，宣介嘉定文派的观点。最典型的是《敕封太安人钱母顾氏七十寿序》（《学古绪言》卷七），直是嘱托钱谦益"挽波流之靡"、光大古学文脉的谏言。

娄坚的济世志受雪浪洪恩影响颇深。雪浪洪恩受学于无极法师，淹通内外典，旁及唐诗晋字，与憨山清公齐名。迨憨山北游，雪浪慨然以觉世为己任，主讲东南法席三十年。万历三十四年至三十五年（1606—1607），他曾应龚锡爵、唐时升、娄坚之请，驻锡嘉定清凉禅院，之后常驻吴之望亭。朝夕相处的三个月使娄坚沾溉法雨，佛教中勇猛精进的精神给他致力世间文教事业以莫大助力，"共到清凉界"的理

---

① （明）程嘉燧：《松圆偈庵集》卷上《题子柔〈杂怀诗〉卷后》，明崇祯刻本。

② （明）沈守正：《雪堂集》卷八《与柴延喜》，明崇祯沈尤含等刻本。

③ （明）姚希孟：《文远集》卷七《娄子柔》，明崇祯间张叔籁等刻《清闷全集》本。

想成了支拄颓澜的动力，促使他晚年将一切心力均付诸宣扬嘉定古文派的行为中，以之对抗剽窃模拟与幽峭诡异的文风。嘉定四先生团结起来的文教力量一度影响极大，有“练川人物甲江东”之称，后世对四先生及侯峒曾、黄淳耀的评价甚高，赞誉他们“磊落行藏道本同”①。娄坚以斯文为己任，正如雪浪洪恩的“觉世”之志，然若无性情、学问、人品作为根本，大概很难胜任，好在他本固、愿诚、行实，终在影响他人的过程中，成功传输了嘉定文派的古文辞观念，以卓立的态度，本实学、辍空谈，写平实的文章，做言出有据的学问，书法、文法皆有风骨，遒劲而俊逸，能独树一帜。

四库馆臣对嘉定四先生的评价虽有待商榷，但对娄坚的评价相当公允，可谓令人口服心服之言。娄坚以稳妥的示范，担当了承续实学、古文的职责，在明代文学史上应当占据一定的位置。《四库提要》云：

> （程）嘉燧以依附钱谦益得名，本非善类，核其所作，与三人如蒹葭倚玉，未可同称。至三人之中，（唐）时升、（李）流芳虽均得有光之传，而能融会师说以成一家言者，又当以（娄）坚为冠。盖明之末造，太仓、历下余焰犹张，公安、竟陵新声屡变，文章衰敝，莫甚斯时。（娄）坚以乡曲儒生，独能支拄颓澜，延古文之一派。其文沿溯八家，而不剿袭其面貌，和平安雅，能以真朴胜人，亦可谓“永嘉之末得闻正始之音”矣。王士禛《居易录》尝称其《长庆集序》，以为真古文。今观是集，大抵具有古法，不但是篇，士禛特偶举其一也。②

四库馆臣指出娄坚古文“沿溯八家，而不剿袭其面貌”，有“和平安雅，能以真朴胜人”之特色，历史地位如“永嘉之末得闻正始之音”，乃“真古文”也，树娄坚为嘉定四先生之冠。四库馆臣对嘉定四先生

① （清）顾湄：《练川感事》，（清）吴伟业编《太仓十子诗选·水乡集》，清顺治刻本。

② 四库全书研究所整理《钦定四库全书总目》（整理本），中华书局 1997 年版，第 2334 页。

的评价，因意识形态的介入而使评价标准偏向唐、娄、李，然以古文成就而言，娄坚当之无愧为冠冕，因其能融会贯通成一家言，救衰起弊，“支拄颓澜，延古文之一派”。他抓住一切可能的机会，向上层表达俗学之弊病。推荐人才时，往往先陈述俗学之害，然后再申论实学人才之宝贵。《敩韩荐士上胡明府五百字》推荐马元调，开篇铺垫曰“俗学矜浮夸，古道坠丛棘。误拾涕唾余，谓从肺肝沥。乍陈似珍羞，既嚼乃枯腊”，他称赞马元调读书能从史入，钩玄提要，为文绵密，才足堪用。以推荐人才的方式延续古文一脉，是其济世良知的必然选择。

## 三 论文：自得、真性情与六经史迁韩欧之道

娄坚时代，文坛分门立户，以秦汉、唐宋时代论者彼此水火不容，师古、师心者又各持所论，后七子尚未唱罢，竟陵已然登场，均托复古而走歧途。嘉定文派亦主张复古，只是此复古乃会通之义，要由唐宋诸家上通至秦汉，由秦汉通至六经，主张实学为本、全面学习，不为空言、不尚浮靡。娄氏《书程孟阳诗后》曰：“昔予尝闻长者之论，凡为诗若文，贵在能识真耳。苟真也，则无古无今，有正有奇，道一而已矣。”① “长者”指徐学谟，他的诗论一言以蔽之曰“真”而已。以“真”为标准，而非简单以时代为界限，僵硬地评判艺术之高下，是徐学谟留给后学的不刊之鉴。以此来烛照历代诗文，屈原、李、杜、韩、欧等“自得”者，必然成为学习的楷模，而“寻常之雕缋”是“卑且靡者”，不足为论。娄坚继承了自王彝、归有光、徐学谟以来俨然成形的“自得”诗文观，批驳前后七子机械的复古。“自得”成为嘉定文派一以贯之的诗文之道，其核心思想是“真”。《题草书杜诗后》云：

> 自唐殷（璠）、姚（合）选唐诗，宋严氏以禅为喻，至高氏之《品汇》出，而世渐不识诗之有真，皆皮相耳。以故于子美之诗且

① （明）娄坚：《学古绪言》卷二十五《书程孟阳诗后》。

有优劣之论，盖律体之自创，绝句之怪奇，其入选者希矣。如此非独不知杜，且不知汉魏，况三百篇哉？此犹均屈氏骚也，而不无置论于《卜居》《渔父》者耳。

予以为苟出于杰然、超然，则虽宋与汉唐作者，何异？若苟以形似而已，吾未见其果有合也。元微之诗云："杜甫天材颇绝伦，每寻诗卷似情亲。怜渠直道当时语，不著心源傍古人。"可谓真知之矣！而韩昌黎犹有蚍蜉之诮，则尤高出于其上矣。[①]

娄氏所云"自创"乃"真"诗之必要条件，他欣赏、赞誉程嘉燧诗，因程氏"神情所注"发而为诗皆能以真取胜，学古人"不肖皮毛"而能"自得"，无论清切深稳抑或雄浑逸宕的风格，由程氏学之，都能远高于其他学古者。《书程孟阳诗后》陈述娄坚、唐时升与程嘉燧三人从年少至白首相商的诗道，即诗文需"识真"，自我作古，而非抉摘语句，趋求面目之相肖（《学古绪言》卷二十五）。侯峒曾序唐时升《三易集》，强调此点曰："先生于立言之旨，鲜所举示，间尝语余：世之棘喉钩吻，节去语助，务险涩不可句以为，学秦汉者定非秦汉，而韩欧苏曾诸大家不袭秦汉之迹，而专肖其神，斯言也，固与子柔、孟阳、长蘅三先生白首相商、水乳投契者。先生直以此为金针之度，而亦可以稍得三先生之概矣。"侯氏明言"肖其神"乃四人之共识。

"真"的含义是"性情真"。娄坚在《题手书陶诗册子后》解释道："陶诗所以妙绝古今，正在胸中超然，非闻道者决不能为此语也，区区以文字求之，抑末矣。如唐世诗人最多，独推李杜，岂止才力豪健凌跨一代而已，盖二公之所自负，读其诗可以想见焉。唐以诗取士，其较量工拙直在句字之间，不复见其人之性情，失诗之本来矣。"[②] 娄氏认为闻道后表现在诗中的性情更真，与他古文观中"所谓文章，以道

① （明）娄坚：《学古绪言》卷二十三《题草书杜诗后》。
② （明）娄坚：《学古绪言》卷二十五《题手书陶诗册子后》。

为程”[1] 一致。谢三宾《娄子柔先生集原序》指出娄氏古文的精要在于“学其道”：

在宋天圣间，学者务以言语摘裂号称时文，以相夸尚，独尹师鲁、苏子美、穆伯长之徒学为古文，匪学其辞，学其道焉耳。《春秋》未尝学《诗》《书》，《诗》《书》未尝学《易》，而六经之道未始不同归，其斯以为万世古文之宗也欤？太史公《史记》学六经而为之者也，韩氏学史迁者也，欧阳氏学韩氏者也，今其书具在，岂尝句句而摹之，字字而袭之也哉？亦学其道焉耳……子柔娄先生，其学本原欧阳氏、韩氏，由史迁以溯六经，其诗文渟蓄渊雅，无雕绘襞积之陋，无纵横怒号之习，蔼如也，其与人平以恕，其持身简以廉……信乎真能学古者也，匪学其辞，学其道焉者也。[2]

唐代古文运动，本就是“文以载道”观念在文学变革方面的表现。韩愈的主张重在宗经明道、因文见道，其摧陷廓清的古文正所谓“愈之所至于古者，不惟其辞之好，好其道焉尔”（《答李秀才书》）。宋代古文家亦“学为古文，匪学其辞，学其道焉耳”。娄坚“求古学于今之世”，真切明了古文运动宗旨所在，因此他学欧阳修、韩愈、司马迁等诸大家古文之真精神，上溯至六经，由文而见道，“信乎真能学古者也”。他认为“道丧文蔽”是恶性循环，因道丧，故文蔽，又因文蔽，更使道丧，“士鲜知有通经学古者”，“偭规矩而绣鞶帨”[3]。谢三宾的序言亦是抓住此点，称赞娄坚准确理解了古文的内涵，不以表面文辞为意，故而其诗文才能“渟蓄渊雅，无雕绘襞积之陋，无纵横怒号之习”。娄坚学古，不仅学韩欧之道，而且仿其卓然的气质，韩愈自况

① （明）娄坚：《学古绪言》卷十四《告张二丈文》。

② （明）娄坚：《吴歈小草》卷首，明崇祯三年（1630）谢三宾刻清康熙三十三年（1694）陆廷灿重修本。

③ （明）娄坚：《学古绪言》卷七《敕封太安人钱母顾氏七十寿序》。

“特立独行”，“不顾人之是非”，“信道笃而自知明”（《伯夷颂》），娄氏亦有此种品性，加之“持身简以廉”，更配得上道德行谊文章合一之美誉了。艾南英曾云娄坚和陈继儒“虽未得韩欧之深，然皆能言其本末”①，也是叹服娄氏能得韩欧之传，只是未达其深度罢了。

古文之道与“真性情”是相互滋养和成就的关系。“学其道”者乃真学古，必然讲求自得，而自得者必有真情性，有真情性者学古时则不会以时代为限。娄坚《缑山先生集序》云：

> 文不当以时代论也，凡人之杰然者，其识高，其自得者深，虽卒然而吐其中所欲言，必有异于流俗，斯以为可传而已。如陆宣公，其文词岂有异时之人哉？而至今称其奏议与贾生埒，何欤？以公之所言，皆切于匡主济时，凿然有所不可易耳，故曰文章经世之大业也，而区区焉以世之先后、词之难易论者，一何陋欤！②

王衡“其词或郁纡悲愤，或慷慨激昂，盖直取以寄焉”，娄坚以性情论其壮志未酬身先死的遗憾，认为此感历代英雄皆有之，但凡以己之真词吐露，不分古今，皆为可传之文，这就是韩欧古文之道。他说：“东汉六朝之文，至韩柳而一振；唐末五代之文，至欧苏曾王而一振。今读其文，虽此数公者，亦各自为词，未尝相袭，世乃有谓古文之法亡于韩者，彼不知也，曷足怪乎？独怪夫耳而目之者，辄因而肆其猖狂耳。凡为文章，但意高识远而味长，古今一而已矣，其有不同者，遣辞布格之间耳。”③ 对于古文高下，他有很清晰的认知，古文重在“意高识远而味长”，仅仅文辞相袭，与世无补，与道相悖。世人虽称韩文“怪怪奇奇”，可娄坚却“尤重其大雅卓然，独不牵于流俗”，借用苏轼所言

① （明）艾南英：《答陈人中论文书》，（清）刘肇虞辑《元明八大家古文》卷十五，清乾隆刻本。

② （明）娄坚：《学古绪言》卷二《缑山先生集序》。

③ （明）娄坚：《学古绪言》卷二十一《与文文起太史书》。

“文起八代之衰”为之辩白[①]，并指出韩文能由弘治而传于今，正赖吴地二三公“不随时代为高下者”，其中重要的学韩者是归有光，他学习的正是韩愈“卓然”独立之处。

娄坚多次言说喜欢韩愈和苏轼，“诵读之暇，手书卷帙者数数矣”。韩愈之文能起八代之衰，“怪怪奇奇”，苏轼意到笔随，“寓近于远，借浅为深”[②]，他们皆能自我作古，变化出之，不落窠臼，而“世俗之步趋古人者，皆优孟之学孙叔敖耳”[③]。韩愈、欧阳修、苏轼三人是如何每转益进，既相继承又能创新的，娄坚在《手书苏长公问养生后题》中解释道：“窃尝妄论六经之外，文之谈理而达者无如《庄子》，论事而达者无如《国策》，后之作者能兼撮二书之胜无如苏长公。自韩昌黎振累代之衰力，去浮蔓以为怪奇，然其句琢字炼，犹在虚实之间；至欧学韩而益畅之，并去雕刻而务出于平易，又一变焉；长公后出，与欧同出于用虚，而笔力豪横、倏忽变化，后有作者无以复变，亦无复能逮矣。”[④] 三人所处时代不同，为文各有特色，然贡献相同，都能变陈为新，向上指出一路，开创新文时代。娄坚一生所做努力亦是如此，变浮靡为平实，扭剽窃为自得，斥空疏主朴学，于各文体都能做到考镜源流、梳理脉络，明了发展、清楚目标。所以，他的文章无论是立论还是用语，绝少标新立异，只有一针见血地醍醐灌顶。《书杂录唐宋诸家论文简牍后》云：“予自中年后，颇知好古，读古人之文，知其所自得，皆高雅不同于流俗。又证以所闻于长者，乃知近世所号为古文词，直以应俗而已，未可言文也。凡为此者，失不能识真故耳。”[⑤] 娄坚给出鉴定标准，即古文贵在“真”、“自得”与不同流俗的“高雅”。

不仅古文贵在“自得”，就是时文，亦当以“自得”为重。他在《张伯隅稿序》中表达了此意，认为时文优秀者，必是好学深思且需之

---

① （明）娄坚：《学古绪言》卷二十三《为友人写韩〈送王含序〉因题其后》。

② （明）娄坚：《学古绪言》卷二十四《为人写赤壁赋后题》。

③ （明）娄坚：《学古绪言》卷二十四《书东坡孔北海赞后跋》。

④ （明）娄坚：《学古绪言》卷二十三《手书苏长公问养生后题》。

⑤ （明）娄坚：《学古绪言》卷二十三《书杂录唐宋诸家论文简牍后》。

岁月而有所自得者。当时的世风:“学术日衰,世多以贪常嗜琐得之,遂谓文固宜然,乌用好古而不适于时为哉?而炫奇之士,则又托玄虚以为高,争钩棘以为工,群聚而姗笑,曰:‘文何必雅驯,而坐令自困若此?’”① 当时之谈经义者,不过“指趣为宗,标格为异,菁藻为华”三者,“徒以拾唾为解悟,学步为矜奇”,而不解圣贤之微奥与经传之无穷。② 理想的时文之作,当然要“循其源”(精研传注之学),“合于道”(圣贤之旨),“通其塞”,“适于时”,总之,要能自树立而不随俗沉浮。③ 娄坚能有如此确定的古文、时文立场,乃因嘉定文派传统向来以“特立”为区别于他邑之特征。他一直以此为荣,《三先生选刻经义序(代)》云:

> 嘉定僻在吴东偏,俗号简质,其人多负气、有志节,而出仕于时,皆能有所自树,若没没焉以愧其乡之人者,未有闻焉。盖自王文恪公时已称其长材秀民有出于他郡邑之上者。而举业之文则金式之先生其尤也,雅自负,与文恪争鸣,迨选于礼部,名即相亚。今又百二十余年矣,风气日益以开,而学问独有渊源,不随俗汩没。④

嘉定人士不随俗汩没的根基在于“实学”。“今之文章以襞积故实为有学,以雕缋语句为精新”,“士无实学”⑤,“学者务剽窃为文,至辱其身于躁竞”,若能“知学之本原,耻自夷于寻常,而卓然能有所树”⑥,则能坚忍耿介、不随俗汩没。嘉定独能如此,大概与其地僻海隅而形成的生民性格有关。土高而瘠,不宜种稻,木棉又常因风雨侵袭而无收,以致生计艰难,故而民性拙素劬劳,风气愿朴,不务华奢,影响至文风学风,亦濡染此质。况王彝开端的特立文化品性起了重要的示范作用,

① (明)娄坚:《学古绪言》卷二《张伯隅稿序》。
② (明)娄坚:《学古绪言》卷二《三侯日课小引》。
③ (明)娄坚:《学古绪言》卷二《选刻邑学诸生经义序(代)》。
④ (明)娄坚:《学古绪言》卷二《三先生选刻经义序(代)》。
⑤ (明)娄坚:《学古绪言》卷二《赠王先生试礼部序》。
⑥ (明)娄坚:《学古绪言》卷三《赠明府胡公改任长洲序》。

其“熟于典章”，“深于盛衰得失之故”，“往往不同于剽剥之学”①，使士人明白了“古文之脉，正不在词采炫饰之间而已”②。后学累积此种文化品性，终而形成文化传统。此种精神风气一旦形成，便能决定性地塑造士子的心性品格，且能形成良性循环，易言之，卓立的学术文化传统使其与吴中其他地方区别开来，士子因其独特性，亦会刻意保持该文化传统，而一旦他们在文化上有了归属感、自傲感，则又会进一步巩固“特立”的姿态。

他邑人士能被娄坚引以为同调的，也一定是具有“自得”品性者。如王锡爵之子王衡，其气质自始至终都与嘉定士人接近。他是嘉定女婿，岳丈金大有与王锡爵少年同砚、青年同举于乡，其妻虽早亡，然他依然往来嘉定、太仓之间，妇兄金兆登把他介绍给嘉定诸生，他与嘉定友人情谊甚深。王衡与王士骐（王世贞子）乃通家好友，唐时升与娄坚因此受到王世贞赏识，并读书于琅琊蒿赟园，与王士骐淹留于文字之饮，时常把酒论文。王锡爵父子虽然与王世贞父子交好，但他们受嘉定诸君子的影响已深入骨髓，文学观念上与王世贞倡导的“复古”保持距离，古文辞只向嘉定文派学习，摒弃模拟，“务以豁其胸怀，往往造于自得”③。董其昌曾记录王锡爵与王世贞在文学方面的“相轻”，其在一则题跋中云：“王文肃论文推归太仆，其于弇州公，未尝措意，弇州公亦谓文肃不脱措大气。然文肃诸奏疏笔铓迅利，一刀见血，《四稿部》中无是也。”④ 王锡爵本身是书法家，写好蒲泉先生墓志后，却让娄坚代书，以此提拔娄氏，为他延誉。从董其昌的观察和评论中可以看出，唐时升、娄坚虽也登王世贞之门，并与王士骐关系密切，但因文学观念有异，终不肯称“门下士”，唯保持着礼节性交往；王锡爵父子在诗古文观念上靠近嘉定文派，与唐、娄交游，显然带有同盟的意味。

---

① （明）娄坚：《学古绪言》卷三《王常宗先生小传》。

② （明）娄坚：《学古绪言》卷二十一《与文文起太史书》。

③ （明）娄坚：《学古绪言》卷三《缑山子传》。

④ （明）董其昌：《容台集》卷三，明崇祯三年（1630）董庭刻本。

## 四　创作：以实学为根柢和真朴安雅的风格

王士禛评价娄坚《白氏长庆集序》"纡余倡叹，真古文也"，对娄氏心许言表，"万历末，娄之文、程之诗，号'吴中二绝'"。① 细观娄坚古文，"纡余倡叹"、从容和雅，确是其特色，这是就风格而言；若从内容上看，他所提倡的"平实"则是最大特色。杜濬曾言："文章家恒以寿文为非古，此谓世俗之寿文耳，而亦有不可例论者。昔吴门申文定，以少师首辅致政家居，寿登八十，嘉定名士娄子柔为之文，仅三百余字，而且谓文定枋政不能如前人，任劳任怨，功在社稷。前人者，指江陵张文忠也，其简直如此。"申时行是徐学谟的儿女亲家，娄坚能公正评价，不为谀寿之辞，真可谓"言人所不能言，或不言人所能言，举夫卑佞之浮谈，与夸美之庸态，一扫而空之，故文章与交道彪炳独著。作者如此，则虽谓文章莫古于寿文，可也"。② 一般而言，寿序的确很难写出真实之言，皆因人情所累无法持衡之故，难免言辞肤腴华美而空洞无物，然娄坚能于平实中写出风采，盖由其古文观念所决定。他是把任一文章均作为实践、体现、宣扬明畅英发而自得的古文之介质，故而用心于此，刻意为文，才能使"文章与交道彪炳独著"。娄坚平实为文的特色，对比其他流派亦可看出。归庄《简堂集序》云：

> 吾朝文章，自金华两公开一代风气，上与唐宋诸大家匹，读两公《文原》《文训》，知文之不可苟为也。而后之学者，趋向不同，顾以盛名奔走天下，至嘉靖中世，几无复知有两公者矣。府君（归有光）独起而振之。万历中，所号为文章家者，与嘉靖诸公虽异趋，皆入幽蹊仄径，拂榛翦茀，终不能致于康庄，然人情喜新，

---

① （清）王士禛：《带经堂集》卷七十二《跋娄子柔古文》。

② （清）杜濬：《变雅堂遗集》卷五《吴伯成先生五十寿序》，清光绪二十年（1894）黄冈沈氏刻本。

亦咸望而归之。独先生（马元调）守其师（娄坚）之学不变，岂非所谓笃于自信而不惑于流俗者耶！[①]

归庄梳理了昆山、嘉定两地的文学简史，指出有明一代文章由金华宋濂、王祎开启风气，上接唐宋诸大家；归有光接宋、王之绪，传诸嘉定，唐时升、娄坚又接归有光之绪；马巽甫受娄坚之教，得归文者多，能守师教，不惑于流俗，不走“幽蹊仄径”，能趋向康庄。由弟子观其师，便知晓娄坚古文反钟谭竟陵派，“详正博雅而有精思”。

我们可研读王士禛推崇备至的《重刻元氏长庆集序》《白氏长庆集序》[②]，以究其妙。先看前者。王氏认为序文摇曳多姿、纡余唱叹，原因大概如下。娄坚一开始就为“序”这种文体做出了准确的定义：揭示作者的文心，紧接着叙源流，并点出当今序文之弊端，表明他自身的立场，即不为“游扬之辞”，这是文章的第一层次。第二层次说明元稹、白居易对唐代文章的贡献——创为新体，极才人之致，并解释白居易不序元稹《长庆集》的原因。第三层次则具体介绍元稹《长庆集》的卷数、诗数等情况，分析“疲耗心力于言语文字之间”的原因以及存在的价值，表彰马元调再刊之功德。由此看来，这篇序文的确值得称赞，有源有委，朗润明畅，扎实有据，剖析元、白的行迹与文心，体贴用心，缘由得当，丝丝入扣，既有学术成分，又有情感投入，无枝无蔓，舒缓有序。娄氏云刘向序“文极雅驯”，何尝不可用来评价娄序呢？四库馆臣看得透彻，说这两篇序只是王士禛“偶举其一”，其文集中具有古法的“真古文”比比皆是，举此只为窥一斑而知全豹。再看《白氏长庆集序》，虽为姊妹篇，但重点放在赞扬白氏品性“恬于进取”而能自保方面。首先介绍元、白二人以敏赡才力开次韵之始，以杜甫为师，在乐府中寓褒贬讽喻之义，指出世人不识白居易“敢于劘上而切于论事”的“忠诚鲠亮”之节，为下半段的议论铺路。娄坚认为白居

① （清）归庄：《归玄恭遗著》，民国十二年（1923）上海中华书局铅印本。
② （明）娄坚：《学古绪言》卷一。

易的“贤达”在于他见微知著、急流勇退，能在几股交织的政治势力中周旋而不为所累。王士禛对这两篇序爱不释手，大概不仅爱其文辞雅驯、剖析渊源简练明畅，其感慨遥深的原因，更重要的是他敬佩娄坚能于表象看出真相，识别文人雅士唱和背后寄托的讽喻的本义，以及复杂繁难的政治斗争中白居易明智的周旋。白居易知时务、懂进退的人生选择触动了王士禛，王氏亦必然引娄坚为知己，因娄氏懂得白居易的文心与人心，且行文如行云流水，不着痕迹而又稳致深邃，几如深山白云禅机对语，又如红尘宴集的普通酬答，其风度气质俨如古人，王士禛怎会不引为同调？

娄坚能习得归氏古文的精神，有赖于丘集和张茂仁传给他的“金针”。张氏要求学子首先读史，这也是归氏的学术主张。归有光对《史记》的景仰不仅仅是模仿笔法，更在于追踪、学习史识和史才。读史的妙处在于看待人事道理可“纵横贯穿，究厥终始”，以之用世，自然通达无碍，亦可“知时达变，不主故常”。其次要求弟子谈经“实探突奥”，文章要“以道为程”。再次作文，张氏要求作者具备“才”和“识”，指出唐宋诸大家“其所自得，各极晶莹”，不应“以时代评”，批判前后七子的复古“以剽为博，以蔓为菁”，是“举世嗜痂”（《告张二丈文》）。此外，张氏的佛教信仰与“学志其大，文抉其精”的学养见识都感染、影响了娄坚诸人。

娄坚受张氏的教导和徐学谟（著有《世庙识馀录》）的影响，有浓重的史学意识，但凡各类序记，必然考镜源流，辨章学术，视史学为针砭浮靡文风的良药，认为要在文章中体现实学，就必然注入史之精神。他表彰王志坚《读史商语》曰：“窃喜学术久坏之日，犹及见士大夫能留意经世之学，为世针砭，而稍起雕刻无用、剽窃无根之沉痼。”① 这是典型的以史学为经世之学的实学观念。推尊史学、实学以扭转当时文风，可使学者知古今之变，求万事之理。娄坚曰：“考文章者，必先于论策之文观其识，四六之文观其学，而经义则但以理为权衡，不必于绣

① （明）娄坚：《学古绪言》卷一《读史商语序》。

其鞶帨也。”读史书重在得其理，对于“儒者争务标榜，而高谈性命以为多学”的现象，娄坚深以为忧，故而作《读史商语序》以劝学。正因娄氏“于斯文有深忧”，他便借一切机会，溯源各体文章，以期正本清源。如《丽句集序》为骈文溯源，条分缕析汉至唐宋的发展轨迹后，娄氏指出“溯流而穷源”的目的是反省今之文弊，其溯源及笔锋转至“深忧”的过程平实而精彩：“盖于斯文有深忧焉。嗟乎！文之敝于前代也，以浮以靡，而其敝于今日也，以赝以庞。独四六之文，犹为去之未远，盖其在俪偶音响之间乎？”① 娄氏认为即便是四六文这类甚为讲究辞藻的文体，亦当以内容为重，以真情实感胜人。他称赞诸葛亮和陶渊明的骈文“超然独迈于流俗”，正是看重他们不以故实和浮藻为炫耀，后来苏洵父子骈文之长在于“述叙委曲精尽”，也不以援引为伪饰。由此可知，无论是史学文章还是俪偶之文，娄坚都秉持古文立场，辍浮靡、重雅驯，去赝庞、尊真情，力求达到和雅真朴的境界。

娄坚文章重视梳理源流，是朴学特色，亦是鲜明的学术史意识之表现。他的古文之所以“工”，是因其在追溯源头、梳理衍流脉络后，一般会有论有叹，再寓嘱托之语于文尾，使文章条理清晰，逻辑缜严，有理有据，而又纡余典雅，清代张云章于此可谓得娄氏真传。即使是为时文作序，娄坚也有能力与古文打通，考镜源流，分析衰弊之由，批驳时风，且指出向上一路，点明古文、时文走出困境的方向。为时文作序而给古文代言的典范之作是《归太仆应试论策集序》：

> 昔人之论，谓晁、董、公孙皆有科举之累，然则应试之文其皆不足以语于古欤？予以为苟得古人之意，虽降而应试，不害为古，不然即规摹秦汉，要为世俗之文耳。
>
> 文章自汉东京渐以衰弱，迄于唐宋，作者再振起之，其才气之秀杰，与所自得于古，岂减贾、马、二刘、扬、班之俦哉？而或者

① （明）娄坚：《学古绪言》卷一《丽句集序》。

> 乃谓古文之法亡于韩，不知彼所谓古者何等也。苏氏之讥“陋于文而劣于识”，目以儿童，信非过矣。
>
> 昆山归熙甫先生少而邃于经术，于注疏无所不读，厌薄时之文，力追大雅，尤好左氏、太史公书。平生丹铅其旁，提要钩玄，不啻数本。虽繁简少异，要于先求指归，次及菁藻，而唐宋六氏之作，则皆所沉浸而取裁也。间语其门人：“吾久不读欧苏文，辄自谓庶几，及取读之，不觉瞠乎后矣。然至其得意于曾王，亦不多让焉。”又言：“吾为举子业，信笔纵横，而世多以为奇至；为古文辞，必谨于程度，不敢少自弛。顾其深知我者，举世仅数公而已。”先生尝为人序其文，中有“妄庸”之讥。或曰：“妄诚有之，未必庸也。”先生曰：“子未之思耳，唯庸故妄，唯妄益庸。”闻者莫不心厌焉。当是时，吴之以高文称者曰王司寇元美，其始不无异同，及归自留都，从其家求画像，摹为小幅，系以传赞，属予书之。盖曰：“千载有公，继韩欧阳。予岂异趋，久而始伤。”① 而司寇季子时为予言：“公之归也，尝读苏应诏诸篇，顾语之曰：‘此乃可谓策耳，吾晋楚录文，岂能及哉？’”予以是叹服司寇晚年识益高而心益下盖如此，而世之君子或未必知之也。②

娄坚为归有光论策集作序，首先“正名”，即时文宜当得古人之意，然不必模拟，否则会沦为“世俗之文”，文章之史历经沉浮，凡才气秀杰且自得于古者，皆可以与古之文章大家媲美。其次，他指出归有光学古从“文”与“识”两方面入手，饱读史书，从中“求指归”，再及“菁藻”，读唐宋六氏之作，“沉浸而取裁”。归氏为古文辞“必谨于程度，不敢少自弛”，态度恭敬虔诚，在他的观念中，古文辞是通天人之际的媒介，要因文见道，若无恭敬，何谈得其真谛？娄坚转述傅逊、张茂仁记录的归氏之语，传递其论策文之特色：会

① 《震川先生归有光》：“千载有公，继韩欧阳。予岂异趋，久而自伤。”见（清）钱谦益《列朝诗集小传》丁集，上海古籍出版社2009年版，第559页。

② （明）娄坚：《学古绪古》卷一《归太仆应试论策集序》。

通南宋诸儒理学之说而发之汪洋超忽。最后，娄坚劝诫后之君子勿以“襞积故实、雕绘语句为工”，与前呼应，形成回环往复之势，而在此圆形结构中安置古文、时文学习之真谛，明为时文张帜，实则替古文做了“传教士”，如此行文，真不愧是古文高手。实际上，无论时文还是古文，归有光都强调要淹贯史书方能破的。娄坚作此序，其旨仍在说明实学之重要，即便是替古人代言的素有成规的时文，亦需从经史及其注疏入手，方才不入俗套。此外，娄坚在序中记录了归有光与王世贞“庸妄”之争的公案，颇有史料价值。他是该历史事件的亲历者，王世贞请他来书写为归氏所作《像赞》，使他直接进入事件，他深知两家纷争的焦点，由他记录的王世贞悔过之后的表现，当是可信的。

娄坚文论中不以时代为限、自得、真性情、平实、和雅等思想，在诗论中亦反复提及。《钱密纬〈寒玉斋诗〉序》云：

> 诗必也博综以浚其源，深思以极其趣。毋眩于俗，以需中之自得；毋急于名，以俟众之自归。持论则毋狃于时代，而但谛观其所就，取裁则毋矜于华靡，而务力溯其所从。苟能是，即汉魏晋唐之遗音，将亦时见于宋之作者，而喋喋焉沿袭口耳，以轻肆诋訾者，或实未有窥也。①

娄氏强调“赋诗以见志”，唐宋诗均力追大雅，“虽其词或难或易，其指或显或微，要之非深造其域，不能识其所以振起衰敝之意也”②。因此，作诗与评诗需“博综”“深思”，搁置时代沟壑，“但谛观其所就”，以“自得”的标尺去衡量，便知宋代亦有好诗，亦是“振起衰敝”之法。

---

① （明）娄坚：《学古绪言》卷二《钱密纬〈寒玉斋诗〉序》。

② （明）娄坚：《学古绪言》卷八《张太母顾氏七十寿诗序》。

李慈铭批评朱彝尊《明诗综》选娄坚五言诗“太稀”[①]，推敲《越缦堂诗话》评价嘉定四先生诗之上下文，可知“五言”指“五言古”。朱彝尊因不满钱谦益推崇程嘉燧太过，矫枉过正，凡钱氏多选者其必少选，致使选诗“失平”，娄诗入选者不多（共五首，其中五古三首），但《静志居诗话》卷十八云“练川三老，子柔古风独胜”，可见朱、李均推崇娄氏古体诗，只是《明诗综》故意选得少罢了。陈田亦认为：“《吴歈小草》长于古体，刊落浮嚣，语多造微。”[②] 娄坚古体之所以写得好，或许是因古体更适宜呈现与古文类似的平实性质，或曰更易于“造微”吧。如《敎韩荐士上胡明府五百字》，陈情、述理、叙事层次井然，语句典雅、深稳、平和，颇有老杜笔法，如此健朗的五古面貌正是他践行诗论的实绩。他的七律也鲜有华丽辞藻，唯表现真性情，语造平淡，却深有韵味，如《奉答宗伯公见慰下第》（《吴歈小草》卷八）云：“蓟门天阙梦游频，潦倒丹阳客舍尘。垂白已安贫士养，拖朱应属少年人。途穷肮脏唯余骨，时到文章别有神。犹自胸中冰炭在，那能空得眼前身。”语气铿锵，笔力豪健，并无落第后气馁颓唐之象，反倒显现笃信与坚定，甚有风骨，得壮年杜甫之神韵。可见娄坚虽不以诗鸣，然能因体施笔，气象纵横，远出凡俗之上。他说“自昔文章经世业，元和嘉祐是吾师”（《元日示复闻》卷八），不论是诗还是文，都以中兴时期之劲健为楷模，故而能有凌云而又顿郁之笔墨。

娄坚可谓明代少有的做到悟道体道合一的人，嘉定后学中唯黄淳耀及之。陈耆卿《曾子论》云，“悟道者以真见，体道者以真力”，“真力养于百年者也，真见发于一朝者也”。[③] 娄坚受“宿学”与佛教大士指引，悟得学术及文学之真谛，一次次地忽略窘境，坚韧地宣扬、实践嘉

① （清）李慈铭著，刘再华校点《越缦堂诗文集》，上海古籍出版社2012年版，第1502页。

② （清）陈田：《明诗纪事》卷四，清贵阳陈氏听诗斋刻本。

③ （宋）陈耆卿：《曾子论》，庄仲方编《南宋文范》，吉林人民出版社1998年版，第794页。

定文派古学（朴学）理念，延续真古文文脉，是名副其实的拥有“真见”和“真力”的得道者。可以说，拥有独立人格和精神的儒士，在传承嘉定文脉的过程中，均是“蜡炬成灰泪始干”的传灯者，每个人的“光圈”可能并不大，然而整个的传递过程接续出了一条文艺的火龙，点亮了周遭的暗淡。一灯既燃，全室破暗，这就是嘉定文派于当时学术及文界的意义所在，他们打破了七子之伪复古与竟陵派之幽仄，传承着明亮、平实、爽朗、雄健的文艺品性。

# 清初淮安阎氏草堂的诗歌活动及影响*

◇马旭彤**

**摘　要：**清初，淮安诗坛的重要领袖阎修龄以盐商之富，在淮安有诸多草堂，其中以眷西草堂为代表的河下草堂和以一蒲庵为代表的城郊草堂是阎氏组织诗歌活动的重点区域。在阎修龄个人气质、才华、身份等因素的影响下，眷西草堂与一蒲庵的诗歌活动各有特点。阎氏草堂的诗歌活动不仅扩大了淮安诗坛的影响力，也建设并加强了清初淮安诗坛发展的空间特征。

**关键词：**阎修龄　眷西草堂　一蒲庵　淮安诗坛

清初淮安诗歌空前发展，淮安诗坛得以“端在金陵淮扬间”①，成为江南诗坛中值得关注的重要区域之一。聚集在淮安河下的盐商群体是推动当地诗歌发展的重要力量，他们在自己的宅第或园亭中招待、收容文人，频繁举办诗歌活动，诗酒风流，一时称盛。阎修龄出身盐商世家，又为清初淮安诗坛的重要领导者，故而以眷西草堂与一蒲庵为代表的阎氏草堂②的诗歌活动尤其值得注意。虽然严迪昌、杨胜朋、郭宝光等学人已经注意到阎氏草堂为当地重要的唱和地点，但均为简单列举。③ 在

---

＊　［基金项目］国家社会科学基金重大项目“清代诗人别集丛刊”，项目编号：14ZDB076。

＊＊　马旭彤，北京师范大学文学院博士研究生，主要研究方向为元明清文学。

①　（清）黄传祖：《扶轮广集·凡例》，国家图书馆藏清刻本。

②　所谓“阎氏草堂”，为清初阎修龄在淮安的宅第或居所，其中眷西草堂最为知名，故以“草堂”统称之。《阎若璩年谱》载“余所知阎牛叟眷西堂在新城东门，金石庋、嘉树轩在新城，又一蒲庵、影阁、鷦巢、鹤墩在平河桥，又西为饮牛草堂”，可知明清之际阎氏草堂众多，并在动荡中起伏变化，新建或消亡。

③　参见严迪昌《清诗史》（浙江古籍出版社2002年版）、杨胜朋《清初淮安诗坛研究——以“望社”为中心》（浙江大学博士学位论文，2012）、郭宝光《清初淮安山阳“望社”研究》（苏州大学博士学位论文，2013）等。

阎修龄个人特质与诗坛地位的影响下，阎氏草堂的诗歌活动具有多样性与复杂性，扩大了淮安诗坛的影响力，亦体现了当地诗歌发展的独特性。阎氏草堂存在时间较长，但其影响力主要存于阎修龄主持期间，其子阎若璩主持的诗歌活动为在阎修龄影响下的延续。故而，本文所谓“清初”，主要指康熙二十六年（1687）阎修龄去世之前。

阎修龄（1617—1687），字再彭，号容庵，又号饮牛叟，少从学于黄道周，诗名早著。他生于豪贵风雅之家，自幼勤勉好学且交友广泛，及成年，成为淮安精诗文、谙商贾、通仕宦的杰出人物。然而，易代的动荡改变了他原有的人生轨迹，入清后他弃举焚冠，自题《焚冠图》云：“甲乙之交，学业顿废。效殷之箕子而不得，慕尧之巢父而不能，别号饮牛叟始此。”[①] 从此，他朝夕行吟，介然自守，以遗民诗人身份示人。在清初淮安诗坛中，阎修龄无疑为执牛耳者。一方面，他本人诗歌创作颇有成绩，有《秋心》《秋舫》等作品集，虽然多散佚不存，但从“著为诗文，清真典雅，可以式靡起衰”[②] 等评价中，可知其诗作颇受推重。另一方面，他热衷于促进本地诗歌的发展。顺治四年（1647），他与靳应升、张养重创立的望社是淮安文学发展中最有声名的地域性诗歌社团，亦是清初淮安诗坛兴盛的重要组织基础。靳、张二人家贫，亦因此多出游在外，阎修龄为该社发展早期最重要的主持者。在清初特殊的环境中，阎修龄积极组织本地和过淮、寓淮文人参加到当地诗歌活动中。阎氏草堂的诗歌活动主要在河下的眷西草堂与城郊的一蒲庵展开。

## 一　河下眷西草堂[③]的诗歌活动

位于淮安城西北关厢的河下地区是盐商聚集的地带，也是阎氏生活

---

① （清）张穆撰，邓瑞点校《阎若璩年谱》，中华书局1994年版，第10页。

② （清）张穆撰，邓瑞点校《阎若璩年谱》，第9页。

③ 眷西草堂为阎氏河下草堂的主体，此外还有不同名称的建筑。以下主要以“眷西草堂”统称，必要时分而述之。

的主要区域。此区域内阎氏草堂以眷西草堂为主体，其中（或其周）有嘉树轩、兑阁[①]等。就其具体位置而言，眷西草堂并非位于河下萧湖周边的园林别墅区，而是"避世类墙东，幽栖竹巷中"（归庄《题阎再彭眷西堂》），位于河下地区与城市临近的地带。眷西草堂虽然"幽栖竹巷中"，但绝非避世之地，相反，此地近逼运河，便于文人聚集。阎修龄是淮安望社的创立者和领导者，也是经济实力雄厚的盐商，不仅在本地诗人中具有威望和号召力，也以收容、庇护流寓诗人而知名。因此眷西草堂一时成为清初淮安诗歌发展最重要的空间之一，所得"赠答之文藏若拱璧"[②]，具体见附表1。

眷西草堂的诗歌活动，既有淮安河下地区的一般共性，又在阎修龄的才华气质与身份认同的影响下独具个性，因此，此间产生的诗歌在内容与主题上呈现出丰富性。

河下地区是淮安盐商的聚集区，此间诗歌活动受到盐商文化的影响，即主人常常带着获取文化地位的目的，在自家风景优美的宅第或园林以丰厚的物质招待文人。其间产生的诗歌往往契合主人意图，集中描述园林之美、诗会之盛、主人之贤。这种现象在河下地区异常突出，最著名者为毛奇龄在淮安曲江楼大会中所作的《明河篇》，以长篇描绘相关内容，此类诗备受淮人推赏。眷西草堂的诗歌活动亦类似，其中精心组织的诗会往往有多人参与，主人提供丰富的物质内容，参与者共同享受与观赏，并吟诗作赋。毛奇龄《集阎修龄若璩父子即席》记载了眷西草堂中举办诗会的情形，录其一如下：

东第邀群彦，西园集酒徒。清缸开玉露，画桨待珠湖。角绮梁王赋，烹鲜陆氏厨。讴吟相间发，不忍听骊驹。[③]

---

① 兑阁为阎修龄夫人丁氏读书处，诸女亦常活动其间，应在日常生活的河下地区。又，张养重记载城郊诸草堂名甚详，兑阁不在其列，亦可证。

② （清）李邺嗣：《杲堂诗文钞》卷三《阎再彭六十一寿序》，国家图书馆藏清康熙刻本。

③ （清）毛奇龄：《西河文集·五言律诗》卷二《集阎修龄若璩父子即席》，《清代诗文集汇编》第89册，上海古籍出版社2010年版，第436页。

此诗注中提及“时查伊璜同赴饮”，结合诗歌可知，此为阎氏父子在其草堂举办的诗歌集会活动。“群彦”会集在河下，远眺珠湖（即萧湖）美景，享受美酒美食，其间还伴随着丝竹音乐之声。在眷西草堂中阎氏父子多次举办此类活动，所存诗歌亦多尽力呈现诗会中美的方面，蕴含着对主人的感激之意。在此种风气之外，眷西草堂也进行着日常化的文人往来活动，如拜访、送别等。张养重《再彭集东湖送方尔止游山左》《阎古古归里饮再彭宅酒酣听曲慨然赋诗用壁上韵》等均创作于眷西草堂（或附近）的诗歌活动中，但无应酬与溢美之词，全然是对聚会中友人方文、阎尔梅身世的感慨与友谊的表达。

眷西草堂的诗歌活动在阎修龄个人身份认同与才华气质的影响下，在河下诗歌活动中呈现出其个性。

第一，阎修龄以眷西草堂诗歌活动为载体，强调自己远离故土思乡者的身份，这直接影响到此间作品的主题。阎氏本为山西人，以经营盐业迁入淮安，虽然至阎修龄已为淮人，但因科举等原因仍然与家乡保持着密切的关系。在易代之后，或因为牵系故国与故人等情感的催动，阎修龄的故园情怀十分突出，曾编写《阎氏本支录》厘清世系，魏禧在序言中称“览《阎氏本支录》，四百年之源流支系，灿然纲举而目张”[①]，其对本宗与故乡的重视甚明。阎修龄亦以眷西草堂彰显乃至标榜此情绪，取《诗经》“乃眷西顾”句，名之曰“眷西草堂”，即眷恋西土故乡之意。此间参与诗歌活动的文人，受到主人的招待，自然乐于迎合主人愿望而题咏于眷西草堂。眷西草堂题咏诗与河下众多园林中产生的诗歌有相似之处，即受商贾文化影响，多具有标榜园林的意味。但与萧湖周边的园林诗注重描写优美的风景、建筑、环境相比，眷西草堂的诗则集中在对主人身份的塑造上，往往通过阐释“眷西”含义而强调阎修龄思乡的高士形象。选录两首如下：

---

① （清）魏禧：《魏叔子文集外篇》卷八《阎氏本支录序》，《清代诗文集汇编》第92册，第271页。

长淮南纪水，滔荡汨穷尘。故绛真吾土，陶唐自古民。周诗太原什，晋问柳州文。他日论都赋，东西定主宾。①

乱离何日定，此筑眷西堂。俎豆追先世，山川重故乡。谁还周道顾，独未好音忘。我亦归无所，卑栖在一方。②

以钱谦益的题诗最为知名，其也集中体现出此类诗歌的特点。此诗作于顺治十二年（1655），时诗人入淮，为淮安、宝应多位名人题诗，此为其中之一。诗歌先描述眷西草堂的位置，而后立刻进入对主人身份的歌颂上来。"故绛真吾土"见《左传·成公六年》"晋人谋去故绛"，以典故点明阎氏为离乡之晋人，"陶唐自古民"则强调主人遗民高士的形象，此联集中体现了眷西草堂题咏诗的内容。其后，指出《诗经》《晋问》等经典诗文中提及山西，从而赞美阎氏故乡，又以杜笃客居而有《论都赋》赞修龄才华，是对颔联的进一步展开。结合丘象随诗，不难发现此类诗歌具有模式化特征，即在题写眷西草堂时，诗人们的关注内容有高度一致性，这必然是主人在组织诗歌活动时有意引导的结果。

第二，阎修龄多才、多情的个人特质，为眷西草堂注入了带有明末风流韵味的文化因子，也影响了此间诗歌活动的组织方式与作品内容。阎修龄生于明末，优渥的家境培养了他时代文化所重视的多种才能与个性。他有良好的音乐、绘画等艺术素养，加上他个人生活中对男女情感的珍视与有意为诗，都说明其带有明显的明末文人风流的气质。阎修龄的个人特质投射到了眷西草堂的诗歌活动中。

一方面，眷西草堂的诗歌活动常常围绕赏乐、赏画等展开。以赏乐来说，河下众多诗会中多有音乐表演以资雅兴者，"丝竹""清音"等也成为相关诗歌中常见的意象，眷西草堂中则不止于此，更有在主人意

---

① （清）钱谦益：《牧斋有学集》卷上《寄淮上阎再彭眷西草堂诗》（其二），上海古籍出版社1996年版，第256页。

② （清）丘象随：《西轩诗集》卷二《题阎牛叟眷西堂》，《清代诗文集汇编》第127册，第34页。

趣影响下的对音乐的欣赏，进而化为专门书写音乐的诗篇，如彭桂的《夜饮阎再彭席上听孙良侯挝鼓歌》。诗歌开篇指出在阎修龄组织的宴集中，有人酒后乘兴开始挝鼓表演，主人立刻令众乐散去，同众人欣赏此宾客的表演。彭桂在欣赏之后，作诗以记之。此诗并非将音乐视为集会中的点缀，而是专门以诗歌写音乐，部分摘录如下：

> 五声都会鼓声中，低时能辨高能融。直教上拂星斗乱，直教下彻井泉空。仰看缺月银墙上，边风露草吹相向。鼓声阑出画堂中，只觉天清与野旷。于中能识鼓中神，扬桴击节旁无人。渊渊沉沉有妙理，能动高云不动尘。①

其在音乐描写上借鉴白居易的《琵琶行》，以众多比喻描述乐感，整篇诗歌根据音乐节奏与风格的变化分为几个串联在一起的部分，呈现了音乐演进的过程。在宴集中以如此细腻的笔触大力描绘音乐，无疑是受到主人兴趣的影响。结合《阎古古归里饮再彭宅酒酣听曲慨然赋诗用壁上韵》等诗亦可知，音乐是眷西草堂中常见的助兴方式与欣赏对象。同时，赏画亦是此间诗歌活动的重要主题，其情况类似，不再赘述。

另一方面，眷西草堂的诗歌活动及作品时常围绕赞颂阎修龄夫妇伉俪情深这一主题展开，而这类涉及私人情感的诗歌一般是阎修龄本人明确倡导的结果。阎修龄的妻子丁氏出身名门望族，美丽与才情兼备，对丈夫的人生选择与事业发展更能理解与支持，魏禧应阎若璩之请所作《阎母丁孺人墓表》中，相关细节记载甚明。阎氏夫妇和美的家庭关系在当时传为美事，这与阎修龄本人的刻意表现有关。这种表现是多方面的，如阎氏夫妇生于同月，阎修龄时常推迟自己的生日会至丁氏生辰之日共庆，而更重要的是阎修龄通过诗歌创作与征集以彰显之，比如举办以“兑阁”为题的诗词活动，其中眷西草堂发挥了重要作用。

---

① （清）彭桂：《夜饮阎再彭席上听孙良侯挝鼓歌》，（清）沈德潜等编《清诗别裁集》，上海古籍出版社 2013 年版，第 615 页。

丁氏自题河下读书处曰“兑阁”，阎修龄则以“兑阁”为题创作，并在眷西草堂的诗歌活动中索要和作。因为写夫妻情深，阎修龄选择了词体，和作亦然。毛奇龄在和作中的记载透露出相关情况：

予游淮时，阎子牛叟与丁少君敦伉俪之好，作《兑阁》十阕。索予和词，予未有以应也。阅一十八年，予赴召至京，值牛叟年七十，丁夫人已亡，其嗣君百诗重贻书并币，专使赴长安请和前词，盖欲以承尊人欢，当称觞地也。①

从中可知，阎修龄在招待以毛奇龄为代表的著名文人时，请他们和其《兑阁》之作。产生于眷西草堂中的此类作品今多已不存。但十余年后，丁氏卒，阎修龄赋《兑阁遗徽词》，其子阎若璩在赴京参加博学鸿词时，继续就“兑阁”词进行征集，甚至“贻书并币”。毛奇龄“始理其词，对使和去，其十阕皆有题，依题演义”。陈维崧亦和之。从这些作品来看，基本是选取阎氏夫妇生活的细节进行刻画，以展示其伉俪情深之旨，且均有诗序进行补充说明。阎氏以“兑阁”为主题的诗歌活动及征集活动虽然在阎氏诸草堂中属于小众范围，但其持续时间久，在地域上从淮安走向北京，都说明其影响力可观。阎修龄风流蕴藉的形象也以其草堂为基础，在当时的影响逐步扩大。

## 二 城郊一蒲庵②的诗歌活动

在城郊，一蒲庵为阎氏草堂的代表，又有饮牛草堂，为阎修龄及亲友短暂憩息之所。张养重诗序中对此间的情况记载甚明，其云：

戊子，再彭慕平桥河西林泉幽胜，结庵曰一蒲庵，阁曰影阁，

① （清）毛奇龄：《西河文集·填词》卷六《兑阁十词》，《清代诗文集汇编》第89册，第168页。

② 一蒲庵为阎氏城郊草堂的主体，此外还有不同名称的建筑，以“一蒲庵”统称之。

巢曰鸼巢，墩曰鹤墩。与予觞咏其中，为栖息之地。[①]

己丑，赋《鹊巢》。再彭招隐饮牛草堂，在一蒲庵西数里。湖田浩渺，系画舫于堂侧。予读书其上，倦则垂钓。再彭时载酒米相饷。[②]

从中可知，一蒲庵建于顺治五年（1648）。张养重谓其位于“平桥河”，在其他材料中，此地名为“平河桥”，从“城南五十里，枕堤跨河，村落市肆，两相映带，田畴肥美，帆樯绎络，亦淮甸之门户也”［（乾隆）《淮安府志》］，知其属于城郊的市镇地带。从地理上来说，城郊草堂有两个方面值得注意：第一，一蒲庵虽然位于城郊“林泉幽胜”之处，却并未与世隔绝，实际上，平河桥自明代以来就是重要的交通驿站，清初淮安当地人选择水路出行者多由该驿出发，此为淮安文人不时聚集一蒲庵的重要条件；第二，同有交通之便，但一蒲庵与商业繁忙、人员往来众多的河下草堂相比，其与城市的嘈杂保持着一定的距离，环境幽静清雅，主人亦较少受世俗之累。此间类似于阎修龄在日常生活之余的一个补充空间，他得以在其中放松与愉悦身心，正是“其遁世行吟之所也”（《灵芬馆诗话》）。作为遗民的阎修龄在此间强调隐逸文化，在对建筑的命名中此意图已经十分明显，张养重多次提及阎修龄在此“招隐”，而据丘象随《一蒲庵堤上栽七柳歌》等诗歌，更可知草堂主人着意模仿陶渊明。基于此，一蒲庵的诗歌活动更为私人化，主人阎修龄或读书、觞咏其中，或与密友在此相聚。偶尔有人数较多的活动，参与者也多为本地亲近之友人。总体来说，一蒲庵的诗歌活动不如眷西草堂频繁，内容与形式也较为单一，但仍然产生了不少诗歌，具体见附表 2。从中可知一蒲庵的诗歌活动主要围绕以下两个方面展开。

第一，一蒲庵临近交通驿站，成为阎修龄及其好友出行前重要的临时居所，故而此间诗歌活动中常弥漫着友人间的离思。淮安文人中嵇宗

① （清）张养重：《古调堂集·蒲庵遁迹》，国家图书馆藏清康熙刻本。

② （清）张养重：《古调堂集·饮牛招隐》。

孟、陆求可、丘象随等人均有临行前在此暂时逗留的经历，作为好友兼主人的阎修龄自然要组织到访者开展诗歌活动。《同靳三、程二、程三、阎大父子送嵇二南行，宿一蒲庵》较能说明其间一些情况：

> 送友东瓯去，因之一蒲庵。铙歌云外尽，钟磬梦中孤。晚月沉前浦，春星照大湖。往来溪上客，一夜听荣枯。①

嵇宗孟将之东瓯（温州），临行前夕暂住一蒲庵。是夜，靳应升和程淞兄弟为送别友人亦至，阎修龄招待客人，并组织诗歌活动。一般来说，这种活动多为淮安本地文人参加，其中所存规模最大者可参见丘象随《用浮云游子意落日故人情作韵答别靳茶坡胡天仿程潍东娄东张虞山阎牛叟百诗马西樵范仲良麈生》中的记载。从“野水无声晚下舟，故人河畔暂淹留”“招隐庵西水罢流，莫憎滞浅在三洲”② 等诗句可以判断此诗作于丘象随离淮前夕，当时众位淮安友人聚集一蒲庵为其送行，主人阎修龄借此契机组织诗歌活动。此类诗歌虽带有诗会的痕迹，但多以表达友人之间朴素的离情为主，意象清幽，语言清丽，与一蒲庵素净雅致的气质相类。

第二，一蒲庵的诗歌活动及作品围绕阎修龄的遗民身份展开。易代之后，阎修龄以遗民自居，与普通的遗民士人不同，世代业盐的阎修龄无法隐居遁世，甚至要担当起部分遗民庇护者的责任，因此长时间在河下草堂中应对与周旋，而其遗民人格与心态则主要展示在一蒲庵中。与眷西草堂频繁的、人员复杂的诗歌活动不同，一蒲庵除了上述送别同乡友人的诗歌活动外，更多为二三好友的日常过访与诗歌酬唱。

张养重是一蒲庵中的常客，这位遗民诗人在易代之际与阎修龄共同创建望社，入清后隐居白马湖，后为生活所迫游走四方。张养重与阎修

---

① （清）胡从中：《同靳三、程二、程三、阎大父子送嵇二南行，宿一蒲庵》，（清）丁晏辑《山阳诗征》，陕西人民出版社 2009 年版，第 363 页。

② （清）丘象随：《用浮云游子意落日故人情作韵答别靳茶坡胡天仿程潍东娄东张虞山阎牛叟百诗马西樵范仲良麈生》，《西轩诗集》卷三，《清代诗文集汇编》第 127 册，第 36 页。

龄志同道合，其居淮期间多得阎氏资助，两人为至交。阎修龄修建一蒲庵后，专门“招隐”张养重，他们“觞咏其中，为栖息之地”，张氏时常“读书其上（草堂附近），倦则垂钓。再彭时载酒米相饷”。从张氏《蒲庵遁迹》《饮牛招隐》等诗中可见阎修龄对隐居遁世的遗民生活方式的向往，一蒲庵的生活与诗歌活动正是这种理想短暂的实践与体验。

阎修龄欲在幽静之处展示自己的遗民隐士身份，但并非想要离群索居，他追求远离嘈杂世俗的生活，也重视知心友人的相得之感，多次“招隐”张养重为直接表现，阎修龄诗歌中亦有此意的表达，其云：

> 蛙吠沙田港，怀人雨一楼。云阴愁夜月，滩响敌高秋。入寺花前酒，到门湖上舟。新荷香正好，夕影共淹留。①

阎修龄居住在与自然环境亲近的一蒲庵中时，有“怀人”之思，期待能够与好友共赏美景，共谈情思，而恰好此时王、靳、张三位好友到来，主人怀着愉快的心情与客人共游周边，置酒观花，泛舟赏荷，在夕阳中畅叙友情。虽然一蒲庵与城市有一定的距离，但主人的情怀与态度吸引着友人不断到访，到访者往往在此间留宿几日，其间自然不乏诗歌活动。

从相关诗歌来看，非远行留宿而日常过往一蒲庵者，多为不愿与新朝合作的遗民，此间展示出的生活状态亦可视为淮安遗民的典型。易代战争中，淮安属非抵抗型城市，士人中虽多有不愿与新朝合作者，但少有决然的反抗者，阎尔梅在万寿祺逝世之后的“淮安无人”之叹正源于此。淮安遗民群体带着鼎革中的心灵伤痛，在偶尔感慨家国之变的同时，大多在隐逸的田园生活中寻求精神的慰藉与解脱，一蒲庵正是此类遗民活动的空间之一。阎修龄在一蒲庵周边种七柳、养鹤等行为正基于此，淮安遗民生活在一蒲庵的情形在诗歌中也有较为清晰的表达。选取两首如下：

---

① （清）阎修龄：《王默生靳茶坡张虞山过访一蒲庵》，（清）丘象随辑《淮安诗城》卷四，国家图书馆藏清刻本。

落日大河流，轻风送客舟。炊烟出野寺，牛影下荒丘。小饮庄前酒，闲凭池上楼。题诗留信宿，幸与牧儿讴。①

晴日过山家，柴门向水涯。僧闲惟治药，客倦且浇花。荷叶朝承露，冰盘午荐瓜。楸枰声正歇，竹影渐低斜。②

从中可知，以阎、张、靳为代表的淮安遗民们在一蒲庵中不仅饮酒题诗，更体验了短暂的田园生活，以张诗中的表述最为清晰：此间主人以“僧”的身份自居，带有逃禅式的意味。主客在此间的活动包括治药、浇花、下棋等，他们的饮食也以简单、质朴、天然者为主。这些诗歌中常常充满安闲、悠然的情绪与心态，但又不时透露出不得不远离现实的无奈，诗人们更多的是在寻求个体情绪的短暂愉悦与满足中略微对抗现实。一蒲庵的诗歌活动及创作是淮安诗坛遗民创作的一个重要缩影。

阎修龄有《闻一蒲庵水涨》云“草堂从此嗟摇落，兰若何堪再陆沉”，可知一蒲庵后来因水患而破败，此间的诗歌活动也因此消歇。淮安水患频发，一蒲庵破败的具体时间无法确切得知。相关诗歌大体产生于顺治年间（1644—1661），这一时段基本上是淮安遗民群体创作活跃的阶段，随着时代的转变，一蒲庵所代表的遗民诗歌活动的消歇也是必然结果。

## 三　阎氏草堂诗歌活动的影响

清初，淮安知名园林、宅第中频繁进行规模不一、形式多样的诗歌活动，此为淮安诗坛发展的重要表现。阎氏草堂诗歌活动不仅在易代早期因突出的吸纳流寓、过往著名文人的能力而扩大了淮安诗坛的影响力，也因其多样的形式与内容加强了清初淮安诗坛发展的空间特征。

清初，淮扬地区因社会动荡而成为文人迁移、避难的中心，淮安尤

① （清）靳应升：《一蒲庵访阎再彭留宿》，（清）丁晏辑《山阳诗征》，第 408 页。

② （清）张养重：《古调堂集·同茶坡再彭避暑一蒲庵五首》（之一）。

其受到青睐。究其原因，则是淮安在易代战争中受损颇小，且与扬州相似，此地盐商聚集，士人中颇多好义之风，往往能够对飘荡无依者给予经济上的帮助。来到淮安的文人，多有衣食不能自给者，散落在淮安城市各处的文人宅第、园林成为他们得以寄居、栖息及进行文化活动的场所。在淮人的资助与组织下，流寓诗人参与到淮安的诗歌活动中，如毛奇龄避难入淮，倪天章、刘勃安"每以酒脯饮食之"，并相与为诗，倪氏一草亭亦因此类活动而"良朋来海内，名酒出花间"（方文《题倪天章一草亭》）。又如蒋楷入淮三十年，多受到黄之瀚、杜首倡的资助，蒋氏多次在止园、绾秀园参加诗歌活动，而后者中常常"名士满座，尊酒不空"，诗歌活动频繁，主人杜首倡也因此有"孔北海"之称。可以说，淮安名人，尤其是有商业背景人士的居所中的诗歌活动吸纳与整合了淮安诗坛的创作群体。过淮著名文人为当地诗歌发展注入了重要动力，诸如钱谦益、龚鼎孳、方文等诗名卓著者均在淮安宅第、园林中参与过诗歌活动并留下诗篇，淮安诗坛的声名也随着这些流寓、过往者的游走而传播。

与淮安众多园林、宅第一样，阎氏草堂为本土与外来文人的诗歌交流提供了平台。此间诗歌活动尤其以外来名士频繁、持久地参与而在淮安诗坛具有影响力。这与阎修龄本人在当地的影响有关，他既是当地文学的主持者，又是家资雄厚的盐商，文化声誉与经济实力并举，加上他本人好客乐施的品格，使得过淮著名文人尤喜聚集在阎氏草堂中。《阎若璩年谱》中引述的多种材料均有助于还原当时的情况：

> 先生（阎修龄）沧桑后隐居白马湖，与同里茶坡、虞山诸人，结望社相唱和，风雅之士，一时翕集，如黄冈杜茶村，太原傅青主，南昌王于一，宁都魏叔子，临清倪天章，徐州万年少、阎古古，皆下榻相待，飞觞拈韵，为南北词流所宗，不减玉山雅集之盛，于世味泊如也。
>
> 名流老辈来访，下榻嘉树轩，或留止经年，或数月。①

① （清）张穆撰，邓瑞点校《阎若璩年谱》，第11页。

在淮安，著名文人参与当地诗歌活动的情况在一定程度上代表着相关活动的影响力，因此诗歌活动的主持者争相延揽寓淮著名文人参与。综观整个淮安诗坛，同期与阎氏草堂诗歌活动影响相类的还有丘氏的西轩、张氏的曲江楼、范氏的幽草轩等，它们均为流寓文人活动的重要场所。但总体而言，阎氏草堂诗歌活动仍然具有特殊意义。一方面，阎氏草堂吸纳外来著名诗人的能力突出，如杜濬、傅山、方文、阎尔梅、顾炎武等过淮时均参与此间诗歌活动。这些人多为知名遗民，在清初文化中的影响力尤强，他们入淮后因个人交往不同而参与不同的诗歌活动，如方文多次到丘象随西轩，杜濬则青睐马骏的听山堂，但均不约而同地出现在阎氏草堂中。清初淮安知名诗会，如尊经阁大会等，必以“广邀南北名流俊彦”为标志，阎氏草堂虽然不举办此类大会，但对南北名流的凝聚力自非当地其他诗歌空间可比。遗民耆老多以气节著称，他们对交往对象和诗歌活动均有一定选择，阎修龄的影响力与遗民身份都受到他们的青睐，这也使得阎氏草堂在清初淮安诗坛独具吸引力。另一方面，参与阎氏草堂诗歌活动的外来文人，往往并非单纯过访，更有在困境中求得庇护的意味，故而其留宿时间较长，且日常参与阎氏草堂的诗歌活动。以王猷定为例，在《乔简襄诗序》中他说“余辟乱于高邮之卢堡，饥驱至淮，寓阎子再彭嘉树轩”①，即因生活所迫入淮而居于阎氏草堂。又在《观道说》中说“余己亥七月十一至淮，寓嘉树轩八十日，与阎子百诗言诗、言文、言山川及古今人物”②，可知他居阎氏草堂八十日，“言诗”为其间的重要活动。虽然淮安当时招待、收容往来流寓文人场所众多，但唯有阎氏草堂能够吸引众多名士长时间“下榻”，或举行专门的诗会，或进行日常的诗歌交流。如果说张氏曲江楼等以短暂性汇聚各地文人举行大型诗歌活动，从而增强淮安诗坛的声名而知名，阎氏草堂则以日常性聚集流寓名士参与诗歌活动而推动与影响着淮安诗坛的发展。

---

① （清）王猷定：《四照堂集》卷二《乔简襄诗序》，《清代诗文集汇编》第 12 册，第 14 页。

② （清）王猷定：《四照堂集》卷十二《观道说》，《清代诗文集汇编》第 12 册，第 97 页。

清初淮安诗歌发展具有一定空间性，阎氏草堂的诗歌活动加强与丰富了这一特征。淮安城西临运河，沿运河延伸的城市空间由内到外形成城内、河下、城郊三个层次。与之对应，城内诗歌活动多由传统的文人士子组织，河下诗歌活动受盐商文化影响，城郊则形成带有遗民个性的诗歌区域。阎氏草堂值得关注之处正在于，主人阎修龄不仅在多层次城市空间中建造自己的草堂，而且在不同草堂中组织不同类型与风格的诗歌活动：眷西草堂主要浸润盐商文化，一蒲庵则主要受遗民文化的影响。不论阎修龄是否有自觉意识，不同区域阎氏草堂的诗歌活动都客观地增强了淮安诗歌的空间特征。同时，眷西草堂和一蒲庵又在各自所处的区域产生着影响。

河下眷西草堂诗歌活动在该区域呈现出的共性与个性，均推动与丰富了河下诗歌的发展。正如前文所述，河下作为一个随着盐业发展起来的盐商社区，其中精心修筑的宅第、园林数量众多，主人在其中以丰厚的物质内容招待文人，并举办诗歌活动，都带有为园林积累文化资源以彰显主人文化品位的意图。因此，河下诗歌活动，尤其是专门举办的诗会，其诗歌创作往往围绕赞颂园林与主人展开，甚至在意象选择、内容布局、思想情感上呈现出一定的模式化特征。阎氏草堂诗歌活动不可避免地存在此特征，成为河下诗歌文化构成的重要组成部分。但在阎修龄的组织与影响下，此间产生的同类诗歌内涵更加丰富，如在赞颂主人时，不仅注重其园林之美，更将其思乡怀人、隐逸高洁的形象与品质纳入诗歌。与河下“舟社”“曲江楼大会”等力求形式新颖或规模盛大的、着意模仿明末诗酒风流的诗歌活动不同，阎修龄引人注目的诗歌能力、艺术能力、交际能力与情感经历等都为眷西草堂的诗歌活动注入了相应的文化内涵。如此种种，不仅为后来此地诗歌活动的主持者提供了良好的借鉴，而如思乡怀归、夫妻情深等相关内容流传颇广，无疑也增强了清初淮安河下乃至整个淮安诗坛创作的多样性。

清代河下地区诗歌活动主要在环萧湖别墅区进行，而眷西草堂繁盛的诗歌活动使得河下靠近新城东门、直临运河的地带在清初淮安诗坛中占有一席之地。易代之初，萧湖周边园林的建设方兴未艾，如在淮安诗坛影响持续百年的曲江楼建成于顺治中后期，在此之前，眷西草堂附近为河下诗歌发展的重要区域。该区域还有一些具有商业背景人士的宅第、草堂共同致力于接待往来文士，组织诗歌活动，如范良的幽草轩等。方文说“狂吟痛饮之何处，不是阎家即范家”“眷西堂不恼人过，幽草轩能召客多”（《湖嘴漫兴》），可见清初阎氏与范氏主持的诗歌活动使其居所周边在河下具有重要诗歌地位。

城郊一蒲庵作为阎氏生活的补充空间，影响力有限，但置于城郊空间中观察，则亦不可被忽视。城郊为带有遗民个性的诗歌区域，尤其以徐州遗民万寿祺隰西草堂的诗歌活动最受到关注。万氏抗清失败后隐居淮安，筑隰西草堂，为了避世离群，他曾将草堂从河下搬至清江浦南村中，在自题草堂诗中塑造草堂孤寂、清冷、高洁的冰雪之姿，如“桔槔中夜悬，冻绠惨无为”“草堂冰雪里”“风尘西浦外，日月草堂高”①，大有此居所欲拒人于千里之外的意图，实际上是在彰显一种孤僻避世的遗民生活姿态。如前所述，一蒲庵的诗歌活动亦是遗民生活状态的表达，但与隰西草堂大有不同，不仅主人揽客之意殷勤，相关诗人与诗作更将其塑造为一个日常的、和乐的“暖色调”空间。在淮安同一城市层次的诗歌活动中，隰西草堂与一蒲庵一北一南，遥相呼应，以具有个性的诗歌活动及创作表现出遗民生活的不同样态。此外，如上文所提到的，频繁参与一蒲庵的诗歌活动者，多为淮安本地遗民，他们往往从城市不同区域到达城郊开展诗歌活动，因此一蒲庵亦在某种程度上增强了城郊诗歌创作的力量。

## 结　语

易代之初，在阎修龄的主持下阎氏草堂成为清初淮安最重要的诗歌空间之一。随着时间推移，遗民诗人聚集逐渐减少，河下萧湖别墅周围

① （清）万寿祺著，余平、王冀飞点校《万寿祺集》，浙江人民美术出版社2014年版，第19页。

徽州盐商诗人影响力增强，阎修龄本人参与活动频率降低，加上自然灾害对一蒲庵的破坏等，阎氏草堂诗歌活动的影响力也逐步降低。虽然如此，但阎氏草堂诗歌活动持续多年，阎修龄之子阎若璩一直是草堂诗歌活动的参与者，并逐渐成为主持者，正是“牛叟今遗逸，风流又百诗。高斋春雨后，孤烛坐吟时”（胡介《酬阎百诗见赠》），可以说，长期以来阎氏草堂的诗歌活动都是淮安诗坛发展的组成力量。阎修龄去世后，以学术知名的阎若璩依然组织着草堂的诗歌活动，但其影响力又因上述种种及阎氏经济能力的衰退、阎若璩本人的不善诗歌而进一步降低，至于阎若璩后，阎氏草堂的诗歌活动逐渐在淮安诗坛消歇。

**附表1　阎氏眷西草堂诗歌活动作品一览（部分）**

| 体裁 | 作者 | 诗词作品 |
|---|---|---|
| 诗 | 方文 | 《题阎牛叟眷西堂》《湖嘴漫兴》《嘉树行为阎牛叟赋》 |
| | 归庄 | 《题阎再彭眷西堂》 |
| | 胡介 | 《题阎牛叟眷西堂》 |
| | 蒋楛 | 《晋阳道上为再彭先生赋眷西堂诗》<br>《醉歌行送阎百诗兼示傅青主赵交城天羽先生》 |
| | 毛奇龄 | 《题眷西堂》《集阎修龄若璩父子即席》 |
| | 阎修龄 | 《庚申二月十二日顾种纸朱二玉程娄东过眷西堂分赋花朝喜晴》 |
| | 龚鼎孳 | 《寄题阎再彭眷西草堂》 |
| | 彭桂 | 《夜饮阎再彭席上听孙良侯挝鼓歌》 |
| | 许珌 | 《咏眷西堂寄阎大修龄》二首 |
| | 钱谦益 | 《寄淮上阎再彭眷西草堂诗》 |
| | 丘象随 | 《题阎牛叟眷西堂》二首 |
| | 张养重 | 《六月六日再彭宅观画歌》《再彭集东湖送方尔止游山左》 |
| | | 《阎古古归里饮再彭宅酒酣听曲慨然赋诗用壁上韵》 |
| | 田雯 | 《题眷西堂为处士阎再彭先生》 |
| | 刘理 | 《百诗宅中分赋得铜雀瓦磬》 |
| | 徐麟吉 | 《眷西堂百诗征君留饮》《饮眷西堂》 |
| 词 | 毛奇龄 | 《兑阁十词》 |
| | 陈维崧 | 《菩萨蛮》 |

注：检文人别集以得相关诗歌，收录未全备，有待进一步搜集。其中，除蒋诗第一首与毛、陈二家之词外，皆作于阎氏草堂中。

**附表2 阎氏城郊一蒲庵诗歌活动作品一览（部分）**

| 作者 | 诗歌作品 |
|---|---|
| 胡从中 | 《同靳三、程二、程三、阎大父子送嵇二南行，宿一蒲庵》 |
| 陆求可 | 《夜泊一蒲庵》 |
| 靳应升 | 《一蒲庵访阎再彭留宿》《一蒲庵影阁坐同阎再彭赋》 |
| 丘象随 | 《用浮云游子意落日故人情作韵答别靳茶坡胡天仿程潍东娄东张虞山阎牛叟百诗马西樵范仲良麋生》 |
| 张养重 | 《月夜一蒲庵别再彭放舟西溪二首》《腊月十五夜同再彭鷓巢望月》<br>《同茶坡再彭避暑一蒲庵五首》《阎再彭移足于一蒲庵歌以纪之》<br>《一蒲庵堤上栽七柳歌》 |
| 阎修龄 | 《王默生靳茶坡张虞山过访一蒲庵》《闻一蒲庵水涨》 |
| 方文 | 《一蒲菴访阎百诗夜话》 |
| 黄达 | 《一蒲菴》 |

注：检文人别集以得相关诗歌，收录未全备，有待进一步搜集。

# 舞台意趣与“斗室”情怀
## ——元代与清代“三国”题材杂剧比较论*

◇石松　石麟**

**摘　要：** 元代与清代的“三国戏”虽有相同的一面，但差异更多。元代“三国戏”的作者着眼于“军国大事”，清代“三国戏”的作者则更看重文人胸中垒块。二者除了题材选择和意识形态方面的迥然不同，在审美趣味方面也体现了舞台意趣与“斗室”情怀之间的明显区别。

**关键词：** 元杂剧　清杂剧　三国戏

在元明清三代杂剧创作中，“三国戏”都是比较重要的题材，但根据现存作品可以看出，这三个时代的“三国”题材杂剧在很多方面都有较大区别。从数量上看，元明清杂剧现存作品呈哑铃状，亦即两头粗中间细。得出这个结论的一个重要原因，是有一批佚名“三国戏”现存作品的创作时间或元或明，难以归属，如《刘关张桃园三结义》《张翼德大破杏林庄》《张翼德单战吕布》《张翼德三出小沛》《莽张飞大闹石榴园》《走凤雏庞掠四郡》《曹操夜走陈仓路》《阳平关五马破曹》《寿亭侯怒斩关平》《周公瑾得志娶小乔》《关云长大破蚩尤》《关云长单刀劈四寇》等。为论述方便，先将时代归属无疑的元明清三代“三国戏”作品名目展示如下。

元代杂剧“三国戏”现存作品：关汉卿《关大王单刀会》《关张双

* ［基金项目］国家社科基金艺术学重大项目“戏曲艺术当代发展路径研究”之子课题“全国戏曲教育发展路径研究”，项目编号：14ZD01。

** 石松，杭州师范大学外国语学院马云基金副教授，主要研究方向为元明清文学、中英比较文学；石麟，湖北师范大学文学院教授，主要研究方向为中国古典戏曲小说。

赴西蜀梦》，高文秀《刘玄德独赴襄阳会》，郑光祖《虎牢关三战吕布》《醉思乡王粲登楼》，朱凯《刘玄德醉走黄鹤楼》，佚名《诸葛亮博望烧屯》《关云长千里独行》《两军师隔江斗智》《锦云堂美女连环计》。

明代杂剧“三国戏”现存作品：朱有燉《关云长义勇辞金》，徐渭《狂鼓史渔阳三弄》，汪道昆《陈思王悲生洛水》，陈与郊《文姬入塞》。

清代杂剧“三国戏”现存作品：南山逸史《中郎女》，来集之《阮步兵邻廨啼红》，郑瑜《鹦鹉洲》，尤侗《吊琵琶》，徐石麟《大转轮》，嵇永仁《愤司马梦里骂阎罗》，边汝元《鞭督邮》，唐英《笳骚》，杨潮观《诸葛亮夜祭泸江》《穷阮籍醉骂财神》，周乐清《丞相亮祚绵东汉》《真情种远觅返魂香》，黄燮清《凌波影》，佚名《祭泸江》《耒阳判事》。

归纳统计，“三国”题材杂剧作品，元代10部、明代4部、清代15部。这是本文的论述对象，有关的观点和结论也都建立在这些现有材料和共识的基础上。

## 一

比较元代和清代的杂剧作品，最为明显的区别在取材方面。同是“三国故事”，讲哪一段，讲谁的故事，元人和清人的取舍大相径庭。

元人杂剧“三国戏”中，有些作品一看题目就知道故事的基本内容。其中，需要稍做解释的是《刘玄德醉走黄鹤楼》和《两军师隔江斗智》。

《刘玄德醉走黄鹤楼》或谓佚名之作，“本事出元至治本《三国志平话》加以增饰”①。其故事梗概如下。赤壁之战后，周瑜于黄鹤楼设宴，欲杀刘备。正在追赶曹操的诸葛亮得知消息，派关平给刘备送寒衣及拄拂子。拄拂子中藏有诸葛亮向周瑜要来的一枝镇坛令箭。诸葛

① 庄一拂编著《古典戏曲存目汇考》，上海古籍出版社1982年版，第353页。

亮又派姜维扮渔夫去宴席献鱼，在姜维手上写“彼骄必褒，彼醉必逃”，令其伺机告诉刘备。宴席上，周瑜果骄果醉，刘备按照诸葛亮的安排，利用令箭逃离黄鹤楼。这是一个民间传说色彩特别浓厚的剧本，在时间、地点、人物等方面都与历史事实大不相符。时空的混乱且不去探讨，仅以人物而论：“首先，周瑜如果想在黄鹤楼上喝酒，他必须晚死十三年，从公元210年（周瑜卒年）再活到公元223年（黄鹤楼始建）。其次，那大胆的姜维（202—264）也必须在六岁时就参军入伍，听命于诸葛亮帐下，投身于赤壁之战（208），随后又为刘备送去孔明妙计。”①

《两军师隔江斗智》写刘备招亲故事，也基本上与《三国志平话》相近。“两军师”者，周瑜与诸葛亮也。周瑜的计谋是：“俺如今要得孙、刘结亲，那里是真个结亲，则是取荆州之计。俺这里暗调人马，等他家不做准备，则说是送亲来的，乘机就夺了城门。这个是头一计，倘若不中，等刘备拜罢堂，着小姐暗里刺杀刘备，某然后大军直抵荆州，必能取胜。”② 后由于孙安小姐的情感转移，东吴赔了夫人又折兵。

可见，在元杂剧“三国戏”中，除《醉思乡王粲登楼》外，其他9部剧本所写内容全都是“军国大事”，即便像《两军师隔江斗智》《锦云堂美女连环计》这样两部似乎涉及“儿女之情”的作品，其实也都是用“美人计”解决政治问题，孙安与貂蝉都不过是政治斗争的工具而已。且看她们自己的表白，貂蝉说：“欲教青史留遗迹，敢惜红颜别事人。”③ 孙安唱：“俺哥哥为荆州将我分离，安排着许多奸计。”④更有甚者，即便是描写文人“怀才不遇”的《醉思乡王粲登楼》，写到最后，也十分可笑地让王粲飞黄腾达，出将入相：“今有王仲宣献上万

① 石麟：《从〈黄鹤楼〉到〈甘露寺〉——片谈戏曲小说作品中刘备与东吴的恩恩怨怨》，《艺术百家》2004年第5期。

② （元）佚名：《两军师隔江斗智》（第一折），（明）臧晋叔编《元曲选》，中华书局1958年版，第1299—1300页。

③ （元）佚名：《锦云堂美女连环计》（第二折），（明）臧晋叔编《元曲选》，第1552页。

④ （元）佚名：《两军师隔江斗智》（第二折），（明）臧晋叔编《元曲选》，第1307页。

言长策，圣人见喜，宣他为天下兵马大元帅，兼管左丞相事。”最终回归军国大事：“从今后把万言书作战场，辅皇朝为柱石。扶侍着万万岁当今帝，则愿的稳坐定蟠龙戗金椅。”①

再看清代杂剧“三国戏”作品，除《诸葛亮夜祭泸江》《丞相亮祚绵东汉》《祭泸江》外，多书写知识分子的个人情怀。《中郎女》写蔡文姬纂修东汉国史，《阮步兵邻廨啼红》写阮籍与邻家女故事，《鹦鹉洲》写祢衡魂游鹦鹉洲反思往事，《吊琵琶》写蔡琰凭吊王昭君并倾诉自身痛苦，《大转轮》《愤司马梦里骂阎罗》二剧均写司马貌断汉初公案，《鞭督邮》写张飞怒鞭督邮，《笳骚》写蔡文姬与《胡笳十八拍》，《穷阮籍醉骂财神》写落魄文人狂放，《真情种远觅返魂香》写多情女子还魂，《凌波影》写曹植与洛神故事，《耒阳判事》写庞统的行政能力。而且，即便在《诸葛亮夜祭泸江》《祭泸江》这两篇题材完全相同（后者改写前者）的表现诸葛亮处理“军国大事”才华的作品中，最后写到诸葛亮事成之后与土酋忙牙姑告别时，都充满了文人情致：“凭将两眼泪，散却一江风。且喜全军已渡，忙牙姑，劳你带兵远送。……我和你蛮人共事半年，今当远别，不禁挥泪而行。”②“（生白）凭将两眼泪，散却一江风。且喜全军以渡，忙牙姑，劳你带兵远送，可将金帛等物，为我分赏蛮兵。……和你蛮人，共事半年，今当远别，不禁挥泪而行。”③至于《丞相亮祚绵东汉》的后半部更是文人美好愿景的臆想：诸葛亮灭曹魏，东吴遣使奉表称臣，蜀汉统一天下，直至诸葛亮功成身退而归隐南阳草庐。上述情节均非历史事实，甚至连《三国志平话》《三国演义》都不写。这种写法，是文人翻历史旧案而泄心中愤懑之情的艺术化表现。且看该剧最后一段唱词：“试阴符、试阴符实若还虚，笑魏武铜雀成墟。谁肯画、谁肯画依样葫芦，翻新样那用当年掌故。果

① （元）郑光祖：《醉思乡王粲登楼》（第三折），（明）臧晋叔编《元曲选》，第821—822页。

② （清）杨潮观：《诸葛亮夜祭泸江》，胡士莹校注《吟风阁杂剧》，上海古籍出版社1983年版，第237页。

③ （清）佚名：《祭泸江》，胡世厚主编《三国戏曲集成·清代杂剧传奇卷》（上），复旦大学出版社2018年版，第119页。

然是江流石转竟吞吴。笔端散作江花舞，画一个快意千秋八阵图。”①这段用【黄钟宫】演唱的【归朝歌】，是在全体演员下场之后歌唱的，应该是幕后合唱，这种煞尾处的幕后合唱，所表现者，实乃剧作者的主观情绪。

如此便可看出，在“三国故事”题材取舍问题上，元代“三国戏”的作者着眼于“军国大事”，即便是生活情事也向政治靠拢；恰恰相反，清代“三国戏”的作者则更看重文人胸中垒块，即便是政治事件也要写成文人情怀。究其所以然，是因为元杂剧的观赏对象主要是广大市民百姓，因此必须表现人人关心的“军国大事”，而清杂剧的欣赏对象多半是作者的同侪甚至作者自己，势必在作品中渲染知识分子集体无意识的“自恋”情结。这就是“大众文学”与“小众文学”在选材方面的异趣。

## 二

元代和清代，虽然都是少数民族的贵族集团入主中原，但由于二者在政治、经济、文化、民族政策上的诸多差异，其所得到中原人民尤其是知识阶层的接受程度是迥然有异的。蒙古贵族集团急于以落后的游牧经济替代中原地区先进的农耕经济，长时间废止科举，因此，引起广大汉族知识分子的强烈不满。清朝贵族集团则很快适应农耕经济，更重要的是坚持甚至完善科举制度，在全国范围内提倡尊孔读经，满族人汉化速度较快，故而在较短时间内就使大多数知识分子被笼络怀柔，对抗情绪日渐微弱。这两种截然不同的情绪和倾向，自然而然地反映到杂剧创作中。

元杂剧中强烈的民族意识在关汉卿剧本《关大王单刀会》中体现得颇为充分。当东吴鲁肃设“鸿门宴”欲威胁关羽交出荆州的计谋失

---

① （清）周乐清：《丞相亮祚绵东汉·归庐》，胡世厚主编《三国戏曲集成·清代杂剧传奇卷》（上），第90页。

败之后，关羽有这样的唱词："称不了老兄心，去不了俺汉家节！"① 公开点明"汉家节"，带有分明的"尊汉"色彩。或许有人会说，这里的"汉家节"指的是"蜀汉"，是相对"东吴"而言的蜀汉。这样，《关大王单刀会》似乎就没有什么民族意识了。其实不然，对于这个剧本中关羽的另外两段唱词，有关学者有独到见解：

> 最值得注意的是第四折关羽渡江所唱【新水令】【驻马听】两曲，化用苏轼［念奴娇］《赤壁怀古》词。伤今吊古，富有真实感和现实意义。一二七九年，文天祥被俘北上，在建康写了［念奴娇］《驿中言别友人》词，用苏轼词韵。词中"恨东风"、"铜雀春情"等语，化用杜牧《赤壁》诗"东风不与周郎便，铜雀春深锁二乔"句，暗指宋末焦山战败，南宋降，后妃都归于元宫事。后来萨都剌也写了［念奴娇］《登石头城次东坡韵》，词中有句云"望天低吴楚，眼空无物"，"白骨纷如雪"，"消磨多少豪杰"，这吊古之句，实寓伤今之情。至元十二年（1275）七月，宋元水军在焦山最后决战，元用火攻，宋军全部被毁，不复能军。这次战役以后，南宋失去长江天险，扬州也就成了一座孤城。文天祥、关汉卿都是明言赤壁，暗指焦山。关汉卿从扬州渡江，南去杭州，这时的真实感受借剧中人的唱辞表达了出来。本剧第四折【驻马听】末句："这也不是江水，二十年流不尽的英雄血！"今查历史记载，赤壁之战在建安十三年，关羽单刀赴会在建安二十年，首尾只有八年，不得言"二十年"也。所谓"流不尽的英雄血"，实指元灭南宋后，江南爱国志士连年不绝的反抗斗争。②

这段话说得再清楚不过了，在《关大王单刀会》中，关羽所代表的正

① （元）关汉卿：《关大王单刀会》（第四折），徐沁君校点《新校元刊杂剧三十种》，中华书局1980年版，第82页。

② 徐沁君等：《关汉卿小传》，徐沁君、陈绍华、熊文钦校注《元曲四大家名剧选》，齐鲁书社1987年版，第16—17页。

是“汉家情结”，也就是一种民族情结。更有甚者，这种汉家情结的表现，在元杂剧“三国戏”中绝非一部《关大王单刀会》，我们不妨再看数例：

> 董卓手下，有一大将乃是吕布，小觑俺汉国，着吕布为帅，统领大势雄兵，在于虎牢关下，单使搦俺汉家十八路诸侯，与他交锋。①

> 不比那襄阳会上，他则待兴心儿图谋汉家邦。②

> 觑夺汉家天下，直如反掌耳。③

第一例是正面人物“十八路诸侯”盟主袁绍说的，第二例是正面人物蜀汉将领赵云说的，第三例则是反面人物企图谋朝篡位的董卓说的，但无论如何，作者的立足点全都是站在“汉朝”这一边的。

这个“汉朝”，有多重含义。从民族情结出发，它代表与“胡”对立的“汉”；从历史观念出发，它代表与谋朝篡位者对立的正统的“汉”；从前后继承的角度出发，它代表“东汉”及其继承者“蜀汉”；而从政治愿望出发，它代表与暴政相对的施行仁政的“刘汉”。对于在蒙古贵族集团残酷统治下的广大民众，同时也是广大观众而言，“人心思汉”，正是上面多重因素的复杂组合。

与上述观念相联系的一个贯穿元代“三国戏”的核心思想就是“蜀汉中心”论，但凡与蜀汉人物对立者几乎全都成为反派，甚至被丑化。且看《关张双赴西蜀梦》中蜀国使臣的唱词：“关将军但相持，无一个敢欺敌。素衣匹马单刀会，觑敌军如儿戏，不若土和泥。杀曹仁十

① （元）郑光祖：《虎牢关三战吕布》（第一折），隋树森编《元曲选外编》，中华书局1959年版，第469页。

② （元）朱凯：《刘玄德醉走黄鹤楼》（第一折），隋树森编《元曲选外编》，第837页。

③ （元）佚名：《锦云堂美女连环计》（第一折），（明）臧晋叔编《元曲选》，第1543页。

万军，刺颜良万丈威。今日被坏人将你算，畅则为你大胆上落便宜。”[①]这里，蜀汉代表人物关羽被贬损的敌人有孙权手下的鲁肃、曹操手下的曹仁、袁绍手下的颜良，无论哪路诸侯及其将领，只要站到“蜀汉”的对立面，都会成为反派人物。

诸如此类的例子还有许多，如《关大王单刀会》中的鲁肃黔驴技穷，丑态百出；《刘玄德独赴襄阳会》中的刘琮“武艺不会，所事不知，能吃好酒，快吃肥鸡”[②]；《虎牢关三战吕布》中的吕布被人反复骂作“三姓家奴”；《刘玄德醉走黄鹤楼》中的周瑜“使碎自己心，笑破他人口”[③]；《诸葛亮博望烧屯》中的夏侯惇被杀得“三军跟着我往许昌路上逃命，走、走、走”[④]；《关云长千里独行》中的曹操及其手下“险些儿惊杀许褚，荒杀曹公，唬杀张辽”[⑤]；《两军师隔江斗智》中的周郎更惨，“将周瑜当场耻辱，箭疮裂一命难存”[⑥]。更有甚者，江东孙氏的开国之君孙坚，在《虎牢关三战吕布》中居然是“净扮”，而京剧《甘露寺》舞台上的孙权竟然与曹操一样是个“大白脸”。对此现象，笔者曾有专门的探讨：

> 父亲“净扮”，儿子“大白脸”（也是净扮），为什么戏剧舞台上要如此糟蹋孙氏父子呢？其实，这与孙氏父子本身并没有多少关系。关键在于，从宋代以来，中国民间对于三国故事就形成了“拥刘反曹”的看法，当时人民大众的同情“点”是牢固树立在蜀汉刘玄德这一边的。凡是有利于刘备的都拥护，凡是不利于刘备的都反对。曹操处处与刘备相反、为敌，当然要坚决反对之；至于第三方的东吴，人们的褒贬毁誉，那可就徘徊不定了。当东吴有利于

① （元）关汉卿：《关张双赴西蜀梦》（第一折），徐沁君校点《新校元刊杂剧三十种》，第 4 页。

② （元）高文秀：《刘玄德独赴襄阳会》（第一折），隋树森编《元曲选外编》，第 144 页。

③ （元）朱凯：《刘玄德醉走黄鹤楼》（第三折），隋树森编《元曲选外编》，第 850 页。

④ （元）佚名：《诸葛亮博望烧屯》（第三折），隋树森编《元曲选外编》，第 739 页。

⑤ （元）佚名：《关云长千里独行》（第三折），隋树森编《元曲选外编》，第 762 页。

⑥ （元）佚名：《两军师隔江斗智》（第四折），（明）臧晋叔编《元曲选》，第 1320 页。

刘备时，就顺带歌颂他几句；当东吴不利于刘备时，那可就对不起了，丑化、歪曲、打击，就会接踵而来。如此一来，东吴父子可就倒霉透了。当然，这种现象主要体现在戏剧舞台上，因为那是最不顾历史事实同时也最带有民众意趣的领域。①

为什么说“拥刘反曹”最带有民众意趣？这不是一般而言的歌颂刘备汉室后裔、鞭挞曹操谋朝篡位这么简单的正统思想，而是刘备行仁政，曹操行暴政，“拥刘反曹”的实质就是“拥仁反暴”。作为一般观众的广大百姓，他们最关心的只能是自己的生活。行仁政的君王让他们活得相对舒坦，行暴政的皇帝让他们生活在水深火热之中，难道他们不该拥护仁政反对暴政吗？这就是元杂剧“三国戏”能得到人民群众喜爱的最本质的原因。舞台意趣中的仁政张扬能最大限度地调动广大观众的欣赏积极性。因此，它是“活”的艺术。

清杂剧“三国戏”则不然，尽管在《笳骚》中有“把苍生故坑陷”② 的哀鸣，尽管在《诸葛亮夜祭泸江》中有“靖烟尘万马回镳”③ 的希冀，但更多的却是表现知识分子情怀的斗室之思。

《中郎女》《笳骚》。据《后汉书·列女传》：“陈留董祀妻者，同郡蔡邕之女也，名琰，字文姬。博学有才辩，又妙于音律。适河东卫仲道。夫亡无子，归宁于家。兴平中，天下丧乱，文姬为胡骑所获，没于南匈奴左贤王，在胡中十二年，生二子。曹操素与邕善，痛其无嗣，乃遣使者以金璧赎之，而重嫁于祀。”④ 二剧情节相比正史稍有不同，但都重在表现蔡文姬的“史才”和“文才”以及由这些“才”所博得的荣华富贵。如《中郎女》最后董祀、蔡琰等人合唱的【北鸳鸯煞】曲子：“宫花压帽朝霞漾，仙音聒耳箫韶亮。灯辉闪绛裳，妇垂绅，夫束带，都一

① 石麟：《从“大白脸”的孙权说起——略论〈三国演义〉中的孙权形象及其用人方式》，石松编《石麟文集类编》（第五册），中州古籍出版社 2015 年版，第 504—505 页。

② （清）唐英：《笳骚》，周育德校点《古柏堂戏曲集》，上海古籍出版社 1987 年版，第 6 页。

③ （清）杨潮观：《诸葛亮夜祭泸江》，胡士莹校注《吟风阁杂剧》，第 231 页。

④ （南朝宋）范晔，（唐）李贤等注《后汉书》，中华书局 1965 年版，第 2800 页。

样。唱道是才子们兀自双双，汉官儿恁般两两。受荣华夫随妇唱。才晓得女中郎，做一个文坛将。”① 而《吊琵琶》合写王昭君、蔡文姬故事，所据除《汉书》《后汉书》外，还有《西京杂记》以及若干元明清戏曲作品，所表现者亦乃尤侗惯常的“借古人酒杯浇胸中垒块”之情绪。

《阮步兵邻廨啼红》据《世说新语·任诞》：“阮公邻家妇有美色，当垆酤酒。阮与王安丰常从妇饮酒，阮醉，便眠其妇侧。夫始殊疑之，伺察，终无他意。王隐《晋书》曰：‘籍邻家处子有才色，未嫁而卒。籍与无亲，生不相识，往哭，尽哀而去。’”② 所表达者，文人之放诞也，故上引资料紧接着说：“其达而无检皆此类也。”该剧最后阮籍的唱词【黄钟尾】一曲显得别具一格：“可向那若耶溪的左侧，桃叶渡的右边，靠着胭脂山作主峰，镜台山为对案。休近了望夫石，把他幽意牵。休犯了妒妇津，把他情丝绊。死不作巫阳云雨仙，生只登离恨逍遥殿。我若他年死，葬陶家之侧呵！是必个时挽芳裾到酒瓮前。”③ 这简直就是醉酒的风流、风流的醉话，无非是某些文人在现实中所受压抑太多，愤懑得无以复加，只好借那一管酒醉风流之笔痛快淋漓地释放一番而已。

《鹦鹉洲》写祢衡事，据《后汉书·祢衡传》：“（黄）祖长子射为章陵太守，尤善于衡。……射时大会宾客，人有献鹦鹉者，射举卮于衡曰：‘愿先生赋之，以娱嘉宾。’衡揽笔而作，文无加点，辞采甚丽。后黄祖在蒙冲船上，大会宾客，而衡言不逊顺，祖惭，乃呵之。衡更熟视曰：‘死公！云等道？’祖大怒，令五百将出，欲加棰。衡方大骂，祖恚，遂令杀之。”④ 该剧亦写文人狂放不羁，以致丧命，然借祢衡“魂游”写来，更添悲剧意味。诚如“鬼祢衡”所唱：“撒手行空，黄泉碧落分清。梦控鹄骖鸿，不厌游魂重。”⑤

① （清）南山逸史：《中郎女·修史》，胡世厚主编《三国戏曲集成·清代杂剧传奇卷》（上），第14页。

② （南朝宋）刘义庆：《世说新语》，上海古籍出版社1982年版，第382页。

③ （清）来集之：《阮步兵邻廨啼红》，胡世厚主编《三国戏曲集成·清代杂剧传奇卷》（上），第19页。

④ （南朝宋）范晔，（唐）李贤等注《后汉书》，第2658页。

⑤ （清）郑瑜：《鹦鹉洲》，胡世厚主编《三国戏曲集成·清代杂剧传奇卷》（上），第21页。

《大转轮》《愤司马梦里骂阎罗》二剧均乃“三国因”故事，源自《至治新刊全相平话三国志》，《古今小说·闹阴司司马貌断狱》亦写此事。所表达者，乃后世文人对刘邦诛杀韩信、彭越、英布等功臣的暴虐行为的强烈不满：“江东吴土蜀地川，曹操英雄占中原。不是三人分天下，来报高祖斩首冤。”① 《大转轮》第三折司马貌断曰：“汉家天下，俱赖三公之力。今将他疆土，分与你三人承守。淮阴公到曹嵩家投胎，改名曹操，独据中原。九江公到孙坚家投胎，改名孙权，抚御江东。大梁公到中山靖王家投胎，改名刘备，据有西南半壁。至于刘季、吕雉仍着速转皇宫刘季复为献帝，懦弱无能；吕雉复为伏后，后为曹操棰死，以报长乐钟室之冤。……”② 是所谓“大转轮”也。当然，这是后世文人对汉高祖、吕雉迫害“汉初三杰”的报复性愤怒大转轮。

《鞭督邮》的故事几经变化，历史上是刘玄德怒鞭督邮：“督邮以公事到县，先主求谒，不通，直入缚督邮，杖二百，解绶系其颈着马枊，弃官亡命。”③ 但到了《至治新刊全相平话三国志》却改成了张翼德怒鞭督邮：“张飞鞭督邮，边胸打了一百大棒，身死，分尸六段，将头吊在北门，将脚吊在四隅角上。”④ 元杂剧《关张双赴西蜀梦》《诸葛亮博望烧屯》《刘玄德醉走黄鹤楼》也都这样说。而《三国志通俗演义》的这一段尤为精彩，但最后的结局却是将历史事实和民间说话相结合：

> 玄德是仁慈的人，急喝张飞住手。傍边转过关公来，曰：“兄长建下许多大功，只得县尉之职，被督邮如此无礼。吾思枳棘丛中，非栖鸾凤之所；不如杀督邮，弃官归乡，别图远大之计。”玄德取印绶，挂于督邮之颈，责之曰：“据汝贼徒害民，当以杀之。

① （元）佚名：《至治新刊全相平话三国志》（卷之上），钟兆华：《元刊全相平话五种校注》，巴蜀书社 1990 年版，第 371 页。

② （清）徐石麟：《大转轮》，胡世厚主编《三国戏曲集成·清代杂剧传奇卷》（上），第 47 页。

③ （晋）陈寿撰，（南朝宋）裴松之注《三国志》卷三十二《先主传》，中华书局 1959 年版，第 872 页。

④ （元）佚名：《至治新刊全相平话三国志》（卷之上），钟兆华：《元刊全相平话五种校注》，第 386 页。

吾有所不忍，还官印绶，吾已去矣。”①

刘备的这种心理、态度，就是一种文化人的思考，而清杂剧《鞭督邮》基本是《三国志通俗演义》模式。剧中写张飞怒鞭督邮后对闻讯赶来的刘备说：“大哥，你有灭寇大功，只博得一个县尉。这县尉岂是可以了得刘玄德终生的么？不如弃了此官，兄弟三人别做计较。”② 只是将《三国志通俗演义》中关二爷的“见识”转换给张三爷而已。相比较而言，《笳骚》中的文化气息更为浓烈。剧中除全文引用传为蔡文姬所作的《胡笳十八拍》之外，还在唱词中大吐文人心中的郁闷之气：“悲愤将谁怨？嗏，搔首问青天。”“教我进退难排遣。嗏，真个是奈何天！”③ 像这样的呼天抢地之词，当然写的是蔡文姬的窘境，但放在任何一个地方的任何一个文化人身上，都会产生心灵共振。

还有一种情况体现了清代文人的异想天开。如《丞相亮祚绵东汉》除前半部分源自《三国志通俗演义》外，后半部分写诸葛亮烧死司马懿父子进而灭曹魏，东吴畏惧来降，三国统一为蜀汉，而昏君刘禅也让位其子北地王刘谌，完全是正统观念强烈的文人的政治臆想，是典型的“补恨”情结。至于最后诸葛亮功成身退、归隐隆中，又体现了封建文人“儒道互补”的情怀。周乐清的八个剧本总称《补天石传奇》，作者像尤侗一样，爱作翻案文章，他的另一个“三国戏”剧本《真情种远觅返魂香》也是如此。该剧本事出自孙盛《晋阳秋》，清人汤球有辑本，所记荀彧子荀粲事来自《三国志》裴松之注引，又，《世说新语》亦有近似情节。并列如下：

粲常以妇人者，才智不足论，自宜以色为主。骠骑将军曹洪女

① （明）罗贯中：《三国志通俗演义·安喜张飞鞭督邮》，上海古籍出版社1980年版，第15页。

② （清）边汝元：《鞭督邮》，胡世厚主编《三国戏曲集成·清代杂剧传奇卷》（上），第58页。

③ （清）唐英：《笳骚》，周育德校点《古柏堂戏曲集》，第6—9页。

有美色，粲于是娉（聘）焉，容服帷帐甚丽，专房欢宴。历年后，妇病亡，未殡，傅嘏往喭（唁）粲；粲不哭而神伤。嘏问曰：“妇人才色并茂为难。子之娶也，遗才而好色。此自易遇，今何哀之甚？”粲曰：“佳人难再得！顾逝者不能有倾国之色，然未可谓之易遇。”痛悼不能已，岁余亦亡，时年二十九。①

荀奉倩与妇至笃，冬月妇病热，乃出中庭自取冷，还以身熨之。妇亡，奉倩后少时亦卒。以是获讥于世。奉倩曰：“妇人德不足称，当以色为主。”裴令闻之，曰：“此乃是兴到之事，非盛德言，冀后人未昧此语。”②

历史上和文言小说中的荀粲堪称情痴情种，而周乐清剧本中的荀粲更是一个“真情种”。剧本写荀粲与曹洪之女昙香成婚后不久，女方得重病而亡。后请神医华佗出面查勘，得知可以让昙香还魂，但荀粲必须到海外波弋国求得返魂香。最终，荀粲历尽艰辛，求得波弋返魂香，救活妻子。全剧在“有情眷属无二，破涕为欢如此”③ 的欢乐气氛中结束。

荀粲虽然堪称“真情种”，但对女方的爱悦尚停留在“以貌取人”的层次。相比较而言，《凌波影》中的陈思王曹植则更加“形而上”。该剧的因由来自曹植的《洛神赋》，其中描摹洛神体态的名句云：“其形也，翩若惊鸿，婉若游龙。荣曜秋菊，华茂春松。仿佛兮若轻云之蔽月，飘飖兮若流风之回雪。远而望之，皎若太阳升朝霞；迫而察之，灼若芙蕖出渌波。襛（秾）纤得衷，修短合度。肩若削成，腰如束素。延颈秀项，皓质呈露。芳泽无加，铅华弗御。云髻峨峨，修眉联娟。丹唇外朗，皓齿内鲜，明眸善睐，靥辅承权。瑰姿艳逸，仪静体闲。柔情绰态，媚于

① （晋）陈寿撰，（南朝宋）裴松之注《三国志》卷十《荀恽传》，第320页。

② （南朝宋）刘义庆：《世说新语·惑溺》，第477页。

③ （清）周乐清：《真情种远觅返魂香·合弦》，胡世厚主编《三国戏曲集成·清代杂剧传奇卷》（上），第103页。

语言。”[①] 写洛神的举止神情，语言态度，简直美得无以复加。这些美妙的词句，都被黄燮清辅以其他诗词歌赋的表现手法，变化性地摄入剧本之中，体现了从魏到清的文人恍兮惚兮的审美心态。且看《赋艳》一折中的【下山虎】一曲：“明珰月吐，宝髻云梳。仙袂飘飘举，春风画图。便不学惊鸿自然飞舞，知是谁家掌上珠？减一分嫌不足，增一分嫌有余。认是非烟步，世间恐无。真个是卷上珠帘总不如。”[②]

除“爱美”之作外，清代文人还有“惜才”之作，最典型的就是《耒阳判事》。庞统任耒阳令一事，《三国志》记载简略：“先主领荆州，统以从事守耒阳令，在县不治，免官。”后来，得到鲁肃推荐：“庞士元非百里才也，使处治中、别驾之任，始当展其骥足耳。”诸葛亮也有相同的意见，刘备才“大器之，以为治中从事”。[③] 在《至治新刊全相平话三国志》卷之下，这个故事却被写得风生水起：

> 皇叔与庞统文书，便做历阳县令。庞统不遂其志，前后半月，错断了公事。百姓远赴荆州告皇叔。……皇叔说庞统事。张飞言：“我去历阳拖出那汉当面见家兄！”来日，张飞引数十人，至历阳衙前下马。有百姓官吏皆言庞统不仁。张飞持剑入衙，至天晚，听得鼻气若雷，张飞连斫数剑，血如涌泉。揭起被服，却是一犬。张飞言：“贼人何往？”来日，到荆州告皇叔，说前事。皇叔说：“太尉莫非贤人也？”头尾十日，沿江四郡皆反。玄德问诸葛，军师言：“不记徐庶之言？南有卧龙，北有凤雏，倘得一人，可安天下。庞统者，乃西川雒城人也，是凤雏先生。今言四郡皆反，皆被庞统所说。”[④]

以下还有篇幅颇大的“庞掠四郡”故事，元明间佚名杂剧据此改

---

① 瞿蜕园选注《汉魏六朝赋选》，上海古籍出版社1979年版，第65页。

② （清）黄燮清：《凌波影》，胡世厚主编《三国戏曲集成·清代杂剧传奇卷》（上），第112页。

③ （晋）陈寿撰，（南朝宋）裴松之注《三国志》卷三十七《庞统传》，第954页。

④ （元）佚名：《至治新刊全相平话三国志》（卷之下），钟兆华：《元刊全相平话五种校注》，第457页。

编为《走凤雏庞掠四郡》，剧情为：“鲁肃举荐庞统不成，统去而投蜀，用为历阳县令，纵酒不治事。张飞往取其首级，误杀主簿。统乃说沿江四郡皆反。后谐（偕）魏延、黄忠归蜀云。”① 话本和元明间杂剧“庞掠四郡”显然不符合历史事实，且充满了民间传说的意味。将这个故事整合得颇为合理的是《三国志通俗演义》，罗贯中将“走凤雏庞掠四郡”改为“诸葛亮旁掠四郡”，将“凤雏”改为“卧龙”，将“庞掠”改为“旁掠”，大有点铁成金之韵味。同时，又将庞统做历阳县令一事移到“旁掠四郡”“三气周瑜”之后，专门写了“耒阳张飞荐凤雏”一节。清杂剧《耒阳判事》所根据者主要就是《三国志通俗演义》中这个章节，故事的核心思想就是“主公”要珍惜人才并量才而用。剧中，“巡视员”张飞的唱词【双声子】一曲和众人同唱的【煞尾】表达得很清楚：“才情大，才情大，在牝牡骊黄外。糟丘爱，糟丘爱，欠不下琴堂债。”“看取今朝多欢快，遇扶摇，鹏奋天街。好看取焕龙章腾凤彩。”② 毫无疑问，这是怀才不遇的文人希望发迹变泰而津津乐道的题材。

然而，在上述清人杂剧“三国戏”中最为荒唐无稽，同时又最具落魄文人“集体无意识”的则是《穷阮籍醉骂财神》。该篇又名《钱神庙》，作者杨潮观在“开首语”中说：“钱神庙，思狂狷之士也。丰啬由天，狂者胸中无物；若狂而不狷，君子奚取焉？”③ 该篇写名士阮籍梦中痛骂财神重富欺贫，最后又说自己不过是借题发挥：“我这里早知自命无承望，你那里空手他财不自肥。今日个我非无礼，只为问天不语，借你为题。”④ 作者所骂为谁，不是一清二楚吗？

## 三

元杂剧“三国戏”与清杂剧“三国戏”不仅在题材选择和意识形

① 庄一拂编著《古典戏曲存目汇考》，第570页。

② （清）佚名：《耒阳判事》，胡世厚主编《三国戏曲集成·清代杂剧传奇卷》（上），第126页。

③ （清）杨潮观：《穷阮籍醉骂财神》，胡士莹校注《吟风阁杂剧》，第38页。

④ （清）杨潮观：《穷阮籍醉骂财神》，胡士莹校注《吟风阁杂剧》，第43页。

态方面迥然不同，就是在表现方式方面也体现了舞台意趣与“斗室”情怀之间的差异。

元杂剧“三国戏”大都以情节取胜，而清杂剧“三国戏”则以情感取胜。对于广大观众而言，喜欢的当然是“情节”，这是舞台表演的生命线，即便是《关张双赴西蜀梦》这样偏重情感的剧目，也是通过大量的对关、张二人英雄业绩的回忆性“叙事”来“抒情”的。描写关羽的已见前引，再引描述张飞的一段：“安喜县把督邮鞭，当阳桥将曹操喝，共吕温侯配战九十合，那其间也是我、我！壮志消磨，暮年折剉，今日向匹夫行伏落。”① 恰恰相反，对于斗室文人而言，他们更喜欢情感的抒发和个性的释放，尤侗和周乐清堪称其中的代表，他们的杂剧作品几乎就是他们释放情感的载体，《吊琵琶》《丞相亮祚绵东汉》《真情种远觅返魂香》均乃如此。在清杂剧“三国戏”中，这种抒情重于叙事的做法几乎成为常态。即便是《诸葛亮夜祭泸江》这样描写战争的作品也被笼罩在静静的情感抒发的烟雾之中：“那一日不烦冤到晓？那一夜不鬼火纷抛？每到天阴雨湿添恓楚，有影无形彻夜号。知多少，云来雾去，雨啸风跑。把往来的行人断渡，更早晚间疠气伤苗，叫不住无情鹃血，吹不散有恨胥涛。丞相，你今日回兵到此。逗着他游魂渺渺，认得你班马萧萧。他那里殒身碎首心难死，你这里有折戟沉沙铁未销。说什么百神受职，敢痛煞你一将贤劳。”②

元杂剧“三国戏”的唱词是舞台性的，落耳消融，普通人一听就懂，这方面的例子实在太多，且看《两军师隔江斗智》中孙夫人的唱词：“【醉春风】不索费叮咛，我从来识道理。见他时自有巧机关，我着他可也喜，喜。那一个掌亲的怎知道弄假成真？那一个说亲的早做了藏头露尾，那一个成亲的也自会拿粗挟细。”（第二折）③ 而清杂剧“三国戏”的语言却更多为书面性的，有的就像抒情诗，适合文人口味，适合在书斋中低回吟哦，如《笳骚》中蔡文姬唱腔：“【正宫引子】

① （元）关汉卿：《关张双赴西蜀梦》，徐沁君校点《新校元刊杂剧三十种》，第13页。

② （清）杨潮观：《诸葛亮夜祭泸江》，胡士莹校注《吟风阁杂剧》，第233页。

③ （元）佚名：《两军师隔江斗智》，（明）臧晋叔编《元曲选》，第1307页。

【破齐阵】【破阵子头】一缕愁肠千结，十年泣戴胡天。【齐天乐】雁字猜书，雪山偎玉，憔悴桃花面。【破阵子尾】犹是当头陈留月，隔个边关别样圆。咳！告天天不怜！”①

如上所述，三国题材的处于“哑铃”两端的元杂剧、清杂剧之审美情趣的差别极大。然而，这种舞台意趣与“斗室”情怀的区别并不是一蹴而就的，其间有过渡性产品——一批现存的明杂剧“三国戏”。这方面的剧本目前可以证明其创作时间的只有四个，但这四个剧本恰恰体现了一种缓慢的过渡进程。早期朱有燉的《关云长义勇辞金》是故事性较强的作品，主人公是“很有戏”的关云长。后期的三个作品——徐渭《狂鼓史渔阳三弄》、汪道昆《陈思王悲生洛水》、陈与郊《文姬入塞》，主人公全都变成祢衡、曹植、蔡文姬这样的文人或才女。且不说他们的故事不可能有关云长那样引人入胜的情节，而只能给人留下隽永的悲剧意味，就连他们的唱词也都是愤懑文人的一腔幽怀悲诉。此处且以最为愤懑的“鬼祢衡”心声为例：

> 【点绛唇】俺本是避乱辞家，遨游许下，登楼罢，回首天涯。不想道屈身躯扒出他们胯。【混江龙】他那里开筵下榻，教俺操槌按板把鼓来挝。正好俺借槌来打落，又合着鸣鼓攻他。俺这骂一句句锋铓飞剑戟，俺这鼓一声声霹雳卷风沙。曹操！这皮是你身儿上躯壳，这槌是你肘儿下肋巴。这钉孔儿是你心窝里毛窍，这板仗儿是你嘴儿上獠牙，两头蒙总打得你泼皮穿，一时间也酧不尽你亏心大。且从头数起，洗耳听咱。②

嬉笑怒骂的大众语言，表达的却是文人心态，一半舞台效果，一半书斋吟哦，这就是明杂剧“三国戏”从元杂剧“三国戏”的舞台意趣向清杂剧“三国戏”的“斗室”情怀过渡的标本。

---

① （清）唐英：《笳骚》，周育德校点《古柏堂戏曲集》，第5页。

② （明）徐渭：《狂鼓史渔阳三弄》，周中明校注《四声猿》，上海古籍出版社1984年版，第3—4页。

# 景兰江原型人物考论*

◇叶楚炎**

**摘　要：**《儒林外史》中的景兰江是一个形象鲜明且颇为特殊的士人，与其他诸多小说人物一样，这一人物同样是在原型人物的基础上塑造而成的。身为吴敬梓、吴烺父子共同友朋的江都诗人闵华应该就是小说中景兰江的原型。吴敬梓将闵华的诗人身份、对诗歌的热情、对友朋的热忱以及在唱和活动方面的热衷等都引入景兰江的身上，却又通过种种方式消解了景兰江与诗歌之间的关联，由此赋予了景兰江由表及里、可以循次触及的复杂性格层次，并呈现了商人景兰江在士林中的尴尬境地及其热衷行为的本质。

**关键词：**儒林外史　景兰江　闵华　吴敬梓

景兰江是《儒林外史》中较为引人注目的一个士人。他出场于第十七回，这一回仍属于“匡超人传”，因此，相对于这部分的主要人物匡超人，景兰江只是一个次要人物。景兰江同时也是在这部分接踵而出的“西湖名士”中的一员，从这一角度说，景兰江似乎也只是诸位西湖名士中的普通一分子，未见特殊。但耐人寻味的是，原本只是次要人物的景兰江既没有被主要人物匡超人的风采所掩盖，也并没有湮没在西湖诸名士的众声喧哗中，相反，在这部分令人眼花缭乱的诸多士人中，景兰江反倒显得格外突出，其形象的鲜明程度甚至还超过了书中的一些主要人物。从以下这个事例中便可以看到这一点：

* ［基金项目］国家社科基金后期资助项目“《儒林外史》原型人物考论”，项目编号：19FZWB004。

** 叶楚炎，中央民族大学文学院副教授，主要研究方向为中国古代小说。

> 归安钱伦仙太史续配翁相国女，酷嗜咏诗，太史呼之为景兰江，惘然不知何时人。乃问之篪仙之妇，亦不知。以问篪仙，篪仙与之《外史》，乃恍然。①

《儒林外史》中人物众多，但钱伦仙偏偏以“景兰江”作为自己妻子的绰号，由此足可反映景兰江这一形象的典型与鲜明。不仅是人物形象引人注目，从结构上说，景兰江也显得颇为特殊：在一众西湖名士中——也算上这部分的主要人物匡超人，景兰江是唯一一个进入小说下半部的士人，并且他还参加了泰伯祠大祭，在其间担任司帛之职。

因此，身为次要人物的景兰江是西湖名士中的普通一员，但从作者塑造的力度以及这一特殊的安排来看，他又显得并不普通，这或许也是读者长期以来对景兰江有颇多关注的缘由所在。

正如金和在为《儒林外史》所作的跋语中所言，“全书载笔，言皆有物，绝无凿空而谈者”②，小说中的人物都有原型人物作为基础，而现有的研究也都在不断印证金和的这一说法。实际上，形象鲜明且颇为特殊的景兰江同样是在原型人物的基础上塑造而成的小说人物，而这些鲜明的人物特性也都与其原型人物有密切的关联。本文便从考辨景兰江的原型人物入手，讨论这一人物的塑造方式，并在原型人物的观照下，考察景兰江在小说叙事中所起的作用。

## 一 景兰江原型人物考

据现有《儒林外史》原型人物的研究可知，这些原型人物基本都在作者吴敬梓的交游圈内。除了我们现在所能看到的《文木山房集》中提及的友朋之外，对于探讨吴敬梓的交游而言，其参与的一些士人之间的唱和活动也值得重视。在这些唱和中，有一次活动显得颇为重要，

---

① 《儒林外史》丛好斋辑校本评语，（清）吴敬梓撰，李汉秋辑校《儒林外史汇校汇评本》，上海古籍出版社 1999 年版，第 239—240 页。

② 李汉秋编著《儒林外史研究资料集成》，上海古籍出版社 2017 年版，第 302 页。

这便是对《雅雨山人出塞图》的题咏。乾隆五年（1740），曾任两淮盐运使的卢见曾被遣戍塞外边地的军台效力，为此，士人高凤翰等人绘了一幅《雅雨山人出塞图》为卢见曾送行，有近二十位士人为此图题诗，其中便有吴敬梓所写的《奉题雅雨大公祖出塞图》。[①] 而在参与题诗的士人中，不仅有吴敬梓的好友江昱等人，还包括诸多被写入小说的原型人物——程梦星（庄濯江之原型）、李葂（季苇萧之原型）、王藻（杨执中之原型）[②]、周榘（宗姬之原型）[③] 等人，如果再算上行迹被写入小说的卢见曾，这次题咏对于考察吴敬梓的交游及其小说创作显然有异常重要的价值。

而在参与题咏的士人中，有一人尚未引起学界的充分注意。实际上，此人既是吴敬梓、吴烺（字荀叔，号杉亭）父子的友朋，同时也作为原型人物被写入了《儒林外史》，此人便是闵华。

闵华，扬州江都人，字玉井，亦字莲峰，也写作廉风。闵华不仅与吴敬梓共同参加了《雅雨山人出塞图》的题咏活动，还和吴烺保持着较为密切的交往。在吴烺的《杉亭集》诗集卷六中便有《同闵玉井陈授衣蒋秋泾易松滋汪对琴严东有分赋得酒船》一诗，《杉亭集》词集卷四中亦有《摸鱼子·咏闲和闵丈玉井》一词。在闵华和吴烺的共同友人沈大成的《学福斋集》中也有《鲍香沙招同闵玉井程豆田吴杉亭江云溪红桥纳凉分歌韵》以及《上巳后二日坐雨安居禊饮同堇浦太史玉井对沤艺农杉亭碧溪松滋秋澄恬村筠榭以此地有崇山峻岭茂林修竹分韵得修字》的诗作，从这些诗作中可知两人既是诗歌唱和的诗友，也是经常在一起雅集的良朋。而在闵华的《澄秋阁集》三集卷一中也有写给吴烺的《访吴荀叔不值》一诗：

故人今已贵，芳讯久生疏。见说依僧舍，犹能读父书。夕阳连

---

① 参见丘良任《卢见曾及其〈出塞图〉》，《故宫博物院院刊》1983年第2期。

② 叶楚炎：《杨执中原型人物考论》，《中国文化研究》2017年第1期。

③ 叶楚炎：《诸葛天申、宗姬原型人物考论——兼论〈儒林外史〉中次要人物的叙事意义》，《江苏师范大学学报》（哲学社会科学版）2018年第3期。

巷陌，春草满阶除。相访不相值，余香空掩庐。[1]

诗中的“犹能读父书”一句也可证明闵华与吴敬梓亦有交情。闵华不仅是吴氏父子共同的友朋，和吴敬梓交友圈中的诸多好友也保持着密切的往来：团昇、程梦星、金兆燕、陈毅、郑江、王昆霞、程晋芳、易松滋、卢见曾、王又曾、方嶟、洪元声等人，都既与吴敬梓有交往，也与闵华相契厚。此外，江昱也是吴敬梓的知交，而江昱之弟江恂曾写有《李空同砚歌为闵玉井表兄作》之诗，则江氏弟兄不只是闵华之友，亦是其表亲。同样是吴敬梓好友的李葂与闵华也有渊源，“葂从江都闵华学诗”[2]，闵华的诗作中有“座有门生议酒材”之句，下有小注“谓李啸村、沈斯民”[3]，则闵华与李葂的师徒关系也可以从这句诗中得到印证。

除了闵华与吴敬梓的交游圈关系密切，现今已经发现的《儒林外史》的原型人物也组成了一个“原型人物圈”，而在以上所提及的诸人中，程梦星、王昆霞（来霞士之原型）、卢见曾、李葂等人都被写入了小说。除此之外，向鼎之原型商盘、杨执中之原型王藻等也都是闵华的友朋。闵华与《儒林外史》的原型人物圈之间亦有极为紧密的联系。

事实上，闵华与《儒林外史》之间的联系远不止于此，而这主要体现在小说中的景兰江这一人物身上。据金和所言，吴敬梓是在原型人物姓名字号的基础上，以“象形谐声”“廋词谜语”[4] 的方式生成小说中相应人物的姓名字号的，现今已发现的原型人物基本都与这点相合。就此而言，闵玉井之“井”恰与景兰江之“景”同音，这与吴敬梓将程绵庄之“庄”作为庄绍光的姓氏，以及将原型人物王载扬（王藻）之“扬”转化为小说中杨执中的姓氏正属同脉。不仅是姓氏的关联，

① （清）闵华：《澄秋阁集》三集卷一《访吴荀叔不值》，《清代诗文集汇编》第 273 册，上海古籍出版社 2010 年版，第 192—193 页。

② 安徽通志馆辑《安徽通志稿·艺文考》，民国二十三年（1934）铅印本。

③ （清）闵华：《澄秋阁集》一集卷三《卢雅雨先生招饮罗酒四绝》其三，第 129 页。

④ 金和跋，见李汉秋编著《儒林外史研究资料集成》，第 301 页。

据“小弟贱号叫做景兰江”① 可知，“兰江”是景兰江的号，而闵华则字“莲峰”，“兰江”也正与“莲峰”相对。因此，小说中景兰江的原型应该就是与吴敬梓、吴烺父子都有交情的江都士人闵华。

在《儒林外史》中，景兰江刚出场时便自诩，“各处诗选上都刻过我的诗，今已二十余年”，对此黄小田有评语，“可谓老名士”②，而这种老名士的身份以及年岁也都从原型人物闵华而来。在杭世骏写给闵华的《闵莲峰双清阁诗序》中便有“闵华莲峰氏以诗名江淮者二十年”之语，此序作于“雍正乙卯”③，即雍正十三年（1735）。吴敬梓写作《儒林外史》应在乾隆初年④，其时闵华已是二十余年的老名士。

在小说中，景兰江两次借“我杭城多少名士都是不讲八股的”“那是做时文的朋友，虽也认得，不算相与。不瞒先生说，我们杭城名坛中，倒也没有他们这一派”⑤ 之语表明自己与八股举业的隔绝，而这一对待八股举业的态度与立场也和闵华相同。嘉庆年间的《甘泉县续志》中便道：“闵华字玉井，少不习举子业。”⑥

在《儒林外史》中，景兰江是一个原本颇有资财的开头巾店的商人，却因为结交一班斗方名士，整日忙于作诗，无暇顾及生意，据潘三所言：“本来有两千银子的本钱，一顿诗做的精光……而今折了本钱，只借这做诗为由，遇着人就借银子。”⑦ 而闵华也经历了这般家道中落的过程，且亦是因为结交诗友、忙于写诗。在其友高文照所写的《赠闵丈廉风（华）》一诗中便有“家因结客廿中落”⑧ 之句，这里所说的“结客”便是指结交写诗的友朋。厉鹗在为闵华所写的《双清阁诗集

---

① （清）吴敬梓撰，李汉秋辑校《儒林外史汇校汇评本》，第221页。

② （清）吴敬梓撰，李汉秋辑校《儒林外史汇校汇评本》，第221页。

③ （清）杭世骏：《道古堂全集》文集卷九，清乾隆四十一年（1776）刻光绪十四年（1888）汪曾唯修本。

④ 胡适从吴敬梓对“科第功名的大觉悟”出发，认为《儒林外史》的起始写作时间应在乾隆五年（1740）。胡适：《吴敬梓年谱》，李汉秋编著《儒林外史研究资料集成》，第96页。

⑤ （清）吴敬梓撰，李汉秋辑校《儒林外史汇校汇评本》，第221页。

⑥ （清）陈观国修，（清）李保泰纂（嘉庆）《甘泉县续志》卷六，清嘉庆十五年（1810）刻本。

⑦ （清）吴敬梓撰，李汉秋辑校《儒林外史汇校汇评本》，第239—240页。

⑧ （清）高文照：《高东井先生诗选》卷二，清道光十二年（1832）武康徐氏刻本。

序》中也说道，“廉风居声利之地，泊然寡营，而独喜昵就予辈枯槁蕉萃之士，穷日继夕，流连倾倒而不厌”①，厉鹗站在诗歌写作立场上给闵华的性情以极高的赞誉，但在另一方面，闵华“居声利之地”却“泊然寡营”所导致的对自家生计的损害却也是无可回避的事实。而对于家道的中落，闵华也有所自省，在其《柬渔川》一诗中道：“悔我少年时，心力纷经营。游戏弄柔翰，卤莽窥治生。遂令两相妨，老大俱无成。”② 从诗中可以看到，闵华亦曾经忙碌于作诗与治生之间，诗之无成尚有自谦之意，而治生之无成则正可解释其为何会家道消乏。需要注意的是，《儒林外史》是吴敬梓假托明代历史而写，方巾是明代生员以上的士人所用头巾，而清代则并没有头巾一说。因此，景兰江所开的头巾店不可能在原型人物身上找到确实的对应，只能是出于小说的有意虚构，而闵华曾有过的“卤莽窥治生”的过往，则应是“头巾店”赖以生发的基础。

如前所说，景兰江在小说中是一个商人，因此其戴的是标识平民身份的“瓦楞帽子”，而在第五十六回中的“儒修名单”中，其也因此被归入“布衣”一类。由于“不习举子业”，闵华既没有考中举人以上的科名，从现有资料来看，也并非秀才，其友朋或以“处士”“山人”称之，如吴泰来之《对琴丈招同闵莲峰处士蒋春农舍人程鱼门上舍�樹司马泛舟红桥漫成短歌即以言别》③、高文照之《立冬前一日程筠榭（令延）招饮小西藏书别馆同闵山人廉风沈明经沃田公子中之三首》④ 以及韦佩金所写的“玉井山人（莲峰闵华）厌人世”⑤ 等皆是如此；或干脆在写及闵华时不言其科名，这种情形更为常见，如吴楷之《初夏余丈葭

① （清）厉鹗撰，（清）董兆熊注，陈九思标校《樊榭山房集》，上海古籍出版社 2012 年版，第 737 页。

② （清）闵华：《澄秋阁集》三集卷一《柬渔川》，第 197 页。

③ （清）王昶：《湖海诗传》，上海古籍出版社 2013 年版，影印清嘉庆八年（1803）三泖渔庄刻本，第 262 页。

④ （清）高文照：《高东井先生诗选》卷二。

⑤ （清）韦佩金：《经遗堂全集》卷二十一《韩山人仙李（梗）挽词》，清道光二十一年（1841）江都丁光煦刻本。

白招同程洴江太史厉太鸿孝廉陈授衣闵莲峰同学宴集》①、沈大成之《马嶰谷半查招同程午桥全谢山钱箨石三太史朱稼翁征君陈竹町闵玉井张渔川诸同学集行庵分题王穀祥梅花水仙画卷即效其体》②。需要说明的是，王昶在《湖海诗传》以及《国朝词综》中都称闵华为“监生”③，闵华“监生”的身份也可从其友杭世骏、朱方蔼、汪大经等人的诗作中得到印证④。由于闵华不习举业，并非秀才出身，也不是官宦之后，因此其监生身份只能是通过援例入监的方式获取的，这重身份或许会有助于闵华与士人之间的交往，但在其成为名士之后，和秀才、举人等“正途”科名相比，援例的监生显然只是一个“异路”名号，这或许也是闵华及其诗友多不提及这一身份的缘由所在。在大多数友朋的口中，闵华只是一介布衣而已，而这也更能标榜闵华疏离举业的名士姿态。

从以上分析可见，小说中景兰江的诸多个人信息都从其原型人物闵华而来：成名二十余年的老名士、与八股举业的隔绝、因结交诗友作诗而导致的家道中落，以及非正统士人的布衣身份。这些个人信息的加入使得景兰江成为一个真实可感的小说人物——虽然对于景兰江而言，其最重要的性格特质不在于此，但事实上，景兰江最重要的性格特质却仍与其原型人物闵华有密切的联系。

## 二　诗人身份的凸显与诗歌写作的缺失

在《儒林外史》中，景兰江最为重要的身份不是懒于营生的商人，

① （清）阮元编《淮海英灵集》丁集卷三，清嘉庆三年（1798）小琅嬛仙馆刻本。

② （清）沈大成：《学福斋集》诗集卷十二，清乾隆三十九年（1774）刻本。

③ （清）王昶：《湖海诗传》，第199页；（清）王昶：《国朝词综》卷三十，清嘉庆七年（1802）王氏三泖渔庄刻增修本。

④ 参见（清）杭世骏《道古堂全集》诗集卷十一《新秋雨后马员外（曰琯）招同武陵胡中丞（期恒）竟陵唐吉士（建中）休宁程编修（梦星）吴江王征士（藻）歙方明经（士庢）钱塘陈处士（章）江都陆司马（锺辉）闵上舍（华）潼关张上舍（四科）小集南斋分用昌黎秋怀诗十一首韵送余还山余得第四首韵》；（清）朱方蔼《冬日同汪比部对琴金博士棕亭闵上舍玉井汪水部秀峰汪学正剑潭何文学春渚吴庶常穀人红桥宴集》，徐世昌辑《晚晴簃诗汇》卷九十七，民国退耕堂刻本；（清）汪大经《借秋山居诗钞》卷六《秋怀九首》之《闵太学玉井先生》，清嘉庆九年（1804）秀水汪氏刻本。

而是一个勤于作诗的诗人。在景兰江一出场时，便数次借匡超人之眼，写景兰江“面前摆了一本书，在那里静静的看”、“就拿出一本书来看”以及“到上午同吃了饭，又拿出书来看”，一连数笔，写出了景兰江的勤读，可他所读的并非其他，而只是“甚么诗词之类”。① 在匡超人寻到景兰江店中时，景兰江不在店内。问左右店邻，店邻说道：“景大先生么？这样好天气，他先生正好到六桥探春光，寻花问柳，做西湖上的诗。绝好的诗题，他怎肯在店里坐着？”② 窥一斑而知全豹，透过这一特笔，点染出的也正是景兰江在诗歌写作上的执着和勤奋。似乎正因为在诗歌写作上用力极勤，景兰江方能以商人的身份跻身士林之中，并成为一介名士。

这种勤于写诗的特质也正来自原型人物闵华。《甘泉县续志》的小传中便特意言及闵华的“刻意为诗”③，而在闵华友人的相关诗作中也能够清晰地看到其对诗歌写作的热情。闵华喜欢招待诗友在家中留宿，彻夜长谈诗歌写作：“地主能诗欣会宿，旅人贪话废高眠。”④ 在过访朋友时也是见面便要写诗：“炎威秋转厉，有客过茅茨。自分为人弃，非君谁我思。解衣询近状，索砚写新诗。”⑤ 即使在友人颓唐于艰辛的生活境遇时，闵华依然诗兴盎然：“先生谓我殊不然，有酒且醉休问天。鹏鷃翱翔各自适，鸡虫得失俱可怜。临风示我诗百篇，云开三峡流春泉。”⑥ 这些诗句让一个沉溺于诗歌写作而往往忘乎所以的形象跃然纸上，正是因为如此，余元甲才会将“冬来多少闲风物，付与能吟太瘦生”之诗赠予闵华⑦，而袁枚在给闵华的书信中所写的“顷者杂花生

① （清）吴敬梓撰，李汉秋辑校《儒林外史汇校汇评本》，第220—221页。

② （清）吴敬梓撰，李汉秋辑校《儒林外史汇校汇评本》，第223页。

③ （清）陈观国修，（清）李保泰纂（嘉庆）《甘泉县续志》卷六。

④ （清）厉鹗撰，（清）董兆熊注，陈九思标校《樊榭山房集》卷六《玉裁来广陵同宿闵廉风斋中即事》，第440页。

⑤ （清）张世进：《著老书堂集》卷八《酬玉井见过并示见怀之作》，清乾隆刻本。

⑥ （清）蒋德：《赠邗江闵玉井》，（清）阮元：《两浙輶轩录》卷二十，清嘉庆刻本。

⑦ （清）阿克当阿修，（清）姚文田纂（嘉庆）《重修扬州府志》卷三十，清嘉庆十五年（1810）刊本。

树，以鸟鸣春，丈人何以自娱？颇复有所述作否?”[①] 也能够得到更为透彻的解读，其正与“这样好天气，他先生正好到六桥探春光，寻花问柳，做西湖上的诗。绝好的诗题，他怎肯在店里坐着?”所描述的情形笔意相同。

景兰江不仅勤于写诗，还几乎是书中出现的第一个“真正”的诗人。此前出现的诗人或如周进、范进一般投身于举业，或如杨执中、牛布衣一般，貌似与诗作有所沾染，但书中却不曾正笔去描述他们的诗歌创作。景兰江的出现则一改这样的状貌。小说中用细腻的笔触写出他对写诗的热衷，并且他的诗也曾进入诗选被刊刻出来，在初出场时，他便声称“各处诗选上都刻过我的诗”。而这也并非虚言，在小说的下半部，杜少卿等人看到“柜台上伏着一个人在那里看诗，指着书上道：‘这一首诗就是我的。’”，天目山樵有评语曰：“我亦不问而知其必是景兰江。”[②] 无论是看写作诗歌的热情，还是看刊刻诗作的实绩，景兰江都可称得上是一位诗人。

而这一点也正来自闵华。与他的其他好友如杭世骏、厉鹗等人不同，闵华非但不习举子业，在经史等方面也没有特殊的爱好和建树，他的所有声名几乎都来自诗歌写作，因此“诗人”几乎是闵华最重要的同时也是唯一的士林身份。厉鹗在所写的《双清阁诗集序》中起首便道，“走扬州新城之交衢，列隧联槅，中有诗人闵君廉风键户而居”[③]；好友蒋德在为闵华《楮叶词》所写的序言中，第一句也是“江都闵廉风，诗人也”[④]；沈大成之《闵玉井西崦集序》亦称，“吾友闵君玉井，以诗名江东”[⑤]。而在友朋的诗作中，也往往以“诗人”或“诗叟”称呼闵华，如“相送诗人返竹西”[⑥]“莲峰诗叟有仙骨”[⑦]，在这些友人的

① （清）袁枚：《小仓山房尺牍》卷二《与闵莲峰》，清刻随园三十种本。

② （清）吴敬梓撰，李汉秋辑校《儒林外史汇校汇评本》，第221、407页。

③ （清）厉鹗：《樊榭山房集》文集卷三《双清阁诗集序》，第737页。

④ （清）闵华：《楮叶词》卷首，国家图书馆藏清刻本。

⑤ （清）沈大成：《学福斋集》文集卷四《闵玉井西崦集序》。

⑥ （清）陶鉴：《送闵莲峰回邗上》，阮元编《淮海英灵集》丁集卷三。

⑦ （清）张宾鹤：《云汀诗钞》卷二《酬闵丈华兼与吴均杨爵即次元韵》，《清代诗文集汇编》第355册，上海古籍出版社2010年版，第63页。

眼中，闵华就是一位诗人。

从以上的比对可以看到，吴敬梓汲取了原型人物闵华身上的诗人身份及其对写诗的热情，并将之附着在了小说中的景兰江身上。但巧妙的是，吴敬梓并没有停留在这种对原型人物身份、性情的简单袭用上，而是以此为基点，赋予小说人物更为深刻的性格特质以及叙事意义。

这首先体现在对景兰江诗人身份的凸显和对其写诗过程的回避上。如前所论，通过渲染景兰江对诗歌的热情及其创作实绩，小说将景兰江塑造成了一位诗人。而景兰江的两次重要出场也与诗歌创作有关。第一次是景兰江与匡超人、支剑峰、浦墨卿三人在酒店中小饮，景兰江提议："今日我等雅集，即拈'楼'字为韵，回去都做了诗，写在一个纸上，送在匡先生下处请教。"[①] 这是全书中第一次明确叙及诗歌唱和的"雅集"，也成为此后西湖诗会的先声。而在明言要"分韵赋诗"的西湖之会中，景兰江与诸名士也确实都有分韵之举：

> 当下拈阄分韵，赵先生拈的是"四支"，卫先生拈的是"八齐"，浦先生拈的是"一东"，胡先生拈的是"二冬"，景先生拈的是"十四寒"，随先生拈的是"五微"，匡先生拈的是"十五删"，支先生拈的是"三江"。[②]

可微妙的是，小说叙及了景兰江等人拈韵和分韵的这两次诗会——这几乎也是全书中仅有的两次诗会，甚至对所分之韵都有极为详细的叙述，但对景兰江等人写诗的过程，却不着一字。在第一次的小饮中，景兰江说完话后，便是"当下同出店来，分路而别"。而在西湖诗会中，细叙毕诸人所分之韵后，紧接着便是："分韵已定，又吃了几杯酒，各散进城。"[③] 诗歌写作没有成为诗会的高潮，反倒成了催促散会的一个冷淡

---

① （清）吴敬梓撰，李汉秋辑校《儒林外史汇校汇评本》，第 225 页。

② （清）吴敬梓撰，李汉秋辑校《儒林外史汇校汇评本》，第 236 页。

③ （清）吴敬梓撰，李汉秋辑校《儒林外史汇校汇评本》，第 225、236 页。

尾声。

这与原型人物闵华参加的一些雅集、诗会或许会有所区别。闵华曾写及与诸位诗友一同举行的诗会："亟请选韵继嘉会，庶几后者将征凭。或摇其头或抱膝，吟苦不觉傍人憎。我亦闭目若僧定，一声冻雀闻裂缯。白战共奋作后劲，偏师各出争先登。若皮若陆昔只二，未比济济多吟朋。"① 诗中细致而传神地描摹了诸人在诗会中写诗的实际状貌以及相互之间奋勇争先的作诗场景，两相比对，《儒林外史》在一连两次的诗歌唱和活动中，却完全没有叙及写诗的过程，这无疑应是出自作者的刻意安排。

通过这一安排，景兰江等人的写诗过程被完全回避，我们无从得知他们写诗时到底是抱膝苦吟还是闭目禅定，我们也无法领略诗句是如何从这些诗人的口中抑或笔下汩汩而出的。对"酒场稠叠时，则操觚之士骋妍抽秘，各效其能"② 的诗会盛景我们几乎一无所知，而事实上，这本应是景兰江等人展现他们诗人气质的最佳时机。因此，在凸显景兰江的诗人身份和回避其写作过程之间出现了一个巨大的反差，表面上所呈现的高涨热情和写诗时不着一字的冷寂也形成了一个鲜明的对比，这不啻是作者既赋予景兰江等诗人的名号，又经由这一方式在消解他们诗人的名分。

微妙的不仅是对写诗过程的回避，更有景兰江等人所作诗歌的缺失。在第一次雅集之后，景兰江将诸人的诗作送到匡超人处。可对他们所作的诗歌，小说中只交代了题目，"暮春旗亭小集，同限'楼'字"，至于诗作的内容，则又是一字也无。相反，对用来写诗的斗方则进行了描述："纸张白亮，图书鲜红。"黄小田敏锐地捕捉到了这句话里的隐义："八字所以赞斗方，而诗不与焉。"③ 在西湖之会后，对诸人所写之诗仍然没有正面去写，只是借匡超人的视角，提及了其中两个八股选家

① （清）闵华：《澄秋阁集》一集卷二《寒夜汪丹麓李培安幼牧冠霞榆亭家改亭见过同用坡公孙莘老求墨妙亭诗韵》，第 126 页。

② （清）闵华：《序》，（清）张世进：《著老书堂集》卷七。

③ （清）吴敬梓撰，李汉秋辑校《儒林外史汇校汇评本》，第 229 页。

卫体善、随岑庵的诗："'且夫'、'尝谓'都写在内，其余也就是文章批语上采下来的几个字眼。拿自己的诗比比，也不见得不如他。"[①] 卫体善、随岑庵都是选家，他们的诗写得满是八股气，也是题中应有之义，但对于景兰江等其他以写诗"见长"的斗方名士的诗，却仍是不置一词。由此在景兰江等人的诗人身份和他们的诗歌写作之间又形成了一个巨大的裂痕：表面看来景兰江等人固然是勤奋而执着的诗人，但小说中却没有任何诗作能够支撑他们的诗人身份，在对他们写诗过程的回避之外，这无疑又成为对景兰江诗人身份的又一重更具力度的消解。

需要注意的是，虽然从整部小说的叙述惯例来看，吴敬梓几乎"把诗词的数量压缩到最低限度"[②]，因此《儒林外史》中极少出现韵文，但在小说的其他部分中仍会有韵文的存在，例如在杨执中的故事中就出现了三处韵文，相对而言，在以诗人和诗会为主体的与景兰江相关的这些故事中，却没有出现他们所写的任何诗作，这种缺失本身或许便足以说明作者对其诗作的态度。这一态度既体现在顾左右而言他的"纸张白亮，图书鲜红"，也体现在初学作诗的匡超人对卫体善、随岑庵诗作的不屑，"也不见得不如他"，说的是卫、随二人，却也正如黄小田所言"一笔骂尽名士"[③]，有将所有斗方名士都囊括在内的意味。

更为巧妙的是，景兰江并非完全没有口吐过韵文："他每日在店里，手里拿着一个刷子刷头巾，口里还哼的是'清明时节雨纷纷'，把那买头巾的和店邻看了都笑。"[④] "清明时节雨纷纷"是景兰江口中冒出的唯一一句诗，但这句不是读者期盼已久的景兰江自己所作的诗，而是来自旁人的成作，并且还不是一般的成作，而是通俗易懂、虽孩童亦可成诵的唐诗。也便是说，从这一叙述来看，尽管景兰江对

① （清）吴敬梓撰，李汉秋辑校《儒林外史汇校汇评本》，第237页。
② 杨栋：《杨执中其诗与其人》，《明清小说研究》1989年第3期。
③ （清）吴敬梓撰，李汉秋辑校《儒林外史汇校汇评本》，第237页。
④ （清）吴敬梓撰，李汉秋辑校《儒林外史汇校汇评本》，第239页。

诗歌写作满怀热情，可在小说中他却没有属于自己的诗作，即便是诗情萌动时，所咏的也只是往往用作蒙学的唐诗。景兰江诗作的缺失与从他口中说出的这唯一一句韵文巧妙地叠加在一起，尽情消解着他的诗人身份。

事实上，被消解的不只是景兰江的诗人身份，还有“诗”在其行为中的意义。在景兰江等人拈韵和分韵的两次诗会中，由于诗歌写作过程以及具体诗作的缺失，原本应以诗歌唱和为主体的这些文人雅集，也变了滋味。在景兰江、匡超人、支剑峰、浦墨卿等人的雅集中，几人津津乐道的是子孙满堂抑或考中进士之间的利弊取舍；而到了西湖之会中，作者花费了大量的笔墨去叙述胡三公子在挑选食物时如何悭吝地与人争吵厮闹。这些对细节的渲染，取代了雅集中缺失的诗的元素，几乎成为聚会的全部内容。因此，在理论上应以“诗”为主体的这些雅集中，我们看不到任何“诗”，也看不到任何与诗意有关的雅行。如果说，在文人聚会中要“即席分韵”，是“雅的这样俗”[①]，那景兰江参与的这些诗会则只能算是俗得如此彻底。经由对“雅”的抽离，这些所谓的雅集成为一个个与诗意隔绝的空壳，而凭借这些“俗”的因素的充分填充，所谓的雅集则成为俗言俗行赖以寄居繁衍的躯壳，其实质则是对“诗”的彻底背反。而这种背反不仅体现在雅集中，也体现在参与雅集的景兰江身上。

在小说的第十七回，景兰江在第一次“诗会”中与诸人讨论究竟是如黄知县一般中了进士却孤身一人好，还是和赵雪斋一样子孙满堂、不中进士好。浦墨卿等人都左右游移，难以定论，景兰江却以“可知道赵爷虽不曾中进士，外边诗选上刻着他的诗几十处，行遍天下，那个不晓得有个赵雪斋先生？只怕比进士享名多着哩！”之语博得满堂喝彩，这句话还可与景兰江所说的“而今人情是势利的！倒是我这雪斋先生诗名大，府、司、院、道，现任的官员，那一个不来拜他！”合

① （清）吴敬梓撰，李汉秋辑校《儒林外史汇校汇评本》，第362页。

观，充分显示了景兰江对高踞诗坛的赵雪斋的“慕之如是”①，但究其实质，其所慕者又并非赵雪斋，而是赵雪斋所享有的“诗名”。就此而言，景兰江对诗歌写作的过度热情以及对诗人身份的趋之若鹜都有了更为合理的解释：对诗名的追寻。这一追寻看似与景兰江对诗歌写作的热衷完全合拍，却由于种种“诗”的缺失，而凸显出其实质并不在“诗”，而在“名”。也就是说，通过对“诗”的消解，在“诗”与“诗名”之间剖分出一道巨大的鸿沟，便如同被“俗”寄居的雅集一样，“诗名”也成了与诗完全背离的物事。这也就意味着，景兰江对诗名的追寻看似与此前出现的周进、范进乃至二位娄公子等人大相径庭，但由于他对诗抱着“诗名也是一种功名”的“反诗性的信念”②，实则殊途同归。即虽然途径有异，可所有这些士人所追寻的都是万变不离其宗的“名”。

经由对景兰江诗人身份的突出、对其写诗热情的凸显，再凭借对与之相关的种种“诗”的元素的逐步消解，从“诗”到“诗名”再到“名”，景兰江看似杂乱的行径就有了一个清晰的逻辑轨迹，而这也构成了景兰江由表及里并且可以循次触及的性格特质。因此，吴敬梓不仅消解了“诗”在景兰江行为中的意义，还为景兰江表面的怪诞行为提供了意蕴充实而深沉的内核：这是一个看似全身心地沉溺于诗，但究其实质，其所作所为又与诗全然无关的“诗人”。

## 三　交游与逐名：尴尬人生境遇中的行为本质

从以上讨论可以看到，吴敬梓汲取了原型人物闵华的诗人身份和“刻意为诗”的特点，将之挪用到景兰江的身上，但在具体的写作中，却又围绕“诗”的回避和缺失，塑造了更为复杂的人物性格并传达出了更为重要的意蕴。而立足于原型人物，吴敬梓充分汲取同时又巧妙改写的还不仅限于此。

① （清）吴敬梓撰，李汉秋辑校《儒林外史汇校汇评本》，第225、230、225页。

② 周月亮：《景兰江》，《儒林外史鉴赏辞典》，上海辞书出版社2011年版，第383页。

除了在诗歌方面的热情，对友朋的热情是闵华身上的另一个特质。如前所举，正如“家因结客甘中落”① 所揭示的，结交友朋是闵华家道中落的重要缘由。如杭世骏所写的《闵莲峰双清阁诗序》：

> 母夫人贤而嫠寡，淬厉莲峰以学，纵之与硕人魁士者游。凡诗人之莅扬者，高门县薄，日无不趣。退而不能不就。莲峰氏投壶习射，分题刻烛，以为笑乐。母夫人庀治酒食以宠之。②

从这段话可以知道，闵华的母亲鼓励并且尽全力支持他与名士交游，凡有诗人到扬州，闵华都会主动去拜访，并在家中热情招待这些诗人。这一方面使得闵华交游广阔，可另一方面他却也在这样的交游中耗散了家资。即便如此，家境渐趋贫寒的闵华也依然不改喜结交的心性，金农写给闵华的《赠闵八》一诗中所说的“贫而好客郑卿贤”③ 便充分说明了这一点，事实上，闵华虽然家境寒窘，只能“不妨呼作黍，所愧食无鱼”，却依然让金农在其家中住了一个多月④。不仅对在世的朋友如此，即便友朋已经故去，闵华依然热心不减。在胡期恒去世后，为之请求全祖望写墓志铭的是闵华⑤，而在谢藷亭身后，为之誊写诗稿，并使之得以流传于世的依然是闵华⑥。

与在诗歌方面的热情一样，闵华待友热忱的特质也被挪用到了景兰江的身上。在小说中，景兰江曾至少两次请匡超人吃饭：第一次是匡超人路遇景兰江、支剑峰、浦墨卿，景兰江提议“良朋相遇，岂可分途，何不到旗亭小饮三杯?”，待到了酒店中，“酒保来问要甚么菜，景兰江

① （清）高文照：《高东井先生诗选》卷二。

② （清）杭世骏：《道古堂全集》文集卷九《闵莲峰双清阁诗序》。

③ （清）金农：《冬心先生集》卷四，清雍正十一年（1733）广陵般若庵刻本。

④ （清）闵华：《澄秋阁集》一集卷一《金寿门至自鲁国留处小斋逾月夜窗风雪镫火依人明日扁舟江上矣因拈断句以代骊歌》，第114页。

⑤ “江都闵君华以诗社之旧乞予为铭”，见（清）全祖望《鲒埼亭集》卷十八《故甘抚复翁胡公墓碑铭》（《四部丛刊》影清刻姚江借树山房本）。

⑥ “吾乡谢君藷亭举康熙癸巳乡试副榜，善病无年，遗诗稿三卷，闵君玉井写授管君平原。”见（清）韦佩金《经遗堂全集》卷二十四《藷亭遗稿序》。

叫了一卖一钱二分银子的杂脍，两碟小吃”。景兰江既是提议者，又是点菜者，此次小饮他也自应是付账者。第二次则是匡超人从京城归来，景兰江和蒋书办受潘三之托来找匡超人说话，匡超人不愿去茶室，景兰江揣知其意，说道：“匡先生在此取结赴任，恐不便到茶室里去坐。小弟而今正要替先生接风，我们而今竟到酒楼上去坐罢，还冠冕些。”此次接风自然亦是景兰江会钞。需要提及的是，在第一次小饮中，景兰江所点的除了一卖杂烩外，唯有两碟炒肉皮、黄豆芽而已。在第二次请客中，所点也只是“店里钱数一卖的菜”①，并由此招致了匡超人的暗讽。一方面是热情待友，另一方面却又囊中羞涩，以闵华身上的“贫而好客”四字来形容景兰江也正当其实。

景兰江对待友朋的热忱不只体现在贫而好客上面。景兰江与匡超人陌路相逢，便热情地与之结纳，并许以“却是有几个同调的人，将来到省，可以同先生相会”②；到了杭州之后，赵雪斋、支剑峰、浦墨卿、金东崖、严贡生、胡三公子等人都是景兰江介绍给匡超人认识的；而在诸人每次询问匡超人的姓名居处时，也无一例外，都是景兰江代答：

赵先生问道：“此位长兄尊姓？”景兰江道：“这位是乐清匡先生，同我一船来的。”

那二人问：“此位先生？”景兰江道：“这是乐清匡超人先生。”

因问：“此位是谁？”景兰江……指着匡超人向二位道：“这是匡超人先生。”

三公子道：“匡先生几时到省？贵处那里？寓在何处？”景兰江代答道：“贵处乐清，到省也不久，是和小弟一船来的。现今寓

① （清）吴敬梓撰，李汉秋辑校《儒林外史汇校汇评本》，第 223、254—255 页。
② （清）吴敬梓撰，李汉秋辑校《儒林外史汇校汇评本》，第 221 页。

在文瀚楼，选历科考卷。”

匡超人忍不住，上前问道：“请教先生，前科墨卷，到处都有刻本的，怎的没有文章？”卫先生道：“此位长兄尊姓？”景兰江道：“这是乐清匡先生。”①

景兰江每次都替匡超人回答，所显现的正是其对待友朋的热情周到。景兰江的这一性情，还通过其与卫体善、随岑庵两人的对比凸显出来。在胡三公子家中，诸人走到书房，“见上面席间先坐着两个人，方巾白须，大模大样，见四位进来，慢慢立起身”，而在严贡生说完两人的名姓后，“景兰江着实打躬，道其仰慕之意”。② 在这一处细节中，卫、随两人的大模大样、慢慢起身和景兰江的“着实打躬，道其仰慕之意”形成了一个鲜明的反差，而只叙及景兰江的言行，却完全没有提及一同走进书房的匡超人、支剑峰、浦墨卿等人此时的举止，在两者之间也构成了一个隐性的对比，而这两者所共同衬显的，亦正是景兰江待人的热情。

景兰江待友热忱的特性在小说中发挥了颇为重要的作用。景兰江只是这部分的次要人物，主要人物则是匡超人。匡超人是全书中着墨最多，同时也获得了最多际遇的士人，马二先生、潘老爹、李本瑛、潘三等人都真诚地帮助、提携过匡超人。而在匡超人再次来到杭州却还没有遇到潘三的这段时间内，待其至诚、对其帮助最大的则是景兰江，前面所举对匡超人的结纳、宴请、介绍等都充分地说明了这一点。此外，在去胡三公子家赴宴时，是景兰江到文瀚楼拉了匡超人同去；而在西湖诗会那天，又是景兰江早早到文瀚楼相约。因此，虽然景兰江的诗人身份在种种叙述中被消解殆尽，他的言行也在这样的消解中显得虚妄而可笑，但在与匡超人的交往中，其体现出的“敦友谊”的性情却从始至

① （清）吴敬梓撰，李汉秋辑校《儒林外史汇校汇评本》，第222—223、230—232页。
② （清）吴敬梓撰，李汉秋辑校《儒林外史汇校汇评本》，第231页。

终未得到任何的变形处理。这使得景兰江成为一个纠合着空洞的诗歌热情与实诚的待友热忱的复杂个体，而他“敦友谊”的一面也成为凸显匡超人性情凉薄、背义忘恩的绝佳背景。

这种凸显突出地反映在潘三一案中。潘三案发是由景兰江告知匡超人的，他还带匡超人去刑房蒋书办家查看访单。而在匡超人从京城回杭州后，景兰江和蒋书办受潘三所托，来找匡超人，希望匡超人能去狱中看望潘三，为此，景兰江又专请匡超人去酒楼吃饭谈论此事——这是景兰江在小说中热忱性情的最后一次显现，却也是匡超人“无耻昧良一至于此”① 的最高潮。在言谈中，匡超人不仅一口回绝去看望潘三之事，还借潘三往日的豪荡当面讥讽景兰江此次请客的寒薄。因此，在这一情节中，匡超人对友情的背离其实是双重的，既彻底背弃了对其恩高义厚的潘三，同时也背弃了对其一直温厚热情的景兰江。

但更为巧妙是，景兰江的热情又不只是凸显匡超人凉薄的简单背景。匡超人出场时是令人动容的孝子，退场时则成为人人唾弃的小人，在如此巨大的性格变化中，每一个真诚帮助过匡超人的人，其实都是幕后的重要推手②，对匡超人一直照顾有加的景兰江也不例外。对此，卧闲草堂本评语中便道：“匡超人之为人，学问既不深，性气又未定。……无如一出门即遇见景、赵诸公，虽欲不趋于势利，宁可得乎！蓬生麻中，不扶自直，苟为素丝，未有不遭染者也。”③ 从这一角度看，景兰江热情地将赵雪斋、支剑峰、浦墨卿、金东崖、严贡生、胡三公子等名士一一介绍给匡超人，同时却也是一步步地在将匡超人拉入如泥淖一般的“势利”之中。同时，这部分的叙述始终是以匡超人的眼光在打量众人，因此，在一步步的交往中，所有这些名士的缺点也无不一一暴露在匡超人的眼中：赵雪斋等斗方名士的虚诞，严贡生的贪婪，卫体善、随岑庵的傲慢，以及胡三公子的吝啬等皆是如此，就连景兰江的虚妄也莫不尽入绝顶聪明的匡超人的眼底。这也使得尽管景兰江真诚地将

① （清）吴敬梓撰，李汉秋辑校《儒林外史汇校汇评本》，第 255 页。
② 参见叶楚炎《匡超人本事考论》，《明清小说研究》2016 年第 3 期。
③ （清）吴敬梓撰，李汉秋辑校《儒林外史汇校汇评本》，第 226 页。

匡超人作为好友，可对这位可笑的友朋，匡超人却不会以同样的真诚待之。就此而言，景兰江的热情不仅是匡超人凉薄性情的背景，也是其背离友道的重要原因。

需要指出的是，尽管景兰江待友之热情从始至终未曾改变，但其中也出现了一个微小的变化。在西湖之会后，匡超人与景兰江、支剑峰、浦墨卿同路而回，却路遇盐捕分府，支剑峰由于醉酒且冒戴方巾而被锁，浦墨卿上前劝说也被抓住，此时“景兰江见不是事，悄悄在黑影里把匡超人拉了一把，往小巷内，两人溜了”①。就与匡超人的交情而论，景兰江不是一人偷偷溜走，而是拉了匡超人一起溜走，无疑又体现了景兰江对匡超人一如既往的照顾。但对于同是景兰江好友的支剑峰、浦墨卿两人来说，景兰江的悄悄溜走却也成为其敦友道性情中的一点瑕疵。可正是这点瑕疵，或许能让我们看到一个意蕴更为深厚的景兰江。

对于景兰江拉了匡超人一起溜走，黄小田评曰“老名士见识到底与人不同”②，言下之意是景兰江老于世故，不会像浦墨卿一般轻举妄动，以至连累自身。景兰江的这种世故无疑与其热忱有所抵牾，可其实两者之间并不矛盾。实际上，景兰江待友之热情，或许也并非出自其天性之淳厚，而是来自老名士之见识。这也与前面所论景兰江的商人身份有密切的关系，正是因为景兰江是商人而非士人，他必须有在士林中立足的资本，他对诗歌写作的格外热情，便是其中的重要一端。但正如前面所论，由于写诗过程的回避、诗作的缺失，景兰江的诗人身份也变得空洞而虚妄，在此境地下，“待人热忱”也便成为景兰江跻身于士林的至为重要的法宝。

从这一角度说，景兰江一开始对匡超人的热情结纳未尝不是由于“匡超人戴着方巾”，而他对赵雪斋的礼敬和倾慕也完全是因为赵雪斋所享有的名气。这也可以用来更为透彻地解读景兰江在卫体善和随岑庵面前的表现，在诸人中，唯有景兰江“着实打躬，道其仰慕之意”，这

① （清）吴敬梓撰，李汉秋辑校《儒林外史汇校汇评本》，第236页。
② （清）吴敬梓撰，李汉秋辑校《儒林外史汇校汇评本》，第236页。

与景兰江此前所说的“我杭城多少名士都是不讲八股的”“那是做时文的朋友，虽也认得，不算相与。不瞒先生说，我们杭城名坛中，倒也没有他们这一派”完全相悖，但还原到景兰江对“名”的向往和追求的脉络中，这两番看似相左的言行却又尽相契合。这也与匡超人在“提了优行，贡入太学肄业”后，景兰江闻之“着实羡了一回”[①]的表现完全一致。由此可以看到，景兰江不屑八股，是因其不能凭科举以晋身，热衷诗歌，则是由于可以借此而成名。在“名”的面前，对于景兰江而言，八股与诗歌两者之间其实并没有本质的差别。而景兰江待友的热情周到也是八股和诗歌之外另一种求名之道，并且既是景兰江成为名士的缘由，又是他保持名士身份的秘诀。

因此，作为复杂性格个体的景兰江身上所纠合的双重特性——空洞的诗歌热情与实诚的待友热忱在这样的观照下也便获得了相统一的契机，而景兰江所开的“头巾店”以及他一边刷头巾，一边口诵“清明时节雨纷纷”的可笑行径，也便由此具有了更为深切的隐喻意义。

同样具有隐喻意义的还有与景兰江相关的诗歌唱和。景兰江曾说道，“这些发过的老先生，但到杭城，就要同我们唱和”[②]，虽然在具体的小说语境中，大有吹嘘之嫌，但证诸原型人物闵华，却也并非虚言：唐建中、郑江、蒋德、郑燮、全祖望、杭世骏、符曾、诸锦、卢见曾、沈德潜、王又曾、袁枚、商鼎、金兆燕等都是取得科名的所谓“发过”的士人，且都不是扬州籍，却都与闵华有过诗歌唱和。

实际上，热衷于唱和也是闵华身上除了对诗歌之热情以及待友之热情之外另一个重要的性格特质，或者说得更确切些，热衷于唱和是将对诗歌和友朋之热情合二为一的更为重要的性格特质。闵华是扬州的韩江诗社的重要成员，记载诗社唱和诗作的《韩江雅集》[③]中共留存了大大小小96次诗歌唱和活动的诗作，而其中的82次唱和都有闵华的参与，

① （清）吴敬梓撰，李汉秋辑校《儒林外史汇校汇评本》，第231、221、247页。

② （清）吴敬梓撰，李汉秋辑校《儒林外史汇校汇评本》，第221页。

③ （清）全祖望等撰《韩江雅集》，国家图书馆藏清乾隆刻本。

闵华参加的次数在所有诗社成员中是最多的。在另一部刊载这些士人唱和之作的《广陵倡和录》① 中，共涉及26次唱和活动②，闵华则参加了其中的24次，其参与的次数也是最多的。而在闵华的诗集以及友朋诗集有关闵华的诗作中，有关分韵、步韵、用原韵、限韵、拈韵、联句等与唱和活动有关的诗作亦极多，从中足以看出闵华对诗歌唱和的爱好和热衷。

而这一重要的人物特性同样也被写进了小说。在景兰江与匡超人、支剑峰、浦墨卿在酒楼小聚时，提议"今日我等雅集，即拈'楼'字为韵"③ 的便是景兰江。同样可以说明这一点的还有西湖诗会。从书中的叙述看，西湖诗会的起源不得而知，最初的信息则来自匡超人收到的一纸传单：

> 谨择本月十五日，西湖宴集，分韵赋诗。每位各出杖头资二星。今将在会诸位先生台衔开列于后：卫体善先生、随岑庵先生、赵雪斋先生、严致中先生、浦墨卿先生、支剑峰先生、匡超人先生、胡密之先生、景兰江先生，共九位。④

景兰江与胡三公子的名字列于最后，则如周月亮先生所说，他很可能便是此次诗会的"召集人"⑤。可以与之对读的是，后面莫愁湖之会也有一份与会者名单，放在最后的则是"两位主人"即杜慎卿和季苇萧。⑥这还可以与景兰江在西湖之会中的表现相勾连。在西湖之会中，由于看守花港花园之人不愿意将地方借与胡三公子，景兰江"拉那人到背地里问"；各人所交的份子都在胡三公子身上，胡三公子要去买所需食物，在诸人中，胡三公子独独"拉了景兰江出去买东西"；在买鸭子

---

① （清）王藻编《广陵倡和录》，南京图书馆藏清刻本。
② 有两次分别只有闵华和陆钟辉的诗作，而无别人唱和之作，姑且不算入。
③ （清）吴敬梓撰，李汉秋辑校《儒林外史汇校汇评本》，第225页。
④ （清）吴敬梓撰，李汉秋辑校《儒林外史汇校汇评本》，第233—234页。
⑤ 周月亮：《景兰江》，《儒林外史鉴赏辞典》，第383页。
⑥ （清）吴敬梓撰，李汉秋辑校《儒林外史汇校汇评本》，第376页。

时，是“叫景兰江讲价钱买了”；胡三公子在馒头店吵闹之际，又是“景兰江在傍劝闹”；最后买了索面，“就是景兰江拿着”。[1] 景兰江在西湖之会中如此多劳，也自然是因为他是召集人和发起者。

李汉秋先生认为，《儒林外史》中一个值得注意的现象是，小说中的人物“往往成双成对地出现”[2]，对于西湖名士而言也是如此，例如支剑峰与浦墨卿、卫体善和随岑庵，在小说中的现身都是联袂而行，从没有落单的时候。和他们相比，景兰江则多少显得有些形单影只，这或许反映了景兰江在士林中现实的尴尬境遇：这是一个实为商人的所谓“士人”，在西湖诸名士中几乎别无同类。西湖名士中，其他人都戴方巾，只有景兰江戴的是瓦楞帽。虽然身为盐务巡商的支剑峰也是冒戴了一顶方巾，但景兰江纯正的商人身份或许使他连冒戴方巾的勇气也没有。从这个角度看，组织并热情地参与这些唱和活动，是景兰江获得士林认同并在士林之中获取存在感的重要方式。虽然景兰江不能头戴方巾，但在举目望去皆是方巾的唱和活动中，景兰江却在无限地拉近自己与方巾之间的距离，这种实实在在的归属感，恐怕即使是在他自己所开的头巾店中，也不能感受到。

换言之，景兰江是一个性格鲜明的独特个体，但这种鲜明与独特在很大程度上是借助他对士人群体的热情追逐和主动融入实现的。头戴瓦楞帽却开方巾店的景兰江是西湖士人中的特殊一员，也正因此，他需要以更多的热情和执着去追寻士人的地位，并不断确证自己在士林之中。而只有在积极组织和参与诗歌唱和的活动中，景兰江才能确信自己是士林的一分子，从而得以沾染与士人相关的“名”，成为他所宣称的“我们杭城名坛中”[3] 的一员，而其余所有的一切——对诗歌的热情、对友朋的热忱乃至对唱和的好尚，都只不过是“名”之下无关大雅的注脚而已。

由此再来看待景兰江在小说下半部的出场，应当也是出自作者的特

① （清）吴敬梓撰，李汉秋辑校《儒林外史汇校汇评本》，第 235 页。

② 李汉秋：《儒林外史研究纵览》，天津教育出版社 1992 年版，第 369 页。

③ （清）吴敬梓撰，李汉秋辑校《儒林外史汇校汇评本》，第 221 页。

笔。在一众西湖名士中，只有景兰江参加了泰伯祠大祭，换言之，所有头戴方巾的西湖名士都未曾参与这场盛典，而唯有身份尴尬的景兰江得以厕身其间。作者既让一直汲汲以求的景兰江能够得偿所愿，或许也是以这样的方式再次凸显了景兰江热情始终不衰的求名之旅。

## 结　语

综上所述，吴敬梓、吴烺父子的共同友朋，且与吴敬梓的交游圈以及《儒林外史》原型人物圈都保持着密切联系的江都诗人闵华就是小说中景兰江的原型。从姓名来看，吴敬梓将闵华的字“玉井”中的“井”转化为与之同音的“景”，并使之成为景兰江的姓氏；同时又以与闵华的另一字“莲峰”相对的“兰江”作为小说人物的名。从个人信息的角度看，闵华原有的成名二十余年的老名士、与八股举业的隔绝、因结交诗友作诗而导致的家道中落，以及非正统士人的布衣身份等都被直接挪移到小说中景兰江的身上。

对于小说写作而言，景兰江这一人物之所以如此经典，还不在于这些个人信息的直接挪移，而在于对原型人物性格的巧妙运用，以及诗歌与小说叙事的融合。吴敬梓将闵华对诗歌的热情以及现实的诗人身份都引入景兰江的身上，却又通过对写诗过程以及具体诗作的遮掩，消解了景兰江与诗歌之间的关联，并借由从“诗”到“诗名”再到“名”的解析和剖分，赋予了景兰江由表及里、可以循次触及的复杂性格层次。同样被巧妙运用的还有闵华对友朋的热忱以及对唱和活动的热衷：前者在小说中没有被遮蔽或消解，却成为衬托这部分的主要人物匡超人的性格背景以及促成其凉薄性情的重要推手，同时也与景兰江空洞的诗歌热情奇妙地纠合在一起，共同指向景兰江对“名”的追寻；而后者则通过对景兰江特殊身份以及外在行为的对比，呈现了商人景兰江在士林中的尴尬境地及热衷行为的本质。

以上这些分析都可以用来说明原型人物闵华与小说人物景兰江之间的联系，以及吴敬梓如何在原型的基础上实现了这一鲜明而独特的人物塑造。除此之外，在叙事功能方面，经由原型人物的投射，也会产生不一样的观照。如前所论，闵华交游广阔的特征也体现在景兰江的身上，而这亦在小说结构方面发挥了重要的作用。在景兰江现身的“匡超人传”中实则还包括一部西湖名士的合传，并牵涉到赵雪斋、支剑峰、浦墨卿、胡三公子、卫体善、随岑庵、严贡生、金东崖等人，可以看到，这些士人除了卫体善、随岑庵之外，都是由景兰江引出并引荐给匡超人的。除此之外，景兰江还声称“鲁老先生就是小弟的诗友。小弟当时联句的诗会，杨执中先生、权勿用先生、嘉兴蘧太守公孙骁夫、还有娄中堂两位公子三先生、四先生，都是弟们文字至交”①，这段话从景兰江口中说出，当然不足为信，但从中至少可以看到景兰江广阔交游的野心。更为重要的是，这一虚笔又巧妙地勾连起前文，将前面出现的莺脰湖名士等再次梳理一遍，这也同样是通过景兰江的“广阔交游”实现的。

因此，原型人物闵华的广阔交际在小说中通过虚实两种笔法的处理，转化成为景兰江对西湖名士的串联以及对莺脰湖名士的勾连。涉及多人的西湖名士的合传之所以能逐一叙来，丝毫不乱，并和匡超人传水乳交融，与景兰江在其间所发挥的穿针引线的功能是密不可分的，而从全书的范围来看，西湖名士得以与莺脰湖名士遥相呼应、相映成趣，景兰江的大话虚言在其中也功不可没。即使在西湖名士的合传已然结束，其在上半部小说中已经退场的时候，景兰江仍然发挥了结构上的连缀作用。景兰江在向匡超人吹嘘与莺脰湖名士的交情时，也曾老实说起“有位牛布衣先生，只是神交，不曾会面”②。“文字至交”几乎遍布上半部士人的景兰江是一个异数，但这也成为此后的故事得以顺畅流转的一处颇为关键的伏笔。匡超人在离开杭州北上之际，与两人同船而行，其中一个便是牛布衣，而匡超人立刻想起“听见景兰江说过的”③，由这一笔作为支点，以牛布衣作为津梁，小说才开始由匡超人传过渡到此

① （清）吴敬梓撰，李汉秋辑校《儒林外史汇校汇评本》，第 221 页。
② （清）吴敬梓撰，李汉秋辑校《儒林外史汇校汇评本》，第 221 页。
③ （清）吴敬梓撰，李汉秋辑校《儒林外史汇校汇评本》，第 256 页。

后的牛浦郎传。

更进一步说，交游广阔的闵华对于《儒林外史》研究的意义还不止于此。小说人物景兰江串联起了颇多的士人，而小说中的人物关系也往往会有现实的人物关系作为依托，例如杜少卿与虞育德、庄绍光、武书等人的交往便是如此。这也就意味着，以此为脉络，通过对原型人物闵华交游的梳理，或许会为更多原型人物的发现提供线索。

# 郑君里："南国"学艺的前前后后*

◇李君威**

**内容摘要**：1928 年，17 岁的郑君里考入南国艺术学院戏剧科，由于年岁尚小，他并没有像当时南国社文人那般由"文学"而"革命"再"文学"的经历，却也受到了田汉和整个南国艺术学院、南国社艺术氛围的深刻影响。他自然而然地接受了浪漫、唯美的纯艺术观念，而这也影响了他的诗歌和小说创作。可以看出，其诗歌和小说作品在诗境的生发、人物情绪的拿捏、故事的叙述、结构的建构等方面已经具备"蒙太奇意识"。此后，他和南国社文人一样，从唯美转向革命，继而从"化妆室"进入"摄影场"。

**关键词**：郑君里　南国艺术学院　南国社　摩登社

郑君里是中国第二代导演。20 世纪 20 年代前期，他主要接受了一些学龄化的常规教育，这使他逐渐对新文艺产生了兴趣。20 世纪 20 年代末，在结束了学龄化的常规教育以后，郑君里考入了南国艺术学院戏剧科，主要师从田汉、欧阳予倩等诸位影剧界前辈。在这一时期，郑君里受到了南国社、南国艺术学院"艺术至上"氛围的影响，正式开启了他的新文艺之路，同时这一阶段的学艺生涯也为他日后从"化妆室"（戏剧演员）进入"摄影场"（电影演员、导演）做了充足的准备。20 世纪 30 年代初，郑君里进入联华影业公司，成为一颗耀眼的电影明星，

* ［基金项目］国家建设高水平大学公派研究生项目"宋代礼制与韩国礼制及文学的交融影响研究"，项目编号：201806190071；国家社科基金重点项目"宋代文学史料学研究"，项目编号：17AZW002。

** 李君威，上海大学文学院中国语言文学系博士研究生，主要研究方向为创意写作、电影史、戏剧史。

被当时的影迷亲切地称为“勇敢的老虎”[①]。尔后，他开启了他的导演之路，先后导演了一大批经典影片，如纪录片《民族万岁》（1943）及故事片《一江春水向东流》（1947）、《乌鸦与麻雀》（1950）、《我们夫妇之间》（1951）、《宋景诗》（1955）、《林则徐》（1958）、《聂耳》（1959）、《枯木逢春》（1960）等。在学术上，其在译介斯坦尼斯拉夫斯基表演体系并使之中国化方面做出的重要贡献，为他日后赢得了“中国的斯坦尼斯拉夫斯基”[②]的盛誉。以上种种，无疑与郑君里的早年学习、学艺的经历分不开。

## 一　少年行

郑君里本名“郑仲陶，后曾改名郑重”[③]，祖籍广东中山，1911年12月6日生于上海天潼路的一户水果摊贩人家。鸦片战争以后，中英五口通商，上海开埠，“粤人利用早先在上海经商的经验，以及在广州与洋人一口通商熟悉洋商的特殊条件”[④]，大量举家迁沪。清人王韬所言的“沪地百货阛集，中外贸易，惟凭通事一言，半皆粤人为之，顷刻间千金赤手可致”[⑤]，就是当时旅沪粤人的真实写照。而其中当然不乏混迹于洋行的买办商人、商贾巨富，亦有为数甚众、身无长物的平头百姓在这“十里洋场”“冒险家的乐园”艰难谋生。郑君里的父母就是早年来上海谋生的穷苦百姓的代表，他们以摆水果摊为生，属于城市贫民。“当时很多广东人在上海虹口天通庵路一带摆水果摊”[⑥]，靠经营一点儿水果生意营生。碰上不好的光景，动辄食不果腹的日子也是常有的。在1952年5月16日的《大公报》上，郑君里发表过一篇题为

---

① 萧丽卿：《导演群像：郑君里小史》，《青青电影》1949年第11期。

② 高宇：《郑君里的艺术生活》，《人物杂志三年选集》，人物杂志社1949年版，第257页。

③ 萧丽卿：《导演群像：郑君里小史》，《青青电影》1949年第11期。

④ 刘正刚、乔素玲：《20世纪初旅沪粤人办学探析》，《广东史志》2000年第1期。

⑤ （清）王韬撰，沈恒春、杨其民标点《瀛壖杂志》，上海古籍出版社1989年版，第8页。

⑥ 《我的父亲郑君里》，《三联生活周刊》2008年第9期。

《我必须痛彻地改造自己》的自我批判的文章，他说：

> 我是城市小商人家庭出身，我父母起先开一间小水果店，不久就为大的水果行庄压垮了，我家庭只好借债度日。从小我就看到父母受高利贷压得喘不过气来，受亲戚债主们的辱骂。我看不过眼，曾屡次跟逼债的叔祖父和叔叔们冲突，他们怒斥我的"犯上"，要我叩头认罪，我忍着眼泪做了。从此我就仇恨有钱人，心底里深深地埋藏着个人报复的观念。这里就种下了我的主导思想的胚胎——个人反抗，要争气，要出人投（头）地的个人英雄思想。①

2008年郑君里的儿子郑大里先生在接受《三联生活周刊》的采访时，也有过与上述"叩头事件"相似的举例。他说："有时到了年关，债主上门逼债，祖父要父亲替全家跪在堂屋里求债主宽限。"② 可见，遭亲人侮辱、被债主追债、"跪地求情"等屈辱经历不是只发生过一次两次，好在郑君里的求学之路并未中断。

1917—1919年，郑君里在唐梦兰私塾就读，1920年转入广肇义学（即广肇公学），该校为旅沪粤人"专为教育同乡子弟而设"③。"教学设施主要有图书馆、实验室、书艺室、美术室、史地室、博物室、童子军室、操场、雨操场等。"④ 学校除了教授基本的文化课程以外，还开设了"国技科"，由"精武体育会派员担任教授"⑤。到了1926年，郑家艰难维持的水果生意被大的水果行庄压垮，父亲不得已去东北谋事，可是没多久便在东北失业返沪，继续操持艰难的水果生意，母亲则靠给

---

① 郑君里：《我必须痛彻地改造自己》，《郑君里全集》（第三卷），上海文化出版社2016年版，第294页。

② 《我的父亲郑君里》，《三联生活周刊》2008年第9期。

③ 刘正刚、乔素玲：《20世纪初旅沪粤人办学探析》，《广东史志》2000年第1期。

④ 刘正刚、乔素玲：《20世纪初旅沪粤人办学探析》，《广东史志》2000年第1期。

⑤ 刘正刚、乔素玲：《20世纪初旅沪粤人办学探析》，《广东史志》2000年第1期。门岿、张燕瑾主编《中华国粹大辞典》（国际文化出版公司1997年版）亦记载："精武体育会为民间武术社团，原名精武体操学校，1909年6月创办于上海，由北方著名拳师霍元甲主持教习。"

大户人家做用人挣一点儿零花钱。郑君里从广肇公学毕业后，转入岭南中学，在冯玉仑、陈卓常两位老师的影响下，他开始对新文艺产生浓厚兴趣，继而接触到电影、小说、诗歌、戏剧等新文艺形式，对新文艺的痴迷使他把主要的精力全部用在新文艺的学习上来。比如研习余上沅的《戏剧论集》、郁达夫的小说等，他尤爱《少年维特之烦恼》《茵梦湖》①《泰戈尔集》《胡适文存》。其间也跟着茹枚、徐瑞两位老师热闹地搞过一阵电影，多是些粗浅的见识，但是却给了他不小的震撼。

读完小学和中学，家里实在无法拿出供他上学的费用，郑君里便辍学了。父母亲一直希望他中学毕业以后考个当时还算吃香的“铁路”，谋得一个“铁饭碗”，也好为一贫如洗的家庭减轻些负担。可是他偏不，他在新文艺里见识到一些世面后，已经有自己的主意，他是无论如何也不愿意在铁轨上讨这一世的生活的。辍学之后，他待在家里，“开始不要命地自学，晚上睡在一块板上，白天被子往里头一卷，就成了书桌，在那块板上写东西、做功课、看书……后来他在暨南大学争取到一个旁听的位子，同时开始自己翻译外国的表演理论”②。他通晓几门外语的底子就是从那时起一点儿一点儿积累下来的，这为他日后译介《演技六讲》《演员自我修养》等著作打下了坚实的基础。

1927年12月16日，辛酉剧社在上海的基督教青年会公演话剧《桃花源》，这部戏是由日本剧作家武者小路实笃编剧、朱穰丞导演、袁牧之主演的。演出轰动一时，前来观看的既有像郁达夫、田汉、欧阳予倩、洪深这样的文坛名宿，也有不少热情高涨、像郑君里一般的苦闷学生。正是在这次话剧公演的现场，郑君里见到了袁牧之、田汉、欧阳予倩等诸位影剧界的前辈，萌生了投身戏剧的想法。没隔多久，田汉艰难维持、处在风雨飘摇之中的上海艺术大学（以下简称“上海艺大”）便发生了著名的“抢夺校产事件”：1928年1月15日，上海艺大原校

---

① 小说《茵湖梦》是德国作家特奥多尔·施笃姆的代表作，与歌德的《少年维特之烦恼》类似，都是伤感爱情小说。1921年在中国出版了郭沫若译本，后陆续有梁玉春、巴金等人的译本。

② 黄晨口述，郑大里整理《我和君里》，上海文化出版社2013年版，第33页。

长周勤豪带领两个法国巡捕及一干爪牙前来闹事，抢夺上海艺大校产，尽数掳走教具、桌椅、床铺等。此前周勤豪因学校债务纠纷跑路，时任上海艺大文科主任的田汉由学生推举为新一任校长，这次"抢夺校产事件"实为周勤豪失权之后的流氓破坏行径。"抢夺校产事件"发生后，田汉随即召开了全体学生大会，向全体同学宣布："从即日起，辞去'上海艺大'校长职务。同时宣布成立南国艺术学院……同学们愿意回'艺大'的听便；不愿回'艺大'的，欢迎到南国艺术学院来！"①

不久，南国艺术学院组建完毕，由徐悲鸿、欧阳予倩、田汉分任西画、戏剧、文学三科主任，面向社会招生，在报上登出广告："招收各科特别班，一年毕业，招考资格不论，以有天才者为合格……在《申报》上刊登广告三天，由田汉先生亲自起稿……末云：'凡愿参加吾等在野的艺术运动者，集到兰旗下来！'"②

郑君里在报上看到消息，激动不已，想要把从事艺术事业的投名状纳到田汉的"兰旗"下，可父亲坚决不同意自己的儿子做"戏子"，随之父子俩爆发了激烈的争吵。"（父亲）老泪纵横地跪在君里面前，劝他回头。君里也一膝盖跪下来，就是不肯答应，老父长叹一声，谁让我生了一个'牛崽'（君里的小名）呢？"③

郑君里拗过父亲以后，兴奋地前去报名。南国艺术学院新招收的学生都是由"老生"陈白尘接待的，陈白尘此前是上海艺大的学生，上海艺大解散后，陈白尘追随田汉来到新组建的南国艺术学院继续学习。陈白尘接待报名时，一副老师的做派，郑君里对他毕恭毕敬的，他却忍笑不语。郑君里当时因为普通话不好又要坚持报考戏剧科，遭到了陈白尘的"嫌弃"，陈白尘在自传《少年行》中对这段往事有过记述：

第一个来学院报名的是郑重，即郑君里。那时他是个十七八岁

① 陈白尘：《少年行》，生活·读书·新知三联书店 1988 年版，第 174 页。
② 陈白尘：《少年行》，第 176 页。
③ 黄晨口述，郑大里整理《我和君里》，第 33 页。

的青年，讲的是广东味的普通话，却要投考戏剧科，我心中颇不以为然。但我不能拒绝，便让他报了名。他当然不知道我是谁，便向我毕恭毕敬、再三再四地鞠躬敬礼，弄得我深为不安……等到开学以后，郑君里自然明白我只是他的同学，而新报名的学生还不到五十人。但他当时并未提起此事。约莫十年以后，郑君里不仅当过电影明星，而且是电影导演了，并且和我同住在重庆张家花园 13 号时，才旧事重提，相与抚掌大笑，他恨不能收回对我的一再鞠躬。这个例子，也证明了田汉先生在野的私学之优越。即使在现在，郑君里去投考戏剧学院的表演系，他那口广东味的普通话，恐怕也是难于录取的！①

1928 年 2 月，郑君里参加了南国艺术学院戏剧科考试，考场就设在欧阳予倩的家中，并由欧阳予倩任主考，考后，郑君里被戏剧科录取。报考南国艺术学院，投身演剧事业也成为郑君里人生的第一个转折，他的艺术人生也由此真正地拉开了序幕。

## 二　“南国”学艺

在新组建的南国艺术学院的“新生”中，既有原上海艺大一批追随田汉而来的学生，如陈白尘、吴作人、刘菊庵（汝醴）、金德麟（金焰）、廖沫沙、唐淑明、陈凝秋、阎折吾等二十余人，同时又招收了一批像郑君里、陈秋澄、裘怡园等新学员，总数不过六十人。1928 年“3 月 24 日，南国艺术学院举行开学典礼，宣告成立”②，校舍位于西爱咸斯路（今永嘉路）371 号。

陈白尘在《少年行》的书稿里是这样描述当时南国艺术学院学生整体精神风貌的：“1928 年 3 月起，荒凉的西爱咸斯路上突然多了一群

① 陈白尘：《少年行》，第 178—179 页。

② 陈白尘：《少年行》，第 176 页。

生气勃勃的青年男女。他们或者长发披肩，高视阔步；或者低首行吟，旁若无人；或者背诵台词，自我欣赏；或者男女并肩，高谈阔论；他们大都袋中无钱，却怡然自得，作艺术家状。这就是我们南国艺术学院的学生，他们把上海的西爱咸斯路当作巴黎的拉丁区。"[①] 文中所说的拉丁区就位于法国著名的塞纳河左岸，相比右岸的繁华，左岸就显得萧条许多。大批的法国艺术家，特别是那些波希米亚的穷艺术家就聚居于此。1928 年，南国艺术学院的学生在老师田汉的带领下，前往戏院集体观摩了一部叫《情天血泪》的美片，演的正是塞纳河左岸波希米亚穷艺术家的故事。片中，一个纱厂女工爱上了一个住在巴黎拉丁区的波希米亚穷艺术家，这位穷困潦倒的艺术家的戏剧最终得以在戏院上演，而他心爱的女人却在他大获成功之时黯然死去，颇有些才子多情、佳人薄命的意味。前来观影的都是十足穷困的青年艺术家，无疑，片中穷困而不失浪漫的波希米亚艺术家的形象切合了他们自身的处境，使他们在潜移默化中完成了一次对波希米亚艺术家的同构。所以，这部戏对于这群"醉心艺术的'无产青年'来说，自然极有吸引力"[②]。因此他们"都以这些波希米亚艺术家自诩"[③]，而视西爱咸斯路为他们的"拉丁区"了。这反映出的绝不单单是这群青年艺术家追求自由、喜欢孤独和漂泊的天性，而更多地透露出一代苦闷青年在大革命失败之后的失落、自嘲与自我放逐的底色。

> 1927 年大革命的巨浪将我裹卷进去，革命退潮了，又将我摔在荒凉的海滩上，有如被弃婴儿，举目无亲……我彷徨歧途，不知往何处去。和当时大多数青年一样，在悲观失望、甚至在绝望的心情下，总要找个栖息灵魂之所。我，便钻进象牙之塔里，将养这受伤的灵魂。[④]

---

① 陈白尘：《少年行》，第 182—183 页。
② 陈白尘：《少年行》，第 183 页。
③ 陈白尘：《少年行》，第 183 页。
④ 陈白尘：《少年行》，第 136 页。

陈白尘的这段回忆，正是当时南国艺术学院青年学生精神面貌的真实写照。时局如此，田汉领导的一干南国社的文人又何尝不是被1927年大革命裹进去又摔出来的人呢？他们大多先从事文艺活动，革命起潮时转向革命，暂时搁置下自己的文艺事业，以为对四分五裂之中国有所改变，对国家亦有所贡献，可这群进步知识分子哪曾想到，这场轰轰烈烈的大革命最后竟以大肆屠杀共产党员及左翼知识分子收场，一前一后搞出两个国民政府，一个是武汉的“国民政府”，一个是南京的“国民政府”，各自为政，国家处于分崩离析的边缘。革命的落潮与彻底的失败使得这些知识分子心灰意懒，如同国家的“弃儿”，他们能怎么办，只能复又捡起搁置下的文艺事业，将这份心底的彷徨与失落以一种无意识的、自嘲的、自我放逐的方式展现出来。

1931年7月20日，鲁迅先生于上海社会科学研究会发表了一篇题为《上海文艺之一瞥》的讲演，在这篇讲演中，鲁迅先生讽刺了上述知识分子在革命高潮和低谷时彷徨无定的心态，他说：

> 在中国，去年的革命文学者与前年有点不同了。在前年他们是列宁，而去年来他们只要艺术。他们的两只脚原来站在两只船上，一只船是革命，一只船是艺术，当革命起来了的时候，他们就站牢在革命的船上，一当革命被压迫了，他们又跑向艺术的船上来。这同样可以解释为什么最彻底的革命文学家叶灵凤先生会现在莫名其妙的成了民族主义文学家了。至于我好把叶灵凤举出来，那是因为他与我有点私仇，在以前，叶灵凤会彻底的革命得以致于每次去茅厕时都用了我的《呐喊》去揩污。①

平心而论，鲁迅先生的这番话明显是从一个欲加报复的攻击目标，扩大到了整个知识分子群体。当时新感觉派文人叶灵凤在其小说《穷愁的

① 鲁迅：《上海文艺之一瞥（续）》，《文艺新闻》第21期，1931年。

自传》里写道："照着老例，起身后我便将十二枚铜元从旧货担上买来的一册《呐喊》撕下三页到露台上去大便。"① 对方叫板，鲁迅这才跟人打起了笔墨官司。然而他所指出的知识分子的"病根"固然不错，具有当时知识分子的典型性，但是这并不能作为"攻讦"因革命失败而失落的知识分子的工具。一场革命的失败必然导致知识分子群体的集体失落、孤独，继而彷徨无依，这是人之常情。大革命失败，鲁迅也有过因"呐喊"而"彷徨"的时刻，他的《彷徨》不仅是他自己的"彷徨"，也是当时知识分子的"彷徨"。

所以，那种国家"弃儿"般失落的、自我放逐的情绪，不仅使他们在身体行动上表现出波希米亚艺术家式的气质，更重要的是在身份认同上也把他们自己归于时代与国家的"弃儿"，而在艺术实践方面则是以一种颓废的、漂泊的甚至放逐的姿态呈现出来。身份上的"弃儿意识"，使得南国时期的艺术家们在精神上无法寻求皈依，唯有把全部的精力投身于理想化的艺术实践中，构建一个"艺术的乌托邦世界"②。

田汉作为南国社③、南国艺术学院的领导者和精神领袖，他在这一时期的艺术实践活动深刻地影响了南国社文人以及南国艺术学院的一批青年学生。在他的"早期剧作中，浪子的漂泊之旅就构成了主题的重要分子。在他整个二十年代创作的二十多部话剧和电影中，有一半左右是取材于作者所熟悉的青年知识分子及艺术家的漫游生活"④。之所以如此大范围地书写"青年知识分子及艺术家的漫游生活"，与大革命的失败所造成的知识分子的精神断裂是分不开的。

比如田汉在《南归》中以剧中角色"流浪者"的口吻写道：

---

① 叶灵凤：《穷愁的自传》，《现代小说》第2期，1929年。

② 参见葛飞《戏剧、革命与都市旋涡——1930年代左翼剧运、剧人在上海》，北京大学出版社2008年版。书中，葛飞用"乌托邦"一词形容南国社的精神气质。

③ 1928年秋，田汉组建南国社。郑君里一开始在南国社做后勤打杂工作，后陆续参演南国社剧目。

④ 张军：《田汉的漂泊意识与南国社的波希米亚精神》，《戏剧艺术》2004年第1期。

> 我见了你，记起我旧日的游踪；
> 我见了你，触起我的心头的痛创。
> 我孤鸿似的鼓着残翼飞翔，
> 想觅一个地方把我的伤痕将养。
> 但人间，那有那种地方，那有那种地方？
> 我又要向遥遥无际的旅途流浪。
> 破鞋啊，我把你丢了又把你拾起，
> 珠宝似的向身上珍藏。
> 你可以伴着我的手杖和行囊，
> 慰我凄凉的旅况。
> 破鞋啊，何时我们同倒在路旁。
> 同被人家深深地埋葬？
> 鞋啊，我寂寞，我心伤。①

“想觅一个地方把我的伤痕将养。但人间，那有那种地方”，而“我又要向遥遥无际的旅途流浪”。如同一首吟游诗人的流浪之歌，将大革命失败后那种彷徨无着、有家“难归”（“南归”与“难归”同音）的忧伤而寂寞的心绪表露在剧作中。

在《古潭的声音》中，田汉更是把那种时刻彷徨、无处皈依的“弃儿”意识贯穿在剧本中。

> 老太太呀，您知道我是一个漂泊惯了的女孩子，南边，北边；黄河，扬子江；那里不曾留过我的痕迹，可是那里也不曾留过我的灵魂，我的灵魂好像随时随刻望着那山外的山，水外的水，世界外的世界。她刚到这一个世界，心里早已又做了到另一个世界去的准备。我本想信先生的话，把艺术作寄托我灵魂的地方，可是我的灵魂告诉我连艺术的宫殿她也是住不惯的，她没有一刻子能安，她又

① 田汉：《南归》（独幕诗剧），《南国月刊》第3期，1929年。

要飞了……[①]

生活的信念碎了，想拿艺术慰藉人生，以为如尼采所说的"真理是丑的，我们有了艺术，依靠它我们就不至毁于真理"[②]那般，把艺术当成一条退路。然而现实的情况是艺术也不能作寄托灵魂的地方，胸中的不安犹如掩藏在心底的巨石，时时刻刻都能把胸膛挤碎、压扁。恰如鲁迅所说："那时觉醒起来的知识分子的心情，是大抵热烈，然而悲凉的，即使寻到一点光明，'径一周三'，却更分明地看见了周围的无涯际的黑暗。摄取来的异域营养又是'世纪末'的果汁……"[③]鲁迅所谓的"'世纪末'的果汁"便是当时一时间涌入中国的西方纷杂的艺术思潮。2000年《田汉全集》出版时，编者也曾引用鲁迅的这段话分析田汉的艺术思想的构成，文中说田汉在"如饥似渴地吮吸着来自异域的'世纪末'的果汁时，由于他那热烈然而悲凉的心情，自然很容易与那些'唯美'、'感伤'、'颓废'的情调产生某种'共鸣'"[④]。这或许也是当时南国艺术学院师生们在大革命落潮后，普遍受到的纷杂的艺术思潮的影响吧。

对于郑君里来说，他考上南国艺术学院时不过十七八岁，由于年岁尚小，他并没有像当时南国社文人那般由"文学"而"革命"再"文学"的经历，他从唐梦兰私塾、广肇公学、岭南中学毕业后，直接考入了南国艺术学院。可是，他在南国艺术学院学习期间，却深刻地受到了田汉和整个南国艺术学院、南国社的艺术氛围的影响。那种大革命失败后知识分子群体所弥漫的彷徨、颓废、自我放逐的情绪无疑也笼罩在他周围。这使郑君里自然而然地接受了浪漫的、唯美的纯艺术观念，也深刻地影响了他在这一时期的诗歌和小说创作。

---

① 田汉：《古潭的声音》，《南国月刊》第2期，1929年。

② 尼采：《悲剧的诞生：尼采美学文选》，周国平译，生活·读书·新知三联书店1986年版，第366页。

③ 鲁迅：《〈中国新文学大系〉小说二集序》，《鲁迅全集》（第六卷），人民文学出版社1983年版，第248页。

④ 田汉：《田汉全集》（第一卷），花山文艺出版社2000年版，第6页。

## 三 南国社、摩登社时期的小说、诗歌创作

1929 年夏，郑君里与赵铭彝、左明、陈明中、陈凝秋、姜敬舆、吴湄、许德佑等人脱离“南国社”另组“摩登社”。摩登社的活动对象“主要是大中学校，并和这些学校的学生剧团有较好的联系，曾打出‘学校戏剧运动’的口号”①。因为摩登社主要活跃于各校社团，便于宣传与开展学生运动，为中共地下党所重视，所以摩登社一成立，就与中共地下党建立了联系。大革命失败后，蒋介石对共产党和一些左翼激进知识分子的态度急转直下，大肆对其进行屠杀与迫害。当年便发生了著名的“南国社社员宗晖被杀”一案，一时激起了文艺界知识分子强烈的愤慨。

郑君里作为南国艺术学院的学生、摩登社的主要组建者，在思想上无疑是进步的。但是正如当时彷徨无着的田汉以及大多数处于苦闷、迷茫的青年学生一样，他此时受到的各类艺术思潮的影响也是相当芜杂的，而这又与当时的时代背景息息相关。西方的唯美主义、感伤主义、颓废主义、虚无主义、浪漫主义思潮一时间几乎同时向他们涌来，而传统文人的“文以载道”思想也早融进他们的骨头里，这也是 20 世纪早期知识分子共同面临的极其相似的文化处境。田汉在《我们自己的批判》一文中说：“我对于社会运动和艺术运动持着两元的见解。即在社会运动方面很愿意为第四阶级而战，在艺术方面却仍保持着多量的艺术至上主义。”② 他的“多量的艺术至上主义”就是当时颇为流行的“艺术至上论”。王尔德作为艺术至上论的提出者，在他那篇著名的《谎言的衰落》一文中说：“艺术除了自己以外从不表达任何东西。它过着一种独立的生活，正如思想那样，纯正地沿着自己的谱系延续。它在一个现实主义的时代里并无必要现实主义化，在一个宗教信仰的时代里也没必要精神至上化。它非但不该成为它的时代的产物，而且通常与时代直

---

① 赵铭彝：《左翼戏剧家联盟是怎样组成的》，《新文学史料》1978 年第 1 期。

② 田汉：《我们自己的批判》，《南国月刊》第 1 期，1930 年。

接对峙，它为我们所保存的唯一历史是它自己的进化史。"① 在田汉的社会运动和艺术运动的二元论思想中，他主动将社会现实和艺术区隔开来，也即王尔德讲的艺术"非但不该成为它的时代的产物，而且通常与时代直接对峙"，艺术和现实之间不是现实主义的"反映和被反映"的关系，同时，艺术也不是"艺术源于生活，而高于生活"的时代和社会的附属物。虽然田汉仍在艺术中不可避免地残留着少量的社会现实的影子，但他更向往的是纯艺术。由此，我们便能发现，田汉的"在艺术方面却仍保持着多量的艺术至上主义"，其实正是承袭自王尔德的艺术至上的思想。这一点，几乎在田汉南国社时期所有的戏剧作品中都可以找到确证，甚至田汉所领导的南国社、南国艺术学院的学生都过着集体的"唯美主义式"的生活。比如前文提到的荒凉的西爱咸斯路上那群生气勃勃的青年男女，他们举手投足都是一副流浪艺术家的做派，自诩西爱咸斯路上的波希米亚艺术家等，表明他们无论是在艺术还是生活上，都在模仿或者实践着唯美主义的存在方式。

郑君里晚年曾回忆过田汉的唯美主义、颓废主义对其造成的"毒害"。"文革"期间，郑君里遭受批斗，他于狱中写有一份《郑君里自编年表》。他在年表中说，他在"南国"时期受到了田汉的所谓"唯美主义和颓废派的毒"②。

这一时期，郑君里正式开启了他的演剧之路，先后演出了《莎乐美》《火的跳舞》《小偷》《爱与妒》《乞丐与国王》《卡门》等戏剧。同时，他也将目光短暂地停留在文学上，先后创作出短诗《叙利亚少年之歌》和短篇小说《姑姑的爱人》，这也成了他人生路上的一个多彩剪影，弥足珍贵。从《叙利亚少年之歌》和《姑姑的爱人》这两篇作品中，就可以看出其在故事的叙述、结构的建构、人物情绪的拿捏、诗境的生发上都已经具备"蒙太奇意识"。所以，郑君里最终走向电影导演之路绝非偶然。

---

① 〔英〕王尔德：《谎言的衰落：王尔德艺术批评文选》，萧易译，江苏教育出版社 2004 年版，第 50—51 页。

② 郑君里：《郑君里自编年表》，《郑君里全集》（第八卷），第 211 页。

1929 年夏，南国社在上海宁波同乡会演出了洪深导演的王尔德戏剧《莎乐美》（独幕剧），金焰演叙利亚少年，郑君里与张曙同演小兵。这也是郑君里第一次登台演出。不久后，南国社第二次在上海公演《莎乐美》，“饰男主角约翰的陈凝秋因事不能上台，于是由金焰担任这一角色，而叙利亚少年一角便由当时尚名郑重的郑君里来担任”①。有了一次舞台演出经验后，郑君里情感极其饱满地演绎了《莎乐美》剧中的那个叙利亚少年（军官）角色。演出结束后，郑君里不能平复内心的波澜，仿若仍在戏中，久久无法跳脱出来。于是，他倾尽情感，化身为那个卑微地爱着莎乐美而受辱自杀的叙利亚少年，写下了一首短诗——《叙利亚少年之歌》，倾诉衷肠。在光华书局 1927 年出版的徐葆炎译本《莎乐美》中，直接将叙利亚青年军官译作“叙利亚少年”，而且该版本早于摩登社 1929 年《莎乐美》的公演时间，所以当时公演的剧本很可能就是此译本或者根据此译本的改本，但也不排除是其他译本或改本的情况。为了更接近当时《莎乐美》的舞台演出原貌，还原郑君里饰演“叙利亚少年”一角时的心理状态、演出后的内心感受以及该诗对其日后创作道路的影响，在这里笔者将采用徐葆炎 1927 年光华书局译本做对照分析，以期达到比较理想的效果。《叙利亚少年之歌》发表在 1929 年 8 月的《南国周刊》第 3 期上，发表时郑君里尚名郑重，以下为该诗全文：

小白鸽儿迷茫地在跃动，
银花②的影子随着流香漫颤她的灵魂；
红与黑飘来的一片啊！
我朦胧地瞥见公主站在我的跟前。

① 凌鹤：《世界电影明星评传：中国之部（二）：金焰》，《中华》第 51 期，1937 年。

② 笔者按：在徐葆炎 1927 年《莎乐美》的译本中，银花既指月亮也指莎乐美，在这里银花指月亮。

月亮照耀着纳亚曼[①]的闪颤的刀锋，
月亮也照耀着公主——你的素手……
我终于无力地跪下来了，
让想象去占夺刀铓边旁的淡影。

一位年轻武士[②]的血应该是多么的红啊！
但——甚至红死了的月亮也遮没不了您的火红的声音：
“……明天经过桥边的时候，英勇的纳拉博斯[③]……
……我，我一定丢一朵小小的绿花给你！……”

但是，只有这一朵将待您的血唇吻开的绿蕾，
只有那一阵将从您的颊靥散播出来的笑晕，
现在，现在您的果子完全属于这位先知的了！
我无言地收拾了我的形骸归去……归去！

仅仅在这一天啊，你让我的血泊流到你的身旁……
虽然并没有染迹到您的白鸽儿般的胸脯上，
虽然它所能缠绕着的只是您的玉趾，
虽然，在那一刻子啊，我已经完全死去！啊！死去？

月落，疲困地离壳的孤魂徜徉于幻想的桥边，
永远地我私向将逝的东风独语：
“有一天吧，你们从巴比伦的城堡归来，
请把公主的鬓边——指际的花朵吹掉！”

① 笔者按：刽子手，一个高大的黑奴，徐葆炎译本中为纳亚曼。弟弟篡夺王位后，将哥哥关在深井的水牢中，后命令纳亚曼将其绞死。

② 笔者按：指《莎乐美》中那位爱上莎乐美而自杀的年轻的叙利亚少年，他是宫中的卫队长。

③ 笔者按：指叙利亚少年。

那泛溢的幽香已从您的唇尖泄尽了，公主！
您也把您的尸身委弃于那巍峨的高台。
虽然那小小的绿花并没有为我而开啊！
但我何忍看见您从那悬绝的生命底高台憔悴地降下！

小白鸽儿迷茫地跃动，
银花的影子随着流香漫颤她的灵魂；
红与黑飘来的一片啊！
我朦胧地瞥见公主经过我的跟前。①

——演《莎乐美》后

短诗起首的四句从朦胧的幻影开始写起，连续用了两个意象，一个是“小白鸽儿”，一个是“银花”。在《莎乐美》剧本中，鸽子共有四个比喻：一是莎乐美用鸽子的脚比作先知约翰的红唇；二是叙利亚少年用鸽子的脚比作莎乐美的纤纤细脚；三是叙利亚少年用白鸽比作莎乐美细小的白手；四是将莎乐美比作迷途的鸽子。在《叙利亚少年之歌》中，郑君里以诗的形式为该剧补充了一个比喻，联系到第五段，“白鸽儿般的胸脯上”，可知郑诗的“白鸽儿”指的是莎乐美的乳房；“银花”的意象在《莎乐美》中有时指月亮，有时也指莎乐美。可是，这两个象征美好的意象却在郑诗的第三句“红与黑飘来的一片”中蒙上一层阴影，因为在那天的宴席前后，人们不断听到死神振翅的声音，预示了不祥之事即将发生，最终月亮被一团黑云遮住，而当天便发生了血光之灾。

再从结构上看起首的四句。第一句，郑君里从远处的莎乐美朦朦胧胧的小白鸽儿一样的乳房开始写起，第二句与其说是银花（月亮）的影子漫颤进了她的灵魂，不如说是叙利亚少年抬头仰望月亮之时，看到莎乐美与月影叠印在了一起。第四句，倏然之间，莎乐美由远而近，如同切换了镜头一样，那月影里的莎乐美翩然出现在他的面前，而这却不

① 郑重：《叙利亚少年之歌》，《南国周刊》第3期，1929年。

过是叙利亚少年的想象。足见叙利亚少年爱莎乐美爱得卑微，爱在了幻影里。

接着，第二段又是一阵刀光剑影的前奏，暗示了死神振翅之后三个人的死亡。第三段迎来了第一位死神，那是叙利亚少年自己的死神。莎乐美向叙利亚少年许诺，如果他把先知从囚困的深井中带上来，那么她明天就会掷一朵小花儿给他，"丢一朵小小的绿花"给他，然后再望他一望，朝他微笑。在这样的甜蜜的诱惑下，叙利亚少年命令三个兵士，把先知从井里放出来。可是，悲剧的种子也因此种下了。第四段，莎乐美迷上了先知的身体，如同被施下诅咒一般疯狂起来。她不断对先知约翰说："我要亲你的嘴，约翰。我要亲你的嘴！"[①] 叙利亚少年不能忍受了，也许他是出于嫉妒，抑或是失望，当莎乐美又说了一句"我要亲你的嘴，约翰"[②] 时，叙利亚少年的爱情彻底幻灭了，他绝望了，"现在，现在您的果子完全属于这位先知的了！我无言地收拾了我的形骸归去……归去！"[③]，叙利亚少年在羞愤与悲恸之下拔剑自杀了。他在第一天见到莎乐美时就为她的美貌诱惑而自杀了。

于是，在第五段，叙利亚少年倒在了莎乐美与约翰之间。他的血流到了莎乐美的身旁、缠绕在她的玉趾中间，他终于没有得到她那白鸽儿一样的乳房，他死去了。可是直到死去之前的那一刻，他都未觉出那是真的死去了，还在第六段盼望着当莎乐美经过那个约定的桥头之时，抛下一朵她耳畔的花给他。

第七段，莎乐美在砍下先知约翰的头后，端起银盘，终于吻到了约翰的唇。她说："啊！我已经亲了你的嘴了，约翰，我已经亲了你的嘴了。你的嘴唇上面，有一种苦的味道。那是血的味道吗？……那或者是恋爱的味道。……但是那有什么要紧呢？那有什么关系呢？我已经亲了你的嘴了，约翰。"[④] 她说下这番话后，旋即被犹太王希律下令处死。

---

① 〔英〕淮尔特：《莎乐美》，徐葆炎译，光华书局 1927 年版，第 48 页。

② 〔英〕淮尔特：《莎乐美》，徐葆炎译，第 49 页。

③ 郑重：《叙利亚少年之歌》，《南国周刊》第 3 期，1929 年。

④ 〔英〕淮尔特：《莎乐美》，徐葆炎译，第 132 页。

于是，画面一转，在垂死前的一刻，叙利亚少年在幻影中看到了美丽的莎乐美命丧于高台之上。

尾段，那个死掉的叙利亚少年也许是在自己的回魂之夜，还沉浸在小白鸽儿迷茫跃动的幻影里，那月影随着流香漫颤进莎乐美的灵魂里。她的身体与月影叠印在一起，成了月的光辉。首尾段的重复，既加深了叙利亚少年对莎乐美的爱之深与情之切，同时也表明了叙利亚少年死得“糊涂”，而这份糊涂之爱与莎乐美对先知约翰的“糊涂之爱”又是对等的。莎乐美在死前捧着先知约翰的头在说：“那或者是恋爱的味道。……但是那有什么要紧呢？那有什么关系呢？我已经亲了你的嘴了，约翰。”正是这份至上的、充满执念的、错乱的爱才使得王尔德的《莎乐美》这般迷人，而郑君里的《叙利亚少年之歌》又是这般的精妙绝伦。至此，该诗形成了一个完整的具有叙事意义的回环结构，如同一个经过精心剪辑的电影段落，将《莎乐美》的起承转合都浓缩在一首短诗之中。

《叙利亚少年之歌》在用词上，如“流香漫颤她的灵魂”“血唇吻开的绿蕾”“颊靥散播出来的笑晕”“疲困地离壳的孤魂”，以及在“小白鸽儿”“银花”等意象的使用上极尽唯美之能事，这都表明青年时代的郑君里在艺术行文上的考究以及对感伤的、颓废的、极致浪漫的诗境的追求。在艺术至上论者眼中，对美感的忠实与日常道德无涉，他们从不会用现实和伦理的姿态对不道德的美加以批判，这也是唯美主义、艺术至上论者与现实主义论者在美学追求上的一个分野。

《叙利亚少年之歌》虽然很短，但就是这样一首短诗，显现了18岁的郑君里超乎寻常的叙事天赋，或者说他的文字里天生就有一种画面感，一种蒙太奇的镜头思维、结构意识以及建构诗境的能力，而这点在他17岁创作的短篇小说《姑姑的爱人》中体现得更加明显。

小说《姑姑的爱人》[①] 原发表于《摩登月刊》创刊号。《摩登月刊》是摩登社的机关刊物，由原南国社一部分成员负责该刊的组稿、印刷和发行。“文革”初期，郑君里在狱中写的《郑君里自编年表》中

① 郑君里：《姑姑的爱人》，《郑君里全集》（第三卷），第343—351页。

有对这篇小说的评价，他自己说这是一篇"坏作品"[①]。在"文革"的政治语境之下，任何处于三个样板戏"高大全"政治审美标准之外的作品自然都不会是什么好作品。可是放在今天来看，这篇创作于20世纪20年代的小说也仍然没有过时，甚至仍可视作带有某种探索意味的先锋小说，而且语言之精妙，叙述之传神，情感之细腻，为现代小说少见，在中国现代文学史上应有一席。同短诗《叙利亚少年之歌》一样，小说《姑姑的爱人》也是郑君里文学作品序列中的杰作，自这两篇作品以后，郑君里几乎再没有在文学创作上发力，也就再没出过什么文学作品，他将人生的主要精力放在了学术研究、演戏和导演上，所以这两篇作品也就显得珍贵了许多。

青年时代的郑君里受歌德的《少年维特之烦恼》的影响很深，《姑姑的爱人》中所显露出的感伤与颓废的情感，将其比作中国版的《少年维特之烦恼》也不为过。小说主要讲述了一对青年男女不清不楚的爱情故事。文中并没有很清楚地交代杏荪和他所爱上的这位"姑姑"的真实关系，杏荪在与"姑姑"有了肌肤之亲以后，"姑姑"懊悔地对他说："杏荪！我的弟弟！您去罢，以后不敢在光明里见您了！您是我最亲爱的弟弟，您是我仅有的爱人！但他们说您是我哥哥的儿子——我的侄儿！咳！在您不十分爱我，我还不十分爱您以前，就此离开我罢。"[②] 据此推断，男主人公杏荪爱上的"姑姑"正是他"叔叔"的妹妹，那么杏荪就是这位"叔叔"的私生子了。小说正是从杏荪与"姑姑"有过肌肤之亲后的那次分手写起的，它既可以看作小说的开头，又可视作小说的结尾，而这也是小说在叙事结构上的迷人之处。小说是以这样充满镜头感的段落开头的：

> 从那紧闭着的窗门望出去，一眼便看见那挺直的电线在满染着尘迹和雨泪的凹凸不匀的玻璃片上，映出左冲右突很强的曲线，他

① 郑君里：《郑君里自编年表》，《郑君里全集》（第八卷），第212页。

② 郑君里：《姑姑的爱人》，《郑君里全集》（第三卷），第350页。

> 顺眼瞅了一下那蔚蓝的天幕……
>
> “啊！你瞧那群鸽子多好看！”——仿佛是少女的音调。
>
> 她在抱着那才学行路的小侄女，带笑带嚷地脸朝她逗她笑。小孩子果然笑了，她便很喜欢地把脸靠近小脸，乱吻她的小红颊。她从小孩的脖部抬起头来，偶然眼角扬起到上面。她大概一定又是发觉他从上面倚着窗槛地俯瞰下来罢，便沉下脸来——在抱的孩子倒一呆子——她很快地穿进屋里去，极不快意地乒声拉上了门。[①]

此时的杏荪已经和“姑姑”分手了，当他再像以往那般偷视她而被“抓到”时，再没以前那般眉目传情的曼妙体验了，取而代之的是“姑姑”做出的一番讨厌的样子，展示出强烈的反抗与排斥姿态。而此刻杏荪的内心定然是痛苦万分的，他“不敢闭一刹眼，生怕眼睑下孕着的泪珠儿又会因被压碎而泄下了”[②]。此时，郑君里对杏荪失恋后的情状表现得入木三分，侵入肌骨：

> 他早要流泪了，但又顾忌到此时坐在自己身后面看书的叔叔会奇怪他这种举动。他勉强咽下阵阵从喉间冲上的逆气，回想她刚才所表示的断然态度，气都不敢透出一口来。谁知此时自己的眼帘因为太难过而很本能地一刹动的时候，泪苞果真裂了，泪花点滴地溜泄到桌上的素纸上面。忽然他又想起房里有人，恐怕在看书的叔叔——也就是她的哥哥——会察觉了。他便从袋里掏出手帕来，很虚伪地先把嘴唇拭了一下，才迟迟地移上眼边来，又很慌张地回望一下，然后再很迅疾地把眼围润干了。他渐渐地颓然坐下，瞥见自己的眼珠莹莹地泛在素纸上。同时他脑海里一闪，他把那纸谨慎地送到唇边，连忙把那泪行饮下。[③]

---

① 郑君里：《姑姑的爱人》，《郑君里全集》（第三卷），第343页。
② 郑君里：《姑姑的爱人》，《郑君里全集》（第三卷），第343页。
③ 郑君里：《姑姑的爱人》，《郑君里全集》（第三卷），第343页。

之后，小说便转入对往昔的追忆。追忆是从杏荪向“姑姑”表露心迹开始的。姑姑却故意使“小话儿”揶揄他，她说：“杏荪，你以为我是这样的一个吗？咳！太误解我了！”[①] 原来，“姑姑”一直以为杏荪与自己的妹妹交好。难怪她之前对他的窥视有些光火呢，以为他是一个多情男子，霸着妹妹，又想着她。杏荪听明白话音儿后一副信誓旦旦的样子自证清白，他说：“怪事！伊对您说的吗？请您去请伊来。好！我倒要请教明白。咳！您还不能相信我吗？”[②] 原本“姑姑”对他的眉目传情已经心旌荡漾了，再加上他此刻如此坚定地要与妹妹对质，至此二人彻底把话说开了，亦知晓了彼此的心意。可是，当他们真的完成了一步步的接近与试探，短暂地拥有过彼此的爱情后，旋即爱的甜蜜、苦恼与忧伤就被现实的伦理驱散了，“姑姑”不愿再见到他，哪怕他们依旧相爱。

正是这种把结尾嵌入开头的结构形式使文本内生出一种悲伤的情绪，而这种悲伤感又如同人体的内循环，必将持续而永久地在杏荪与“姑姑”的体内循环流动下去，直至身体衰朽、记忆消散。

无论是短诗《叙利亚少年之歌》还是小说《姑姑的爱人》都流动着美的光晕，是青年时代的郑君里对极致美的向往和对纯艺术的追求。这当然与当时所流行的唯美主义思潮和南国社文人所处的文艺圈子不无关系，因为整个“南国”就像一个收容时代失意者的安身之所，这里有的是酒，不怕你饮不醉。而这处处弥漫着悲伤和唯美的气息的“南国”，只不过是一个暂时的避风港，时代革命的洪流把它推向哪里，它就到哪里。在这以后，郑君里一生之中再无这般唯美浪漫的作品留于世间。他和南国社一样，从唯美走向革命，继而从“化妆室”进入“摄影场”，随着时代向前的波涛，从那个惹人迷醉的“南国”抽身，和当时多数知识分子一起，选择与民族和国家的命运紧紧地咬合在一起。

① 郑君里：《姑姑的爱人》，《郑君里全集》（第三卷），第 344 页。
② 郑君里：《姑姑的爱人》，《郑君里全集》（第三卷），第 345 页。

# 十字街头的踌躇与坚守

## ——论朱雯早期的文学观及创作*

◇吕洁宇**

**内容摘要：**1928年至1930年是朱雯文学观形成的重要时期，朱雯在文学道路的十字路口经历了较为痛苦的纠结。在不断对抗旧的“无聊”和寻找新的“无聊”的过程中，他从乡土文学的启蒙姿态转向对民族主义文艺的推崇，然而在创作中，他一直坚持对时代精神的积极追求和对社会现实的如实描摹，其作品也更多地展现了超越民族主义文艺的内容，这种文学口号和文学创作的错位构成了朱雯创作的独特性，也在一定程度上表露了民族主义文艺的局限性。

**关键词：**朱雯　现代作家　现实主义　民族主义文学

朱雯（1911—1994），笔名王坟、MONV、蒙夫、司马圣等，上海人。他自1928年起开始文学创作，文学活动涉及小说创作、戏剧评论、文学翻译等多个领域。新中国成立以前，朱雯主要致力于文学创作，出版了短篇小说集《现代作家》《不愿做奴隶的人们》和长篇小说《漩涡中的人物》《动乱一年》等作品共计170多万字。在漫长的创作实践中，他通过不断探索和调整，逐渐形成了自己单纯质朴的文学风格。对于兼具文学家及翻译家双重身份的朱雯，现有的研究较多侧重于其翻译活动，对其文学创作领域的探究则寥寥无几，文学史中也缺乏相关叙述，因此有学者将其称为“文学史上的失踪者”①。然而作为现代文坛

---

* ［基金项目］云南省哲学社会科学规划项目“抗战时期云南翻译文学史料整理与研究”，项目编号：QN2018036。

** 吕洁宇，曲靖师范学院人文学院讲师，主要研究方向为中国现代文学。

① 眉睫：《一个文学史上的失踪者》，《粤海风》2008年第6期。

繁复景观的亲历者和参与者，朱雯的创作亦是30年代复杂文艺思潮中的一个呈现。因此本文试图通过对朱雯创作活动的梳理及文学观的考察，明晰其创作立场，加深对其作品的认知，并由此来反观30年代较为复杂的文坛样貌。

## 一

自1928年进入东吴大学后，朱雯便开启了自己的创作生涯，只是这一时期的文笔还略显稚嫩，是他“在文学道路上最初留下的几个歪斜的脚印”①。在早期的文学创作中，朱雯受鲁迅、沈从文和废名的影响甚深，沈从文更是其文学道路上的“第一个热心的引路人”，“他的作品我差不多每篇都反复阅读，揣摩学习。我最初学写的几篇小说，实际上都是对他（还有废名）的作品的拙劣的模仿”②。对此，沈从文也深以为然，“在冯文炳君作风上，具同意趋向，曾有所写作，年青作者中，有王坟，李同愈，李明棪，李连萃四君。惟王坟有一集子，在真美善书店印行”③，这个集子即为1929年出版的《现代作家》。作为朱雯初入文坛的实践成果，这部作品呈现了朱雯在乡土文学领域的创作才华，苏雪林对此作给予了较高的评价，认为继鲁迅和废名之后，“在新进作家中，王坟君的作品，确有和别人不同的特色”④。这个评价不无勉励色彩，但也足见其在乡土文学上的努力。

对故乡殷勤的眷念是萦绕于朱雯灵魂深处的永恒的情愫，综观朱雯的创作，无论是在小说还是散文作品中，对故乡风物的描写都是最重要的内容之一。《现代作家》作为其早期乡土文学创作的集子，其中故事

---

① 朱雯：《我从苏州起步》，《〈苏州杂志〉文选：旧事》，文汇出版社2016年版，第73页。

② 朱雯、罗洪：《往事如烟》，上海古籍出版社1999年版，第11页。

③ 沈从文：《论冯文炳》，《沈从文全集》第16卷，北岳文艺出版社2002年版，第151页。

④ 苏雪林：《写在现代作家的前面》，载王坟《现代作家》，真美善书店1929年版，第4页。

也多以故乡的江南乡镇为主要背景，涉及了乡土风物、习俗等多方面的描绘，而后来的小说《昆虫学教授》《漩涡中的人物》里面也都充满或点缀着对乡村风俗生活的描写。

朱雯的乡土文学大量借鉴了鲁迅和沈从文的乡土书写经验。一方面，朱雯的作品继承了鲁迅乡土文学中的批判性，对乡土中国的文化痼疾、政治权力进行了揭露和批判。比如《两行列》“这一篇，本想表现了一种过渡时代的矛盾：一面创了新的党化的局面，而一面却依旧垂着‘只许州官放火，不许百姓掌灯’的遗训。我想以适当的结构，深刻的笔画，描出这一个时代的人物，这一时代的人物的心理”①，他模仿鲁迅设置了“看杀头”的情节，带有明显的启蒙色彩。另外，《年初四夜》对农民白梗芋失去辫子后恐慌神色的书写，《一个老者》中对妄自尊大、恃强凌弱的老者形象的描绘都是作者对国民性的无情揭露。另一些作品如《诱惑》《雨的山前》《昆虫学教授》则较为隐蔽地呈现了乡村文化风俗的落后和民众身上野性的残留。另一方面，在文风上，朱雯的作品则显现了与沈从文风格的趋同，他善用精练的语言勾勒场景，用大量的意象烘托氛围，文风清丽澄澈，笔调温情自然。朱雯笔下的乡村永远都有最为淳朴和美丽的一面，无论是“屯前田，屯后山，中间贯着一条河”的史家屯，邻里对于淘米这类生活小事的谦让，还是“鸢子飞在空中，他们蹲下来，和牛一样蹲在树旁边”的乡村野趣，抑或是“山前的桑园发绿了，山上嵌足人，山前嵌足人”的采桑景象，朱雯都用细腻的笔触呈现了自己对秀丽乡村风光与和谐人情的观察，描绘了乡村生活的朴素和自如。

朱雯的作品呈现出鲁迅式批判和沈从文文风的综合，并通过叙事的突转将二者连接起来，达到了一种较为和谐的统一，开创了继二者之后的另一种文学实践。“突转”是沈从文早期创作中惯用的叙事模式，“沈从文善于从日常生活细微处提炼出偶然事件，联结日后的人生变故，从而形成一种日常性突转叙事，揭示普通人生不可预料的‘变’

① 王坟：《自序》，载王坟《现代作家》，第 2 页。

与‘常’”[1]。沈从文作品中的“突转”更多着眼于对生命本质的揭露，借此较为含蓄地表达自己对城市人的讽刺，以及对乡下人的默然隐忍态度的赞赏。朱雯虽然也在创作中大量借鉴沈从文的“突转”模式，但不同之处在于，他的文章最终都指向对乡村社会的批判。他往往在田园牧歌的浅吟低唱之后，在文末较为委婉地进行顺势而为的转折，影影绰绰地揭开乡村文化的丑陋一角，从而完成启蒙思想的传达。相比纯粹的批判，这些作品更显得意味绵长。

《诱惑》讲述了和善忠诚、严守名节的女佣小脚婶婶在怀孕之后遭遇东家辞退的故事。与一般意义上反封建的文学不同，文中没有将小脚婶婶的情爱追求与封建思想放置于直接对立冲突的两面。相反，故事在和谐愉快的氛围中展开，乡村风景宜人，邻里和睦，望族朱家乐善好施，同时整个村镇的风气也较为开化，周家婶和七伯能毫无顾忌地公开调情，小脚婶婶也可以毫不避讳地向陈司务示爱。在看似民风淳朴、人情融洽的乡村氛围中，文章结尾却突然而残忍地揭露了“宽容”背后的真相：“屯人都已知道小脚婶婶给陈司务有了喜。但是，这些事情，并不在茶棚里当闲谈，因为事实委实太平凡，上口碑，不值得。其实，事情便再别致些，屯人也是不会说。她是朱家的佣人呢!”朱家是全屯最有名望和财力的大族，而作为朱家最有资历、最忠诚的女佣，小脚婶婶自然也受到了屯人的尊敬和优待。小脚婶婶的尊严建立在“朱家佣人”的身份之上，得知她怀孕之后，“朱家老太太发急了。怕是生在自己家里，不运气”。小脚婶婶对幸福的追求终究构成了对朱家门风的挑战，当地民众对乡绅权力的态度也显现了乡村中较为隐蔽的伦理意识的残留。小说在文末以简单的笔墨不动声色地传达了对乡村传统封建文化的批判。

《雨的山前》描写了放羊娃小培和摘桑女阿翠的恋爱故事。小培大胆的引诱和阿翠羞涩的顺从都展现了少男少女情爱意识的觉醒，整个小说在细雨的缠绵中夹杂着野性和粗犷。但是小说结尾却猝不及防地隐现

---

① 王本朝、肖太云：《沈从文小说叙事中的“突转”模式》，《中国现代文学研究丛刊》2014 年第 10 期。

了故事的悲剧性，“小培淋在雨里唱《孟姜女寻夫》”，小培得意而狡黠的哼唱与阿翠的单纯构成了强烈的对比，打破了前文描绘的爱情的诗意氛围，也暗示了这段爱情无可避免的悲剧结局。

《上坟》以孩童的视角串联起对乡村风俗的描绘，讲述了孩子们对上坟习俗中看鸢灯、吃夜饭的渴望，蕴含天真与童趣。这种美好也在文末以一种突转的方式终结。三狗的鸢断了线飞到人家屋上，按庄里的规矩，鸢子沉在屋上，需要献土地化解霉运。在屋主凶狠的逼迫中，三狗娘只好买了香烛纸马，并将给三狗爹上坟的祭菜都献了土地。故事在冷清的上坟仪式和三狗的咒骂中结束了，淡淡的悲伤在深沉的夜晚蔓延，也让整个故事在天真与现实的交错中呈现出独特的审美意蕴。

在《昆虫学教授》中，华教授所避居的乡村民风淳朴、风景宜人，但这种世外桃源的生活却被持续的旱情所打破。在跪拜祈雨、批判阿秀等一系列场景描绘中，农民身上积聚的封建思想和愚昧逐渐显露，乡村生态治愈不了华教授的病，而这个知识分子也无力拯救村民精神上的痼疾。牧歌情调和浓郁的启蒙主义色彩让其显现出与同时期作家迥异的审美风格。

苏雪林认为朱雯乡土文学创作的成功在于他以特有的单纯朴实的笔调描写了乡村或所谓下层社会的生活，并在这期间一直保持着一种可贵的平等的姿态：“他虽然现在成了一个智识阶级中人，但当他描写乡村人物时，他的思想和人格直欲与他们同化。……以他自己的喉舌，喊出他们潜密的心声，使我们对于乡村和下层社会的人们，不但灵魂上除去隔膜，而且对他们发生同情的心理。”① 其好友毛一波也认为：“他的作风是新颖的，特别的，不入于流俗。他所抒写的人物和环境，大都是在乡间的老老少少。作者是去分析了他们的动作或心理而凝成小说的要素。”② 其作品写出了极具烟火气而又复杂的乡土，异于早期20年代乡土文学作家笔下的阴冷灰暗，其笔下的人物不似异化的槁木，

① 苏雪林：《写在现代作家的前面》，载王坟《现代作家》，第4页。
② 毛一波：《书报印象：〈现代作家〉》，《真美善》第1期，1929年。

却显得鲜活而复杂。他们有乡村人的淳朴自然，有属于自己独特的价值判断，但同时其思想中却也不可避免地夹杂着封建文化和原始野性的残余，这些东西总会在日常琐事中不经意地显露其狰狞的面容，当我们感动于人性的美好和单纯时，也会为生活中猝不及防的残忍而惋惜。

不同于鲁迅的深刻尖锐和沈从文对乡村文化优美人性的抒发，朱雯的作品是继二者之后的另一种开拓，他不夸大他们的单纯、善良，同样也毫不讳言他们的蒙昧无知和人性中的残忍。他用轻柔的语言进行委婉的叙述，在看似平静的叙述中，悄无声息地将悲剧呈现。他只是略微揭开一角，报以一声叹息，其悲伤与痛苦随即又伴着牧歌的余韵渐渐飘散。相比于早期乡土文学的深刻，朱雯的批判显得委婉得多，他对乡村美丽人情风物的描写在某种程度上淡化了乡村封建习俗的残酷性，因而也弱化了其文章批判的力度。

## 二

朱雯早期乡土文学中的批判色彩来源于其自身对社会现实的观照。作为一个积极拥抱生活，投身文艺的作家，朱雯一直认为“文学的功用，是批评人生”①。1928 年初入文坛的朱雯遭遇了普罗文学的风潮，自身创作与文学潮流的背离让他呈现出较为痛苦的纠结。他曾以“行走在荆棘丛中，踯躅于十字街头的喽啰”② 自喻，以此描述自己这一时期的矛盾处境，而这也可以从其创作中一窥端倪。

1928—1929 年是朱雯思想的焦灼期，也是其在面对文学道路选择时的重要转折期。他于 1928 年开启了自己文学创作的道路，身处这个政治风潮急剧变化的年代，朱雯深受东吴大学学生运动氛围的影响，积极地参与学生运动。他将自己在东吴的时光称为“上天敢于攀摘满天

① 朱雯：《从红烧肉说到文学再胡牵乱扯复虚白先生》，《真美善》第 6 期，1929 年。
② 王坟：《后记》，载王坟《现代作家》，第 2 页。

星斗，下地敢于揭示遍地疮痍”[①] 的八年。朱雯身处动荡的时局中，目睹社会政治种种困境，也不可避免地侵染了知识分子的感伤失意。内心苦闷情绪的郁结让他只能通过文字来排遣痛苦，“无聊是创作的原动力”[②]，他将自己的创作归纳为一个不断追求新的无聊和解除旧的无聊的过程。1929 年前的朱雯是一个“想创作，便创作”的灵感型作家，“我开始创作，是在一九二七年的秋天。……自己就在课外翻看《新青年》一类的杂志，渐渐地自己也居然写起那些在老师看来一定是离经叛道的捞什子的白话文来了。……到后来我看了许多讲文艺创作理论的书，才知道这就是所谓‘冲动’，所谓‘文思’，所谓‘烟士披里纯’的。”[③]

朱雯这一两年的创作多为痛苦情绪的直接抒发，文风都较为压抑沉郁。诗歌《秋夜》通过对萧瑟秋景的描绘，展现了一对青年男女的悲哀和痛苦，而《在山后》则是作者“想以获得的无聊，钩出一切世间的矛盾的现象，与夫一切诗意的虚无的悲哀”[④]，全篇的场景阴森可怖，气氛压抑，它所传达的情绪在某种程度上正是朱雯痛苦心绪的投射。然而这样的创作并没有使作者内心的苦闷获得疏解，痛苦情绪的长久郁结甚至变成了作者一种无法释然的“无聊”。“自写了两篇作品之后，便觉得创作的结果是无聊。更从这些连想到别的，我觉得为了无聊的袭击，才有创作的心绪。循环的，又觉得要找无聊，只有创作了。”[⑤] 他通过不断创作去宣泄，然而这种由不得不发的痛苦情绪而产生的创作的结果，则是除了“无聊”词语的堆积外别无其他。社会现实所带来的苦闷以及创作无用的观点让朱雯的内心长久地被无聊所占据，从消除无聊到再得到无聊，由此形成了一种独特的创作内驱力。然而这种“无聊”情绪的出现并不是偶然的，也并非个案，而是此时期青年知识分子所共有的一种精神表征。

---

① 朱雯、罗洪：《往事如烟》，第 35 页。

② 王坟：《自序》，载王坟《现代作家》，第 4 页。

③ 王坟：《我为什么要创作：文思的冲动》，《文艺大路》第 1 期，1935 年。

④ 朱雯：《红烧肉说到文学再胡牵乱扯复虚白先生》，《真善美》第 6 期，1929 年。

⑤ 王坟：《自序》，载王坟《现代作家》，第 3 页。

在无聊情绪的包围中，经过几个月的沉寂后，朱雯在1929年初重拾创作，于是便出现了包括短篇《现代作家》在内的六篇小说，短篇《现代作家》的写成“也不尽是旧有的无聊的掀动，而是当时的环境所促成”。这篇文章所描写的，是作家在以往十八年的历程中从未观察到的一种人生方式。写完之后，“我的内心，也是连续地给无聊所侵袭，显然，这无聊是新的”。在完成了《雨的山前》和《上坟》两篇之后，“这次所追求到的无聊，至今还在内心中，浮着涟漪”。很明显，此时获得的“无聊”已经具有新的内涵，其中的消极色彩渐渐淡化，同时这种无聊也暗含了对当时文坛潮流的讽刺，朱雯的创作风格与文坛潮流格格不入，因而也被视为无聊之作。1929年5月，《现代作家》书稿在《真美善》编辑处被焚一事则让他再一次遭受了现实的打击。此事后，他陷入了长久的自我否定中，甚至一度有离开文坛的打算。他在文章中提到当时的感受：“哦，文人的无聊，乏味，有什么意思呢？文艺？乡村里的人们，不也是惯听惯见了的！总之，像我，对于文艺是不配谈；便是谈了，也会感到没趣的！”① 最后在曾虚白等人的鼓励之下，他才重获战斗的勇气：“我不敢为这小的挫折而畏缩，我不屑为这小的波澜而落伍呵！”②

可见，1929年前后的朱雯处于人生的低谷期，种种遭遇都让他此时的文字带有明显的感伤气息，格调较为压抑，显现出与当时文学风潮的格格不入：“我的小说，大都没有慷慨的气概，和激昂的基调：而是消沉，苦闷，悲观——总之，说是内心的无聊吧！”朱雯的小说更多地继承了五四文学的精神品格，展现了对现实人生的观照。面对文坛普罗文学呼声的高涨，他谈到了自己的创作在当下潮流中的“落伍”：“所有的描写，都是平凡的事件，和‘阿Q时代’的人型；而不是机警的变幻，和都市的华丽，喧嚷。笔法，则求其简，求其短而已，假如说，我的思想，表现的艺术，一切，都是‘落伍’了，不合时代了，哦，

① 王坟：《后记》，载王坟《现代作家》，第2页。
② 王坟：《王坟宣战三部曲》，《真美善》第5期，1929年。

是的！但我总不承认：‘像苍蝇那样向玻片盲撞’便算中用；在现代的中国，说‘阿 Q 时代’已经‘死去’；而清淡的笔致，便不足以言艺术呵！”[①] 这段文字中对革命文学的反抗情绪显而易见。苏雪林也认为："王坟的创作既无一定的目的，所以他的文字能够保持他创作纯洁精神和自由活动。"[②] 他既不为迎合青年心理添入浪漫的爱情色彩，也不将文艺当作宣传主义的工具。这种决绝的态度让他在众生喧嚣中保持了较为独特的姿态。

除此之外，朱雯在文章中也毫不讳言自己对普罗文学的批判以及对普罗作家的鄙夷，在他的笔下，从事"无产文学"的知识分子大多虚伪卑劣、沽名钓誉。短篇小说《现代作家》刻画了一群沽名钓誉的知识分子的形象，并通过老王之口揭露了革命文学男作家对女色的觊觎。《变》中的老蔡"口口声声提倡农工文学"[③]，但真正面对革命时却又胆小退缩。《诱惑的挣脱》中的普罗作家张先生住着豪华的洋楼，过着体面的生活，借着宣传之名怂恿青年参与革命暴动，而自己则贪生怕死，躲在租界以避祸乱，坐享其成。小说借两个热血青年之口表现了对张先生这类普罗作家虚伪本性的憎恶："明明是一个资本家一样的富人，却口口声声唱着无产文学的高调，即如目前的张先生，不也是这一流的人物吗？其他的所谓的普罗文学家，大半都是这个样子了？普罗，是一班出风头的人，煽惑了青年人去上当的。自己高踞在丰富的生活中，尽自去诱骗一班意志不强的青年人去上当。"[④]

另外，在普罗文学被作为时髦象征的当时文坛，朱雯对普罗作家的立场和目的也产生了深刻的怀疑。短篇小说《雪的堆积中》充满了对无产阶级文学风靡的讽刺，文中的落魄知识分子陶则潜被人逼债，走投无路时只能寄希望于通过卖文还债，于是在一个雪天开始了艰难的构思。起初他想跟风书写市场上最受追捧的无产文学，以便迅速得到稿

① 王坟：《自序》，载王坟《现代作家》，第 4—5 页。

② 苏雪林：《写在现代作家的前面》，载王坟《现代作家》，第 2 页。

③ 王坟：《变》，《草野》第 14 期，1931 年。

④ 王坟：《诱惑的挣脱》，《长风》第 3 期，1930 年。

费，但又怕被人怀疑“赤化”而被杀头。小说用戏谑的笔法讽刺了作家对普罗文学趋之若鹜的时代现象。在这些文章中，朱雯对普罗文学的态度是显而易见的，言语中虽也道出了某些文坛乱象，但由于对革命文学缺乏更为深刻的理解，其批评也多限于对革命文学风气的泛滥和普罗作家人格的攻击，带有较强的情绪化特征和说教意味，并不能对被批判者构成强有力的冲击。

不仅如此，朱雯对普罗文学的形式也进行了诸多批评，他曾用“浓得化不开”来批判普罗文学繁复的语言和浪漫情调，他认为：“写文章好比蚕作茧，用一种质朴，短峭，简洁的笔致去写，好比一个光滑皎洁的茧儿，但假如那笔致是繁杂的，这茧儿就好比缚着一团乱丝了。”① 基于此，他在自己的创作实践中逐渐形成了一种独特的简短精练的语言风格，以此来将自己的创作与革命文学区别开来。

## 三

伴随对普罗文学的批评，朱雯迅速捕捉到了那个时代文艺的新方向。在时局动荡、民族危机日渐加重的情况下，“民族主义文学以水到渠成之势，无疑的成为支配中国文坛的一种新的势力了”②，朱雯在1930年民族主义文艺发起之初便给予了积极支援。他强调文学必须紧跟时代，而吟咏风花雪月的浪漫主义文学和狂喊普罗无产的文学都已经陈旧落伍，作家作为时代的追随者，应该彻底与这些腐朽的过去告别。他说道：“自己虽然给文友们所怂恿而出过一集书，但这是陈迹，丢了也好，丢了去盖酒瓮也值得——死去了的时代的记录，该给秦火烧个痛快才行。”③ 在当下这个变幻的时代，一切新的都应该建设和滋长，而“这一个时代，我们可以肯定地说，它所需要而允于存在的便是民族主

① 王坟：《笑的分野·序》，《开展》第5期，1930年。

② 同人：《开端》，《开展》第1期，1930年。

③ 王坟：《时代，文学及其他》，《松中学生》创刊号，1931年。

义的文艺”[①]。朱雯1930年发表于《草野》上的《民族主义文艺的创作理论》展现了他对民族主义文学创作的思考。文章重申了民族主义文艺的核心观点，即文艺运动应唤起民族意识，表现民族意识的典型。他还从三个方面对具体创作方法展开了讨论。在人物的表现上，“民族主义文艺创作中的人型，决不是颓废的诗人，落任的性，却是能够为民族争光的有志气的人”。“积极一方面说应有努力于民族运动的人，有为民族争光，用尽自己精神及牺牲自己躯体的人；向消极一方面说，也有一些始而堕落继而长进的人，有始而彷徨继而觉悟的人……总之，要刻画个性，则一切直接间接与民族有关系的全可作为描写时的典型。”在题材的设置上则要表现民族精神，而根据这一题材，“须有一个相称的主动的个性”[②]。在描写中，他认为无论是被赞颂者还是被批判者都值得放入创作中。虽然朱雯在文中也表达了自己对文学创作方法的某些疑惑，但在当时民族主义文艺理论较为薄弱的情况下，这篇文章提出了一些可供实践运用的创作方法，呈现了一个青年文艺家对自己新接受的理论的思考。

除了理论阐述外，朱雯还多次在文章中表露了自己的民族主义文学立场，表现了与当时民族主义文艺提倡者批判话语的契合。他借小说中青年之口用激进的语言对“普罗作家”和“普罗文学”进行指责和谩骂，并高声疾呼：“在三民主义的辖治下，不容有这类不成熟的思想的掺入！我们需要的是民族主义的文学，救国的文学！”[③] 朱雯自1928年走上文坛，到1930年鼓吹民族主义文学，短短两年便完成了其文艺思想的迅速转变。在这个过程中，对普罗文学的不认同、对时代精神的重新审视是缘由之一，而促使其加入民族主义文学阵营的另一个重要因素则是人际交往的影响。通过梳理发现，朱雯30年代的创作主要发表在《真美善》《草野》《开展》《矛盾》等刊物上，《真美善》是最早培育朱雯文学才能的平台，其主编曾虚白认同民族主义文学，而朱

① 朱雯：《民族主义文艺的创作理论》，《草野》第11期，1930年。
② 朱雯：《民族主义文艺的创作理论》，《草野》第11期，1930年。
③ 王坟：《诱惑的挣脱》，《长风》第3期，1930年。

雯通过这一刊物所接触的作家如傅彦长、汤增敭、汪倜然等后来都成为民族主义文艺的积极拥护者，这或许对朱雯的创作有所影响。《草野》《开展》《矛盾》是民族主义文学的“帮同”，朱雯的好友崔万秋、杨昌溪、汪锡鹏等作为民族主义文艺的活跃人物，都积极为刊物供稿。虽然这些刊物刊载了很多自由主义作家的作品，但也不能否认在不断供稿以及和友朋的交际中，民族主义文艺思潮也给朱雯带来了文学观念上的某些改变。《草野》的“文坛新讯”栏目曾刊有朱雯将接办、编辑《开展》新年特大号的预告，由于没有具体的史料佐证，该期《开展》的具体面目难以窥见。但此事本身也能说明在自身的文学追求和人际交往等多方面的影响下，朱雯在民族主义文艺运动中也是一个拥护者、追随者的形象，而这一段经历或许也与其后来政治立场的形成有某些关联。①

此外，朱雯也有意识地进行民族主义文艺的创作。在这些作品中，他着力表现了知识分子的命运与选择，以此来展现宏大的民族意识。《年青人的故事》讲述了中国青年罗山在日本留学期间备受欺辱并被驱逐出境，回国后以爱情为诱饵向剥削中国人的东洋老板复仇的故事。罗山满怀强烈的民族情绪，显现了大无畏的牺牲精神：“一定要刺死那日本人的厂主和许多走狗的华人，因为我们民族的脸太丢了！”②《生前死后》里的陈大伯因儿子的牺牲而走上了号召青年革命的道路，为唤醒民族意识的觉醒奔走呼号：“当兵是百姓应尽的事，为全民众而革命，为革命而打仗是好事情。”③《奔》里将许英、周芳颓废而充斥着肉欲的爱情与碧漪、吴建伟大的革命恋爱进行对比描写，后者的恋爱是“充满着力的美的”④，代表了这个时代的新的力量。值得注意的是朱雯于1933年出版的长篇小说《动乱一年》，这部小说再现了1931年中国社

① 郭刚：《朱雯1940年代行藏考》，《现代中文学刊》2015年第2期。据郭刚考证，朱雯在孤岛时期以国民党地下党员的身份参加过抗敌文宣工作。

② 王坟：《年青人的故事》，《开展》第4期，1930年。

③ 王坟：《生前死后》，《草野》第4期，1931年。

④ 张大明：《主潮的那一面——三民主义文艺与民族主义文艺》，中国社会科学出版社2010年版，第151页。

会动荡的现实，通过李三得的反抗和斗争展现了在阶级矛盾和民族矛盾异常尖锐的情况下普通民众“民族意识”的觉醒，并通过对宏大场面的描绘展现了一种雄健阳刚之美。小说中有大量对工人大众“群像”的描写，因而有学者认为《动乱一年》或许受到了左翼文学价值观的影响。[①]《动乱一年》具有强烈的民族主义色彩，表现了积极的时代精神，民族意识和阶级意识在文中的碰撞与融合体现了朱雯在创作中对民族主义文艺的超越，同时也在某种程度上证明了救亡图存的时代语境下民族主义话语的局限性。

朱雯在 30 年代虽然进行过一些关于民族主义文艺的理论探讨和创作实践，但总体而言是较为单薄的，并不能构成对其创作倾向的判断。事实上，朱雯在此时期的作品风格是较为多样的，刊登在《真美善》上的作品如《没有壳的胡桃》《她的亡魂》《骷髅歌舞之夜》多带有唯美颓废色彩，显现了与该刊风格的契合。另一部分作品则更多地表现了对青年问题的关注，如《漩涡中的人物》通过青年恋爱自由和封建家庭伦理间的矛盾，表现了新旧交替时代知识分子的局限和痛苦：“他们全是些封建制度下讨过生活的小资产阶级。因为人物既如此，于是他们的思想及行动，自然免不了用到‘落伍’的讥讽。”[②] 这些作品是朱雯创作的另一路向，更多地呈现了他作为一个“中间者”的创作姿态。

1945 年后，朱雯自觉投身于抗日的洪流中，辗转长沙、桂林等地，组织和编辑了《抗战日报》，创作了《百花洲畔》《烽鼓集》等反映社会现实的作品，同时通过翻译《地下火》《凯旋门》等小说来参与战斗，抒发自己的抗争精神：“我知道在这个时候，正有我千万的同胞在我们广漠的国土上，牺牲了家庭，甚至不惜牺牲自己的生命，也在英勇地奋斗，艰苦地抗争，而且同样正在打击着一个法西斯蒂的魔手。……于是我埋

① 杨剑龙：《一幅动荡年代的历史浮雕——读朱雯的长篇小说〈动乱一年〉》，《上海师范大学学报》（哲学社会科学版）1991 年第 2 期。

② 朱雯：《笑的分野・序》，《开展》第 5 期，1930 年。

头疾书，希望自己在这一方面稍稍有一些成就，为抗战作出一点贡献。”①抗战胜利以后，朱雯逐渐停止创作，更多专注于文学翻译，其译著中所传达的人道主义精神和社会关怀意识，也是其文学品格的另一种表达。由此可见，朱雯虽然是民族主义文艺的支持者，但其创作却涵盖了更多溢出民族主义话语的内容，更多地表现了其在创作中的自由主义倾向。

## 结 语

朱雯长期以来的文学选择都展现了他强烈的时代精神，这种时代精神并不局限于对文坛潮流的追逐，而更多地来源于其自身对时代的独特理解。他曾在《松中学生》杂志的创刊号上这样告诫学生：“假如我们否认文学是超阶级的，那末这一个时代，该是什么阶级的文学呢？——布尔乔亚还是普罗列塔利亚？……假如我们否认文学是超主义的，那末这一个时代，该又是什么主义的文学——古典的，浪漫的，自然的，以至其他的？……你们要办刊物，要从事文学，须先把时代认清！”② 作家对时代精神的认知决定了其创作的方向。无论是早期源于“无聊”的自由化的创作，还是后来对普罗文学的批判，以及进而对民族主义文艺的推崇和实践的反叛，都是朱雯基于自己对时代的认知判断所做出的文学选择。当然，对朱雯政治立场的考证在某种程度上也暗示了他的作品中具有不可避免的政治色彩，但是个体的创作往往不能简单地用政治身份来进行限定，朱雯的很多创作都表现了溢出政治话语的复杂内容。通过对他早期创作情况的梳理，我们可以厘清长期以来关于朱雯“中间派”身份的认知。透过他的文学活动，我们也可以窥见在1928年前后的十字路口大多数作家所面临的艰难的文学选择，以及在30年代三种文艺思潮共生的文化语境下一批自由知识分子较为复杂的文学生态。

① 朱雯：《思往事，惜流芳》，《外语教育往事谈——教授们的回忆》，上海外语教育出版社1988年版，第133页。

② 王坟：《时代，文学及其他》，《松中学生》创刊号，1931年。

# 从实业与金融到民族资产阶级与买办阶级

## ——《子夜》成书前的文献谱系还原*

◇妥佳宁**

**内容摘要**：《子夜》创作之初并未完全展现民族资产阶级与买办阶级的冲突，而表现为实业与金融之间的消长关系。但实业与金融的冲突在创作的重心转移过程中逐步消退，最终转换为一种阶级关系的表述。1933 年《子夜》正式出版前，从最初构想的“记事珠”到《提要》、分章大纲，再到小说手稿等诸多层面文本细节，遗留了这种重心转移与表述转换的大量证据，其与初版本及以后的各种版本极为不同，呈现了瞿秋白的具体影响并保留了部分未受其影响的“前瞿”表述，从而使金融与买办阶级、实业与民族资产阶级之间的单质化对应关系更加复杂。小说创作重心转移与表述转换的过程，使得《子夜》在不同时期经历了不同维度的解读，为理解茅盾左翼创作视野提供了重要材料。

**关键词**：子夜　茅盾　瞿秋白　小说手稿

茅盾对《子夜》的内容有过许多概括。例如为《茅盾选集》写的《自序》中说：“这一部小说写的是三个方面：买办金融资本家，反动的工业资本家，革命运动者及工人群众……”① 又如为重印《子夜》写的《再来补充几句》中，说法与之相近：“这本书写了三个方面：买办资产阶级，民族资产阶级，革命运动者与工人群众。”② 这两处内容几

---

* ［基金项目］国家社科基金西部项目“民国史视角下茅盾小说创作的精神历程研究（1927—1936）”，项目编号：17XZW004。

** 妥佳宁，四川大学文学与新闻学院特聘副研究员，主要研究方向为华语语系文学和民国文学。

① 茅盾：《自序》，《茅盾选集》，开明书店 1952 年版，第 9 页。

② 茅盾：《再来补充几句》，《子夜》，人民文学出版社 1977 年版，第 573—576 页。

乎完全相同的说明，对“革命运动者”“工人群众”一字未易，却对吴、赵两派使用了略有差别的表述词句。“金融资本家”与“买办资产阶级”、“工业资本家”与“民族资产阶级”，这细微的表述差别背后，究竟有怎样的不同着眼点？那小说创作最初的表述是什么？又经历了什么样的转换？其间受过何种因素影响？

关于瞿秋白对《子夜》写作的影响，早已为学界普遍注意到。众多研究不仅试图揭示茅盾与瞿秋白的观念差异①，而且尝试将政治家瞿秋白和文学家瞿秋白的内在差异也呈现出来②。然而绝少有研究能够准确还原茅盾在受瞿秋白影响之前的自身创作意图，也难以在现存各种版本的《子夜》中有效区分哪些内容是受瞿秋白影响而创作的，哪些内容更多地保留了茅盾自己原有的创作思路。

对《子夜》既有的版本学研究③，更多关注初版本之后的各种版本演变④。鉴于现存各种版本的《子夜》都是茅盾接受瞿秋白建议改写之后的产物，很难从《子夜》成书后的各种版本中寻找上述问题的答案。那么在《子夜》以单行本正式出版之前，零散发表在报刊上的个别章节，不同时段完成的小说手稿和写作大纲，以及《提要》和最初的构想“记事珠”等，就为探寻茅盾创作本意和瞿秋白指导意见的差异，以及茅盾写作过程中的重心转移与表述转换，提供了一系列文献谱系，可从中寻找最基本的文献证据。

## 一　小说前四章手稿中遗留的“前瞿”表述

尽管茅盾本人后来的回忆录并不一定完全可靠，尤其不能作为作者最初意图的唯一有效说明，但一些原始文献的存留还是可以印证作者的

① 傅修海：《文学经典的颜色革命——〈子夜〉接受史中的瞿秋白》，《重庆师范大学学报》（哲学社会科学版）2011 年第 2 期。

② 王彬彬：《两个瞿秋白与一部〈子夜〉——从一个角度看文学与政治的歧途》，《南方文坛》2009 年第 1 期。

③ 金宏宇：《〈子夜〉版本变迁与版本本性》，《中州学刊》2003 年第 1 期。

④ 肖进：《〈子夜〉的删节本和翻印本》，《中国现代文学研究丛刊》2014 年第 4 期。

某些说法。据茅盾回忆录，1931 年 4 月下旬他和夫人孔德沚去看望瞿秋白夫妇，告诉瞿秋白“现正在写长篇小说，已草成四章，并把前数章的情节告诉他”。“过了两天，记得是一个星期日”，茅盾“带了原稿和各章大纲和德沚又去，时在午后一时。秋白边看原稿，边说他对这几章及整个大纲的意见，直到六时”。之后瞿秋白在茅盾家住了一两个星期，“那时天天谈《子夜》”。瞿秋白提出了许多修改意见，甚至包括细节，“原稿上写吴荪甫坐的轿车是福特牌，因为那时上海通行福特。秋白认为像吴荪甫那样的大资本家应当坐更高级的轿车，他建议改为雪铁龙”①。经瞿秋白的指导，茅盾对已写成的前四章做了一些修改，并重新写了后面几章的大纲，后面相应的章节也按照新大纲来写作。

核对 1933 年开明书店的《子夜》初版本，即可发现茅盾已据瞿秋白意见将第一章开篇处吴荪甫的轿车改为“雪铁笼”②。然而，现存茅盾手稿中第一章开篇处吴荪甫的轿车仍为“福特”。据此细节，对《子夜》成书谱系进行翔实考证的汉学家冯铁发现，现存手稿的前四章，正是未经瞿秋白建议修改的原写作稿③，不同于后面几章手稿，前四章未受瞿秋白意见影响。

在后面的章节中，瞿秋白建议“改变吴荪甫、赵伯韬两大集团最后握手言和的结尾，改为一胜一败。这样更能强烈地突出工业资本家斗不过金融买办资本家，中国民族资产阶级是没有出路的”④。茅盾按瞿秋白的意见修改后，吴赵之间的关系彻底地变成决然对立，并从工业

---

① 茅盾：《〈子夜〉写作的前前后后——回忆录［十三］》，《新文学史料》1981 年第 4 期。

② 茅盾：《子夜》，开明书店 1933 年 1 月初版。其出版时间为 1 月，与茅盾记忆不符。茅盾回忆认为：“《子夜》出版在三三年二月——这是实际出版的时间，开明版《子夜》的版权页上印的初版时间是三三年四月。”（茅盾：《〈子夜〉写作的前前后后——回忆录［十三］》，《新文学史料》1981 年第 4 期）朱金顺考证茅盾回忆有误，关于《子夜》平装初版本和精装初版本的具体出版时间问题，参见朱金顺《〈子夜〉版本探微》（《中国现代文学研究丛刊》2003 年第 3 期）。

③ ［瑞士］冯铁：《由“福特”到“雪铁笼”——关于茅盾小说〈子夜〉（1933 年）谱系之思考》，李萍译，［瑞士］冯铁：《在拿波里的胡同里：中国现代文学论集》，南京大学出版社 2011 年版，第 456—479 页。

④ 茅盾：《〈子夜〉写作的前前后后——回忆录［十三］》，《新文学史料》1981 年第 4 期。

家与金融家的关系，上升成为民族资产阶级与买办阶级的关系，以此来探讨中国是否能够成功发展资本主义的社会性质与革命性质问题。而在茅盾的前四章手稿中，却留下了许多关于实业与金融的“前瞿”表述。

手稿第一章结尾处，吴老太爷昏厥将死，吴荪甫、杜竹斋等家人亲属挤在小客厅里忙乱。张素素问经济学教授李玉亭：“你看我们这社会到底是怎样的社会?”李玉亭回答：“这倒难以说定。可是你只要看看这儿的小客厅，就得了解答。这里面有一位金融界的大亨，又有一位工业界的巨头；这小客厅就是中国社会的缩影。”当然，两人承认小客厅里和中国还有无数“一到了上海就也要断气”的吴老太爷们。手稿上这段对话，是对当时中国社会的一种认识。有趣的是，小客厅里的“金融界大亨”，不是赵伯韬，而是吴荪甫的姐夫杜竹斋，并非买办，也没有美国后台“托辣斯”老板。可见小说中实业与金融的对峙关系，比吴赵二人的私人恩怨更具有普遍性。而这种普遍性并不必然体现为民族资产阶级与买办阶级的分野，更多地体现为实体经济与金融行业的差异。在瞿秋白提出建议前已经写成的小说第一章手稿中，茅盾就用金融与工业作为“中国社会的缩影”，并且到正式成书后也未删改，遗留了两人认识中国社会的视角差异。

第二章手稿中吴荪甫听到厂里怠工的消息后，抱怨实业经营之难与金融发迹之易：“开什么厂！真是淘气！当初为什么不办银行？凭我这资本，这精神，办银行该不至于落在人家后面罢？现在声势浩大的上海银行开办的时候不过十万块钱……”而另一位丝厂老板朱吟秋，则在忧虑如何向银行续借贷款，愤愤地说：“从去年以来，上海一埠是现银过剩。银根并不紧。然而金融界只晓得做公债，做地皮，一千万，两千万，手面阔得很！碰到我们厂家一时周转不来，想去做十万八万的押款呀，那就简直像是要了他们的性命；条件的苛刻，真教人生气！”

第三章手稿中火柴厂老板周仲伟也说：“金融界看见我们这伙开厂的一上门，眉头就皱紧了。但这也难怪。他们把资本运用到交易所公债市场，一天工夫赚进十万八千，真是稀松平常。”[①]“金融空转”自身获利，而未使资本有效投资实业[②]，是这些“前瞿”表述的核心。茅盾此时的着眼点，更多的还是在中国经济上。

小说第二、三章借吴老太爷办丧事之际，将各方势力都集中到了吴府。各色人等的交谈与密谋，已经构成整部小说的总体框架。手稿中这两章除了借众人之口写公债受战事消息影响及金融界三巨头密谋投机外，还极言工业的困局：“工人要加工钱，外洋销路受日本丝的竞争，本国捐税太重，金融界对于放款又不肯通融！”[③] 如此的实业困局，既不是将来被吴荪甫的益中公司吞并就能解决的，自然也不会被赵伯韬的“工业托辣斯”或其他外国银行兼并就不再存在。

除了金融投机造成实业资金困难之外，前四章手稿还写了金融资本支配工业。第三章吴荪甫叫杜竹斋不要催债反而放债套取抵押品，以挤垮朱吟秋周转不灵的丝厂。借金融业来吞并实业，正是吴荪甫“大计画”的意图所在。而实业家孙吉仁、王和甫拉吴荪甫欲办银团经营长途汽车、矿山等企业，“开头办的时候，手段还得圆活些”[④]。圆活手段实际上就是自组金融机构到公债市场去投机或“套利”[⑤]。吴荪甫集团积极参与金融投机，利用金融业支配工业资本，和赵伯韬集团以及其阴谋制造的“工业托辣斯”实在并无二致。真正构成对立的，其实是实业与金融，而不一定非得是吴荪甫和赵伯韬，也可以是“吴伯韬”和“赵荪甫”。

第四章写农民暴动，而瞿秋白“谈得最多的是写农民暴动的一

---

① 茅盾：《子夜》（手迹本），中国青年出版社1996年版，第23、55、36、63页。

② “金融作为储蓄与投资的媒介，其基本任务应该是把社会储蓄经过间接及直接融资方式转化为有效率的投资，并提升投资的产出效率，这是金融服务好实体经济的核心涵义。”“所谓‘金融空转’，应该指金融行业没有把其中介角色扮演好，也就是没有能够把社会的储蓄资金（可贷资金）转化为投资后形成有效率的产出。”见华而诚、妥佳媛《“金融空转”了吗》，《金融发展评论》2013年第7期。

③ 茅盾：《子夜》（手迹本），第36页。

④ 茅盾：《子夜》（手迹本），第72、69页。

⑤ 茅盾对“套利”有过专门解释，举例“银行家以五六厘的年息吸收了存款去转购二分多利息的公债”，认为“普通的商业银行就这样的把买卖公债作为重要的业务。这说起来，还是稳健的营业，不算投机”。可见茅盾所说的“套利”与“投机”应作为两种不同行为来看待。见茅盾《质疑与解答：公债买卖》，《中学生》第36期，1933年。

章”，但茅盾并未按照瞿秋白的意见改写这一章，只是做了保留。在《子夜》单行本出版前，1932 年 6 月和 7 月，茅盾曾将第二章和第四章分别以《火山上》和《骚动》的题名单独发表在新创刊的《文学月报》上，署名“茅盾”。[①] 单独发表的这两章，与手稿相比，用字略有不同[②]；与 1933 年开明书店版单行本《子夜》相比，文字也有极个别差异[③]。由此可见，1932 年夏单独发表的章节，是茅盾对现存手稿修改后的产物，到《子夜》单行本出版之前，可能又再次修改。而原欲以《夕阳》为题在 1932 年 1 月《小说月报》上发表的第一章，因“一·二八”战火，连刊物带誊录稿一起都随商务印书馆总厂焚毁，未得存世。原本打算单独发表的第一章中，到底有多少接受瞿秋白建议后的修改，也就无据可查了。而前四章手稿与 1933 年《子夜》初版本对比后可以发现，虽有异文，数量却极少，且全都无关宏旨。[④] 可见茅盾接受瞿秋白建议后，对前四章的修改其实非常有限。

小说前四章手稿中残留的大量信息显示，茅盾受瞿秋白影响前，更着意呈现实业与金融的冲突，甚至为此打破吴赵两派壁垒，而非将两派矛盾固化为民族资产阶级与买办阶级的斗争。

---

① 茅盾：《火山上》，《文学月报》第 1 卷第 1 号，1932 年；茅盾：《骚动》，《文学月报》第 1 卷第 2 号，1932 年。

② 例如手稿第四章里机关枪枪声的拟声词，用“达达达达”，而《骚动》和初版本第四章一致，都用“卜卜卜卜”。见茅盾《子夜》（手迹本），第 98 页；茅盾《骚动》，《文学月报》第 1 卷第 2 号，1932 年，第 94 页；茅盾《子夜》，开明书店 1933 年 1 月初版，第 120 页。

③ 例如手稿第二章和《火山上》的结尾，最后一段最后一句都为：“他又浑身充满了大规模地进行企业的野心和活力了！”而初版本第二章最后一段最后一句为：“他又浑身充满了大规模地进行企业的活力和野心了！”语序有所调整。不过，手稿和初版本第二章开头第一段第一句话都是“清晨五时许，疏疏落落下了几点雨”，而《火山上》开头第一段第一句话却是“清晨五时许，萧萧疏疏地下了几点雨”，这或许表明，茅盾在发表《火山上》时对第二章的修改，最终在初版本中并未保留。见茅盾《子夜》（手迹本），第 26—56 页；茅盾《火山上》，《文学月报》第 1 卷第 1 号，1932 年，第 19—42 页；茅盾《子夜》，开明书店 1933 年 1 月初版，第 29—69 页。

④ 除了上述几处和“雪铁笼”改为“福特”之外，还有其他一些修改。例如手稿第三章结尾处，倒数第四段最后两句是：“雷参谋俯下头去。一个长时间的接吻。”而初版本这段最后一句是：“雷参谋俯下头去，两个嘴唇接在一处。”手稿第三章最后一段的最后一句是：“说不明白的一种味儿将这位可怜的少妇的芳心压碎了！”而初版本这段最后一句是：“说不明白的一种味儿将这位少妇的芳心狠狠地在揉，揉！”见茅盾《子夜》（手迹本），第 78 页；茅盾《子夜》，开明书店 1933 年 1 月初版，第 94—95 页。

## 二　最初构想“都市三部曲”中的实业与金融

既然在未受瞿秋白影响的小说前四章手稿中，茅盾原本意图是呈现实业与金融的冲突，那么茅盾这样的构想最初始于何时？是否从来如此？尽管茅盾在《子夜》初版后记中说“右《子夜》十九章，始作于一九三一年十月，至一九三二年十二月五日脱稿”，但最初的构想与创作准备，早在 1930 年就开始了。

1930 年 4 月，茅盾从日本回到上海，常去表叔卢鉴泉①的公馆晤谈。“卢公馆的客人中除银行家外，也有南京政府方面的人”，“他们中有开工厂的，有银行家，有公务员，有商人，也有正在交易所中投机的”②。1930 年秋，茅盾受眼病等影响不能写小说，他的“日常课程就变做了看人家在交易所里发狂地做空头，看人家奔走拉股子，想办什么厂，看人家……”③，他感受到“流在都市中的资金不但不能促进生产的发展，反而增添了市场的不安定性。流在都市的资金并未投入生产方面，而是投入投机市场”④。

《子夜》最初构想的庞大，远非成稿可比，乃是一部都市与农村的“交响曲”。其中仅都市部分，就已设计了“都市三部曲”——《棉

① 卢鉴泉名学溥，卢父的续弦为茅盾父亲的姑母，故卢鉴泉与茅盾的父亲只是名义上的表兄弟。卢鉴泉会试落第后回乡为绅，曾任乌青镇国民初等男学校长，对学生茅盾十分赏识。北洋政府时期卢鉴泉曾任财政部公债司司长，并发表演说鼓励民众购买北洋政府的公债。1916 年商务印书馆北京分馆欲以京华印书局承印政府公债债票，故巴结卢鉴泉，茅盾借此得以去商务印书馆工作。到国民革命后卢鉴泉又被南京国民政府派任交通银行董事长及南京中国银行监察。卢鉴泉当时虽在上海作寓公，却仍在担任浙江实业银行常务理事等职。甚至在 1930 年蒋冯阎桂中原大战之时观望局势，并不马上接受南京政府有意委任的上海造币厂厂长一职。参见茅盾《我走过的道路》（上），人民文学出版社 1997 年版，第 16、71、112、114 页。

② 茅盾：《〈子夜〉写作的前前后后——回忆录［十三］》，《新文学史料》1981 年第 4 期。

③ 茅盾：《我的回顾》，《茅盾自选集》，天马书店 1933 年版，第 6 页。《我的回顾》写于 1932 年 12 月，据此，高利克对 1932 年“一·二八”事变后茅盾回乡的时间及其对《子夜》中乡村部分描写的影响做出了推断；而茅盾 1960 年在对高利克该文的批注中并未否认这一点。见高利克著，茅盾批注《茅盾传略》，《现代中文学刊》2013 年第 4 期。

④ 茅盾：《子夜是怎样写成的？——茅盾先生在副刊座谈会上的讲演》，《新疆日报·绿洲》1939 年 6 月 1 日。

纱》《证券》《标金》，较今之《子夜》仍远为庞大；但其中的农村部分并未详细设计。最终，茅盾放弃了都市与农村“交响曲”的计划，而写出了都市方面的《子夜》与乡镇及农村方面的《林家铺子》《春蚕》等不同层面的小说，后又接续了《秋收》与《残冬》，倒非一开始就有意写“农村三部曲”。①

而茅盾署名“蒲剑”的记事珠 A——《棉纱》、记事珠 B——《证券》和记事珠 C——《标金》，手迹至今存留。② 这三篇文献写于 1930 年 10 月，茅盾将其称为“初步的提纲”，或许是《子夜》创作意图最早的遗证。

《棉纱》欲写中国纺织业从一战时期获得发展，到在农村破产，再到与日本纺织业的激烈竞争中失败。其中设计了罢工女领袖被离间和其他纱厂竞争者煽动罢工的情节。③《棉纱》中纱厂厂主雄心大减，其弟却“看准了中国金融资本之发展的一幕，劝他哥哥去开银行”④，显示了实业的困境与金融的进路。

《证券》手迹中，“表现之主要点”为：“官僚、地主、失败后的工业家，都将他们的积累的资本来开银行，办交易所，造成了金融资本的堡垒（财阀）”，“和政府勾结，垫款，承销公债，自己发财”，“吸收了小资产阶级的储蓄，又向外国银行借款来做政府的垫款”，最根本的

① 茅盾：《〈春蚕〉、〈林家铺子〉及农村题材的作品——回忆录［十四］》，《新文学史料》1982 年第 1 期。

② 这三个“记事珠”辑录发表于《茅盾作品经典》第 1 卷，中国华侨出版社 1996 年版，第 499—513 页。但辑录有部分文字认读错误。三个“记事珠”首页的照片可参见孙中田《图本茅盾传》，长春出版社 2011 年版，第 128 页。照片中三张首页之后均不可见下页具体内容的照片。1980 年茅盾据此撰写了《〈子夜〉写作的前前后后——回忆录［十三］》当中的相关部分。关于这三个“记事珠”手迹的保存，参见学思《茅盾〈子夜〉手稿》，《档案工作》1987 年第 3 期。

③ 为写棉纱纺织业，茅盾还专门研读了井村薰雄所著、周培兰翻译的《中国之纺织业及其出品》。有趣的是，正是在这本研究中国棉纺织业及日商在华纺织业的经济学著作中，日本学者井村薰雄认为日商在华纺织厂“今日强烈罢工运动之背后，除共产主义者之煽动外，又有华商纱厂之策画”。井村薰雄书中对罢工因素的这种认识，影响到了后来小说《提要》中对罢工运动受其他资本家煽动的设计，这才有后来瞿秋白的不同意见。参见〔日〕井村薰雄《中国之纺织业及其出品》，周培兰译，商务印书馆 1928 年版，第 318 页。

④ 茅盾：《〈子夜〉最初构想——记事珠》，《茅盾作品经典》第 1 卷，第 504 页。

是“剩余资本不做生产事业而以金融资本的形式来营利”。[1]《证券》设计了两人被交易所金融家愚弄以致丧失所有，仇人又联合起来开银行的情节。留学归来的工程师变卖家产欲开工厂而招股碰壁，无法从银行获得借款，反被银行总司库劝说“有钱还是做公债买卖较可靠，没有人信任什么工业的”[2]，最终在纽约的股票暴落风潮中破产而成失心疯。在《证券》的构想中，实业与金融对立的情形已经初步显现。

《标金》中的“金融资本只做了军阀的账房，不能调节中国工业”的概括，正是指《证券》中提到的政府借款和对政府公债的投机占用了大量银行款项，工业发展则因贷款难获而流动困难。故事欲写“中国金融资本的得利及工商业之倒闭”：一方面，“中国金融资本家”“完全是买办阶级化身”；另一方面，“中国的工业家也难以自存”。[3]中国以白银为货币，因金贵银贱，火柴厂进口原料腾贵，将厂抵押给外国银行。金融家却劝厂主得现款做金子生意。其中厂主父亲初到上海就被气晕的情节，在后来小说手稿写作时仍然保留，成为吴老太爷故事的最初来源。后来《子夜》中吴荪甫、周仲伟等实业家最终的押厂企图，早在茅盾构思之初就已设计。

计划中的“都市三部曲”，尚未出现统一的故事与主人公。尽管纱厂厂主的弟弟就是财阀银行的总司库，也是火柴厂老板的表兄弟，但始终未见吴荪甫那样的形象。更重要的是，“都市三部曲”一部《棉纱》主写工业，一部《证券》主写金融，最后一部《标金》将两方面对写。金融和实业是作者有意设计的一种对立关系，尤其突出了金融资本不能促进实业反增其困难的尖锐冲突。这三个“记事珠”中实业与金融的冲突，显然保留了茅盾最初的创作视角。

而将瞿秋白强调的民族资产阶级与买办阶级的阶级视角还原为实业与金融的经济视角之后，需要探寻的就是茅盾原本究竟打算如何以实业与金融的视角来呈现1930年的中国社会全景。

---

① 三个“记事珠”首页的照片，见孙中田《图本茅盾传》，第128页。

② 茅盾：《〈子夜〉最初构想——记事珠》，《茅盾作品经典》第1卷，第507页。

③ 茅盾：《〈子夜〉写作的前前后后——回忆录［十三］》，《新文学史料》1981年第4期。

## 三 《提要》中的投机交锋与两派同质

茅盾在完成上述“初步的提纲”后，“觉得这种形式不理想”，“搁下了这个计划”。眼病第二次发作后经历了三个月的休息，其间重新考察中国工业尤其是丝织业和火柴工业。之后“重新构思写出了一个《提要》和一个简单的提纲”，眼愈后“又据此提纲写出了约有若干册的详细的分章大纲”，但“这些大纲都丢失了”，“《提要》却奇迹般地保存了下来”。[①]

这份《提要》首先设计了“两大资产阶级的团体”：“吴荪甫为主要人物之工业资本家团体”（包含周仲伟、朱吟秋等）和“赵伯韬为主要人物之银行资本家团体”（包括韩孟翔、杜竹斋等）。在介绍“工业资本家方面与帝国主义的关系”时，又说“吴荪甫后来也要和英国银行家发生关系”；在介绍“银行资本家方面与帝国主义的关系”时，说“赵伯韬的后台老板是美国人。他是银行买办”。似乎体现了记事珠C——《标金》中所谓“中国金融资本家”“完全是买办阶级化身”，同时“中国的工业家也难以自存”的认识。但《提要》却又提到了“在此两大资产阶级团体之外独立者”——“买办阶级：军火买办，外国银行之买办”。[②] 由此可见，至少在茅盾撰写《提要》时，虽然被定位为“银行买办”，但“赵伯韬为主要人物之银行资本家团体”与所谓“买办阶级：军火买办，外国银行之买办”仍是两个不同的团体。《提要》对作品中两种金融家身份的不同表述，已经显现其创作意图一再变化。至今仍有学者对《子夜》中“赵伯韬的身份角色”存疑。[③]

在《提要》中，茅盾设想的小说题名为《夕阳》，另外还有两个名字“《燎原》or《野火》”。而“总结构之发展”共分五部分。

① 茅盾：《〈子夜〉写作的前前后后——回忆录［十三］》，《新文学史料》1981年第4期。

② 茅盾：《提要》，《子夜》（手迹本），第445—447页。

③ 梁竟男、张堂会：《〈子夜〉中吴荪甫、赵伯韬矛盾斗争存疑》，《名作欣赏》2011年第11期。

（一）“工业资本家方面之有力者谋组织一银团，一面抵抗银行资本家赵伯韬等之压迫，另一方面则谋吞并工业资本家之实力薄弱者。”

（二）工业资本家集团陷于多面苦斗。

（三）“政治上的与交易所中之种种阴谋。”

（四）“谋倒赵者以交易所为战场；谋倒吴者以工厂为战场，谋利用劳动者。于此造成了劳动者的第三次罢工。”“于此时赵吴皆有同归于尽之势。”

（五）“长沙陷落，促成了此两派之团结，共谋抵抗无产革命。然两面都心情阴暗。”两派在庐山牯岭相会，韩孟翔吟诗：“夕阳无限好，只是近黄昏！”①

其中第一条工业家组织的银团本身，也是金融支配实业的体现。这条直到小说手稿第三章中仍有呈现，吴荪甫与杜竹斋密谋套取朱吟秋丝厂的抵押品，正与赵伯韬的手段相同，呈现了吴赵两派的同质化。而“总结构之发展”第五条所设计的两派合作结局，与瞿秋白关于民族资产阶级无法战胜买办阶级的建议完全不同，在后来的小说创作中已被改写。

而该《提要》与后来《子夜》中的情节最大的不同，则在于“交易所中”两集团的较量。《提要》详写了几次交易所斗争，吴赵第一次联手做多头买涨，“但其后赵即单独放空”。第二次交锋，“吴得雷参谋之密电，知陇海线上中央军形势又利，转做多头（陆匡时即为吴之经纪人），狠狠的挤了赵一下”。第三次交锋吴赵各有胜败，“济南失陷的消息，吴先一日得到，则又大放空。赵几为所倒”。与后来的小说相反，《提要》中交易所斗法吴荪甫屡次获胜，最终也并没有大败。吴的姐夫杜竹斋“在工业资本团与银行资本团突尖锐化之时，他守了中立”，没有背叛吴。吴荪甫是在“既以武力解决占据厂内之工人后即赴避暑地”的，没有像后来小说中那样自杀未遂后逃走，《提要》中逃走的是吴荪甫的经纪人陆匡时。吴先后两次令陆匡时做空头，表面上与做

① 茅盾：《提要》，《子夜》（手迹本），第 448—452 页。

多头的赵伯韬公开对抗，实际上吴自己暗中补进，并在“交易所最后胜利之时（其实他并无多大钱赚进，因为亏空亦甚大也）”①，与徐曼丽同往牯岭。简言之，《提要》里是吴荪甫而非赵伯韬取得了交易所斗争的最终胜利。

非常明显的是，《提要》中无论是“后来也要和英国银行家发生关系”的工业家吴荪甫，还是“后台老板是美国人”的银行家赵伯韬，都将大笔资金用于金融投机。而工业发展则在“为赵派所鼓起”的罢工中，最终走向“武力解决，暂时停厂”。尤其值得注意的是，“总结构之发展”中，并不是在公债市场上让吴派落败赵派也落败（事实上多头与空头不太可能同归于尽），而所谓的“同归于尽之势”是让工业家在银行家唆使的罢工中遭受损失，让银行家在同工业家的投机交锋中“大失败”。《提要》中的斗法与合流，始终难见吴、赵之间的本质区别②，他们反而都在对方的领域战胜了对手。在金融市场上两大集团都成了各自利益的角逐者，早已不是实业与金融的代表，而是呈现为同质性的派系对立。《提要》只字未提民族资产阶级企图发展民族资本主义来救国，甚至连“民族”二字也从未出现。反倒是记事珠 B——《证券》中提到过的“剩余资本不做生产事业而以金融资本的形式来营利”，成了《提要》对吴赵两派共同的描述方式。

---

① 《提要》介绍两派的政治背景时说“工业资本家倾向改组派（即汪精卫派）”，而“银行资本家中，赵伯韬是蒋派”。在茅盾该《提要》手迹上，原文“工业资本家倾向改组派”之后，并无“即汪精卫派”几个字，这五个字是在《提要》原文旁茅盾用另一支粗笔标注的，标注显然与《提要》的原文撰写不是同一次完成的。粗笔修订与《提要》手迹上的细笔删改也不是同一时间完成的。这种明显的粗笔字迹在《提要》手迹上极少出现，另两次是工贼“属于黄色工会中之改组派者”的“改”字，和“研究系之银行家”的“系之”两字，三次粗笔修订都出现在对人物身份的阐释中。类似这种粗笔的修订字迹，在现存的大纲中也曾多次出现。说明粗笔修改可能产生于现存大纲写作修订时。以上几处粗笔修改，见茅盾《子夜》（手迹本），第 448—449、445、464、467、471、476、479、483 页。本文所引茅盾该《提要》，均出于《子夜》（手迹本），而《〈子夜〉写作的前前后后——回忆录［十三］》一文中茅盾所抄录的《提要》，有极个别字句异文，有可能是 1980 年茅盾抄录时笔误所致。关于吴荪甫政治立场与投机倾向的关系，参见妥佳宁《〈子夜〉对国民革命的“留别”》，《文学评论》2019 年第 5 期。

② 段从学：《〈子夜〉的叙事伦理与吴荪甫的“悲剧”》，《南京师范大学文学院学报》2015 年第 2 期。

## 四　新大纲及对应小说章节中的瞿秋白影响

如果说实业与金融是茅盾最初的着眼点，经历了表述转换后才演变为民族资产阶级与买办阶级，那么小说所写的第三方面即“革命运动者及工人群众”，与茅盾所构想的金融和实业之间构成了什么样的关系？在小说成书过程中经历了重心转移之后，三者之间原本的关系又发生了怎样的变化？

按照《提要》和旧大纲写出小说前四章手稿后，经 1931 年 4 月瞿秋白的建议，茅盾改变了吴赵斗争的结局，并最终“把原定的计划再次缩小，又重新改写了分章大纲，这一次是只写都市而不再正面写农村了。但已写好的第四章不忍割舍，还是保留了下来，以至成为全书中的游离部分。这个新的分章大纲比前一个分章大纲简单多了，现在还保存着其中的一部分”[①]。与前四章手稿不同，新大纲（现存大纲）及其所对应的后几章手稿中，受到瞿秋白影响较为明显。

除了农民暴动之外，瞿秋白“也谈到后来的工人罢工。写农民暴动的一章没有提到土地革命，写工人罢工，就大纲看，第三次罢工由赵伯韬挑动起来也不合理，把工人阶级的觉悟降低了”[②]。显然，作为革命者的瞿秋白，最关心的并非金融与实业之间的冲突，而是阶级层面的问题，尤其是农民暴动的革命性和工人罢工的觉悟问题。在政治家瞿秋白看来如此重要的两个问题，却在茅盾的前四章手稿和全书原大纲中严重缺失，正显示了茅盾此前的创作重心并不完全是阶级问题。

小说前四章写成后，茅盾经瞿秋白建议后所写的“新的分章大

---

① 茅盾：《〈子夜〉写作的前前后后——回忆录［十三］》，《新文学史料》1981 年第 4 期。这份新大纲，与现存《子夜》写作手稿一同于 1996 年由中国青年出版社（前身是开明书店）影印出版。此后，同一份《子夜》写作手稿又两度影印出版。各影印本虽保留了茅盾字迹的影像，却都因重新分页等在一定程度上破坏了原稿纸张的版式。见韦韬主编《茅盾手迹——子夜篇》，华宝斋书社 2001 年版；茅盾著，桐乡市档案局（馆）编《茅盾珍档手迹 · 子夜》，浙江大学出版社 2011 年版。

② 茅盾：《〈子夜〉写作的前前后后——回忆录［十三］》，《新文学史料》1981 年第 4 期。

纲”，并无第一章至第六章的部分；茅盾回忆说见瞿秋白时小说“已草成四章”，而现存小说手稿的第五章开头和第四章结尾是写在同一张稿纸上的[①]，因此也就无法确定第五章、第六章小说写成的准确时间究竟是在两人见面之前还是之后，第五章、第六章小说内容究竟是否受过瞿秋白影响也不得而知。

而存世的大纲中，第七章至第九章十分简略，与后面几章大纲的格式有细微差异，两部分大纲不一定是同一时期完成的[②]，但显然都不是原来那份“约有若干册的详细的分章大纲”。

现存大纲中第十章以后的部分相对详细。尽管茅盾已经接受瞿秋白的建议，更多地使用民族资产阶级与买办阶级等表述，但在一些关于经济活动的书写中，还是能够看到实业与金融的对立。第十二章大纲结尾处，用另一种粗笔字迹补写了益中公司遭受储户挤兑影响资金流动。这说明益中是混业经营，即工业流动资金与金融投机甚至储户存款共同使用总资产。[③] 在内部资金使用上，实业与金融投机及存储之间形成了对立关系。[④] 而大纲第十六章“主要点”则是“荪甫他们办企业的狂热一过而趋于萎靡；他们不想再扩充而只求维持现状；他们把资本移用在公

---

① 茅盾：《子夜》（手迹本），第 102 页。

② 现存《子夜》分章大纲于 1984 年在《茅盾研究》辑刊发表，但核对手迹影印资料可发现《茅盾研究》的这次抄录有个别字句抄写错误。且编者误认为这是“在《提要》基础上写下的分章大纲”。同时，编者指出第七章至第九章的大纲与第十章以后的大纲，“是两次完成的，这两次的前后，现在尚不能断定”。编者将第七章至第九章的大纲排在版面的最后，并用分割线与其他章大纲区别开来。这一辑《茅盾研究》还在卷首图片中影印了第七章大纲的部分内容。见《茅盾研究》第一辑，文化艺术出版社 1984 年版，第 22—38 页。现存《子夜》分章大纲也见《茅盾作品经典》第 1 卷，第 523—547 页，辑录存在部分错误。

③ 茅盾：《大纲》，《子夜》（手迹本），第 467 页。混业经营，即银行可以将储户存款用于投机，收益大，风险也较大；与混业经营对立的另一种情况是分业经营，即金融机构进行投机时不允许使用储户存款，存贷款业务与金融投机业务各自独立。

④ 益中公司的混业经营还让实业与金融投机以及存储共用总资产。在该大纲对应的小说手稿第十二章中，益中公司接洽好的十万存款临时变卦不再存入，借孙吉人之口写办厂与投机的矛盾：“公司组织的时候实收资本八十万，后来顶进这益中，收买那八个厂，现在杜竹翁又拆股退出，就只存现款四十多万，陆续都作了公债。”6 月益中公司由空头转做多头，“这一次拿公司里的资本全部做了公债”，以至要扩充那八个小厂所需的三十万元也被挪用。见茅盾《子夜》（手迹本），第 272、275 页。

债”。[①] 益中公司不愿出资帮助周仲伟的火柴厂，而要集中资金全力进行公债投机。实业和金融的对立，并不单一地对应着吴赵两派的对立，也成为吴荪甫等一群人内部的冲突。

而现存大纲的后半部分，更多地体现了瞿秋白建议的影响。从小说一开始，益中公司、公债投机、工厂罢工三条战线就是并行的，罢工问题只占其一。然而现存大纲后几章的序号涂改情况则改变了这种安排。这部分大纲原来是从第十章到第十六章。经修改，将原来颇长的第十三章分为三部分，相当于各为一章（即第十三章、第十四章、第十五章）；将原来的第十四章标题序号用粗笔涂改为第十六章；将原来的第十五章改为第十七章、第十八章两章；将原来的第十六章标题序号涂改为第十九章。而对章节划分的如此改动，最明显的效果就是把原本已经详写裕华丝厂罢工的第十三章，更大地扩充成了三章。在大纲重新划分的这三章结尾空白处，还补列了从罢工领袖、女工到工贼、走狗的22个工厂内不同角色名单。[②] 可见罢工运动在大纲修订过程中被逐步突出。

而突出罢工运动在小说内容中所占的比重，无疑会使原名《夕阳》（*In Twilight*）的小说描绘重心发生偏移，从一部同时写吴荪甫集团三条战线的《现代中国变革传奇》（*a Romance of Modern China in Transition*），或另一最初英文题名所设想的《中国实业化的故事》（*a Novel of Industrialized China*）[③]，向一部资本家与工人斗争的阶级问题记录倾斜[④]。

尽管茅盾已经按照瞿秋白的建议改写结局，但瞿秋白在小说成书后仍认为这个结尾太短，还希望能再多加些有关罢工的内容。在1933年

---

① 茅盾：《大纲》，《子夜》（手迹本），第479页。

② 茅盾：《大纲》，《子夜》（手迹本），第477—478页。

③ 小说手稿第一章前面最初的英文题名 *In Twilight* 之后有两个副标题：*a Romance of Modern China in Transition*，或 *a Novel of Industrialized China*，见茅盾《子夜》（手迹本），第1页。而小说改名《子夜》并正式出版后，扉页上的英文标题则是 *The Twilight: a Romance of China in 1930*，见茅盾《子夜》，开明书店1933年1月初版，扉页。

④ 妥佳宁：《作为〈子夜〉“左翼”创作视野的黄色工会》，《文学评论》2015年第3期。

8月13日、14日的《中华日报·小贡献》上，瞿秋白以“施蒂尔”的笔名发表了《读〈子夜〉》。在肯定了《子夜》的价值并详述了理由后，瞿秋白提出五点意见，其中最后一条也是整篇文章的最后一句话：“在《子夜》的收笔，我老是感觉得太突然，我想假使作者从吴荪甫宣布‘停工’上，再写一段工人的罢工和示威，这不但可挽回在意识上的歪曲，同时更可增加《子夜》的影响与力量。”① 瞿秋白不同意小说中吴荪甫和屠维岳最终战胜罢工的设计，认为应该更突出吴荪甫被工人罢工所打败，而不仅仅是败于金融投机。瞿秋白虽与“托派”/“取消派”对中国社会性质看法不同②，但还是希望小说不仅突出民族资产阶级与买办阶级之间的矛盾，也要将资产阶级与无产阶级的矛盾一起凸显出来。这种阶级矛盾式的解读，无论在多大程度上能够与原作者的表述达成契合，都注定成为后来理解《子夜》的最主要路径。

然而，茅盾在后来的一系列回忆中，认为“写得最不顺手的是关于工厂罢工斗争的部分”，并承认“这几章的大纲”“就二易其稿”，“但这些章节仍然是全书中写得最不成功的”。③ 茅盾还说他是按照瞿秋白的要求，改写了《子夜》当中工人罢工的盲动主义。而且瞿秋白还希望他能够描绘农村的暴动与土地革命，但茅盾自称“关于农民暴动，由于我当时连间接的材料都没有，所以没有按秋白的意见修改，而只是保留了游离于全书之外的第四章”④。在受瞿秋白影响之余，茅盾对 *a Romance of China in 1930* 的理解与关注焦点，仍与瞿秋白存在不止一处的差异。

另外，《提要》中吴荪甫在交易所斗法中曾利用军事消息先“狠狠的挤了赵一下”，后又使“赵几为所倒”。到新大纲和对应章节中则恰

① 瞿秋白：《读〈子夜〉》，转引自瞿秋白著，朱正编《论〈子夜〉及其它》，百花文艺出版社1985年版，第123—124页。

② 妥佳宁：《从汪蒋之争到“回答托派”：茅盾对〈子夜〉主题的改写》，《中山大学学报》（社会科学版）2017年第1期。

③ 茅盾：《〈子夜〉写作的前前后后——回忆录［十三］》，《新文学史料》1981年第4期。

④ 茅盾：《回忆秋白烈士》，《茅盾全集》第13卷，人民文学出版社1986年版，第445页。

好相反，吴赵几乎完全易位，吴荪甫每次均被赵伯韬暗算，被困资金越来越多，以致出顶益中公司，挪用了益中储户的存款，并抵押了自己的房子，且欲抵押丝厂却最终未果。甚至小说的结局也不再是《提要》中原来设想的样子。吴荪甫在公债市场的决战中因杜竹斋的趁火打劫而大败，自杀未遂最终逃跑。作为吴荪甫姐夫的银行家杜竹斋突然倒戈，把《提要》里实业与金融在冲突中“双输”的局面，改成了民族资产阶级斗不过买办阶级。结局的修改，显然是瞿秋白对《子夜》最大的影响。

就在茅盾“反复推敲那大纲的时候”，“决定把题名由《夕阳》改为《子夜》”。[①] 而正是这样的表述转换与重心偏移，使得《提要》和小说手稿中原本“只是近黄昏”的“夕阳无限好”，变成了最黑暗的“子夜”，以此来暗示对中国社会的整体判断。

## 结　语

《子夜》成书过程的具体文献谱系虽因部分文献的缺失而不完整，却至少可知基本的时间排序——从最初的《棉纱》《证券》《标金》构想，到《提要》及其“若干册的详细的分章大纲”（已佚），到现存前四章手稿以及在报刊单独发表的第二章和第四章，再到受瞿秋白影响后重写的新大纲，最后到现存手稿的后半部。《子夜》正式出版之前的这些文献所构成的谱系，为探寻小说创作过程中的表述转换与重心转移提供了最基本的原始证据。

事实上，《子夜》的解读史几乎从瞿秋白最初阅读前四章时就已经开始了。一种阶级式的社会分析话语体系，不仅会影响评论者与读者，更会影响作者的写作重心与表述方式，甚至自我体认。而由《棉纱》《证券》《标金》三个“记事珠”的最初设想来看，不应过分夸大瞿秋白在

① 茅盾：《〈子夜〉写作的前前后后——回忆录［十三］》，《新文学史料》1981 年第 4 期。

小说情节改动中起到的作用。罢工者被离间、工业资本家的失败，以及金融资本家的外国买办身份，在茅盾的最初设想中已经存在。但这些成分在成稿中最终呈现为多大比重，构成了怎样的阶级式话语逻辑，则不能忽略瞿秋白的影响。瞿秋白在《子夜》成书之后的解读①，也与当时的众多评论一同构成了特定时代对《子夜》的特定理解②。

此后研究者对民族资产阶级与买办阶级冲突经久不衰的关注，同样只是把握了《子夜》主要讨论的某一层面问题，而曾经与此问题并存，却更为复杂的金融与实业之间的矛盾，则由于后来政治形势与国家经济制度变化的多重原因，成为后人在较长时间内无法理解的另一层面表述。③ 茅盾在创作《子夜》过程中绝不是没有阶级关系的考虑，但这也只是一种表述方式，不应由此而遮蔽另一种关于实业与金融关系的表述。尤其需注意的是，不管是吴荪甫还是所谓的民族资产阶级，都不是实业的直接代表者，而与赵伯韬或所谓的买办阶级一样，其所作所为也是实业受金融掣肘的另一种体现。实业与金融之间存在微妙的经济关系，而不一定与具体的个人、群体或阶级完全对应；民族资产阶级与买办阶级，则是具体的阶级关系，主要用于对中国社会性质的分析。

而在《子夜》以特定模式被理解多年之后，当阶级式的表述在新的思想解放运动中不再成为衡量文学价值的有效维度时，《子夜》难以

① 除《读〈子夜〉》之外，1933 年 4 月 2 日、3 日瞿秋白与鲁迅在《申报·自由谈》上一同以乐雯笔名发表《〈子夜〉和国货年》。对瞿秋白和鲁迅合写该文的考证，参见丁景唐、王保林《谈瞿秋白和鲁迅合作的杂文——〈《子夜》和国货年〉》，《学术月刊》1984 年第 4 期。

② 芸夫：《〈子夜〉中所表现中国现阶段的经济的性质》，《中学生》第 41 号，1934 年 1 月。这一期的《中学生》杂志特别开辟了“中国现势特辑”，专门刊登《中国都市金融的现状》《中国农业的现势》《中国民族工业的前途》等文章。此文作者“芸夫”实为孙犁（见孙犁《装书小记——关于〈子夜〉的回忆》，《光明日报》1978 年 6 月 25 日）。另外，日本学者桑岛由美子曾将芸夫从《子夜》中总结出的七个相关问题，与茅盾的弟弟沈泽民从苏联学习归国后于 1931 年在瞿秋白办的中共秘密刊物《布尔塞维克》上发表的《第三时期的中国经济》中的七个标题逐一对照，以此分析茅盾如何用《子夜》形象化地回应了当时中国社会性质论战中的相关问题。见〔日〕桑岛由美子《茅盾的政治与文学的侧面观——〈子夜〉的国际环境背景》，袁暌译，《中国现代文学研究丛刊》1995 年第 3 期。

③ 相关研究者甚至对《子夜》中的金融投机研究也较少，较深入的有郑富成《漫谈〈子夜〉中公债市场的斗争》（《河北师范大学学报》1980 年第 1 期）。郑富成未能见到上述《提要》，是针对《子夜》小说文本中的投机交锋而谈的，与《提要》设想有所不同。

为新的“审美”维度所接纳[①]，但又无法简单地划入新时期再度开启的“启蒙”讨论中去，《子夜》讨论的社会性质与经济问题似乎成了陈旧甚至不值得继续多言的老话题。[②] 但随着世纪之交中国社会的转型，尤其是金融是否因“空转”而无法服务于实业等旧问题的重新出现，以及21世纪几乎纯粹依赖风险投资来运行的新兴服务业等新问题的出现，七八十年前曾经为茅盾所关注的实业与金融之间的冲突，再次唤醒一种重要的当下视角。[③]

实业与金融的视角其实当年早已被评论者看到。然而《子夜》解读的焦点一再随着时代而改变，对作者意图的解读重重叠叠，关注细节与文献谱系的实证考察却仅见一二。面对已经改写并永远无法完全还原的作者意图，与不断重述却始终无法抹去的社会历史，初版本之前从“记事珠”、《提要》到大纲与手稿，大量文本碎片中残留的实业与金融的视角，或许能够在某一层面上发现《子夜》不同创作阶段中曾有过的一种想象维度，甚至为理解不同层面的作者打开另一扇窗。

① 妥佳宁：《“高级形式的社会文件”何以妨害审美——关于〈子夜〉评价史》，《当代文坛》2018年第4期。

② 关于1949年以前的《子夜》评论，20世纪50年代至70年代作为无产阶级文学范本的“定向与放大”，以及新时期《子夜》的接受史，参见陈思广《未完成的展示——1933—1948年的〈子夜〉接受研究》，《江汉论坛》2008年第5期；陈思广《放大与悬置——〈子夜〉接受研究60年（1951—2011）述评》，《河北师范大学学报》（哲学社会科学版）2013年第1期。

③ 曹万生在1996年茅盾100周年诞辰国际学术研讨会上做了题为《从悲剧与丑，看茅盾的产业意识》的发言。他已经意识到，甚或进一步预言“中国当代的社会经济改革已经提出和解决的问题正在越来越多地与茅盾当年思考的问题、采用的题材、塑造的人物有了越来越密切的联系。这种联系已经导致了对《子夜》主题的重新审视”。见曹万生《茅盾在当下中国的意义》，《四川师范大学学报》（社会科学版）2003年第2期。

# 《讲话》前马克思主义文论在延安的发展与传播*

◇付甜甜**

**内容摘要**：《讲话》发表前，马克思主义文论在延安发展与传播的方式主要有三种：中共高层领导的直接参与、组建形式多样的文艺组织，以及创办风格多样的文艺刊物。与社团时期、左联时期相比，《讲话》前马克思主义文论的发展方式既有优点又包含局限性。其优点在于，马克思主义文论在政治稳定的民主氛围中得到了充分自由的发展，得到了前所未有的实践性表达；其局限性在于，一方面，数量、种类繁多的文艺组织没有一个核心的领导组织进行统一管理；另一方面，在宽松自由的氛围中也暴露了很多思想问题，不利于抗战取得胜利。这一切都构成了《讲话》形成的重要背景，是全面准确理解《讲话》的重要前提之一。

**关键词**：在延安文艺座谈会上的讲话　马克思主义文论　延安文艺

《在延安文艺座谈会上的讲话》（下文简称《讲话》）发表之前，中共中央并没有出台独立的、专门的、正式的党的文艺政策。[①] 1943 年 11 月 8 日《解放日报》发布《中央宣传部关于执行党的文艺政策的决

* ［基金项目］国家社科基金项目“传统文学观念对中国化马克思主义文论的影响”，项目编号：16BZW003；山东大学人文社科青年项目“中国现代马克思主义文艺理论传播的组织形态研究”，项目编号：IFYT19017。

** 付甜甜，山东工商学院讲师，山东大学马克思主义文艺理论研究中心博士，主要研究方向为现代文艺理论、马克思主义文艺理论。

① 萧军在《难忘的延安岁月》中说，1941 年 7 月的一天，他因文艺纠纷向毛主席辞行，“我问毛主席党有没有文艺政策？毛主席说，现在忙着打仗、种地，哪顾得上呢！他说党应当制定一个文艺政策，以便使延安和各抗日根据地的同志们都有所依据，有所遵循，团结起来，步调一致地展开文艺工作”。参见艾克恩编《延安文艺回忆录》，中国社会科学出版社 1992 年版，第 113—114 页。

定》，始将《讲话》作为党正式的文艺政策并加以实施。《讲话》作为延安文艺时期马克思主义文论的最大成果，是对五四以来马克思主义文论的总结，不仅有巨大的现实意义，也对今后的文艺发展有深远的影响。然而《讲话》的形成是有其历史过程的，延安文艺座谈会召开以前，马克思主义文论依托各种组织、机构、刊物等得以发展，这些方式在推进马克思主义文论发展的过程中所呈现出来的优点及局限性为《讲话》的形成提供了经验与教训，成为《讲话》出台必不可少的背景。本文主要梳理延安文艺早期（《讲话》前）马克思主义文论发展与传播的组织方式，并将其与社团时期①、左联时期的文艺组织进行对比，以说明该阶段马克思主义文论组织发展的特点。以《讲话》为核心的延安文艺的生成主要在以延安为核心的陕甘宁边区，因此本文的文艺组织体系也主要以延安为主，兼及其他革命根据地。

## 一　中共高层领导的直接参与

与左联时期相比，在新的政治环境下，延安文艺组织覆盖面更广、更成体系，其最大的特点在于文艺组织与中共领导核心有非常密切的关系。在某种意义上，中共高层领导全面参与并推进了文艺的发展。这种情况的出现首先是因为客观条件的变化。

延安文艺时期，由于有了相对稳定的政治环境以及自主权，文艺事业在革命根据地可以在党的领导之下自主发展。虽然在左联时期，马克思主义文论也是在党的领导之下发展的，但是在国统区的发展有诸多限制，加之当时中共组织一再遭到破坏，使得左联的文艺发展出现了许多不确定因素甚至偏离了文艺发展的方向（如宗派主义、关门主义等）。延安不仅是文艺工作者的聚居地，也是中共中央领导核心的所在地。这

① 社团时期，是指 20 世纪 20 年代。这一时期马克思主义文论发展与传播主要以文学社团为平台，尤其是在“革命文学”论争中，马克思主义文论首次被深入地、大规模地介绍正是得益于创造社、太阳社等文学社团。参见泓峻《社团传播对中国早期马克思主义文论品格的影响》，《文史哲》2019 年第 2 期。

种地缘上的亲近关系，使得中共领导与文艺工作者互动频繁，而文艺宣传工作的重要性也使得党的领导高度重视文艺事业。这一点可以从党的高层领导参加各种文艺组织的活动并发表深具理论意义的讲话中看出。查阅相关文献资料①可以发现，《讲话》之前，很多领导都针对文艺问题发表了讲话，有的甚至发表了多次讲话。这些讲话或是对文艺工作的规划、肯定，或指出文艺工作的不足之处，对马克思主义文论的发展有重要的影响。

**表 1　《讲话》前对延安文艺理论发展有重要影响的讲话、文件及主要内容**

| 时间 | 作者及题目 | 主要内容 |
| --- | --- | --- |
| 1936 年 | 毛泽东<br>《在中国文艺协会成立大会上的讲话》 | 要从文、武两个方面展开抗战，要发扬苏维埃的工农大众文艺，发扬民族革命战争的抗日文艺 |
| 1937 年 | 张闻天<br>《十年来文化运动的检讨及目前文化运动的任务》 | 批评了上海左翼文艺团体的关门主义、宗派主义、教条主义，并批评了将文化团体当成“第二党”的倾向，提出两个任务：一要适应抗战，二要大众化、中国化，希望每个文化人都能到群众中、斗争中、前线去生活、锻炼 |
| 1938 年 | 毛泽东<br>《在鲁迅艺术学院的讲话》 | 艺术要有政治立场，艺术作品要有内容，要符合时代与大众的要求，鲁迅艺术学院（以下简称“鲁艺”）要培养既有远大理想又有丰富生活经验和良好艺术技巧的文艺工作者 |
| 1939 年 12 月 | 毛泽东<br>为党中央写《大量吸收知识分子的决定》 | 大量吸收知识分子是革命成功的保证，要使工农干部的知识分子化和知识分子的工农群众化同时实现 |
| 1940 年 1 月 | 毛泽东<br>边区文协①第一次代表大会上的演讲《新民主主义的政治与新民主主义的文化》（后改名为《新民主主义论》） | 论述了经济、政治与文化的关系，提出了新民主主义文化理论，认为新民主主义文化是民族的科学的大众的文化。第一次比较系统全面地回答了五四运动以来中国新民主主义革命时期文化发展的一系列根本问题，如马克思主义的普遍真理与中国形式的结合，“民族的形式，新民主主义的内容”②，以及普及与提高的问题等 |

① 这些文献资料主要有《中共中央文件选集》、《延安文艺丛书·文艺理论卷》、《抗日战争时期延安及各抗日民主根据地文学运动资料》（上）、《中国新文学大系 1937—1949·文艺理论卷》等。

续表

| 时间 | 作者及题目 | 主要内容 |
| --- | --- | --- |
| 1940年1月 | 张闻天<br>边区文协第一次代表大会上的报告大纲《抗战以来中华民族的新文化运动与今后任务》 | 中华民族的新文化必须是为抗战服务的文化，必须具备民族的、民主的、科学的、大众的四个要求。任何一个主义或者学说只要对上述四个要求中的一个要求有所贡献，就可称为新文化的组成部分 |
| 1940年1月 | 艾思奇<br>边区文协第一次代表大会上的报告《抗战中的陕甘宁边区文化运动》 | 认为边区可以成为文化上的先进地区，全面总结了抗战以来边区文化的成绩，并指出了不足之处，包括深入群众不够、组织不健全、组织工作干部太少等，并针对问题提出了今后文化工作的任务 |
| 1940年7月 | 朱德<br>鲁艺所做报告提纲《三年来华北宣传战中的艺术工作》 | 要善于利用艺术手段进行宣传；艺术作品不是给少数人看的，是给中国广大民众和士兵看的；艺术的民族形式和民间形式也就是大众化和通俗化问题；好的艺术家，应当同时是一个政治家，要加强政治修养；艺术家要参加实际斗争，体验生活；艺术家要团结，惯于过集体生活；等等 |
| 1940年9月 | 张闻天<br>为中共中央起草《关于发展文化运动的指示》 | 强调在国统区域发展文化工作的重要性并认为在根据地党有权力发起文化运动。要团结一切不反共的资产阶级知识分子和小资产阶级知识分子有组织地发展文化事业，反对文化领域中无原则的门户之见 |
| 1940年10月 | 张闻天<br>《关于各抗日根据地文化人与文化团体的指示》 | 要依据文化发展自身的特点，重视文化人，尊重文化人的生活习惯，提供给文化人必要的宽松自由的工作环境，鼓励文化人成立自己的文化团体等 |
| 1941年2月 | 八部军总政治部、中央文委<br>《关于部队文艺工作的指示》 | 部队文艺工作有自己的传统，要重视文艺工作，了解文艺工作的特点，同时在政治上领导文艺工作者，要健全部队文艺工作组织 |
| 1941年5月 | 邓小平<br>八路军第一二九师全师模范宣传队初赛会上的报告《一二九师文化工作的方针任务及其努力方向》 | 无论哪一种势力、哪一种派别的文化工作，都要服从其政治任务。既要同一切轻视文化工作的倾向作斗争，又要克服文化工作不大众化的现象；既要造就大批的青年文化工作者，又要提高文化工作者的艺术和政治素养，政治与文化要密切结合 |
| 1941年6月 | 《解放日报》社论<br>《欢迎科学艺术人才》 | 欢迎科学艺术人才，“普及和提高两个工作，在我们总是联结着的。……我们不应把科学艺术上的提高工作推迟到抗战胜利以后。……要有决心来做长期研究和长期讲学的工作。我们要大大发扬朴素切实的埋头做学问的作风”③ |

续表

| 时间 | 作者及题目 | 主要内容 |
|---|---|---|
| 1941 年 6 月 | 张闻天<br>《中央宣传部关于党的宣传鼓动工作提纲》 | 在第八部分"文化运动"中,再次强调"发展民主思想,主张思想自由,研究各种学术"④ |
| 1941 年 8 月 | 《解放日报》社论<br>《努力开展文艺运动》 | 延安文艺界的活动是长期自由发展过来的。开展文艺运动,欢迎和优待文艺家,是边区施政纲领规定的努力方向。因此要用民主的自我批评的精神对当前的文艺问题加以解决和讨论 |

①边区文协，亦可简称“文协”，全称为“陕甘宁边区文化界救亡协会”，最初称为“陕甘宁特区文化界救亡协会”，因为当时国共合作，中共所在的延安及周边地区被称作“陕甘宁特区”，1938 年 1 月，“陕甘宁特区”改称为“陕甘宁边区”。1941 年 7 月 1 日后，文艺作家多归属到中华全国文艺界抗敌协会延安分会（简称“延安文抗”“文抗”）的组织名号下开展文学活动，“文协”与“文抗”分家，“文协”越来越倾向于达到边区的文化要求。

②毛泽东：《新民主主义的文化》，金紫光等主编《延安文艺丛书·文艺理论卷》，湖南人民出版社 1984 年版，第 53 页。

③《欢迎科学艺术人才》（《解放日报》社论），金紫光等主编《延安文艺丛书·文艺理论卷》，第 205 页。按：《解放日报》为中共中央机关报，其发表的社论均由“中央同志及重要干部执笔”，代表党的政策方针与指导思想。参见《中央关于出版〈解放日报〉等问题的通知》，中央档案馆编《中共中央文件选集（一九三九——一九四一）》，中共中央党校出版社 1986 年版，第 658 页。

④《中央宣传部关于党的宣传鼓动工作提纲》，中央档案馆编《中共中央文件选集（一九三九——一九四一）》，第 688 页。

资料来源：笔者整理。

这些文件对延安文艺的影响，各有侧重。有的侧重于知识分子政策，包含对文化人与文化团体发展的具体规定，如《大量吸收知识分子的决定》《欢迎科学艺术人才》《关于各抗日根据地文化人与文化团体的指示》；有的侧重于文化的发展方向，如《新民主主义的政治与新民主主义的文化》《抗战以来中华民族的新文化运动与今后任务》《抗战中的陕甘宁边区文化运动》；有的侧重于部队文艺的发展，如《一二九师文化工作的方针任务及其努力方向》《关于部队文艺工作的指示》。无论是侧重哪一方面，这些文件都从总体上向我们展示了在《讲话》之前，党的高层领导对延安文艺发展的规划、组织与引导，显示出中央领导参与文艺活动前所未有的热情。这些文件、讲话中所蕴含的文艺思想、观点都为 1942 年《讲话》的形成奠定了基础。

## 二　形式多样的文艺组织

从组织上来看，延安时期的文艺工作仍然由中共中央宣传部下设的文化工作委员会主管。当时主管宣传教育工作的是张闻天。[①] 张闻天从五四时期就开始从事文艺活动并长期担任中共中央宣传部部长。[②] 在以张闻天为主导的党的文艺思想指导下，延安时期文艺工作全面展开。这首先表现为多样化、多层次文艺组织的成立。从组织形态上看，主要分为以下五种。[③]

第一，起组织、领导和协调作用的文艺组织。如边区文协、中国文艺协会、延安文抗等。这些机构与中共最高政治领导机构和文化领导机构联系密切。虽然它们本身不进行具体的文艺创作与研究，但是负责制定政策、纲领，将文艺界人士团结在一起，对文艺运动的演进、发展有重要的指导作用。如中国文艺协会的发起就是“为着联络各地的文艺团体各方面的作家，以及一切对文艺有兴趣者，在抗日民族统一战线目

① 在《延安文学体制的生成与个性的嬗变》一书中，作者从以下四个方面论证了张闻天在《讲话》前文艺界的指导地位：第一，张闻天长期从事中央宣传教育工作，主管文化、文艺宣传以及干部教育；第二，张闻天对延安文艺界组织人事的安排，包括派冯雪峰去上海工作以及茅盾到延安后的工作安排、茅盾想要恢复党籍的处理等；第三，张闻天对文艺界文化运动、文化领导机构、文化团体的关心、支持与指导，包括对丁玲提出的成立中国文艺协会以及其后的“文协”“文抗”等；第四，张闻天当时发表的讲话、政策报告等，是当时指导文艺发展的最主要的文献。参见张根柱、付道磊《延安文学体制的生成与个性的嬗变》，中国矿业大学出版社 2008 年版，第 11—24 页。

② 张闻天（1900—1976），化名洛甫，五四时期便开始从事文艺创作和翻译。1925 年 6 月在上海加入中国共产党。同年冬被派往莫斯科中山大学、红色教授学院学习，并任助教、翻译，同时兼任共产国际东方部报道员。1931 年 2 月回到上海，不久担任中共中央宣传部部长。同年夏，共产国际决定成立临时中央，他被指定为临时中央政治局委员及政治局常委。1933 年初，随中央机关从上海迁入江西中央革命根据地。1934 年 1 月，在中共六届五中全会上当选为中央政治局委员、中央书记处书记。1938 年 5 月，兼任延安马列学院院长。1941 年秋，张闻天不再担任中央书记处会议的召集人和中共中央宣传部部长。1942 年，到陕北和晋西北农村做了一年多的农村调查。曾长期兼任西北工作委员会主任、《解放》周刊主要负责人、《共产党人》编辑，做了大量宣传教育工作。

③ 参见高杰《延安文艺运动中的社团组织及其流派风格（代前言）》，任文主编《延安时期的社团活动》，陕西师范大学出版社 2014 年版，第 1—4 页。

标下，共同推动新的文艺工作者结成统一战线中新的战斗力量"[①]。中央高层领导往往在这些组织举办的成立大会、代表大会上发表讲话，提出重要的文艺理论观点，推进马克思主义文论的中国化。如在边区文协的成立大会上，张闻天做了题为《十年来文化运动的检讨及目前文化运动的任务》的长篇报告。而在 1940 年 1 月边区文协召开的第一次代表大会上，毛泽东、张闻天等均发表重要讲话，分别为《新民主主义的政治与新民主主义的文化》（《新民主主义论》）、《抗战以来中华民族的新文化运动与今后任务》。这些讲话在后期均以书面形式在刊物上呈现，指明了延安文艺的发展方向。

第二，文艺工作者自由成立的文学社团。延安文艺前期，文艺活动是在一种比较自由、民主、活泼的氛围中进行的。而很多进入延安的文艺工作者，有非常明确的社团意识与组织团体的要求（丁玲一到延安便提议成立一个文艺组织就是证明）。在这种情况下，不少志趣相投的文艺工作者发起成立文学社团，如文艺月会、战歌社、山脉文学社（后改名为山脉诗歌社）、怀安诗社，以及由鲁艺文学青年自发组织的路社、草叶社等。一方面，这些社团隶属于第一种组织，接受统一组织与领导并完成组织布置的任务；另一方面，它们有自己的活动内容，主要以文艺创作、研究为主，活动方式比较独立、自由。这些社团大多有自己的文艺刊物，社团内的文艺工作者非常在意自身刊物的出版，这实际上延续了国统区的文艺生产方式。文艺月会的刊物为《文艺月报》，战歌社有《战歌》，山脉文学社有《山脉诗歌》，草叶社有《草叶》等。文艺小组是延安文艺时期一种非常有特色的群众文艺组织，其自发成立且分布广泛，截至 1940 年底，文艺小组便遍及延安的各个工厂、机关、学校，在当时有"85 个文艺小组，组员达 667 人"[②]。

第三，以开展文艺演出为主的文艺工作团体。与第二种主要以创

① 钱丹辉主编《中国解放区文艺大辞典》，安徽文艺出版社 1992 年版，第 56 页。
② 刘增杰主编《中国解放区文学史》，河南大学出版社 1988 年版，第 56 页。

作书面作品的组织不同，它们更多的是工作在抗战一线面向广大群众的、以演出为主的文艺组织。这些组织主要以戏剧活动为核心，面向的群体主要是军队官兵及广大群众，如西北文艺工作团、西北战地服务团、民众剧团、鲁艺文艺工作团、抗战文艺工作团、抗战剧团、烽火剧团等。其中，影响较大的是民众剧团和西北战地服务团。民众剧团的特点在于善于借鉴传统形式，如运用秦腔、眉户等当地老百姓喜闻乐见的文艺形式演出，体现了中国作风和中国气派，受到人民群众的欢迎。民众剧团在团长柯仲平的带领下，从1939年2月起至1946年，多次离开延安奔赴陕甘宁边区演出，“共达23县190个市镇村庄1475场”①。西北战地服务团是一个综合性文艺团体，以演出为主兼及创作。他们多次从延安出发到前线开展文艺演出，时间跨度长达7年（1937年8月至1944年10月）。除了创作歌曲、排演戏剧、演出秦腔外，他们还有自己的刊物，创作发表诗歌、小说、通讯报告、木刻等各类文艺作品。

第四，以理论研究为主要活动内容的群众性学术组织。这类组织活动范围较小，参与人员多是一些具备较高水平的专业人员，以召开小型的例会、座谈会为主要活动方式。如延安平剧研究院、延安中央研究院文艺研究室、小说研究会、版画研究社等。由边区文协领导、萧军等人筹备成立的鲁迅研究会，是该时期较有影响力的学术研究组织，曾编辑出版《鲁迅小说选集》《鲁迅研究丛刊》《鲁迅论文选集》等，其还在边区文委的支持下设立了鲁迅文化基金以资助有困难的文化人。由大众读物社发起成立的大众化问题研究会，也是这类组织的代表，其先后召开过大众化与识字运动、大众化与工农写作、大众化的关键与经验等三次讨论会。

第五，艺术专业教育以及各种短期培训类组织。这些组织有的是由政府组建并直接领导的，如鲁艺、西北联合大学等，主要吸收经过考核后合格的学员；有的是由文艺工作者自发组织的，如星期文艺学园等，

① 钱丹辉主编《中国解放区文艺大辞典》，第85页。

主要吸收一些无法进入专业学校进行学习的学员。这些机构有完整的教学体系，有较高层次的文艺专家进行授课，学生在这里可以进行较为系统的学习。很多文艺理论问题便是依托这种机构展开的。如鲁艺作为党的文艺教育机构，其教育方针便是“以马列主义的理论与立场，在中国新文艺运动的历史基础上，建设中华民族新时代的文艺理论与实际，训练适合今天抗战需要的大批文艺干部，团结与培养新时代的艺术人材，使鲁艺成为实现中共文艺政策的堡垒与核心”①。除了开展理论教学活动，他们也有文艺工作团。鲁艺有四个系——文学系、美术系、戏剧系以及音乐系，每个系都有自己的教学单位和实习工作团。工作团以演出为主，这样就保证了理论与实践的结合。这类组织还有部队艺术学校、陕甘宁边区艺术干部学校、华北联合大学文艺学院等。这些时间或长或短的文艺院校和培训机构对延安文艺人才的培养和文艺队伍的建设都起到了非常重要的作用。

上述五种文艺组织，从功能上来看，有的侧重于领导管理的职能（如第一种），有的侧重于理论的研究与探讨（如第二种和第四种），有的侧重于艺术实践（如第三种，这种艺术实践团体，分布非常广泛，无论是在城市还是乡下，无论是在敌后还是前线，都有其身影），有的则是综合性的文艺组织（如第五种）；从性质上来看，既涵盖理论又有实践；从层次上来看，既有高层的领导（如文协、文抗），又有基层组织（如文艺小组）。无论是哪种形式的文艺组织，它们都在以自身的方式实践党在文艺方面的路线、方针、政策。正是在这个意义上，它们成了整个延安文艺运动的载体。

这些性质功能多样的文艺组织促进了延安文艺的发展，丰富了延安文艺思想，使早期延安文艺理论呈现多元面貌。但也应该看到，其为延安文艺带来活力的同时，也存在思想上的差异、冲突甚至对立。如有的文艺教育机构着重提高文艺水平，有的文艺团体则致力于文艺的普及，

---

① 罗迈：《鲁艺的教育方针与怎样实施教育方针》，金紫光等主编《延安文艺丛书·文艺理论卷》，第786页。

两者本身都是有意义的，却出现了“提高看不起普及”的现象；如有的文艺团体认为文艺与政治密不可分，而有的则认为文艺不能成为政治的工具；等等。这些差异、冲突甚至对立也是《讲话》必须直面并着力解决的问题。

## 三 风格多样的文艺刊物

刊物作为文艺理论的重要载体，为文艺理论的发展、文艺论争的展开提供了必要的平台。左联时期的刊物由于在国统区经常遭禁，所以无论是从数量、存续时间还是从影响范围来看，其都有一定的局限性。当然，由于左联时期存在大量高水平的文艺工作者，文艺作品还是保持在一个较高的水平的。但是其面向的对象主要是小资产阶级知识分子，所以无论是文艺创作还是文艺理论与批评所针对的受众都是相对有限的。延安时期的文艺刊物则不同，所有刊物的出版都是公开合法的，最大的制约是边区物资的匮乏，即纸张的昂贵短缺限制了刊物出版。整体上来看，刊物呈现多样化、多层次的特点。

第一，党直接领导出版的文艺刊物。主要有两个：《红色中华·红中副刊》和《解放日报·文艺》。《红色中华·红中副刊》（第 5 期改名为《新中华报·新中华副刊》），《红色中华》是中共中央机关报，《红中副刊》则是中国文艺协会的代会刊；《解放日报》是中共中央机关报，《解放日报·文艺》附于《解放日报》第 4 版，主编开始为丁玲，第 100 期后为舒群。这两个副刊作为中共中央宣传部直接领导下的刊物，体现了党的文艺发展的方向与动向，具有导向作用。毛泽东的重要文章《在中国文艺协会成立大会上的讲话》就首先发表在《红色中华·红中副刊》的创刊号上（题目为《毛主席讲演略词》），同一期还发表了《洛甫同志讲演略词》《博古主席讲演略词》，表明了中共领导对文艺问题的关注。此外，机关文艺刊物具有连续性，是解读党的文艺政策、了解当时马克思主义文论发展的重要文献，而这是左联时期的刊物所不具备的。时任《解放日报》副刊编辑的黎辛甚至认为《解放日报》

的文艺副刊“是全国最大的文艺阵地”①。《解放日报》因丁玲与王实味等人发起的杂文运动还经历过一次改版，而这次改版是党的文艺方针转向的重要体现。

第二，具有较高学术水平的刊物。进入延安的文化人，除了有强烈的社团意识外，还特别注重自身作品的呈现，作品的发表是对他们工作的肯定与证明。因此，这一时期出现很多具有较高理论水平的刊物。这些刊物主要有边区文协的机关刊物《文艺突击》《中国文化》，延安文抗的机关刊物《文艺战线》《谷雨》，文艺月会的机关刊物《文艺月报》等。延安时期有很多文艺论争依托这些刊物展开。这些刊物上也刊载了许多当时中共领导人的讲话，如《中国文化》上所刊载的毛泽东的《新民主主义的政治与新民主主义的文化》、艾思奇的《抗战中的陕甘宁边区文化运动》等，极具理论性和指导意义。

第三，大量面向工农兵大众的、通俗的文艺刊物。左联时期文艺刊物的受众主要是小资产阶级知识分子，虽然文艺大众化一直是左联的理论主题，但是由于不具备进行文艺大众化实践的条件，文艺大众化一直停留在理论的层面。延安文艺则不同，边区新的政治环境为文艺大众化实践提供了条件，因此，在延安文艺中出现了大量面向工农兵的通俗的文艺刊物。如致力于诗歌大众化和民族化建设的《新诗歌》、《边区群众报》（由延安大众读物社 1940 年 3 月创办的面向工农群众的报纸）、《新文字报》等。

第四，指导工农兵中的文艺爱好者进行写作的刊物。左联时期，工农通讯员运动也是非常重要的一项活动，但是受条件限制，这一活动基本上没有得到有效开展。事实证明，一些文艺运动的开展和文艺理论的实践是需要一定的历史条件的。在延安文艺中，通讯员运动得以有效开展。以各单位及部队内的文艺小组为基础，一些专业的文艺工作者指导文艺爱好者进行创作。《大众习作》就是这类刊物的代表。《大众习作》

① 黎辛：《这时也是延安文艺最活跃的时期之一》，张军锋编《延安文艺座谈会的台前幕后》（上册），陕西师范大学出版总社有限公司 2014 年版，第 149 页。

是由延安大众读物社于 1940 年 8 月 1 日创办的、辅导通讯员和初学写作者提高写作能力的刊物，“发表各类大众习作 65 篇，改作 21 篇，另发表有论文与写作知识文章”①。此外还有创刊于 1940 年 7 月的《文艺习作》(1940 年 11 月 4 日第 5 期起附刊于《大众日报》)。

总之，《讲话》前的文艺刊物，从层次上来看，既有直属中央的文艺刊物，也有面向基层文艺小组的刊物；从性质上来看，既有以发表理论作品为主的刊物，也有以文学作品为主要内容的刊物。覆盖面非常广泛。

## 四　延安文艺社团的组织状态与《讲话》出现的必然性

《讲话》是以毛泽东同志为核心的党的第一代中央领导集体以及当时在延安的文艺工作者的集体成果，与延安时期文艺发展的组织形态有紧密的联系。延安时期以《讲话》为核心的马克思主义文论的产生与社团时期以及左联时期均有所不同。

社团时期，马克思主义文论的发展以文学社团为依托展开，基本没有政党的介入，处于一个多元的发展阶段。每个社团都根据自身的理解去关注、阐释马克思主义文论的某个方面，且深受苏联、日本马克思主义文论的影响，其中尤以受日本影响为甚。左联时期，以左联这一组织主导下的群众性文艺组织进行马克思主义文论的传播，由于左联身处国统区，马克思主义文论的传播受到相当的限制，在斗争中艰难发展。该阶段，左联作为国际左翼作家联盟的一部分，受到苏联的诸多影响。在瞿秋白、鲁迅等党内外文艺理论家的努力下，马克思主义文论初步中国化。延安文艺早期，马克思主义文论发展的组织形态有了巨大的变化。享有高度自治权的边区政府成立之后，大批左翼知识分子奔赴延安，使得革命根据地的马克思主义文论的发展呈现出不同的组织形态。这主要

① 钱丹辉主编《中国解放区文艺大辞典》，第 121 页。

体现为组织数量大、种类多、层次丰富。

从政党主导这一角度来看，延安文艺早期的文艺组织与左联时期大致相同，但两者仍然有一定的区别。最大的差别在于两者的环境不同：左联身处国统区，中共组织一再遭到破坏，使得一些文艺政策、思想并未得到完整的落实；而《讲话》前的文艺组织有良好的政治社会环境，有民主宽松的文艺氛围，为文艺工作的开展提供了有利的条件。正是在这种条件下，很多文艺理论问题得以展开热烈的讨论，很多之前停留在理论层面的文艺问题得到有效的开展。各种实践性的工作团体为理论家开展文艺工作以及补充、修正、提升自己的文艺观点提供了非常好的平台与方式。他们在不断实践中，解决或者部分解决了文艺理论问题。这些问题包括“文艺工作者到前方来究竟要作些什么工作？如何收集材料？如何工作？如何参加生活？或者，大众是不是能接受文艺？需要什么样的文艺？文艺在前方有什么力量？文艺怎样大众化以及如何组织前方文艺青年？”① 等。马克思主义文论进一步中国化、民族化、大众化，最终推动了《讲话》的形成。

但是《讲话》之前的文艺活动与文艺组织也存在一些局限性。这主要体现在以下两个方面。

第一，数量大、种类多、层次丰富，但是没有一个核心的领导组织进行统一管理。延安文艺早期有很多扎根延安的基层文艺组织、群众性文艺社团，也有四处流动为前线士兵以及边区群众服务的文艺工作团体，在这些组织上面又有一些领导协会性质的文艺组织，如文协、文抗等。这样庞大的组织体系，如果没有自上而下的强有力的沟通机制，就会使文艺组织各自为政，莫衷一是。如在关于普及与提高的问题上，在文艺大众化的背景下，中共领导非常注重文艺的普及工作。但张闻天的特别之处在于，他在强调扩大文艺的普及范围的同时，也很看重文艺水平的提高。在张闻天任中共中央宣传部部长时期，《解放日报》所刊发

① 荒煤等：《关于敌后文艺工作的意见》，金紫光等主编《延安文艺丛书·文艺理论卷》，第 345 页。

的一篇社论中便说到这一问题："我们不应把科学艺术上的提高工作推迟到抗战胜利以后。……我们要有决心来做长期研究和长期讲学的工作。我们要大大发扬朴素切实的埋头做学问的作风。"① 正是在这种情况下，延安鲁艺才会进行"关门提高"的工作。

因为没有强有力的核心领导组织进行统一管理，中央领导有关文艺的讲话以及相关文艺方针无法被所有团体深入领会，各文艺团体与个人只能从自身的立场出发去阐释中央领导讲话与文艺方针，以致这些讲话在讲完之后，依然停留在理论层面，并未落实到位。如毛泽东在鲁艺成立一个月后受邀讲话时所说："听说你们教员教课，重要的课都讨论；但中央同志给你们讲话都不讨论。难道中央委员的话还不如你们教员讲的？"② 这实际上是变相批评了鲁艺并没有认真贯彻中央领导的相关文艺政策。虽然这些文艺组织在文艺活动的大方向上较为一致，但是在具体问题上却很不一样，对于如何实现方向与目标，他们有不同的路径，甚至因为缺少沟通还存在"歧视"现象。鲁艺木刻工作团在深入前线的过程中，经过不断摸索从具有民间特色的年画中汲取营养，创作出反映边区生活的木刻新年画，深受老百姓喜欢，取得了很大的成功。毛泽东知道后，就让鲁艺木刻工作团的胡一川把作品带回延安去进行展览，但是却遇到来自鲁艺的阻力。因为鲁艺那时候"看不起我们的作品，胡一川回去就坐了冷板凳，不给他展览，也不给他宣传。这个就发生矛盾了，我们在前方做得很成功，到了延安不被承认，说我们水平不够高"③。这也充分说明，在延安文艺座谈会之前，有些文艺思想并没有走进每个文艺工作者的心里。

第二，《讲话》前文艺活动总体上在一种宽松民主的氛围下开展，其初衷在于大力发展文艺工作，这在当时有积极意义，但是在战时敌我激烈斗争的情况下也有消极的一面，正如亲历者所说，"延安是很

---

① 《欢迎科学艺术人才》，金紫光等主编《延安文艺丛书·文艺理论卷》，第213页。

② 何其芳：《何其芳文集》（第3卷），人民文学出版社1983年版，第48页。

③ 罗工柳：《大树是从苗苗长起来的》，张军锋编《延安文艺座谈会的台前幕后》（上册），第59—60页。

自由、很活跃的。当然，活跃以后很多思想问题暴露出来了”①。中共在整风后期的一份文件中对当时延安文艺界的各种问题做过总结：

> 如对政治与艺术的关系问题，有人想把艺术放在政治上，或者脱离政治。如对作家的立场观点问题，有人以为作家可以不要马列主义的立场、观点，或者以为有了马列主义的立场、观点就会妨碍写作。如对写光明写黑暗问题，有人主张对抗战与革命应“暴露黑暗”，写光明就是公式主义（所谓歌功颂德），还是“杂文时代”（即主张用鲁迅对敌人的杂文来讽刺革命）一类口号也出来了。代表这些偏向的作品在文艺刊物甚至党报上都盛极一时。这种由非无产阶级的思想出发，如文化与党的关系问题，党员作家与党的关系问题，作家与实际生活问题，作家与工农兵结合问题，提高与普及问题，都发生严重的争论；作家内部的纠纷，作家与其他方面的纠纷也都层出不穷。②

这些文艺问题的出现有其客观原因。一方面，大批从上海到延安的左翼文艺工作者，长期在国民政府的压迫下从事反抗、暴露的文艺工作，他们自身有一套工作方式。到了延安后，面临新的社会环境、新的生活、新的文艺对象，他们需要时间去熟悉、去适应，他们需要找到一个新的舒服的方式去表达，文艺工作的开展需要时间。另一方面，虽然中共给文艺工作者指出了文艺发展的方向与原则，但是在具体的文艺问题上要求还是不够明确，或者说党在文艺方面还没有专门的相对成熟的文艺政策，甚至对如何有序、有效开展文艺运动没有系统的探索与思考，一些对文艺的指导思想散见于中央领导的各种讲话中。因此文艺工作者在工

① 曾克：《延安是很自由、很活跃的》，张军锋编《延安文艺座谈会的台前幕后》（上册），第124页。

② 唐天然：《有关延安文艺运动的“党务广播”稿——兼及由此引起的考查·附：关于延安对文化人的工作的经验介绍（一九四三年四月二十二日党务广播）》，《新文学史料》1991年第2期。

作时，基本上是按照自己对文艺的理解与过往从事文学活动的经验开展的。比如说，从国统区来的左翼文艺工作者更习惯以成立文学社团、创办文学刊物的方式来进行文艺创作。“他们没感觉到是进入了一个新的时代，没感觉到有一个要熟悉面前这些新对象的问题。他们还是上海时代的思想，觉得工农兵头脑简单，所以老是想着要发表东西，要在重庆在全国发表，要和文艺界来往，还是要过那种生活。身在延安，心在上海，心在大城市。”① 而从苏区出来的文艺工作者依然是在一线开展直接面向工农兵的文艺实践活动。可以说，无论是中共领导的还是从苏区来的文艺工作者，抑或是从国统区来的文艺工作者，他们都是按照自己的理解来展开对延安文艺的设想与规划的。而冲突则在各自的设想与期望中产生。其中最大的冲突源于从国统区来的左翼文艺工作者的文艺观点、从事文艺活动的方式以及重心与党对他们的期待存在很大的差异。宽松民主氛围的营造本来是为了更好地发展马克思主义文论，但是在执行过程中却偏离了预定的轨道、违背了这一政策的初衷。

任何政策制度的出现，都有其制度成本，不可能一劳永逸地解决所有问题。延安早期的文艺活动，无论是其优势还是局限，都成为延安文艺座谈会召开的重要背景。《讲话》的形成以及《讲话》后延安文艺的生产、组织方式，都是汲取此前经验并克服此前局限的成果。历史地看，《讲话》的出现，在当时具有积极意义，它使之前比较散漫、无序，政治性、战斗性不强的文艺活动，转变为在强有力的政治主导下的有序的文艺活动，开辟了中国马克思主义文论发展的新局面。

① 赵浩生：《周扬笑谈历史功过》，《新文学史料》1979 年第 2 期。

# 海昏侯墓“孔子弟子传记”与《史记·仲尼弟子列传》的文本联系*

◇何　丹**

**内容摘要**：通过对海昏侯墓“孔子衣镜画像”中的“孔子弟子传记”进行考察，发现其依据的根本性文本就是《史记·仲尼弟子列传》。这表现为二者在文字表述、总体大意和篇章结构等多方面具有一致性。其中，即便确实参照《论语》之处，也是为了补充说明采自《史记·仲尼弟子列传》的相关内容。“孔子弟子传记”对《史记·仲尼弟子列传》的这种引用，说明《史记》在刘贺生前已经成为汉人认识孔子师徒与孔学的重要文献。

**关键词**：海昏侯墓　刘贺　孔子弟子　史记　仲尼弟子列传

南昌海昏侯刘贺墓出土的“孔子衣镜画像”① 具有重要学术价值，被誉为国宝级文物。这种价值不仅在于其作为迄今发现最早的此类画像实物，可以印证汉武帝以来尊孔崇儒、以儒教化的时代风貌②，还在于它的图文并茂所具有的重要文献价值。笔者通过系列考察，认为该画像能

* ［基金项目］国家社科基金青年项目“两周丧礼的居丧与埋葬研究”，项目编号：18CZS005；国家社科基金重大项目“海昏侯墓考古发掘与历史文化资料整理研究”之子课题“海昏侯国历史文化资源保护与开发利用研究”，项目编号：16@ZH022。

** 何丹，南昌大学人文学院历史系副教授，硕士生导师，主要研究方向为先秦秦汉史。

① 为避免读者生疑，在此就笔者针对海昏侯墓“孔子衣镜”上的儒者画像所使用的相关概念进行说明。1. “画像”：包括“图案”与“传记”两部分，而且“传记”是对“图案”人物的说明。即图、文是一个以“图”为主体的整体存在。2. “孔子画像”：有狭义和广义之分。狭义的“孔子画像”，仅指孔子个体；广义的“孔子画像”，则指整体“孔子画像”，包括孔子和七位弟子在内。3. “孔子弟子画像”：专指七位弟子，同样包括图、文两部分。这是为探讨时方便称谓，而与个体的“孔子画像”区分开来。

② 何丹：《从海昏侯墓出土“孔子衣镜”看汉代儒家思想与信仰》，《文化遗产》2017 年第 4 期；何丹：《孔子画像与汉代教育——以海昏侯墓出土画像为中心》，《上海交通大学学报》（哲学社会科学版）2018 年第 3 期。

够推动《史记》的相关研究。这包括：先对比文字部分的异同，发现个体“孔子画像”的创制以《史记》为根本性的文本依据，其中又以《史记·孔子世家》（以下简称《孔子世家》）为主，以《史记·仲尼弟子列传》（以下简称《仲尼弟子列传》）和《史记·太史公自序》（以下简称《太史公自序》）为辅；再由这一采用事实，观照其他的征引或运用案例，发现“《史记》在汉代流传有限”的看法有必要重新思考，该画像即可体现司马迁“一家之言”在汉代的深刻影响。① 而且由该画像的采用情况，观照其他文献对相关人物与事件的记载，以及当时的政治与学术环境等因素，还发现《史记》早期的流传，大体以单篇的形式而发生。② 只是这些对画像的再认识，乃是笔者同时立足附属于整体“孔子画像”之中的“孔子弟子画像”与《史记》的文本联系而得出的。由于文字相比图案所显示文本的直接性，本文针对画像中“孔子弟子传记”的情况来表述个人的愚见。

## 一　相关的学术进展情况

对于海昏侯墓“孔子弟子传记”③ 的文本依据，因为已有学者发表过看法，以下便从既有的相关研究谈起。

### （一）既有相关研究取得的成果

直接论及“弟子传记”文本问题的，目前已有两位学者。

（1）邵鸿先生的《海昏侯墓孔子屏风试探》。该文对子赣部分释读14字，推测可能与《仲尼弟子列传》《论语·子张》有关；对颜回部分释读15字，推测可能与《论语·述而》《孔子世家》有关；对子张部分

---

① 何丹：《海昏侯墓“孔子画像”的文本考察》，《上海交通大学学报》（哲学社会科学版），https：//doi. org/10. 13806/j. cnki. issn1008－7095. 2018. 003；何丹：《由汉“孔子画像”观武、昭、宣帝时期〈史记〉之流传》，《民族艺术》2018年第4期。

② 何丹：《从海昏侯墓“孔子画像”蠡测西汉〈史记〉的流传形式》，《中国文学研究》2019年第2期。

③ 为避文繁，同时对孔子个人传记与孔子弟子传记做出区分，以下将孔子个人传记称为“孔子传记”，将孔子弟子传记称为“弟子传记”或“××传记”，或视情况直接称为“传记”。

释读117字，推测可能与《仲尼弟子列传》、《孔子家语·七十二弟子解》(以下简称《七十二弟子解》)、《论语·为政》、《论语·子张》有关。①

(2) 王楚宁的《海昏侯墓“孔子立镜（孔子屏风）”再释》。该文对“子张传记”进行过不完全释读，认为与《仲尼弟子列传》《论语·子张》内容相似。②

由这两位学者的文字比对结果，大约可见“弟子传记”与《史记》《论语》《孔子家语》应当存在文本上的某种关联。

### (二) 既有相关研究存在的不足

不可回避的是，受所获知材料的限制，已有成果还存在明显不足。这主要体现在两个方面。

(1) 一些分析尚处于揣测层面。如邵鸿先生之文，对于孔子人像右侧的人物，推测“可能是孔子的父亲叔梁纥”，而实则为颜渊；因子赣人像有题名，推测“孔子及其弟子也都应有题名”，而实际有题名的仅有孔子弟子。③

(2) 讨论涉及的弟子非常有限。主要涉及子张，另外六位弟子或者没有谈到，或者谈到而不全面和不充分。

因此，对此话题的研究，存在再思考和再完善的必要。而迄今有关“孔子画像”的完整情况，已经由王意乐等先生的《海昏侯刘贺墓出土孔子衣镜》一文而公布于众。④ 那么，依据该文所披露的客观信息，重新认识画像的文本问题，也会变得更有意义。而利用这一信息，笔者在《海

---

① 邵鸿：《海昏侯墓孔子屏风试探》，《江西师范大学学报》(哲学社会科学版) 2016年第5期。

② 王楚宁：《海昏侯墓“孔子立镜（孔子屏风）”再释》，《海昏侯墓系列研究》，北京联合大学文化遗产保护协会编《文化遗产与公众考古》(第三辑)，2016年版，第100—101页。

③ 邵鸿：《海昏侯墓孔子屏风试探》，《江西师范大学学报》(哲学社会科学版) 2016年第5期。

④ 王意乐、徐长青、杨军、管理：《海昏侯刘贺墓出土孔子衣镜》，《南方文物》2016年第3期。释读结果中，□代替的是由破损而造成的缺文或漫漶不清而无法辨识的文字；…表示残损文字；() 内文字是依据上下文和现存文献而推测的内容。

昏侯墓“孔子画像”的文本考察》一文中，曾针对“孔子传记”书写孔子弟子的人数为“七十有七”，而非《孔子世家》“七十有二”的情况，推测在整体的画像传记中：“涉及孔子弟子的部分，主要参照的是《仲尼弟子列传》。”① 不过事实上，这种观点的提出，便是笔者通盘考察“弟子传记”之后，再与“孔子传记”相互参照的结果。

## 二　“弟子传记”与《仲尼弟子列传》的对应关系

由于孔子弟子的事迹集中见载于《史记·仲尼弟子列传》，因而有必要先将《仲尼弟子列传》对衣镜上相应弟子的记述与“弟子传记”内容进行逐一对比，以便下一步的分析。而衣镜上虽然实有七位孔子弟子的人像，但其中曾子的图文损毁严重，仅能模糊地看到头颈部和“曾子”二字，所以，本文将予以探讨的，只有能够辨识的其余六位弟子的传记，即颜渊、子赣、子路、子羽、子夏和子张。为使对比情况一目了然，以下就立足“弟子传记”内容，将《仲尼弟子列传》中可以与之对应的记载，先以表格形式予以呈现（见表1）。

表1　“弟子传记”与《仲尼弟子列传》的对应情况

| 弟子 | “弟子传记” | 《仲尼弟子列传》 |
| --- | --- | --- |
| 颜渊 | 1. 孔子弟子，曰颜□（回），字子渊。少孔子卅岁。<br>2. 颜回问仁。子曰：“克己复礼为仁。一日□（克）己复礼，天下归仁焉。为仁由己，而由人乎哉？”颜渊□（曰）：“请问其目。”子曰：“非礼勿视，非礼勿听，非礼勿言，非礼勿动。”颜渊曰：“回虽不敏也，请事此语也。”<br>3. 颜回渭然□（叹）□（之）曰：“仰之弥高，钻之弥坚。瞻之在前，忽焉在后。夫子循循然善诱人，博我以文，约我以礼，欲罢不能。□（既）□（竭）□（吾）□（才），□（如）□（有）□（所）□（立）□（卓）□（尔）。□（虽）□（欲）□（从）之，也无由也已。”<br>4. 孔子曰：“颜回为淳仁□直。”子谓颜回曰：“用之则行，舍之则藏，唯我与尔有是夫！”孔子曰：“自我得回也，门人日益亲。” | 1. 颜回者，鲁人也，字子渊。少孔子三十岁。<br>2. 颜渊问仁，孔子曰：“克己复礼，天下归仁焉。”<br>4. 孔子曰：“贤哉回也！一箪食，一瓢饮，在陋巷，人不堪其忧，回也不改其乐。”……“用之则行，舍之则藏，唯我与尔有是夫！”回年二十九，发尽白，蚤死。孔子哭之恸，曰：“自吾有回，门人益亲。”（第2659—2660页） |

① 何丹：《海昏侯墓“孔子画像”的文本考察》，《上海交通大学学报》（哲学社会科学版），https：//doi. org/10. 13806/j. cnki. issn1008 - 7095. 2018. 003。

**续表**

| 弟子 | “弟子传记” | 《仲尼弟子列传》 |
|---|---|---|
| 子赣 | 1. 孔子弟子,曰端木赐,卫人也,字子赣。少孔子卅一岁。<br>2. 子赣为人结□(驷),□(鬻)财□□□□。既已受业,问曰:“有一言可以终身行之者乎?”孔子曰:“其恕乎!己所不欲,勿施于人。”<br>3. 陈子禽问子赣曰:“子为恭也,中尼岂贤与子乎?”子赣曰:“君子一言以为知,一言以为不知,不可不慎也!夫子之不可及,犹天之不可陛升也。夫子得国家者,可胃立之斯立,道之斯行,馁之斯来,动之斯和。其生也荣,其死也哀,如之何其可及也?” | 1. 端沐赐,卫人,字子贡。少孔子三十一岁。<br>2. 子贡好废举,与时转货资。喜扬人之美,不能匿人之过。(第2669、2675页) |
| 子路 | 1. 孔子弟子,曰中由,卞人。字子路,□(少)□(孔)□(子)□(九)□(岁)。<br>2. □(子)□(路)□(性)鄙,好勇力,伉直,冠雄鸡,配佩豭豚,陵暴孔□(子)。□□□□,孔子教设□艺,稍诱子路,子路后儒服委质,因门人请为孔子弟子。<br>3. 既已受业,问曰:“君子好勇乎?”孔子曰:“君子义之为上。君子好勇无义则乱,小人□(效)则为盗。”<br>4. 孔子曰:“自吾得由也,恶言不闻吾耳。” | 1. 仲由,字子路,卞人也。少孔子九岁。<br>2. 子路性鄙,好勇力,志伉直,冠雄鸡,佩豭豚,陵暴孔子。孔子设礼稍诱子路,子路后儒服委质,因门人请为弟子。<br>3. 子路问:“君子尚勇乎?”孔子曰:“义之为上。君子好勇而无义则乱,小人好勇而无义则盗。”<br>4. 孔子曰:“自吾得由,恶言不闻于耳。”(第2664—2667页) |
| 子羽 | 1. 孔子弟子,曰堂骀灭明,武城人,字子羽。…甚恶。欲事孔子,孔子以为材薄。<br>2. 曰:然乌得扬…。<br>3. 已受业,退而修行,行不由径,非公事不见…子三百人,设□□取予去就,□□□…,曰:“甚乎哉!丘之言取人也。”<br>4. 宰予,字…,以为可教。既已受业,修于学…,其穑不可滁也。宰予问五帝之德,…临菑大夫,与田常□乱死。<br>5. …失之子羽;以言取人,失之宰予。 | 1. 澹台灭明,武城人,字子羽。少孔子三十九岁。状貌甚恶。欲事孔子,孔子以为材薄。<br>3—5. 既已受业,退而修行,行不由径,非公事不见卿大夫。南游至江,从弟子三百人,设取予去就,名施乎诸侯。孔子闻之,曰:“吾以言取人,失之宰予;以貌取人,失之子羽。”宰予,字子我。利口辩辞。既受业……宰予昼寝。子曰:“朽木不可雕也,粪土之墙不可圬也。”宰我问五帝之德,子曰:“予非其人也。”宰我为临菑大夫,与田常作乱,以夷其族,孔子耻之。(第2680、2667—2668页) |

续表

| 弟子 | "弟子传记" | 《仲尼弟子列传》 |
| --- | --- | --- |
| 子夏 | 1. 孔子弟子,曰卜商,字子夏,少孔子廿四岁。子夏问:"'巧笑倩兮,美目盼兮,素以为绚兮',何胃也?"孔子曰:"绘事后素。"曰:"礼厚乎!"孔子曰:"起予,商也!始可与言《诗》已。"<br>2. 子夏曰:"贤贤易色;事父母,能竭其力;事君,能致起身;其友交,言而有信。虽曰未学,吾必胃之学矣。"<br>3. 子夏曰:"博学而孰记,切问而近思,仁在其中矣。"<br>4. 孔子殁而子夏居西河,致为魏文侯师。 | 1. 卜商,字子夏。少孔子四十四岁。子夏问:"'巧笑倩兮,美目盼兮,素以为绚兮',何谓也?"子曰:"绘事后素。"曰:"礼后乎!"孔子曰:"商始可与言《诗》已矣。"<br>4. 孔子既没,子夏居西河教授,为魏文侯师。(第2676—2677页) |
| 子张 | 1. 孔子弟子,曰颛孙师,陈人,字子张。少孔子□八岁。<br>2. 子张问干禄,孔子曰:"……,慎言其余,则寡尤;多见阙殆,慎行其余,则寡悔。言寡尤,行寡悔,禄在其中矣。"<br>3. 子……子张。子张曰:"子夏曰何?"对曰:"子夏曰:'可者与之;不可者距之。'"子张曰:"异乎吾所闻:君子尊贤而……不能。我之大贤与,于人何所不容?我之不贤与,人将距我,若之何其距人也?"<br>4. … | 1. 颛孙师,陈人,字子张。少孔子四十八岁。<br>2. 子张问干禄,孔子曰:"多闻阙疑,慎言其余,则寡尤;多见阙殆,慎行其余,则寡悔。言寡尤,行寡悔,禄在其中矣。"(第2678页) |

说明:表中条目是为方便对比由笔者所加,数字一一对应;标点则是为便于理解,由笔者所加;标有下画线的文字,为特别提示之处;其中,"弟子传记"内容采自王意乐、徐长青、杨军、管理《海昏侯刘贺墓出土孔子衣镜》,《南方文物》2016年第3期,第64—66页。引用时繁体写作简体,异体写作正体。所据《史记》为中华书局2013年点校本。

总结表1的比对情况,可知"弟子传记"的大部分内容与《仲尼弟子列传》都存在对应关系。其中,"子路传记"更是达到了逐句相应的程度。而就这些对应文本而言,总体则可谓"大同小异"。

## (一)"弟子传记"与《仲尼弟子列传》的"大同"

所谓"大同",分为两类情况。此处以"颜渊传记"和"子张传记"为例,说明"弟子传记"所依据的文本就是《仲尼弟子列传》,而非其他具有相似甚至相同表述的文献。

### 1. “颜渊传记”——孔子两句评语的实质相同

“传记”“自我得回也，门人日益亲”这句孔子评语，除了可与《仲尼弟子列传》对应外，还可在《七十二弟子解》中找到基本相同的表述，即“自吾有回，门人日益亲”[①]。若仅从都是文字表述稍有差异而大意相同的情况来看，此处则还有依据《孔子家语》的嫌疑。然而，“传记”在此语之前，还有孔子对颜回“用之则行，舍之则藏，唯我与尔有是夫!”的评价，这又与《仲尼弟子列传》完全相同，但《孔子家语》却没有相应表述。所以，从承接的上文来看，“传记”此句评语，是以《仲尼弟子列传》为文本依据，而非《孔子家语》。[②] 而这也同时意味着，从接续的下文来看，“用行舍藏”的这句评语，依据的是《仲尼弟子列传》，而不是具有相似记载的《论语·述而》。更何况对此说法，还可从三者微妙的称谓用语异同上得到求证。

就文本而言，《论语》与“传记”只有“颜回”为“颜渊”、“唯”为“惟”的两字不同[③]，其中的“唯”“惟”作为常用通假字又可以忽略不论；“颜渊”与“颜回”又实指一人。若就此而论，则此处又有依据《论语》的嫌疑。只是“渊”（字）与“回”（名）的这一字之差，实则有本质区别。按照尊者称字、卑者称名的礼制，在孔子与颜回的师徒尊卑关系之中，孔子称呼颜回自当为“回”。这样再比较二者对这句评价主体的记载：“传记”写作“子谓颜回曰”；《仲尼弟子列传》则接续在“孔子曰：‘贤哉回也!’……”之后，可见二者都是以“回”称谓，都在于突出孔子为师、为尊的地位。而这与《论语》称“渊”，同时体现有尊崇颜渊的意味是不同的，应是《论语》有孔子弟子或再传弟子编纂过的痕迹，因为以他们的关系称字，就可能符合尊卑礼制。

① 杨朝明、宋立林主编《孔子家语通解》，齐鲁书社 2013 年版，第 431 页。

② 邵鸿：《海昏侯墓孔子屏风试探》，《江西师范大学学报》（哲学社会科学版）2016 年第 5 期。邵鸿先生之文就此段文字有近似看法，认为“在文字编排上，屏风与《世家》更为相近”。需要指出的是，他讲“回年二十九，发尽白，蚤死。孔子哭之恸，曰：‘自吾有回，门人益亲’”出自《孔子世家》，实则源于《仲尼弟子列传》。

③ 杨伯峻：《论语译注》，中华书局 1980 年版，第 68 页。

所以，“传记”此句评语在称谓上的选择，显示的就是一种面对《仲尼弟子列传》与《论语》具有相似文本时的基本态度。

### 2. “子张传记”——基本情况与“问干禄”逐字相同

“传记”中的“子张问干禄”一事，除去不清楚的部分，与《仲尼弟子列传》达到了逐字相同的地步。而相同事迹的记述，在《论语·为政》中也能见到。只是“传记”的“问干禄”“孔子曰”，《论语》分别写作“学干禄”“子曰”。[①] 这两处细微的用字不同，足见“传记”此处依据的文本是《仲尼弟子列传》，而非《论语》。所以，据《仲尼弟子列传》推测，“传记”此处残损的文字，应当就是“多闻阙疑”。

再观此事承接的上文，“传记”与《仲尼弟子列传》所记都是子张的基本情况，而且除了“□八岁”存在情况不明之外，其余也达到了逐字相同的地步，即都是“颛孙师，陈人，字子张。少孔子”。至于这不能辨识的年龄，《仲尼弟子列传》写作“四十八岁”。而且，值得注意的是，《七十二弟子解》中也有完全相同的文字介绍。对此，可以首先依据这两处记载，判定“传记”此处的年龄当指“四十八岁”。再联系《仲尼弟子列传》中颜回、子贡“少孔子”之龄的“三十岁”与“三十一岁”，“传记”中分别写作“卅岁”与“卅一岁”的情况，则此处“□八岁”中所缺之字，应当就是“四十”的另外一种写法“卌”。[②] 只是，若论文本的依据，考虑“传记”与《仲尼弟子列传》的下文都是“子张问干禄”一事，且所记逐字相同的情况，而《七十二弟子解》所接之言却是：“为人有容貌资质，宽冲博接，从容自务，

---

① 杨伯峻：《论语译注》，第 19 页。

② 对于子张年龄的这种判断，可以纠正一些失当的推测。如王楚宁之文说：“无论‘孔子立镜’上本段的数字是作‘十’还是作‘廿’，则都与《史记》的记载（按：指‘子张少孔子四十八岁’）有所出入。虽不能肯定‘孔子立镜’的记载为是，但亦不能妄断为誊写错误。”见王楚宁《海昏侯墓“孔子立镜（孔子屏风）”再释》，《海昏侯墓系列研究》，北京联合大学文化遗产保护协会编《文化遗产与公众考古》（第三辑），第 100 页。至于有学者对《史记》关于子张年龄产生疑虑的情况，则应另当别论。如梁玉绳的《史记志疑》由子张“他日从在陈蔡间，困，问行”而对子张的年龄提出过怀疑，说：“孔子厄陈、蔡年六十三，子张少孔子四十八岁，则是时子张才十五岁，恐未必从行也。”见（清）梁玉绳《史记志疑》，中华书局 1981 年版，第 1217 页。

居不务立于仁义之行，孔子门人友之而弗敬。”① 可知“传记”此处就是以《仲尼弟子列传》为依据，而非《孔子家语》。所以，从上下文的编排与用语、用字的一致来看，“颜渊传记”和“子张传记”的这些对应之处，就是说明“传记”所依据文本为《仲尼弟子列传》的代表性例证。

## （二）“弟子传记”与《仲尼弟子列传》的“小异”

所谓“小异”，分为四类情况。一是字词不同，但所指相同。如前面提到的年龄在写法上有所不同。又如，存在文字可通假的情况。例如，“弟子传记”的“端木赐”“中由”“堂骀灭明”“何胃”“殁”，《仲尼弟子列传》分别写作“端沐赐”“仲由”“澹台灭明”“何谓”“没”。二是语句大意相同，但表述有差异。如“颜渊传记”标号 1 和 4、“子路传记”标号 1—4、“子羽传记”标号 1 和 3—5、“子夏传记”标号 4 的语句，与《仲尼弟子列传》只是在个别字词的使用上稍有增减或交换顺序。② 三是字词不同，大意似乎也不同。如“子赣传记”称端木赐“字子赣”，《仲尼弟子列传》则称“字子贡”；“子夏传记”称子夏少孔子“廿四岁”，《仲尼弟子列传》则记载为“四十四岁”。四是字词、大意总体相同，但结构不同。如“子羽传记”除语句 2 因缺文不好判断外，其余内容都是依据《仲尼弟子列传》的记载，但与《仲尼弟子列传》所记子羽又有不同的是，此处还出现了标号 4 中有关“宰予”的叙述。而若考虑当时人的用语、书写和引用习惯，前两类可以忽略。至于后两类涉及之例，若仔细分析，也可见其本质相同。

---

① 杨朝明、宋立林主编《孔子家语通解》，第 435 页。

② 如《仲尼弟子列传》的“颜回者，鲁人也”“孔子哭之恸，曰：‘自吾有回，门人益亲。’”，“颜渊传记”分别写作“颜□（回）”“孔子曰：‘自我得回也，门人日益亲。’”；《仲尼弟子列传》的“字子路，卞人也”“志伉直”“孔子设礼稍诱子路”“因门人请为弟子”“自吾得由，恶言不闻于耳”，“子路传记”分别写作“卞人。字子路”“伉直”“孔子教设□艺，稍诱子路”“因门人请为孔子弟子”“自吾得由也，恶言不闻吾耳”；《仲尼弟子列传》的“与田常作乱，以夷其族”，“子羽传记”写作“与田常□乱死”；《仲尼弟子列传》的“孔子既没，子夏居西河教授，为魏文侯师”，“子夏传记”写作“孔子殁而子夏居西河，致为魏文侯师”。

### 1. 就端木赐称字的不同而言

“子赣”与“子贡”这两种称谓，实则都是指端木赐。因为“赣”与“贡”读音相近，在汉时就已有通用的情况。如同样随葬于汉宣帝年间的“定州汉简”，对于“端木赐”的“字”，就是“子贡”与“子赣”两种写法并存。[①] 该墓墓主中山怀王刘修薨于五凤三年（公元前55），与刘贺卒年神爵三年（公元前59）十分接近[②]，据此推测这种通假并用的情况在宣帝之世应当已经很普遍。只是若往前考据就会发现，这种情况本就存在于《史记》之中。如《货殖列传》记载：“子赣既学于仲尼，退而仕于卫，废著鬻财于曹、鲁之间，七十子之徒，赐最为饶益。……子贡结驷连骑，束帛之币以聘享诸侯，所至，国君无不分庭与之抗礼。夫使孔子名布扬于天下者，子贡先后之也。”[③] 所以，此处称字的不同，本质上相同，也是符合《史记》用法的。

### 2. 就子夏年龄的不同而言

联系笔者针对孔子纪年问题已经指出的，“孔子传记”在依据《孔子世家》的同时，却出现有“廿年”错写为“六年”的情况[④]，以及上述所见“弟子传记”依据《仲尼弟子列传》的事实，可以推测“子夏传记”关于子夏年龄的“廿四岁”之“廿”，本应写作“卌”字（有异体字作“卌”），属于形近致误。所以，此处年龄的不同，本质上同于《仲尼弟子列传》的“四十四岁”，只是写法不同而又写错而已。

---

① 李建平：《从定州简〈论语〉看“子贡”与“子赣”》，《文史杂志》2012年第3期。

② 《诸侯王表》记载：“地节元年，怀王修嗣，十五年薨，亡后。”《王子侯表》记载，海昏侯刘贺“神爵三年薨”。见（汉）班固《汉书》，中华书局1962年版，第414、493页。

③ （汉）司马迁：《史记》卷一二九《货殖列传》，中华书局2013年版，第3955页。

④ 指孔子三十岁之年，“传记”本应是同于《孔子世家》的“鲁昭公二十年”，却错写为“鲁昭公六年”。见何丹《海昏侯墓“孔子画像”的文本考察》，《上海交通大学学报》（哲学社会科学版），https：//doi. org/10. 13806/j. cnki. issn1008 – 7095. 2018. 003。

### 3. 就宰予出现在子羽传记中而言

王意乐等文由此称，这些文字“为子羽和子我传记”①。然而联系文义和篇章结构，这种以“合传”视之的看法有待修正。因为从篇尾标志主旨的“右堂骀子羽”，即可看出该传主角只有“子羽”一人，对应的图像也只有一人。所以，篇尾标注兼具明示这一人像身份的榜题作用，这一传记也就只能视作“子羽传记”。由上述所言的其他传记情况，已知仅就“弟子传记”与《仲尼弟子列传》可对应的文字内容而言，不管是“大同”还是“小异”之处，“弟子传记”实则都是以《仲尼弟子列传》为文本依据的，因而此处可以先对照《仲尼弟子列传》的文字，推测出一些王意乐等文未予释读的部分内容，然后再做分析。这包括以下三个方面。

①“…甚恶”所残损的内容，至少应有“状貌”二字，或还有“少孔子卅九岁”的文字。②“非公事不见…子三百人，设□□取予去就，□□□…，曰”中缺失的内容，应当就是子羽受业之后的情况。“不见”之后“…”的文字，或为“卿大夫。南游至江，从弟”；“□□□…”的文字，或为“名施乎诸侯。孔子闻之”。③“宰予，字…”所缺文字，至少有“子我”二字，或还有“利口辩辞”四字；“修于学…”的缺文，应当有“宰予昼寝。子曰”的内容；“…临菑大夫”的缺文，或为“子曰：‘予非其人也。’宰我为”；“与田常□乱死”的“□”，或为“作”；“…失之子羽”所缺内容，则应当有“以貌取人”四字。

这样再观察篇章结构，可见“子羽传记”与《仲尼弟子列传》都是先介绍子羽的基本信息，再谈求学、受业的情况，最后讲孔子对他的评价。将这种一致性与《仲尼弟子列传》在记述子羽末尾处的孔子评语中出现了“宰予”的情况（“吾以言取人，失之宰予；以貌取人，失

---

① 王意乐、徐长青、杨军、管理：《海昏侯刘贺墓出土孔子衣镜》，《南方文物》2016年第3期。

之子羽”）相联系，便可知对宰予的介绍正是对这句评语的补充说明。因为与孔子以宰予对比而肯定子羽的主旨对应，所补充的宰予“昼寝”“问五帝之德”“作乱死”三事，都是孔子对宰予的否定事例，孔子曾分别回应以“朽木不可雕也，粪土之墙不可圬也”“予非其人也”“耻之”。[①] 而且，这段文字夹处“甚乎哉！丘之言取人也”和“以言取人，失之宰予”的位置，正类似于今日文体中的“夹注”性质。所以，宰予在“子羽传记”中的出现，就是为了对引自《仲尼弟子列传》的这句孔子评语中的“宰予”进行补充说明，以便更好地突出子羽言胜于貌的形象。

总体而言，上述“大同”与“小异”的多类、各种对应情况，便是“弟子传记”依据《仲尼弟子列传》的文本之处。因此，仅就这些文本所占整个“弟子传记”的比例来讲，《仲尼弟子列传》就已经可以说是这些“弟子传记”所依据的主要文本。除了子夏年龄存在误写的情况外，“弟子传记”在依据《仲尼弟子列传》的同时，还存在一些其他的书写错误。如“子路传记”的“冠雄鸡，配佩豭豚”的“配”字，应当是衍生多出的；“子夏传记”的“礼厚乎”的“厚”字，或本应写作“后”。

## 三　“弟子传记”与《仲尼弟子列传》之非对应关系

由表 1 可知，“弟子传记”中还有部分文字内容，无法在《仲尼弟子列传》中找到出处，如“颜渊传记”2（部分内容）和 3、“子赣传记”3、“子夏传记”2 和 3、“子张传记”3 的语句。而与之相似的文本，又都见于《论语》之中。那么，这一情况又当如何解读？其是否会影响《仲尼弟子列传》作为“弟子传记”关键文本的这一判断，还需从全局出发来看待。

① （汉）司马迁：《史记》卷六十七《仲尼弟子列传》，第 2668 页。

## （一）“颜渊传记”——颜回“问目”与“叹之”

“传记”标号2的语句，在《论语·颜渊》中有表述基本相同且大意一致的记载。即二者只有“颜回问仁”为“颜渊问仁”，以及“回虽不敏也，请事此语也”为“回虽不敏，请事斯语矣”的个别用字不同。[①] 所以此处参照了《论语》，应当是可以肯定的。但是《论语》“语录体”的形式，与“传记”所带“纪传体”的性质存在不能忽视的区别。就“传记”而言，先介绍颜回基本情况，再讲“颜回问仁”与“颜回叹之”两事，最后谈孔子对颜回的评价，这样一种成篇的先后层次在《论语》中是无从见到的。然而，这种结构却与《仲尼弟子列传》吻合，这尤其体现在二者开头介绍与结尾评价的一致上。

就开头而言，二者都是在介绍基本情况之后，紧接“问仁”之事。而且，《仲尼弟子列传》所记录的“克己复礼，天下归仁焉”这句孔子之言，正是“传记”中孔子答语最为核心的部分。其余能够见于《论语》的“问目”之事，则是“问仁”的一种延续，孔子回答的“非礼四勿”，也不过是对“克己复礼”的进一步解释。

就其后的“叹之”一事而言，则是在《论语·子罕》和《孔子世家》中都有基本相同的表述。其中的不同之处，只是传记的“颜回渭然□（叹）□（之）曰”与“也无由也已”，在《论语》中分别写作“颜渊喟然叹曰”与“末由也已”[②]；在《史记》中则为“颜渊喟然叹曰”与“蔑由也已”[③]。从比较明确的文字来看，“传记”与《论语》《史记》的殊异程度是相当的。这意味着，二者都有可能是“传记”的文本依据。[④] 只是，若考虑“孔子传记”主要依据《孔子世家》的同

① 杨伯峻：《论语译注》，第123页。

② 杨伯峻：《论语译注》，第90页。

③ （汉）司马迁：《史记》卷四十七《孔子世家》，第2349页。

④ 比较《论语》与《史记》的文本，实则还有一处“既竭吾才”与“既竭我才”的不同，但“传记”此处正好无法辨识，也就不好据此判断。王意乐等文推测的“□（既）□（竭）□（吾）□（才）”，则可见是以《论语》为依据的。

时，也有引用《仲尼弟子列传》和《太史公自序》的个别例证，则“颜渊传记”在主要依据《仲尼弟子列传》的同时，选择参照《孔子世家》的可能性似乎更大。而即便不考虑这种疑而不决的情况，作为颜回学习孔子仁道之后的一种反馈，也是符合补充“问仁”一事的用意的。所以，结合前面已经提及的结尾部分的文本一致，与此处分析的开头部分的结构、主旨一致，以及中间“叹之”一事恰好可为补充等因素，应当可以确定“传记”与《仲尼弟子列传》不能对应的这两处，就是对采自《仲尼弟子列传》有关“问仁”一事的补充说明。

### （二）“子赣传记”——“子赣问言”与“陈子禽问子赣”

“传记”标号 2 中的子赣受业问言一事，载于《论语·卫灵公》。而且，就“问曰”之后的文字差异而言，“传记”只是比《论语》少一“而”字，以及将“子曰”写作“孔子曰”。[①] 标号 3 的“陈子禽问子赣”一事，见于《论语·子张》。二者的表述虽有三种不同情况，但文本仍可谓相似。一是传记的“问子赣”“中尼”“与”“子赣曰”“可胃”，《论语》分别写作“谓子贡”“仲尼”“于”“子贡曰”“所谓”，以及“传记”少“言”“也”“而”“之”字；二是《论语》的“绥”被写作“馁”，“阶”（繁体作“階”）被写作“陛”，或属于形近出错；三是传记中的“国家”，《论语》写作“邦家”。[②] 所以，这两处也应是参照过《论语》的。只是结合《仲尼弟子列传》的文本情况来看，这种参照又是有限的。理由如下。

首先，在参照《论语》文本的同时，“传记”也依据了《仲尼弟子列传》的用语习惯。比如《论语》写作“子曰”之处，《仲尼弟子列传》则喜作“孔子曰”，而标号 2“问言”一事恰好就遵循了《仲尼弟子列传》的这一文本特征。又如标号 3 与《论语》的“国”“邦”不

① 杨伯峻：《论语译注》，第 166 页。
② 杨伯峻：《论语译注》，第 205 页。

同，本就见于《论语》与《仲尼弟子列传》，且就发生在《仲尼弟子列传》对陈子禽问子贡“孔子适是国必闻其政”一事的记载上，因为该事见于《论语·学而》之处，便是写作“邦”。① 由《论语》的早出，以及二字在春秋与西汉的不同含义，可知这是司马迁根据时代新情况所做出的一种有意改动。② 而如此变更，不仅能对应汉王朝一统的政治形势，还能与司马迁独将孔子列入“世家”，而将老子等其他先秦诸子并入“列传”所体现出的以孔子为“素王”的意识更加匹配。③ 所以，“传记”与《论语》这种观念性的一字差异，就说明《论语》并非主导性的文本，而《仲尼弟子列传》才是。

其次，“传记”这两事的先后顺序和主旨大意，也是符合《仲尼弟子列传》的。因为从篇章结构来看，“传记”与《仲尼弟子列传》在介绍人物基本情况之后，都是先谈受业提问之事，再接陈子禽请问子贡之事。而且二者所记求问之事虽然不同，却都与强调子贡的“言语”能力有关。就《仲尼弟子列传》所记子贡受业问“赐何人也”与孔子答“汝器也”的师徒对话而言，实则正是指孔子以子贡为辩才，认为他“善言”，这从其后紧接的“陈子禽问子贡”与子贡受孔子之托而游说诸侯并大获成功的记载中可以看出。④ 就“传记”受业问言来说，又本是子赣针对自己的言语表现而问，因而会有“终身行之”的想法。所以，“传记”同于《仲尼弟子列传》，都是子贡针对自己的“言语”所问。就陈子禽所问之事，《仲尼弟子列传》是“仲尼焉学”与“孔子适是国必闻其政。求之与？抑与之与”；“传记”则是“子为恭也，中尼岂贤与子乎”，然而从求问对象不变，可见突出的都是子贡俨然已成孔

---

① 杨伯峻：《论语译注》，第 6 页。

② 这二字若置于孔子与子赣所处的春秋时期，则互换而含义不变，同指分封制下的诸侯国，与卿大夫之“家”和天子之“天下”相对而言。但是，若置于司马迁所生活的汉武帝时代，“国家”便是作为一个整体概念而使用，对应大一统的汉王朝，这样便又不可与“邦家”等同。

③ （汉）司马迁：《史记》卷一三〇《太史公自序》，第 4017 页。《太史公自序》记载司马迁说：“周室既衰，诸侯恣行。仲尼悼礼废乐崩，追修经术，以达王道，匡乱世反之于正，见其文辞，为天下制仪法，垂六艺之统纪于后世。作《孔子世家》第十七。”

④ （汉）司马迁：《史记》卷六十七《仲尼弟子列传》，第 2669—2674 页。

子发言人的形象，而这自然又与他的言语能力直接相关。所以，这种前后层次的一致性，就意味着这两处依据的确实是《仲尼弟子列传》的文本。只是与其他案例不同的是，此处在保持主旨大意与叙述顺序不变的同时，又参考了《论语》的文本，对相关事件进行了置换。

最后，就标号2的完整层次来说，“传记”也是可以在《仲尼弟子列传》中找到对应文本的。即子贡传末尾处一段总结性的文字，“子贡好废举，与时转货资。喜扬人之美，不能匿人之过”。其中，“好废举，与时转货资”与“传记”的“结□（驷）”“□（鬻）财”，都是在谈子赣经商之事；“喜扬人之美，不能匿人之过”，与“传记”中孔子所回答的“其恕乎！己所不欲，勿施于人”又正是一种因果关系。可见二者的前后层次，恰好能够完美对应，分别表达子贡经商与言语的两种能力。所以，总体而论，标号2的语句还是以《仲尼弟子列传》为根本性依据的。

至于标号3的语句，从子赣回答陈子禽问话的核心意思，即“君子一言以为知，一言以为不知，不可不慎也”，可知是作为“受业问言”一事的后续反馈而存在的，意在说明子赣已经具有“慎言”的觉悟。所以结合标号2依据《仲尼弟子列传》的情况，则标号3的“陈子禽问子赣”一事，便是为更好地说明《仲尼弟子列传》“喜扬人之美，不能匿人之过”的文意而进行的补充。这样，“子赣传记”的这两处，虽确有参照《论语》文本，但《仲尼弟子列传》的影响仍然是更为主要的，因而会呈现用语习惯、叙述顺序与层次大意等多方面的一致。此外，还应注意到的是《货殖列传》对“子赣传记”也存在影响。如“子赣为人结□（驷），□（鬻）财□□□□”之语，与前面提及的《货殖列传》的文字表述更为相似。又如，从称字的情况来看，“传记”全作“子赣”，《论语》《仲尼弟子列传》都作“子贡”，而《货殖列传》却是两种兼有。

## （三）“子夏传记”——子夏“言学”

“子夏传记”中标号2、3的语句，也是共现于《论语》之中。其中，前者载于《论语·学而》，不同之处在于“传记”的“事君，能致起身；其友交，言而有信”写作“事君，能致其身；与朋友交，言而有信”；“胃之”写作“谓之”。① 后者载于《论语·子张》，不同之处在于“传记”的“博学而孰记”写作“博学而笃志”。② 抛开“胃”与“谓”通假，“其友交”和“与朋友交”、“孰记”和“笃志”大意相同，以及“致起身”的“起”当为“其”，或是音同而致误的情况，可知这两处也确实参照了《论语》的文本。

然而，“传记”以基本情况开头，并紧接子夏“学《诗》”一事，且以孔子殁后子夏居西河“为魏文侯师”结束，却是独与《仲尼弟子列传》所述最为一致。因为这样的叙事顺序，虽然另见于《七十二弟子解》，但就“学《诗》”与“教授”之事分别所记录的“习于《诗》，能通其义，以文学著名”“孔子卒后，教于西河之上。魏文侯师事之，而咨国政焉”③，其文本吻合程度又不能与《仲尼弟子列传》相提并论。一方面，表现在“学《诗》”只概括性地说“能通其义”，却未提及子夏请问“巧笑倩兮，美目盼兮，素以为绚兮”这一具体事例，而“传记”却与《仲尼弟子列传》同时具有；另一方面，表现在“教授”又比“传记”与《仲尼弟子列传》都多出了魏文侯“咨国政焉”的内容。所以，子夏“学《诗》”一事，“传记”应当就是以《仲尼弟子列传》为依据的。

只是，“学《诗》”之事，又见于《论语·八佾》，而且“传记”比《仲尼弟子列传》多出的“起予”二字，《论语》中有相似表达，写作：“起予者商也！”④ 这或许会使人产生是否依据《论语》的疑虑。不过，除了已经言及的篇章结构之外，一些关键性文字也对此有提示。比如，在开启与结束此事的问答主体上，“传记”与《仲尼弟子列传》都是“子夏问”“孔子曰”，而《论语》却写作“子夏问曰”“子曰”。

---

① 杨伯峻：《论语译注》，第5页。

② 杨伯峻：《论语译注》，第200页。

③ 杨朝明、宋立林主编《孔子家语通解》，第434页。

④ 杨伯峻：《论语译注》，第25页。

联系“子张传记”中依据《仲尼弟子列传》“问干禄”“孔子曰”，而非《论语》“学干禄”“子曰”的情况，可知《仲尼弟子列传》不仅有将《论语》的“子曰”改作“孔子曰”的习惯，还有强调“问”的习惯，因而此处问答主体与《仲尼弟子列传》的吻合，就是一种文本依据的标志。至于“起予”二字，便是遵循《史记》思路与文本的同时，参照《论语》而添加的，意在突出子夏“善学”的形象。因为孔子的这一评价自然是更具有说服力的。

如此再看夹处“学《诗》”与“教授”二事之间的标号 2、3 的语句，发现都紧扣了“善学”这一主旨。其中，标号 2 句的“未学”而“胃之学矣”，是子夏对何为“学矣”的见解；标号 3 句的以“仁”在“学”“记”“问”“思”之间，则是子夏对学习过程与仁道关系的看法。所以，这两处参照《论语》而有的子夏“言学”之例，应当就是对采自《仲尼弟子列传》的“学《诗》”一事的补充。

### （四）“子张传记”——“问交于子张”

“子张传记”中标号 3 的语句，就可释读的文字而言，《论语·子张》中有几近相同的记载，只是“传记”的“子夏曰何”写作“子夏云何”，“距”写作“拒”，少一“其”字。[①] 而这种一字之差，在当时又属于常例。如《史记·项羽本纪》记载的“欲距项梁”“距关，毋内诸侯”“以距汉”等[②]，都是以“距”通“拒”。因此，这些内容也应是依据了《论语》的文本。这样可以先据此补全其中的不明部分，即“子……子张”“君子尊贤而……不能”之处的完整语句，大致当为“子夏之门人问交于子张”“君子尊贤而容众，嘉善而矜不能”。

只是，若考虑到标号 1、2 的语句内容和先后顺序与《仲尼弟子列传》完全吻合的情况，此处“问交于子张”一事，也应是依据《仲尼

---

① 杨伯峻：《论语译注》，第 199 页。

② （汉）司马迁：《史记》卷七《项羽本纪》，第 384、398、408 页。

弟子列传》的同时，参照《论语》而补充的子张信息。而且联系其他“弟子传记”起始终止之处与《仲尼弟子列传》的一致性，以及“孔子传记”与《孔子世家》的这种相同特征，或许还可推测“子张传记”中未完而不明的部分，可能就是《仲尼弟子列传》在“子张问干禄”之后所记录的“问行”“问达”两事或其一。①

总结上述对于“弟子传记”与《仲尼弟子列传》不能对应之处的分析，可以获知三方面的情况。一是“弟子传记”确有参照《论语》的记载。这反映了《论语》作为儒家经典在当时流传的广度，联系汉宣帝少时都曾学习《论语》，以及刘贺墓中就随葬有《论语》等现象，可以深刻感受到《论语》在当时的影响之大。二是“弟子传记”采用《论语》文本，是为了补充依据《仲尼弟子列传》内容所涉及的相关情况。这也才有了颜渊、子赣、子夏、子张四位弟子的“传记”在整体叙述思路和篇章结构上与《仲尼弟子列传》的一致性。三是除了《论语》之外，传记还能明确见到《货殖列传》的影响，以及隐约见到《孔子世家》的影响。所以，孔子衣镜上的“弟子传记”，总体还是以《仲尼弟子列传》为根本性文本依据的，其余的参照则只能算是细枝末节。也因此还存在如“子羽传记”那样以《仲尼弟子列传》所记宰予情况为补充的情况，更存在“子路传记”那样从基本情况到“求学”经历，再到受业“问勇”之事及孔子“恶言不闻”的评价，能够与《仲尼弟子列传》做到相对应的情况。

## 四 从《仲尼弟子列传》“太史公曰”再论“传记”的文本依据

以上论述虽然从文字表述、总体大意、叙事思路和篇章结构等多方面的一致说明了海昏侯墓“弟子传记”与《仲尼弟子列传》存在根本性的文本联系。但是针对有专家依据《仲尼弟子列传》篇末“太史公

① （汉）司马迁：《史记》卷六十七《仲尼弟子列传》，第2678—2679页。

曰”的内容，而产生有是否直接依据该篇所取材书籍的疑虑，此处还有必要做出回应。

## （一）《仲尼弟子列传》取材《论语》的事实

就司马迁撰写《仲尼弟子列传》所取材的书籍，依据篇末“太史公曰”所明确揭示的“《论语》弟子问，并次为篇，疑者阙焉”[①]，则可知该篇曾取材《论语》。而且，对此说法的真实性，可以立足《仲尼弟子列传》中相继出现的“言论”，通过查看在《论语》中的存在与否而加以验证。只是需要注意的是，司马迁所取材的版本，与今传本应当有所不同，而以古文《论语》的可能性最大。

首先，在该篇“太史公曰”的内容中，司马迁提到了自己取材的对象“出孔氏古文”这一线索，而文献多载的“孔壁出书”一事中，《论语》又正是所出藏书之一。如《汉书·艺文志》记载：“鲁恭王坏孔子宅，欲以广其宫，而得《古文尚书》及《礼记》、《论语》、《孝经》凡数十篇，皆古字也。……孔安国者，孔子后也，悉得其书，以考二十九篇，得多十六篇。安国献之。遭巫蛊事，未列于学官。”[②]又如《论衡·佚文》曰：“恭王坏孔子宅以为宫，得佚《尚书》百篇，《礼》三百，《春秋》三百篇，《论语》二十一篇。”[③]这就意味着，在司马迁撰写《仲尼弟子列传》之前，古文《论语》确实已经存在。

其次，就孔壁所出古文《论语》的去向而言，由孔安国献书而未列学官的结果，可知应当归入了汉王朝秘府。这又可由《汉书·艺文志》著录有“《论语》古二十一篇。出孔子壁中，两《子张》”[④]得到验证。这样再联系司马迁在《太史公自序》中所感慨的其时“天下遗

---

① （汉）司马迁：《史记》卷六十七《仲尼弟子列传》，第2703页。虽然有学者以“《论语》弟子问”断句，但是主张本质上也是指《论语》。见金德建《论〈史记〉“论言弟子籍”“论语弟子问”即指〈论语〉》，《司马迁所见书考》，上海人民出版社1963年版，第205页。

② （汉）班固：《汉书》卷三十《艺文志》，第1706页。

③ （汉）王充：《论衡》，《诸子集成》（第七册），中华书局2006年版，第199页。

④ （汉）班固：《汉书》卷三十《艺文志》，第1716页。

文古事靡不毕集太史公。太史公仍父子相续纂其职”[①]，就可以确定已然存在的古文《论语》为司马迁所阅读并参考的可能性完全存在。

最后，司马迁本就有取材古文《尚书》的做法。《汉书·儒林传》记载，古文《尚书》“遭巫蛊，未立于学官。安国为谏大夫，授都尉朝，而司马迁亦从安国问故。迁书载《尧典》、《禹贡》、《洪范》、《微子》、《金縢》诸篇，多古文说”[②]。由司马迁问故孔安国并多载古文《尚书》之说的做法，可见他对孔壁所出这批古文书籍的史料价值持肯定态度。如此，既然有所问故和参考，自然就不会仅限于《尚书》。就《仲尼弟子列传》的组成来说，“弟子问”正是最为主要的部分，而《论语》又是专记孔子与弟子言论的书籍，自然会是重要的参考对象，这从司马迁所明言的该篇取材只有《论语》也可看出。所以，综合多方面信息，古文《论语》正当是《仲尼弟子列传》的重点取材对象。

然而，遗憾的是，这一古文《论语》的原貌现今已经无法确知。能够用以比较的现传本《论语》，则是同时杂糅了齐、鲁两家的说法，不好判别归属。但考虑到三家的不同，多是篇目、篇次的不同，或者是古《论语》多用本字而鲁《论语》多用假借字之类的异文[③]，以及若不计算古文《论语》“两《子张》”，则与现传本《论语》的篇目也一致的情况，可知就内容来说，以现传《论语》比对《仲尼弟子列传》，其结果应是大致相同的。而为方便下一步的讨论，此处就以孔子衣镜“传记”涉及的七位弟子的记述为例，来管窥二者大致的对比情况。

于颜渊而言，“颜渊问仁”一事，见于《论语·颜渊》；孔子由箪食瓢饮而“不改其乐”称赞“贤哉回也”一句，见于《论语·雍也》；孔子曰“回也不愚”一句，见于《论语·为政》；孔子曰“用之则行，舍之则藏”一句，见于《论语·述而》；颜回死“孔子哭之恸”一事，见于《论语·先进》；鲁哀公问“弟子孰为好学”一事，见于《论语·

① （汉）司马迁：《史记》卷一三〇《太史公自序》，第4026页。

② （汉）班固：《汉书》卷八十八《儒林传》，第3607页。

③ 顾颉刚遗著，王煦华整理《孔子研究讲义按语》，《中国典籍与文化论丛》第7辑，北京大学出版社2005年版，第11、15页。

雍也》。①

于子路而言，“子路问政”一事，见于《论语·子路》；子路问“君子尚勇乎”一事，见于《论语·阳货》；“子路有闻”一句，见于《论语·公冶长》；孔子曰“片言可以折狱者”一句，见于《论语·颜渊》；孔子曰“由也好勇过我”一句，见于《论语·公冶长》；孔子曰“与衣狐貉者立而不耻者”一句，见于《论语·子罕》；孔子曰“由也升堂矣”一句，见于《论语·先进》；“子路喜从游，遇长沮、桀溺、荷蓧丈人”，见于《论语·微子》；孔子曰子路“可谓具臣矣”一事，见于《论语·先进》。②

于宰予而言，问“三年之丧”一事，见于《论语·阳货》；“昼寝”一事，见于《论语·公冶长》。③

于子贡而言，问“汝与回也孰愈”一事，见于《论语·公冶长》；问“赐何人也”一事，见于《论语·公冶长》；陈子禽问子贡“孔子适是国必闻其政”一事，见于《论语·学而》；问“富而无骄，贫而无谄”一事，见于《论语·学而》。④

于子夏而言，问“素以为绚兮”一事，见于《论语·八佾》；问“师与商孰贤”一事，见于《论语·先进》；子谓子夏“为君子儒”一事，见于《论语·雍也》。⑤

于子张而言，“问干禄”一事，见于《论语·为政》；陈、蔡间“问行”一事，见于《论语·卫灵公》；问“士何如斯可谓之达矣”一事，见于《论语·颜渊》。⑥

---

① （汉）司马迁：《史记》卷六十七《仲尼弟子列传》，第 2659—2660 页；杨伯峻：《论语译注》，第 123、59、16、68、112、55 页。

② （汉）司马迁：《史记》卷六十七《仲尼弟子列传》，第 2664—2667 页；杨伯峻：《论语译注》，第 133、190、47、128、44、95、114、193—196、117 页。

③ （汉）司马迁：《史记》卷六十七《仲尼弟子列传》，第 2667—2668 页；杨伯峻：《论语译注》，第 188、45 页。

④ （汉）司马迁：《史记》卷六十七《仲尼弟子列传》，第 2669—2670 页；杨伯峻：《论语译注》，第 45、43、6、9 页。

⑤ （汉）司马迁：《史记》卷六十七《仲尼弟子列传》，第 2676—2677 页；杨伯峻：《论语译注》，第 25、114、59 页。

⑥ （汉）司马迁：《史记》卷六十七《仲尼弟子列传》，第 2678—2679 页；杨伯峻：《论语译注》，第 19、162、130 页。

由以上列举的这些对应情况与所占有《仲尼弟子列传》绝大部分“言论”的比例，以及篇末“太史公曰”的文字虽然提到了该篇由“弟子问”和“弟子名姓文字”两大部分组成，但“弟子名姓文字”往往只是弟子列传开头第一句的情况，可知以“《论语》弟子问”为司马迁撰写《仲尼弟子列传》所取材的主要对象无疑是正确的。而且，所说“弟子问”，实则包括两方面的内容：一是弟子求问事例（“弟子问 + 孔子答”的模式）；二是孔子直接的评语（“子曰”的模式）。所以，《论语》虽非该篇取材的全部，但作为最为重要的对象，与海昏侯墓“弟子传记”的这种对比情况，却是具有代表性的。由此再看《论语》作为《仲尼弟子列传》之外“弟子传记”所参照的最为重要的对象，与司马迁的这种取材做法也相符合。

## （二）“弟子传记”相较《论语》的文本差距

通过以上《仲尼弟子列传》与《论语》的对比，已知取材自《论语》的“弟子问”正是该篇的核心内容。只是如此安排，司马迁遵循的是他自己的撰写初衷。他在《太史公自序》中说道：“孔氏述文，弟子兴业，咸为师傅，崇仁厉义。作《仲尼弟子列传》第七。”[①] 可见为孔氏弟子撰写列传，就是因为他们“孔子弟子”的这一身份和他们传承了孔学，因而以他们合为一篇并取名《仲尼弟子列传》，以示这种从属和师承关系。而表 1 所示的孔子衣镜六位弟子传记的开头，无一例外地都会率先表明他们“孔子弟子”的身份，可知这些弟子的存在主旨与《仲尼弟子列传》相同，意在突出孔子与孔学的地位。

相比较而言，这种主旨的揭示，在《论语》中却是没有的。首先，因为《仲尼弟子列传》虽然确有取材于《论语》的依据，但是这种取材并非照抄。这体现在司马迁所“并次为篇”的部分仅占《论语》“弟子问”的一小部分，因而“并次”也包含了一定的“取舍”工作。其

① （汉）司马迁：《史记》卷一三〇《太史公自序》，第 4020 页。

次，即便就有所“取”的部分而言，在文字表述上也有所不同。以子路从游遇人之事来说，《史记》对《论语》中过程性的文字进行了大幅度的删减，而只总结性地说他“喜从游”，并罗列所遇之三人称谓以为说明。最后，尽管只是文字上的微小改动，从思想上说也更符合司马迁的个人见解。

比如前文已经说明过的“弟子传记”与《论语》《仲尼弟子列传》所共具的几处相似记录，就应是《仲尼弟子列传》取材《论语》之处。其中改“渊”为“回”的一字不同，能更为恰当地适应语境，表达师徒尊卑；改“邦”为“国”的一字不同，能更好地符合时代新情况，表达尊孔意识；改“学”为“问”的一字不同，能与司马迁强调“弟子问”为《仲尼弟子列传》核心的用语、用意更好地对应；改“子曰”为“孔子曰”，则与司马迁不同于《论语》编撰者与孔子师徒关系的后人身份更为适合。而这些带有观念性的分别之处，“颜渊传记”“子赣传记”“子张传记”都与《仲尼弟子列传》相同，而非与《论语》相同。又如，还可以尚未提及的子路“问勇”一事观之。就问答的主体而言，“子路传记”与《仲尼弟子列传》都强调“问”（分别写作“问曰”“问”），都写作“孔子曰”，《论语》却作“曰”“子曰”，可见“传记”也是遵循了《仲尼弟子列传》的用语习惯。就答语的内容而言，《仲尼弟子列传》与《论语》有“义之为上”与“义以为上”、“好勇而无义则乱”与“有勇而无义为乱”、“好勇而无义则盗”与“有勇而无义为盗”的不同，但是“子路传记”对《仲尼弟子列传》“之”“好”“则”这些关键字眼皆取。所以通过“弟子传记”与《仲尼弟子列传》取材《论语》之处的对比，明显可见在这三者的关系之中，“弟子传记”与《仲尼弟子列传》的文本更为贴近，而与该篇采用过的《论语》文本则相差较远。

这种事实说明《仲尼弟子列传》正是这些“弟子传记”最为根本、直接的文本依据，而不能越过《仲尼弟子列传》直指《论语》，或者其他有所取材的对象。更何况这些弟子在海昏侯墓这幅孔子衣镜画像中既然是附属孔子而存在的，其身份便不具有绝对的独立性。因此，对他们的考察，应当基于整体的视角。就核心人物孔子而言，画像的“孔子传记”中有许多情况，就刘贺生活的阶段来说，都是唯独在《史记》之中存在的。比如用以结尾的文字，正是出于《孔子世家》中“太史公曰”的内容，其中最后的“至圣”评价极具标志性。因为这是司马迁出于赞其道德和欲扬其学问的思想，而在《史记》中所首次赋予的。又如还有一段出自《太史公自序》的文字，便是司马迁回答上大夫壶遂提问的答语，而这也首见于《史记》。再如多条有关孔子的纪年，也只完整见于《孔子世家》，尤其是其中对鲁襄公二十二年为孔子生年的记录，与当时流行的《公羊传》《穀梁传》有所不同。此外，本该有的“姓孔氏”的说法，也是《史记》记录姓氏的一种特色。[①] 所以从整体画像的主角孔子的传记也是以《史记》为根本性文本依据来看，附属其中的“弟子传记”以《仲尼弟子列传》为主要依据对象，也便在情理之中。

## 小　结

通过对比刘贺墓“孔子衣镜画像”中的“弟子传记”与《仲尼弟子列传》，发现二者文本存在“对应”与“非对应”两种关系。其中，保持对应关系的占大部分内容，尤以“子路传记”的逐句相应具有代表性，且对应之处总体可谓“大同小异”。所谓“大同”者，可以“颜渊传记”中孔子两句评语的实质相同和“子张传记”中基本情况与“问干禄”的逐字相同为例。这也可说明“传记”所依据的文本就是《仲尼弟子列传》，而非其他具有相似甚至相同表述的文献。所谓“小异”者，一些是按照当时用语、书写或引用习惯而可以忽略的表面情况，另一些如端木赐称字的不同、子夏年龄的不同、宰予出现在子羽传记的情况，其本质则也是相同的。所以对应文本之处，就是“弟子传

① 何丹：《海昏侯墓“孔子画像”的文本考察》，《上海交通大学学报》（哲学社会科学版），https：//doi. org/10. 13806/j. cnki. issn1008 – 7095. 2018. 003；何丹：《由汉“孔子画像”观武、昭、宣帝时期〈史记〉之流传》，《民族艺术》2018 年第 4 期。

记”依据《仲尼弟子列传》文本之例。

就非对应的文本而言，虽然都有见于《论语》之处，却并非以《论语》为主要文本依据。如颜回“问目”一事，虽有参照《论语·颜渊》，却是对采自《仲尼弟子列传》的“问仁”一事的补充；颜回“叹之”一事，虽在《论语·子罕》中有基本相同的表述，但更有依据《孔子世家》的可能性，而且也符合补充《仲尼弟子列传》“问仁”一事的用意。又如“子赣问言”与“陈子禽问子赣”之事，虽然文字分别参照了《论语·卫灵公》《论语·子张》，但其关键用字、叙事顺序、主旨大意又都符合《仲尼弟子列传》，因而是依据《仲尼弟子列传》的同时，参照《论语》而对相关事件进行了置换，以更好地表达《仲尼弟子列传》所说的子贡“喜扬人之美，不能匿人之过”这一“言语”形象。再如子夏“言学”两例，虽参照了《论语·学而》和《论语·子张》，却是对采自《仲尼弟子列传》“学《诗》”一事的补充，意在说明子夏“善学”的形象。所以总体而论，“弟子传记”就是以《仲尼弟子列传》为根本性文本依据的。

“弟子传记”以《论语》作为《仲尼弟子列传》之外所参照的主要对象，也符合司马迁撰写该篇的取材做法。这反映了司马迁以《论语》为信史的观念，以及《论语》对时人认识孔子师徒存在的重要影响。只是《仲尼弟子列传》虽然确实重点取材“《论语》弟子问”，但就“弟子传记”所见的这些取材之处而言，还是与《仲尼弟子列传》的文本更为贴近，而与《论语》相差较远。这就说明判定“弟子传记”的文本依据，是不能越过《仲尼弟子列传》而直指《论语》这一取材对象的。因为一经司马迁的取材、并次，便已然成为“一家之言”。并且，“弟子传记”以《仲尼弟子列传》为根本依据，同时参考《货殖列传》（或还有《孔子世家》）的做法，也与“孔子传记”以《史记》为根本依据的做法相适应。所以《史记》就是海昏侯墓整体的“孔子衣镜画像”的主要文本依据，而这自然也反映出《史记》在刘贺生前就已然存在并产生影响。

此外，如同司马迁引用《论语》却融入了个人见解一般，透过衣镜制作者所引用《史记》的这些文本，与为说明所涉及的弟子形象而参照《论语》的做法，以及其中一些不同于《史记》的文本改动，还可见画像中的“孔子弟子传记”也融入了衣镜制作者的思想。有两事可为例证，即“子夏传记”依据《仲尼弟子列传》记述“学《诗》”的同时，为更好地突出子夏“善学”的形象，而参照《论语》添加了“起予”二字；“孔子传记”末尾依据《孔子世家》“太史公曰”的同时，却将“自天子王侯”中“天子”二字省略，而这种改动则能在突出孔子“至圣”荣光的同时，保持天子“至尊”的地位。所以海昏侯墓的这幅“孔子衣镜画像”具有重要文献价值，能够推动《史记》流传与取材等方面的研究。

# 再论《后汉书·赵壹传》

## ——兼及《后汉书》的史料来源问题*

◇刘子立**

**内容摘要**：对于赵壹在光和元年（178）上计的经历，《后汉书·赵壹传》进行了生动而细致的描写。然而，这一记载所涉及的人物、官职、时间，以及所牵涉的制度、所描述的细节，均存在大量的抵牾之处。这种情形的出现，并不能简单地归因于史实的错讹，而是缘于《赵壹传》特殊的史料来源与性质。由于《东观汉记》修撰的中断，后人在撰写《赵壹传》等汉末人物的传记时，缺少国史资料的依凭，只能转而依靠别传、类传、郡书等"杂传"类的史料。史料来源与性质的变化，使得《赵壹传》中"附益增张"，出现了许多类似于小说家言的记载。而考察这一个案，也有助于我们进一步理解《后汉书》的史料构成与历史书写模式。

**关键词**：赵壹　后汉书　杂传

赵壹，字元叔，是东汉末年著名的文学家，其生平事迹，主要保存在《后汉书》卷八十①中。《后汉书》是一篇颇费思量又颇为精彩的传记：一方面，《后汉书·赵壹传》（以下或简称《赵壹传》）将赵壹的立身行事、言谈风采记叙得气韵生动，是《后汉书》中首屈一指的佳构；另一方面，《赵壹传》对传主生平的记载又存在大量难以自圆其说的龃龉之处。关于此，学者们已经做过一些考订工作，但依然存在不少未发之覆。

---

* ［基金项目］国家社科基金项目"《后汉书》史料构成与历史书写研究"，项目编号：20BZW099。

** 刘子立，厦门大学人文学院中文系讲师，主要研究方向为先唐文学文献。

① （南朝宋）范晔：《后汉书》卷八十《赵壹传》，中华书局1965年版，第2628—2635页。

## 一 《后汉书·赵壹传》中的种种讹误

关于赵壹的生平，《赵壹传》并没有进行逐年逐月的描写，而是浓墨重彩地记载了赵壹在汉灵帝光和元年（178）的经历。这一段记载，又可以分为三个互相关联的部分。为了讨论方便，现援引如下。其一，《赵壹传》载：

> 光和元年，举郡上计到京师。是时司徒袁逢受计，计吏数百人皆拜伏庭中，莫敢仰视，壹独长揖而已。逢望而异之，令左右往让之，曰："下郡计吏而揖三公，何也?"对曰："昔郦食其长揖汉王，今揖三公，何遽怪哉?"逢则敛衽下堂，执其手，延置上坐，因问西方事，大悦，顾谓坐中曰："此人汉阳赵元叔也。朝臣莫有过之者，吾请为诸君分坐。"坐者皆属观。

其二：

> 既出，往造河南尹羊陟，不得见。壹以公卿中非陟无足以托名者，乃日往到门，陟自强许通，尚卧未起，壹径入上堂，遂前临之，曰："窃伏西州，承高风旧矣，乃今方遇而忽然，奈何命也!"因举声哭，门下惊，皆奔入满侧。陟知其非常人，乃起，延与语，大奇之。谓曰："子出矣。"陟明旦大从车骑奉谒造壹。时诸计吏多盛饰车马帷幕，而壹独柴车草屏，露宿其傍，延陟前坐于车下，左右莫不叹愕。陟遂与言谈，至熏夕，极欢而去，执其手曰："良璞不剖，必有泣血以相明者矣!"陟乃与袁逢共称荐之。名动京师，士大夫想望其风采。

其三：

> 及西还，道经弘农，过候太守皇甫规，门者不即通，壹遂遁

> 去。门吏惧，以白之。规闻壹名大惊，乃追书谢曰："蹉跌不面，企德怀风，虚心委质，为日久矣。侧闻仁者愍其区区，冀承清诲，以释遥悚。今旦外白有一尉两计吏，不道屈尊门下，更启乃知已去。如印绶可投，夜岂待旦。惟君明睿，平其夙心。宁当慢傲，加于所天。事在悖惑，不足具责。倘可原察，追修前好，则何福如之！谨遣主簿奉书。下笔气结，汗流竟趾。"壹报曰："……"遂去不顾。

这部分记载将赵壹与袁逢、羊陟、皇甫规三人的交往与互动描写得相当具体而生动。然而，据陆侃如、赵逵夫、江波等先生考证，这三个部分所涉及的人物以及时间节点，可以说无一不误。

首先，《后汉书》卷八《孝灵帝纪》载：

> 光和元年……二月……癸丑，光禄勋陈国袁滂为司徒。
>
> 冬十月，屯骑校尉袁逢为司空。[①]

据此，则灵帝光和元年时，担任司徒者并非袁逢，而是袁滂。而根据《后汉书》卷四十五《袁安传附袁逢传》[②] 的记载，袁逢一生从未担任过司徒一职。

其次，根据《后汉书》卷六十七《党锢列传》的记载，羊陟名列"八顾"之中，为当时清流名士中的佼佼者。由于这一身份，羊陟自然也难逃党锢之祸，"会党事起，免官禁锢，卒于家"[③]。换言之，在光和元年之前发生的数次党锢中，羊陟早已废官家居，不在洛阳。因此这一年赵壹自然也不可能在洛阳拜会羊陟。

最后，《后汉书》卷六十五《皇甫规传》载："迁规弘农太守，封

① （南朝宋）范晔：《后汉书》卷八《孝灵帝纪》，第340—341页。
② （南朝宋）范晔：《后汉书》卷四十五《袁安传附袁逢传》，第1523页。
③ （南朝宋）范晔：《后汉书》卷六十七《党锢列传》，第2209页。

寿成亭侯，邑二百户，让封不受。再转为护羌校尉。熹平三年，以疾召还，未至，卒于穀城，年七十一。”[①] 则皇甫规卒于熹平三年（174）。换言之，至光和元年（178），皇甫规去世已经整整四年，赵壹亦绝无可能在这一年拜访皇甫规。

那么，如何理解、处理《赵壹传》中的这些讹误呢？我们看到，有不少学者苦心孤诣地为《赵壹传》做着修补与弥缝的工作。如赵逵夫在《赵壹生平著作考》一文中，指出赵壹一生有两次担任计吏的经历。赵壹拜访皇甫规，应该是在其首次上计的建宁元年（168）。[②] 而江波在《〈后汉书·赵壹传〉辨误》一文中，则认为“光和元年”这一年代记载是错的。在交叉比对了羊陟、皇甫规的生平之后，江波提出赵壹上计的年份应在熹平元年（172），接受赵壹上计的人，应该是时任司徒的袁隗。[③] 又如马天祥在《光和元年赵壹造访河南尹羊陟考》一文中，通过对《后汉书》中相关记载的考察，指出羊陟早在桓帝延熹九年（166）第一次党锢之祸时就已遭禁锢。据此，则赵壹拜访羊陟的时间，势必在延熹九年之前。[④] 然而，无论如何曲为之说，总显此起彼伏，难以彻底弭平《赵壹传》中的抵牾之处。而且，如果我们细细考察《赵壹传》中的文字，不难发现其中的错讹之处还不止于此。文中所记载的赵壹上计的经历，有不少细节也是值得怀疑的。兹举二例。

其一，传中记载，“时诸计吏多盛饰车马帷幕，而壹独柴车草屏，露宿其傍”。李贤注：“柴车，弊恶之车也。”据此，则赵壹身为汉阳郡的计吏，不仅乘坐破旧的柴车，而且露宿于洛阳街头。这样的记载，固然映衬出赵壹其人的矫矫不群，却与汉代的相关制度绝不相合。郡国上计，是汉代极为严肃的一项政治制度。侯旭东指出，这一制度，是

① （南朝宋）范晔：《后汉书》卷六十五《皇甫规传》，第 2137 页。

② 赵逵夫：《赵壹生平著作考》，《文学遗产》2003 年第 1 期。

③ 江波：《〈后汉书·赵壹传〉辨误》，《文献》2011 年第 4 期。

④ 马天祥：《光和元年赵壹造访河南尹羊陟考》，《沈阳师范大学学报》（社会科学版）2013 年第 4 期。

“上级官府掌握下级治绩的重要渠道，与官员考课黜陟有直接联系，亦成为赋税征收、钱物与人员调发的基本依据”[①]。而计吏所携之物，除了要上呈朝廷的各种文书档案之外，还有郡国奉献的种种贡品。[②] 肩负如此重要的职责，携带如此重要的物品，计吏如何可能、可以露宿街头？事实上，上计人员所居之地，应该是各郡设于中央的郡邸。关于这一制度，《汉书》卷六十四《朱买臣传》有直接的描述：

初，买臣免，待诏，常从会稽守邸者寄居饭食。拜为太守，买臣衣故衣，怀其印绶，步归郡邸。直上计时，会稽吏方相与群饮，不视买臣。买臣入室中，守邸与共食，食且饱，少见其绶。守邸怪之，前引其绶，视其印，会稽太守章也。守邸惊，出语上计掾吏。皆醉，大呼曰：“妄诞耳！”守邸曰：“试来视之。”其故人素轻买臣者入内视之，还走，疾呼曰：“实然！”坐中惊骇，白守丞，相推排陈列中庭拜谒。[③]

可见，计吏以及相关人员，均居住于各郡的郡邸之中。到了东汉初年，诸事减省，务从简约，故郡邸的建设似乎一度延误。在应劭所著的《汉官仪》中，曾有这样的记载：

永元七年，大匠应慎（顺）字华仲上言：“百郡计吏，观国之光，而舍逆旅，崎岖私馆，贡篚之物，朽湿暴露，朝会邈远，事不肃给。昔晋霸国之主耳，舍诸侯于隶人，子产以为大讥，况今四海之大，而可无乎？”和帝嘉纳之，即创业焉。[④]

① 侯旭东：《丞相、皇帝与郡国计吏：两汉上计制度变迁探微》，《中国史研究》2014年第4期。

② （汉）卫宏《汉旧仪》引《朝会上计律》：“常以正月旦受群臣朝贺，天下郡国奉计最贡献。”参见侯旭东《从朝宿之舍到商铺——汉代郡国邸与六朝邸店考论》，《清华大学学报》（哲学社会科学版）2011年第5期；杨鸿年《汉魏制度丛考》，武汉大学出版社2005年版，第446—461页。

③ （汉）班固：《汉书》卷六十四《朱买臣传》，中华书局1962年版，第2792—2793页。

④ （清）孙星衍等辑，周天游点校《汉官六种》，中华书局1990年版，第147页。

据此，则东汉时期的上计人员，一度居住于民间开设的“逆旅”“私馆”中。虽然并非露宿，然而时任将作大匠的应顺指责了这种情况，认为一则导致“贡篚之物，朽湿暴露”，不利于文书、贡品的保存；二则导致“朝会邈远，事不肃给”，不利于朝廷召见这些上计人员。于是，和帝永元七年（公元95）之后，郡邸的建设便被提上议事日程。根据《后汉书》卷六十九《何进传》的记载，东汉末年，洛阳已经建成“百郡邸”[①]；而据陆机《洛阳记》记载，这“百郡邸”便在洛阳城的“东城下步广里中”。[②] 赵壹作为计吏，自然应该居住于汉阳郡的郡邸之中，由郡邸负责其食宿，而绝不可能露宿街头。必须注意的是，此乃国家制度，由不得一般人心血来潮，标新立异。[③] 此外，负责一郡上计事务的，也并非只有一人。《三国志》卷十一《魏志·邴原传》注引《原别传》：

> 时鲁国孔融在郡，教选计当任公卿之才，乃以郑玄为计掾，彭璆为计吏，原为计佐。[④]

又《后汉书》卷四十八《应奉传》注引谢承《后汉书》曰：

> 奉少为上计吏，许训为计掾，俱到京师。[⑤]

可见东汉时郡国上计，有掾，有吏，有佐，并非单刀赴会。如若赵壹露

---

① 《后汉书》卷六十九《何进传》：“六年，帝疾笃，属协于蹇硕。硕既受遗诏，且素轻忌于进兄弟，及帝崩，硕时在内，欲先诛进而立协。及进从外入，硕司马潘隐与进早旧，迎而目之。进惊，驰从儳道归营，引兵入屯百郡邸，因称疾不入。”（第2247—2248页）

② （宋）李昉：《太平御览》卷一八一《居处部九·邸》，中华书局1959年版，第880页。

③ 陈直先生指出：“汉代上计，有律令专条，见周礼典路郑注。”参见陈直《居延汉简研究》，天津古籍出版社1986年版，第55页。

④ （晋）陈寿撰，（南朝宋）裴松之注《三国志》卷十一《魏志·邴原传》，中华书局1959年版，第352页。

⑤ （南朝宋）范晔：《后汉书》卷四十八《应奉传》，第1607页。

宿街头，那么其他人当何以自处？难道安卧于郡邸之中？无论如何，此事不仅与制度不合，且完全不近情理。

其二，皇甫规在给赵壹的信中写道："今旦外白有一尉两计吏，不道屈尊门下，更启乃知已去。"根据这一记载，则汉阳郡上计的人员似乎有三人，"一尉"以及两名计吏。然而，这个"尉"究竟指的是什么，着实令人费解。按"尉"这一名称，指的是与军事有关的官职。如一郡之都尉，乃是辅佐太守的军事官，故有时也被称为"副将"[①]。然而，第一，汉代郡国上计的职责，从来与军事官员无关。翻检《汉书》《后汉书》，绝无"尉"官参与上计者。第二，东汉时期，向来派遣郡守的掾属担任计吏。严耕望先生曾指出：

> 载籍所见凡言上计吏，皆本郡人，上述赵壹、杨山、程苞，亦皆以本郡人为本郡计吏，是计吏为太守自辟之属吏不包括朝廷任命之守丞长史而言，甚明。……东汉郡国上计于中央，但遣少吏掾史，而守丞长史不行，必矣。[②]

据此，则属于朝廷任命之"都尉"，绝无可能在上计的行列中。而史籍中所记载的太守属吏，又并无以"尉"命名者。第三，据《后汉书》卷一《光武帝纪》"是岁（建武六年），初罢郡国都尉官"[③]，则东汉时期，一般的内地郡国，早已不设置都尉一职。综上所述，《赵壹传》中出现的"一尉"，与东汉的职官体系和上计制度均不吻合，着实不知所云。

除以上较为确凿的两点之外，《赵壹传》中还有一些描述也显得有些蹊跷。如传文中，浓墨重彩地描绘了赵壹在洛阳与司徒袁逢、河南尹羊陟的互动。然而，东汉时期，各地的计吏不仅要接受司徒的接见，更

---

① 严耕望：《中国地方行政制度史——秦汉地方行政制度》，上海古籍出版社2007年版，第147—154页。

② 严耕望：《中国地方行政制度史——秦汉地方行政制度》，第263页。

③ （南朝宋）范晔：《后汉书》卷一《光武帝纪》，第51页。

要接受皇帝的数次接见。如《后汉书》志第五《礼仪中》刘昭注引蔡质《汉仪》曰：

> 正月旦，天子幸德阳殿，临轩。公、卿、将、大夫、百官各陪位朝贺。蛮、貊、胡、羌朝贡毕，见属郡计吏，皆陛觐，庭燎。①

又如《后汉书》志第四《礼仪上》载：

> 西都旧有上陵。东都之仪，百官、四姓亲家妇女、公主、诸王大夫、外国朝者侍子、郡国计吏会陵。……郡国上计吏以次前，当神轩占其郡国谷价，民所疾苦，欲神知其动静。孝子事亲尽礼，敬爱之心也。周遍如礼。最后亲陵，遣计吏，赐之带佩。②

可见，在元旦朝会以及之后的“上陵”仪式中，皇帝都要亲自接见计吏。如谢承《后汉书·郭宏传》载：

> 郭宏为郡上计吏。正月朝觐，宏进殿下，谢祖宗受恩，言辞辩丽。专对移时，天子曰：“颍川乃有此辩士耶？子贡、晏婴何以加之？”群公属目，卿士叹伏。③

即便到了东汉末年的灵帝时期，这一制度也稳定地延续着。如在光和二年（179）的元旦朝会上，灵帝还曾亲自询问来自南郑郡的计吏程苞。《华阳国志》卷十载：

> 程苞，字元道，南郑人也，光和二年上计吏。时巴郡板楯反，军旅数起，征伐频年。天子患之，访问益州计曹，考以方略。苞对

---

① （南朝宋）范晔：《后汉书》志第五《礼仪中》，第3131页。
② （南朝宋）范晔：《后汉书》志第四《礼仪上》，第3103页。
③ 周天游辑注《八家后汉书辑注》，上海古籍出版社1986年版，第247页。

言："……"天子从之，卒如其言。[①]

如果要耸动视听，扬名立万，这似乎是一个更好的机会。在《后汉书》中，计吏因为应对得宜而授官者不在少数，甚至还有因此迎娶公主者。如《三辅决录》载："窦叔高名玄，为上郡计吏。朝会数百人，仪状绝众，天子异之，诏以公主妻之。出，同辈调笑焉。"[②] 然而，在《赵壹传》中，对这一更为重要、隆重的场合却并无一字一句的记载。这也多少令人感到有些奇怪。总而言之，《后汉书》中的《赵壹传》，其所涉及的人物、官职、时间，乃至所牵涉的制度、所描述的细节，几乎没有一处是经得起推敲的。这种极端的情形，在正史中恐怕是不多见的。

## 二　东汉国史的残缺与杂传入史

如前所述，对于这样一篇传记，学者们已经做了不少考订的工作。但无论如何弥缝，总觉得难惬人意。其实，《赵壹传》的错讹之多，已经不是改订某个人名、某一时间所能解决的了，只不过前辈学者们出于对正史的信任与尊重，似乎不太愿意将其全盘否定。事实上，正如上文所考证的，这篇传记，从大处到小处，从人物至细节，无一不错，无一不伪。讹误多到这种程度，我们不得不深深地怀疑《赵壹传》对于光和元年一事的记载，究竟有多少可信的成分。

那么，我们应当如何看待《赵壹传》？为何在这篇传记中，会出现如此之多的错误？要解决这一疑问，就必然牵涉到另一个根本性的问题，即《后汉书》的史料来源问题。范晔在撰写《后汉书》时，其所面临的史料问题是非常严峻的：从东汉灭亡（220），到范晔起意修史（429），中间隔了两百余年的时间。而这两百余年，又是战乱动荡、书

---

① （晋）常璩撰，刘琳校注《华阳国志校注》，巴蜀书社1984年版，第806页。

② （宋）李昉：《太平御览》卷三八九《人事部三〇·容止》，第1801页。

厄频频的一段时间。范晔在修史时，几乎不可能看见任何有关东汉历史的原始档案文献。诚如《宋书·范晔传》所云，范书乃是“删众家《后汉书》为一家之作”。而在诸家“后汉书”中，东汉一朝历年修撰，带有“国史”性质的《东观汉记》，无疑是范晔修史极为重要的史料来源。但必须注意的是，作为早期的权威史书，《东观汉记》却又存在大段的空白和残缺。《史通·古今正史》对此有相当详尽的记载：

> 在汉中兴，明帝始诏班固与睢阳令陈宗、长陵令尹敏、司隶从事孟异作《世祖本纪》，并撰功臣及新市、平林、公孙述事，作列传、载记二十八篇。自是以来，春秋考纪亦以焕炳，而忠臣义士莫之撰勒。于是又诏史官谒者仆射刘珍及谏议大夫李尤杂作记、表、名臣、节士、儒林、外戚诸传，起自建武，讫乎永初。事业垂竟而珍、尤继卒。复命侍中伏无忌与谏议大夫黄景作诸王、王子、功臣、恩泽侯表，南单于、西羌传，地理志。至元嘉元年，复令太中大夫边韶、大军营司马崔寔、议郎朱穆、曹寿杂作《孝穆》、《崇》二皇及《顺烈皇后传》，又增《外戚传》入思安等后，《儒林列传》入崔篆诸人。寔、寿又与议郎延笃杂作《百官表》，顺帝功臣《孙程》、《郭愿》及《郑众》、《蔡伦》等传。凡百十有四篇，号曰《汉记》。熹平中，光禄大夫马日磾、议郎蔡邕、杨彪、卢植著作东观，接续纪传之可成者，而邕别作《朝会》、《车服》二志。后坐事徙朔方，上书求还，续成十志。会董卓作乱，大驾西迁，史臣废弃，旧文散佚。及在许都，杨彪颇存注记。至于名贤君子，自永初已下阙续。魏黄初中，唯著《先贤表》，故《汉记》残缺，至晋无成。①

汉桓帝元嘉年间，对《东观汉记》进行了第四次续修。至于灵帝熹平

① （唐）刘知几著，（清）浦起龙通释，王煦华整理《史通通释》，上海古籍出版社 2009 年版，第 316—317 页。

年间最后一次续修的成果，则已经在董卓之乱中化为乌有。而元嘉年间的这一次续修，恐怕也不太完善。所以刘知几才会感叹《东观汉记》“名贤君子，自永初已下阙续”。要言之，作为魏晋南朝诸家“后汉书”最重要依据的《东观汉记》，仅仅修到桓帝初年。此后将近七十年的东汉历史，则一直缺乏官修国史的依据。关于此，笔者已撰专文进行探讨，于此不赘。[①]

既无原始档案可资依凭，官修国史又有巨大的空白，那么，当范晔乃至更早的谢承、华峤、司马彪诸人要记述桓、灵时期的历史时，去何处寻找史料呢？当然，像杨彪这样的老臣，苦心孤诣地保存了不少旧文。这便是《史通》所说的“及在许都，杨彪颇存注记”。但这些“注记”，恐怕远不足以支撑对一个时代的历史描述。在这样一种情形下，范晔等后汉史的修撰者们，很自然地吸纳了许多国史之外的材料。而相映成趣的是，从东汉中后期开始，中国的史学进入了一个蓬勃发展的新时期。一方面，史学著作大量增加；另一方面，新的史学体裁层出不穷。像郡书、家传、类传、别传这样的新体裁，在这一时期大量涌现，成为该时期史学发展过程中最值得注意的现象。在《隋书·经籍志》中，这一类著作被统称为“杂传”[②]。而范晔《后汉书》中的《赵壹传》，就其传主的身份、立传的旨趣而言，很明显地来源于这一类型的史著。

但是，与掌握着国家档案资料的国史修撰者不同，这些史学著作的作者，存在不少先天的不足。一方面，就客观限制而言，他们所掌握的资料相对匮乏，且对于典章制度等专门之学较为陌生。即以《赵壹传》为例。赵壹事迹最初的记述者，很明显对后汉末年的史实并不太熟悉，以至在叙述人物事迹时多有抵牾之处。同时，其对汉代尤其是东汉的上计制度，似乎也非常陌生，故多有近乎悬想之辞。另一方面，就其主观

① 刘子立：《〈东观汉记〉“自永初以下阙续”考》，《史学史研究》2016年第2期。

② （唐）魏徵、令狐德棻：《隋书》卷三十三《经籍志二》，中华书局1973年版，第974—982页；参见逯耀东《〈隋书·经籍志·史部〉及其〈杂传类〉的分析》，《魏晋史学的思想与社会基础》，中华书局2006年版，第51—70页。

而言，他们有时也缺乏“多闻阙疑，慎言其余”的史学精神，对某些有所偏爱的人物，难免在事迹上踵事增华，甚至有类于稗官小说。刘知几在《史通·杂述》中对这些史著的特点、优劣，进行了相当深刻的批评。如关于“逸事”这一史体，刘知几称其“前史所遗，后人所记，求诸异说，为益实多。及妄者为之，则苟载传闻，而无铨择。由是真伪不别，是非相乱”①。又如关于“郡书”这一体裁，刘知几有这样的评论：

> 郡书者，矜其乡贤，美其邦族。施于本国，颇得流行；置于他方，罕闻爱异。②

在“矜其乡贤，美其邦族”的目的推动下，亦难免择焉不精，收进一些虚美之辞。而如谢承所著的《后汉书》中，便采纳了不少这一类的史料。如《后汉书》卷四十《班固传》注引谢承《后汉书》云：

> （班）固年十三，王充见之，拊其背谓彪曰：“此儿必记汉事。”③

对此，清代的沈钦韩有很精彩的考证：“充著《论衡》，数称班固，其《案书》篇云‘今尚书郎班固’。其《对作》篇自言于建初初，奏记郡守，则充为掾，固已为郎，名辈在先，岂得云充呼固小儿乎？谢书多虚诬，充其乡里先辈，务欲矜夸，不自知乖谬也。”④ 曹道衡、沈玉成先生也曾力辨其伪。⑤ 概言之，谢承书中的这一记载，从时间、背景、人物身份而言，无一处对得上，但偏偏又说得如此活灵活现。对于这种记载，我们只好将其视作小说家的手段。

---

① （唐）刘知几著，（清）浦起龙通释，王煦华整理《史通通释》，第255页。

② （唐）刘知几著，（清）浦起龙通释，王煦华整理《史通通释》，第255—256页。

③ （南朝宋）范晔：《后汉书》卷四十《班固传》，第1330页。

④ 转引自王先谦《后汉书集解》，中华书局1984年版，第469页。

⑤ 曹道衡、沈玉成：《中古文学史料丛考》，中华书局2003年版，第5—6页。

事实上，范晔在修史时，同样面临上述问题。如在撰写汉末名士郭泰的传记时，范晔就曾感叹相关史料的鱼龙混杂。《后汉书》卷六十八《郭泰传》：

> 后之好事，或附益增张，故多华辞不经，又类卜相之书。今录其章章效于事者。著之篇末。[①]

可见，这种“附益增张”“华辞不经”的史料，在当时曾经广为流行。而《赵壹传》的性质，正与这一类型的文献相同。尤其是其中对赵壹光和元年事迹的种种记载，就其本质而论，恐怕更接近于这种“拊班固之背”的小说家言。以赵壹与皇甫规之间的交往为例。这一事件，不仅时间、人物对不上，各种细节也是龃龉百出。如皇甫规写给赵壹的信中，竟然有“虚心委质”乃至“宁当慢慠，加于所天”这样的话，让人匪夷所思。关于此，清代学者苏舆曾评论道：“汉世推敬，每多逾分。如荀爽贻李膺书，有‘久废过庭’及‘陟岵瞻望’等语，亦此类也。”[②] 然而李膺于荀淑亦师亦友，对于荀爽乃是父执辈，故“过庭”“陟岵”云云，其实并不如何逾分，而皇甫规的年辈、声望都远远高于赵壹，却在信中使用如此卑微的口吻，甚至执为臣、为子之礼[③]，这实在令人觉得蹊跷。与之形成鲜明对比的是，赵壹在回信中，毫不客气地称皇甫规为“仁兄”。刘攽指出：“二汉未尝相呼为仁兄。且壹与皇甫未尝相接，何兄之称?”他认为此处的“仁兄”应是“仁君”之误。[④] 不过，笔者认为，这一“二汉未尝相呼”的称谓，倒是隐隐透露出这两封信后人代笔的真相。在《后汉书》的记载中，皇甫规不仅是“西

---

① （南朝宋）范晔：《后汉书》卷六十八《郭泰传》，第2227页。

② 转引自王先谦《后汉书集解》，第920页。

③ 如《后汉书》卷三十四《梁统传》载梁嫕上书：“妾得苏息，拭目更视，乃敢昧死自陈所天。”李贤注：“臣以君为天，故云‘所天’。”此是以君为天。又如《三国志》卷四十一《蜀书·向朗传》注引《襄阳记》：“（向）朗遗言戒子曰：‘……吾，楚国之小子耳，而早丧所天，为二兄所诱养，使其性行不随禄利以堕。’”此是以父为天。

④ 转引自王先谦《后汉书集解》，第921页。

州豪桀”，而且素有疾恶如仇、礼贤下士的名声。如《后汉书》卷四十九《王符传》载：

> 后度辽将军皇甫规解官归安定，乡人有以货得雁门太守者，亦去职还家，书刺谒规。规卧不迎，既入而问：“卿前在郡食雁美乎?”有顷，又白王符在门。规素闻符名，乃惊遽而起，衣不及带，屣履出迎，援符手而还，与同坐，极欢。时人为之语曰：“徒见二千石，不如一缝掖。”言书生道义之为贵也。[①]

对于乡里前辈王符，皇甫规“衣不及带”“屣履出迎”，给予了极高的礼遇与尊重。故渲染皇甫规对赵壹的尊敬，不仅符合皇甫规一贯的形象，而且极好地烘托了赵壹在当时士林中的声望。然而，后人在讲述这一故事时，其一，没有注意到皇甫规的卒年，致使整个记载的时间节点发生了错误；第二，在记叙两人的措辞口吻时，赵壹倨傲过甚，皇甫规则谦卑得过分。此外，还出现了“仁兄”这样非时非地的蹊跷称谓。以上这些，若从推求史实的角度来说，无疑甚难解释；但若将其视为后人的“附益增张”之辞，疑问便涣然冰释了。四库馆臣在讨论这一类型的史著时，便曾指出“纪录杂事之书，小说与杂史最易相淆”[②]。《赵壹传》中的种种错讹，正与杂传类史书的这一特点息息相关。

## 三 赵壹故事的载录与流传

由于文献散佚，除了范晔《后汉书》与袁宏《后汉纪》之外，其他关于东汉历史的史籍早已渐次散佚，仅余吉光片羽。不过，若细加推寻，仍然能够发现赵壹故事载录与流传的大致线索。在《史通·杂说下》中，刘知几说：

---

① （南朝宋）范晔：《后汉书》卷四十九《王符传》，第1643页。

② （清）永瑢、纪昀主编《四库全书总目·子部·小说家类·杂事之属》，中华书局1965年版，第1204页。

子曰："齐景公有马千驷，死之日，人无德而称焉。伯夷、叔齐饿于首阳之下，民到于今称之。"若汉代青翟、刘舍，位登丞相，而班史无录；姜诗、赵壹，身止计吏，而谢《书》有传。[①]

此处的"谢《书》"，指的是三国时吴国谢承所著的《后汉书》，隋唐时尚存全帙。据此，则在谢承的《后汉书》中，便已经收录赵壹的传记。值得注意的是，在魏晋以来出现的诸家"后汉书"中，谢氏《后汉书》不仅时间最早，在修撰上也颇具特点。

其一，谢承对高节、狂狷、处士、隐逸一类人物，有特别的偏好。如姚之骃指出："谢伟平之书，东汉第一良史也。凡所载忠义名卿及通贤逸士，其芳言懿矩，半为范书所遗，惟六朝词人多诵说之。"[②] 严元照在为孙志祖《谢氏后汉书补逸》所作的序中也说道："谢书于忠义隐逸，搜罗最备，不以名位为限，其所以发潜德幽光者，蔚宗不及也。"[③]从谢书现存的一些佚文来看，这一倾向表现得相当明显。

其二，在史料的辨别与择取上，谢氏《后汉书》存在不少瑕疵。如上文所举的谢书《班固传》，便是一个很典型的例子。刘勰在《文心雕龙·史传》中就曾批评"薛谢之作，疏谬少信"，指出在诸家"后汉书"中，薛莹的《后汉记》与谢承的《后汉书》都有"疏谬少信"的毛病。[④] 又如颜师古在《匡谬正俗》中，指出了谢书《杨豫传》中的错误，并指责谢书该传"不详其本""失于故实"，且"交为矛盾，二三诡错"。[⑤] 此外，洪亮吉在《惠定宇先生后汉书训纂序》一文中说"（后汉书）诸家之中，谢承最有名，又最先出，而其纰缪已非一端可

---

① （唐）刘知几著，（清）浦起龙通释，王煦华整理《史通通释》，第495—496页。

② 转引自（清）姚振宗《隋书经籍志考证》第2册，《二十五史艺文经籍志考补萃编》第15卷，清华大学出版社2014年版，第524页。

③ （清）丁丙：《善本书室藏书志》卷七《史部四》，《续修四库全书》第927册，上海古籍出版社2002年版，第252页。

④ （南朝梁）刘勰著，周振甫注《文心雕龙注释》，人民文学出版社1981年版，第170页。

⑤ （唐）颜师古原著，刘晓东平议《匡谬正俗平议》，山东大学出版社1999年版，第154—156页。

竟”。在列举了谢书中的多处年代、人物、史实错误之后，洪亮吉继而指出，“（谢）承书于邑里官爵，皆率意妄书，不求其实，其他之好为异说，以贻误后人者，又比比也”。① 之所以造成这种现象，一方面，固然缘于谢承身处东吴，修史时难免碰到典籍文献不足；另一方面，更与谢承“好为异说”的修史趣味息息相关。就此而言，赵壹“恃才倨傲”的精神特质，以及其极富戏剧性的故事，正与谢承的修史旨趣极其贴合。这也是赵壹虽无大的功绩与表现，却能被谢承《后汉书》载录的根本原因。

由于散佚严重，在现今谢承《后汉书》的辑本中，我们已经看不到《赵壹传》，无法考证其与范晔《后汉书·赵壹传》具体的异同。不过，继谢书之后，西晋司马彪的《续汉书》与华峤的《汉后书》，也都收录了赵壹的传记。其中，华峤《汉后书·赵壹传》所存佚文较多，不妨援引如下：

> 赵一造河南尹羊陟，不得见。一以公卿中非陟无足与托名，日往其门寻陟，自强通。陟卧未起，一径上堂临之，曰：“窃伏西州，抱高风旧矣，乃今方遇而便忽然，奈何命也！”因举声哭，堂下大惊。陟延与语，大奇之。明往诣一，柴车草屏露宿其傍，左右皆惊愕。②

虽仅余片段，但不难据此推断，范晔《后汉书·赵壹传》中所记载赵壹于汉灵帝光和元年上计故事的主要情节，在华峤《汉后书》中已经完备了。而华峤书中的记载，应该又是以谢承《后汉书》中的《赵壹传》作为蓝本的。③ 如前所述，范晔的《后汉书》乃是“删众家《后

① （清）洪亮吉撰，刘德权点校《洪亮吉集》，中华书局2001年版，第195—196页。

② （宋）李昉：《太平御览》卷四八七《人事部一二八·哭》，第2230页。《八家后汉书辑注》辑录此条时“赵一”作“赵壹”。

③ 谢承《后汉书·赵壹传》虽已不存，但据刘知幾所云：“姜诗、赵壹，身止计吏，而谢《书》有传。”既然以“计吏”称呼赵壹，则谢书《赵壹传》中，应该已经记载了赵壹上计的这一段故事。

汉书》为一家之作”。范书中的《赵壹传》，无疑正是由此而来。[①]

当然，这就产生了另一个问题：赵壹的故事，是否仅仅来自谢承或华峤的向壁虚构？若细加寻绎，可以发现情况并非如此。在《文士传》的佚文中，记载了与这一故事略有差异的一个版本，很值得注意：

> 赵壹郡举计吏，至京辇。是时袁阳为司徒，宿闻其名，时延请之。壹入阁，揖而不拜，阳问曰：“尝闻下郡计吏，见汉三公不为礼者乎?”壹曰：“昔郦食其，高阳白衣也，而揖高祖。今壹关西男子，其揖汉三公，不亦可乎?”阳壮其言，接之甚厚。[②]

根据周勋初的考证，《文士传》的作者是东晋时期的张隐，之后，又经过了南齐时期张骘的增补。故《隋书·经籍志》题名张隐，而《旧唐书·经籍志》《新唐书·艺文志》则题名张骘。[③]《文士传》的撰成年代在谢承、华峤乃至范晔的时代之后。但就这一段记载而言，其人物、情节，却与范书《赵壹传》有明显的出入。其一，故事的另一当事人，由袁逢变为袁阳。其二，在《文士传》中，赵壹“揖三公”这一耸人听闻的举动，发生于一般会面的场合，而在《后汉书·赵壹传》中，却转移到了司徒受计的朝廷大典上。相形之下，《文士传》中记载的这一版本，细节更近情理。而范书《赵壹传》中的记载，则具有更强的戏剧感。值得注意的是，这种关键细节上的出入，又透露出两个重要的信息。

其一，《文士传》的记载，并非源于谢承、华峤等人的著作，而是别有所本。换言之，赵壹上计的记载，并非始于谢承《后汉书》，而是在其修史之前，就已经存在相关的故事，其核心情节也基本具备。

---

① 周天游先生指出：“范晔对于华（峤）《书》十分欣赏，在撰作《后汉书》时，除取材《东观汉记》外，《汉后书》成为其主要的蓝本。”（周天游辑注《八家后汉书辑注》，“前言”第3页）范晔《后汉书》中的《赵壹传》，很可能直接源自华峤《汉后书》中的相同篇目。

② （宋）李昉：《太平御览》卷五四三《礼仪部二十二·揖》，第2462页。

③ 周勋初：《张骘〈文士传〉辑本》，《魏晋南北朝文学论丛》，江苏古籍出版社1999年版，第94页。

其二，这一故事在流传的过程中，还衍生出了不同的版本，有不尽相同的人物与细节。其中的一个版本，为谢承、华峤等史官所采，最终形成了范晔《后汉书》中的《赵壹传》。而另一个有所出入的版本，则为《文士传》所采用。

对于这种出入，赵逵夫斥《文士传》不可信。[①] 其实，正如上文所述，赵壹于汉灵帝光和元年上计的记载，原本就具有强烈的小说家言的成分，其中种种人物、制度、细节的错讹，只有放到这一大的背景下，方能得到合理的解释。认识到这一点，我们才能脱离细节考证的纠葛，转而推究这一历史文本生成的目的、动力以及过程，从而得出更为开阔的结论。

以上，便是笔者对《后汉书·赵壹传》的一些探讨。值得注意的是，《赵壹传》所涉及的问题，绝不仅仅是一些细节方面的饾饤考证。更重要的是，与《赵壹传》来源类似、性质类似的传记，在《后汉书》桓、灵时期的记载中肯定还有不少。那么，我们应当如何分辨、看待这些传记？如何对待这些带有夸饰成分的情节与记载？这些问题，对于我们研读《后汉书》，研究后汉史无疑都有很重要的意义。从这个意义上说，《后汉书》中的《赵壹传》，无疑是一个极具解剖价值的范本。

① 赵逵夫：《赵壹生平补论》，《中山大学学报》（社会科学版）2013 年第 4 期。

# 晚唐诗人韩偓之字考辨*

◇裘　江**

**内容摘要**：晚唐诗人韩偓之字，唐五代一直称“致光”。北宋以后渐有“致尧”“致元”“龙光”等说。考察我国和日本目前所藏善本《香奁集》别集与收录此书的总集，均载韩偓自署其字为“致光”。韩偓多年挚友吴融在诗中称呼其“致光”。材料来源于前朝国史、实录的《南部新书》，以及《新唐书》与《宣和书谱》等官修书籍均载其字“致光”。宋人中见过或收藏过韩偓诗文集的，亦称呼其为“致光”。“尧”“元”等说恐是因与“光”字形相近导致的讹误。

**关键词**：韩偓　致光　唐诗

韩偓作为晚唐诗坛上重要的大家，其诗歌别具风格，自成一派。少年时期的试笔诗被其姨父李商隐赞赏有“老成之风”①；后来内容上擅写闺阁情致，风格上绮丽香艳、婉转情深的诗歌，更是有“香奁体”之说。效仿摹写韩偓香奁之诗者，代不乏人，四库馆臣以“文笔之鸣凤”② 赞之。除却诗人身份，韩偓还是晚唐昭宗朝重臣之一，始终坚守自己忠君爱国的人生准则。然而如此重要的一位诗人，直至如今我们对其字却不甚明了，乃至众说不一。

关于韩偓的字，大致有以下几种说法。

---

* ［基金项目］国家社科基金重大项目“东亚唐诗学文献整理与研究”，项目编号：18ZDA248。

** 裘江，上海师范大学人文学院 2019 级博士研究生，主要研究方向为唐宋文学。

① 李商隐《玉溪生诗集》中有《韩冬郎即席为诗相送一座尽惊他日余方追吟连宵侍坐裴回久之句有老成之风因成二绝寄酬兼呈畏之员外》之诗。

② （清）永瑢、纪昀主编《四库全书总目提要》卷一五一《韩内翰别集一卷》，海南出版社 1999 年版，第 785 页。

一是“致光”说。此说目前可见最早文献当是唐人吴融的《唐英歌诗》。有宋一代，支持此说的文献较为重要的有钱易《南部新书》、欧阳修等人《新唐书》韩偓本传等。

二是“致尧”说。此说当以王安石《唐百家诗选》首先提及，其后计有功《唐诗纪事》明言此说并极力推崇。

三是“致元”说。胡仔《苕溪渔隐丛话》中首见此说，其后有谢维新《事类备要》及蔡正孙《诗林广记》等文献提及。

四是“龙光”说。此说仅见于宋代类书《锦绣万花谷》。

以上诸说中，“致元”说历来支持者甚微，多被归为笔画讹误。“龙光”说则由于典籍中仅存一例，后世基本无人提及。以“致尧”与“致光”二说争论最为激烈。郁贤皓先生《唐诗经典》中收录韩偓两个字，未有详考。周祖谌先生主编的《中国文学家大辞典·唐五代卷》中“韩偓条”由吴在庆先生执笔，录韩偓字为“致尧，一字致光”，然无详细考证。[①] 吴在庆先生在其最新的《韩偓集系年校注》一书中对韩偓的字亦无详考。学界考证名家聚集的《唐才子传校笺》甚至给出“迄今尚无定论”[②] 的答案。因此，对韩偓字的考证辨误是很有必要的。

## 一 “致尧”说的合理性与可疑性

目前可见文献中，王安石《唐百家诗选》首先提及“致尧”说。[③] 编选韩偓诗五十九首时，王安石自注曰：“（韩偓）字致光，一云字致尧。昭宗时翰林学士承旨、尚书兵部侍郎。”[④] 此时王安石仍以“致光”为主字而“致尧”仅作为另一种说法留存，并未有任何考证说明。至计有功开始给出明确倾向亦未有考，《唐诗纪事》卷六十五曰：“偓，

① 周祖谌主编《中国文学家大辞典·唐五代卷》，中华书局 1992 年版，第 745 页。

② （元）辛文房著，傅璇琮主编《唐才子传校笺》第 4 册，中华书局 1990 年版，第 233 页。

③ 本文所依《唐百家诗选》版本，为任雅芳女士据日本静嘉堂文库所藏双清阁影宋本的整理本。

④ （宋）王安石编，任雅芳整理《唐百家诗选》，复旦大学出版社 2016 年版，第 648 页。

字致尧，今曰致光，误矣。自号玉山樵人。"[①] 薛季宣则略同于计氏，进行了简单的比较判断："偓字致尧，唐翰林学士承旨。……唐传曰字致光者，讹也。"[②] 其后元好问《唐诗鼓吹》卷二、辛文房《唐才子传》卷九等则均直接标明"致尧"。明人胡应麟在其《诗薮·外编四》中自注曰："韩偓字致尧，刻多致光，非也。见《纪事》偓下，有辨甚明。而《纪事》别见又作'致光'，录者误也。"[③]

"致尧"说历经宋、元、明三朝，支持者们均未做具体考证辨析。直至清朝纪昀才开始替"致尧"说进行解释说明，《四库全书总目提要》谓："《唐书》本传谓偓字致光，计有功《唐诗纪事》作字致尧，胡仔《渔隐丛话》谓字致元，毛晋作是集跋，以为未知孰是。按刘向《列仙传》称：'偓佺，尧时仙人，尧从而问道。'则偓字致尧，于义为合。致光、致元，皆以字形相近误也。"[④] 纪昀此说从韩偓取字出处由来方面进行了解释说明。纪昀的说法，也多为现代学者所采。霍松林先生与邓小军先生合写的《韩偓年谱》（上）从纪昀之说[⑤]，陈继龙先生《韩偓事迹考略》中"韩偓字号考"条，亦沿袭此说[⑥]。20世纪80年代陈冠明先生发表的《韩偓字甄辩》一文，也是在纪昀的基础上发挥延伸的。[⑦] 概括来说，"致尧"说大致经历了北宋王安石首次提及，至计有功的大力偏向，再至清人纪昀的推理解释等阶段。

"致尧"说从开始诞生历经宋元明三朝，直至清人纪昀的解释说明，似乎才找到了说明性解释。然而韩偓取字是否真的典出《列仙传》这本身就属于推测。唐李善注《文选》"偓佺之伦暴于南荣"条注引郭璞语："偓佺，仙人也。暴，谓偃卧日中也。荣，屋南檐也。"[⑧] 韩偓字

① （宋）计有功：《唐诗纪事》，中华书局1965年版，第977页。

② （宋）薛季宣：《薛季宣集》，上海社会科学院出版社2003年版，第441页。

③ （明）胡应麟：《诗薮》，中华书局1962年版，第201页。

④ （清）永瑢、纪昀主编《四库全书总目提要》卷一五一《韩内翰别集一卷》，第785页。

⑤ 参见霍松林、邓小军《韩偓年谱》（上），《陕西师大学报》1988年第3期。

⑥ 陈继龙：《韩偓事迹考略》，上海古籍出版社2004年版，第4页。

⑦ 陈冠明：《韩偓字甄辨》，《安徽师范大学学报》（哲学社会科学版）1982年第3期。

⑧ （梁）萧统编，（唐）李善注《文选》卷八《上林赋》，上海古籍出版社1986年版，第368页。

若典出《文选》此条，则字“致光”与“暴，谓偃卧日中”于义亦合。可见即便真的是用“偓佺”仙人之典，也没有绝对的唯一对应性。

况且名为“偓”或带“偓”字，取字未必都叫“致尧”或与“尧”相关。《新唐书》卷一八三载：“孙偓，字龙光。”① 王禹偁《小畜集》卷二十八载：“（宋）公讳偓，字仲俭。”② 同样，字为“致尧”，名更未必都叫“偓”。马令《南唐书》卷十载：“李建勋，字致尧。”③《宋史》列传第六十八载：“秦羲字致尧，江宁人。”④ 从以上诸例可见，用韩偓字典出《列仙传》来解释说明“致尧”说，仅仅具备一定的可能性和合理性，并不具备唯一性和绝对性。

## 二 “致光”说并无可疑

韩偓的字究竟是“致尧”还是“致光”，首要的证据当在于其自己所署何字。韩偓虽为晚唐大家，其诗集历经时代的动乱几度流转。目前可见的《香奁集》别集版本中，国内现存较早的当是明末毛氏汲古阁本。毛氏自己说此本是据宋本考校，则汲古阁本《香奁集》更为珍贵。然翻检毛晋汲古阁所刻，韩偓在其《香奁集序》后自己署的是“玉山樵人致光序”。毛晋汲古阁所刻刊本曾流传到日本，原藏于红叶山文库，现藏于内阁文库。另有江户时期写本先藏于林家大学头⑤，后亦为日本内阁文库所收。日本内阁文库所藏的这两本善本《香奁集》所载序言中，亦均署名为“玉山樵人韩致光”。日本早稻田大学另藏有不同于内阁文库的写本，《香奁集》序后亦署“韩致光”。

除却刊刻韩偓单行别集，毛氏在编选刊刻的多种唐人总集时亦常收

① （宋）欧阳修、宋祁：《新唐书》卷一八三《孙偓传》，中华书局1975年版，第5386页。

② （宋）王禹偁：《小畜集》卷二十八《右卫上将军赠侍中宋公神道碑奉敕撰并序》，商务印书馆1937年版，第383页。

③ （宋）马令、陆游：《南唐书（两种）》，南京出版社2010年版，第80页。

④ （元）脱脱等：《宋史》卷三〇九《秦羲传》，中华书局1977年版，第10163页。

⑤ “大学头”乃日本文官官职名，相当于国子监祭酒。

录韩偓诗集。其所刻《唐六名家集》[1]中收录《韩内翰别集》，诗人小传部分全文引用《新唐书》韩偓本传。毛氏按语处对韩偓的字的问题，在列出各家观点之后审慎地说“未知孰是”。然而毛晋后文中却有“庆历间温陵所刻致光手书诗帖”“唐韩致光乃居南安”“致光即匿影于三山九曲之间”“致光亦可以含笑见昭宗”等语。文末署名“隐湖毛晋识”。毛氏另刊刻有唐诗总集《五唐人诗集》[2]，其中收录韩偓《香奁集》。《香奁集》目录后署有“明东吴毛晋子晋订”。正文之后有其手书识文：“沈梦溪云：‘和鲁公凝有艳词一编，名《香奁集》。凝后贵，乃嫁其名为韩偓。今世传韩偓《香奁集》，乃凝所为也。’此说惟刘潜夫信之。石林、遁斋、虚谷诸公俱以为误，引吴融和韩侍郎无题诗三首及致光亲书《袅娜》《多情》等诗为证。则斯编是韩致光作无疑矣。如凝之《香奁》乃浮艳小词，集名偶同耳。况凝自谓不行于世，后人又何必借韩侍郎行本以实之耶？湖南毛晋识。”此段识文虽是毛晋对韩偓《香奁集》的辩真，但本段中多次提及韩偓的字。不管是《唐六名家集》中的按语，还是《五唐人诗集》中的识文，毛晋都在自己所见宋本韩偓诗集的基础上认为韩偓的字当为“致光”。

比毛晋汲古阁更早收录韩偓《香奁集》的现存总集，还有明人姚希孟于天启四年（1624）所刻的《合刻西昆集》[3]。书中收录不分卷本中晚唐人诗集四种，录有《唐翰林学士中书舍人韩致光香奁集》。其中序言亦有韩偓自署其字“致光”。另清人席启宇《唐诗百名家全集》亦收录韩偓《香奁集》。席氏自序中言其书所依底本乃“宋椠本”。书中亦载韩偓《香奁集》序言之后自署乃“致光”。[4]

依照所载“致光”说的文献先后来说，最早当是唐人吴融的《唐英歌诗》。吴融与韩偓乃多年至交好友，二人还是同榜进士及第。韩偓在其诗《与吴子华侍郎同年玉堂同直怀恩叙恳因成长句四韵兼呈诸同

① 本文所引《唐六名家集》为国家图书馆所藏明崇祯海虞毛氏汲古阁刻本。

② 本文所引《五唐人诗集》为上海图书馆藏民国十五年（1926）据汲古阁影印本。

③ 该书现存于中国人民大学图书馆，为海内外孤本。

④（清）席启宇：《唐诗百名家全集》，清康熙四十一年（1702）洞庭席氏琴川书屋刻本。

年》中“二纪计偕劳笔研”下自注云：“余与子华俱久困名场。”[①] 韩偓与吴融共同蹉跎考场二十四年之久，其间长时间朝夕相伴、共同游历，留下了若干往来唱和诗歌。韩偓《无题》诗下有其自序：“余辛酉年戏作无题十四韵，故奉常王公向国首于继和，故内翰吴侍郎融、令狐舍人涣、阁下刘舍人崇誉、吏部王员外涣相次属和。……是岁十月末，余在内直，一旦兵起，随驾西狩，文稿咸弃，更无孑遗。丙寅年九月，在福建寓止，有前东都度支院苏玮端公，挈余沦落诗稿见授，中得无题一首。因追味旧作，缺忘甚多，唯第二、第四首仿佛可记，其第三首才得数句而已。今亦依次编之，以俟他时偶获全本。余五人所和，不复忆省矣。”[②] 唐昭宗光化四年、天复元年（901），韩偓曾与吴融、令狐涣等人次韵唱和多首诗歌，后因战乱诗歌多有遗失。其他人的唱和诗可惜已经不存，目前可见唐人吴融《唐英歌诗》中有《和韩致光侍郎无题三首十四韵》。[③] 吴融与韩偓乃同年好友，诗文唱和互相称字。韩偓写诗每称“吴子华”，吴融回赠则呼“韩致光”。

吴融与韩偓乃几十年的好友，不可能搞错对方姓名字号。因此计有功肯定“致尧”说，实在难以站得住脚。清人冯浩在《玉溪生诗集笺注》卷二中对计氏之论提出驳斥：“《纪事》曰偓‘小字冬郎，字致尧，今曰致光，误矣。自号玉山樵人’。按：吴融集亦作韩致光，史文必不误也。”[④] 冯浩显然更相信韩偓同年好友吴融的说法。“致尧”之说本身便是计有功的个人倾向，并无详细考证，即便是清人纪昀在《四库全书总目提要》中做了解释性说明，后人亦有不买账者。陈寅恪先生《读书札记二集·韩翰林集之部》中对纪昀的说法进行了辩驳：“寅恪按：《新唐书》一八三《韩偓传》云：‘兄仪，字羽光，亦以翰林学士

① （唐）韩偓著，吴在庆校注《韩偓集系年校注》卷一《与吴子华侍郎同年玉堂同直怀恩叙恳因成长句四韵兼呈诸同年》，中华书局 2015 年版，第 14 页。

② （唐）韩偓著，吴在庆校注《韩偓集系年校注》卷四《无题》，第 942—943 页。

③ 明崇祯毛晋汲古阁刻《唐人四集》本，为目前可见最早版本的《唐英歌诗》，载有本诗。

④ （唐）李商隐著，（清）冯浩笺注《玉溪生诗集笺注》卷二《韩冬郎即席为诗相送一座尽惊他日余方追吟连宵侍坐徘徊久之句有老成之风因成二绝寄酬兼呈畏之员外》，上海古籍出版社 1979 年版，第 487 页。

为御史中丞……’则偓之字致光，亦与其兄字羽光相类，其作致光，未必便是以字形相近致误，或者以兄字羽光，因据之以偓字亦作‘光’耶？俟考。”① 陈寅恪先生在给出推测之后，保守地说“俟考”。岑仲勉先生则在《补僖昭哀三朝翰林学士记》中进一步发展：“余按偓兄字羽光，致光或涉此而误。”② 但是终归为推测之词。陈寅恪先生在推测之后，依然给出了自己的选择和判断：“今又据汲古阁《唐四名家集》本《唐英歌诗》上末作《和韩致光侍郎无题三首十四韵》。”现存清代本《唐才子传》载韩偓字“致尧”，陈寅恪先生又云：“寅恪按：陆芝荣《唐才子传考异》《永乐大典》本作‘致光’。”③ 陈寅恪先生在比较了众多文献材料之后，显然更加相信的是韩偓好友吴融的“致光”之说。

除却唐人吴融的《唐英歌诗》谓韩偓“致光”以外，其后较早的便是北宋初钱易所编的《南部新书》。钱易《南部新书》乙集载：“韩偓，即瞻之子也，兄仪。……偓字致光。”④ 需要注意的是，《南部新书》的作者钱易，乃五代十国时吴越国王钱倧之子，后官至翰林学士。其所能够接触的资料典籍皆是善本、珍本，不是寻常笔记小说家能够比肩的。正因此，《四库全书总目提要》才评之为“多录轶闻琐语，而朝章国典，因革损益，亦杂在其中，故虽小说家言，而不似他书之侈谈迂怪，于考证尚属有裨”⑤。史料的来源影响着史料的价值。《南部新书》成书于大中祥符五年（1012），当时唐代史馆官修的国史、实录尚保存完好，这些都成为其取材的主要内容。钱易所载“偓字致光”定有所依，不可轻疑。

另《新唐书》卷一八三载：“韩偓，字致光，京兆万年人。”⑥《新唐书》作为官方发动组织修纂的正史史书，材料的来源更是依据前朝所留国史、实录。宋仁宗在已有《旧唐书》的前提下编修《新唐书》，

---

① 陈寅恪：《读书札记二集》，生活·读书·新知三联书店2015年版，第219页。
② 岑仲勉：《郎官石柱题名新考订》，中华书局2004年版，第438页。
③ 陈寅恪：《读书札记二集》，第219页。
④（宋）钱易：《南部新书》乙集，上海古籍出版社2012年版，第18页。
⑤（清）永瑢、纪昀主编《四库全书总目提要》卷一四〇《南部新书十卷》，第718页。
⑥（宋）欧阳修、宋祁：《新唐书》卷一八三《韩偓传》，第5387页。

本身就是为了“发挥幽沬，补缉阙亡，黜正伪缪，克备一家之史，以为万世之传”① 的精益求精。参与编修的欧阳修、宋祁、宋敏求等人“并膺儒学之选，悉发秘府之藏，俾之讨论，共加删定”②。集结了全国上好资源、历经十多年编纂删定的官方史书《新唐书》，所载“致光”的可信程度当然更高。

那么，《新唐书》在韩偓字“致光”方面，是否有可能发生“鲁鱼亥豕”的刻录讹误呢？答案是绝少可能。《新唐书》卷一八三载：“孙偓，字龙光。父景商，为天平军节度使。偓第进士，历显官，以户部侍郎同中书门下平章事。”③ 同一卷里且仅挨着韩偓的前一位传记人物，便是曾经官至宰相的孙偓。孙偓作为宰相定当资料翔实，其字为“龙光”不当有误。唐人孙棨《北里志》“郑举举”条载：“孙龙光为状元。”并且自注：“名偓，文举状元在乾符五年。”④ 五代王定保《唐摭言》卷八“梦”条载：“孙龙光偓，崔澹下状元及第。”⑤ 则孙偓字“龙光”当无疑。这恐怕也是宋代类书《锦绣万花谷》卷二十三误载韩偓字“龙光”的缘由所在。韩偓传记与宰相孙偓材料毗邻而录，其后更是有其兄“韩羽光”的简短记录，编纂时必当更加审慎细致，不可能因为不清楚韩偓字或者因为字形相似而搞错。

宋徽宗宣和年间官方主持编纂宫廷内府所藏书法作品，结集命名为《宣和书谱》。卷十“行书四”条载唐人韩偓《赠䛒（通“辩”。北魏所造新字）光草书歌》与《赠䛒光草书诗》两幅法帖，其后有小传曰：“韩偓，字致光，京兆人。……字体遒丽，辞句清逸，则知其茹芝饮露之语不为过也。今御府所藏行书二。”⑥ 宫廷内府在藏唐人墨宝时，在材料来源、内容真伪等各方面皆当有所考量。官方主持编纂并藏之内廷书府的《宣和书谱》亦载偓字“致光”。

---

① （宋）欧阳修、宋祁：《新唐书·进唐书表》，第 6471 页。

② （宋）欧阳修、宋祁：《新唐书·进唐书表》，第 6472 页。

③ （宋）欧阳修、宋祁：《新唐书》卷一八三《孙偓传》，第 5386 页。

④ （唐）孙棨：《北里志》，古典文学出版社 1957 年版，第 28 页。

⑤ （五代）王定保：《唐摭言》卷八“梦”条，中华书局 1985 年版，第 71 页。

⑥ 顾逸点校《宣和书谱》，上海书画出版社 1984 年版，第 79 页。

有宋一代距离韩偓最近，绝大多数诗人学者支持“致光”说。李之仪《姑溪题跋》中“跋吴师道诗”条云：“东坡常谓余曰：‘凡造语贵成就，成就则方能自名一家。如蚕作茧，不留罅隙，子华韩致光所以独高于唐末也。”[①] 苏轼谓韩偓字“致光”。吕陶《净德集》、赵令畤《侯鲭录》、王灼《碧鸡漫志》、晁公武《郡斋读书志》等均载韩偓字“致光”。

其中尤其值得注意的是，宋人中见过或保存韩偓诗文集的诗人学者，无一例外均谓韩偓字“致光”。曾经担任枢密院编修的周紫芝，其《太仓稊米集》卷十四有诗《灯下读韩致光外集》，可见其曾见过且留存韩偓外集。诗人陆游有《读韩致光诗集》诗，卷十八《秋夜闻雨》诗下更是自注：“韩致光诗云：‘不知短发能多少，一滴秋霖白一茎。’”[②] 陆游当亦曾收藏韩偓诗集。刘克庄《后村集》则提及“韩致光”达到几十次之多，值得注意的是，《后村集》卷九有《读金銮密记》一诗，诗后有刘克庄自注：“香奁集和凝作，非致光也。”[③] 可知刘克庄见过且读过韩偓的《金銮密记》一书。那么，不管是周紫芝所见的《韩致光外集》，还是陆游所见的《韩致光诗集》，抑或是刘克庄所见的《金銮密记》，他们依其所见而得到的共同答案都是韩偓字“致光”。

## 三　“尧”“元”乃“光”形似讹误

唐人诗文集的流转传播，多是手自抄录。其中不可避免的便是因字形相近而转录有误。“尧”与“光”二字在书法体书写录入时，常常会因此而讹误。吴兴人沈光，唐人李延寿《北史》及魏徵《隋书》等均有载其事迹。宋人孙光宪《北梦琐言》卷七亦载：“前进士沈光有洞庭

① （宋）李之仪：《姑溪题跋》，中华书局 1985 年版，第 47 页。
② （宋）陆游：《陆游集》卷十八《秋夜闻雨》，中华书局 1976 年版，第 521 页。
③ （宋）刘克庄著，辛更儒笺校《刘克庄集笺校》第 2 册，中华书局 2011 年版，第 126 页。

乐赋。韦八座岫谓朝贤曰：‘此赋乃一片宫商也。’后辟为闽从事。”①可能是后人录入之误，现存明万历商浚刻稗海本将“光”误录为“尧”，明人孙云翼在注李廷忠《橘山四六》时亦将“沈光”录为“沈尧”，李调元《赋话》卷九、吴襄《子史精华》卷六十八以及张玉书《佩文韵府》卷六十六等诸多典籍在引《北梦琐言》此条时亦作“沈尧”。陈鸿墀《全唐文纪事》卷八十三“辨证五”引明人董斯张（崇祯）《吴兴备志》：“沈光，吴兴人。有洞庭乐赋，韦岫曰：‘此赋乃一片宫商。’此即为太白酒楼记者。《北梦锁言》以光为尧，误。光历闽从事侍御史。”②“光”作“尧”的形似之误，让后人深受其累。即便明人董斯张已有辩驳，清人王太岳《四库全书考证》卷七十一依然自以为正确地纠正《北梦琐言》：“来鹏诗注附沈光杨敬之，案：光稗海本作尧。”③唐人李峤《日》诗，尾句亦有“朝夕奉光曦”与“朝夕奉尧曦”两说。这也应当是形似而导致的结果。

“光”与“尧”的形似之误，甚至在同一本书中亦时有发生。宋人陈振孙《直斋书录解题》卷十九在著录“香奁集二卷、入内廷后诗集一卷、别集三卷”时署：“唐翰林学士韩偓致光撰。”④而在卷五著录“金銮密记三卷”时，则又署：“唐翰林学士承旨京兆韩偓致尧撰。”⑤这当是后人因形似录入之误，而非陈振孙所依无定格或者模棱两可。因其《直斋书录解题》卷八录有吴致尧所撰《九疑考古二卷》，卷二十录有曾致尧、孙曾几所撰《曾文清集十五卷》。

“致元”之说亦当是形似之误。宋人胡仔《苕溪渔隐丛话》首先误录“致元”之说，其后魏庆之《诗人玉屑》卷十六照录胡仔原文，导致以讹传讹。有宋一代，谢维新《事类备要》续集卷十以及蔡正孙《诗林广记》前集卷九均误录为“致元”。明人杨慎《升庵集》卷八十

---

① （宋）孙光宪：《北梦琐言》，中华书局 1960 年版，第 58 页。

② （清）陈鸿墀：《全唐文纪事》，中华书局 1959 年版，第 1051 页。

③ （清）王太岳等辑《四库全书考证》，商务印书馆 1942 年版，第 2978 页。

④ （宋）陈振孙撰，徐小蛮、顾美华点校《直斋书录解题》卷十九，上海古籍出版社 2015 年版，第 575 页。

⑤ （宋）陈振孙撰，徐小蛮、顾美华点校《直斋书录解题》卷五，第 147 页。

一亦作“致元”。值得注意的是，明刻本《诗林广记》中十二处与明刻本《升庵集》中一处提及“致元”的地方，在四库本中均被改为“致尧”。虽然四库馆臣擅改原文并不妥当，但也从侧面反映出他们认为“致元”乃形似之误。

晚唐五代风雨飘摇、战乱丛生，韩偓诗文集四处散落、异文杂入。韩偓的字“致光”也因手写抄本的模糊难辨、字形相近等而有“致尧”“致元”之说。然而综合考察我国和日本所藏善本《香奁集》别集与收录此书的总集，均载韩偓于《香奁集》序后自署其字为“致光”。韩偓多年挚友吴融在和诗中亦称呼其为“致光”。无论是材料来源于前朝国史、实录的《南部新书》，还是《新唐书》与《宣和书谱》等官修书籍，抑或是见过或收藏过韩偓诗文集的宋人，均称呼其为“致光”。因此，“致光”当是韩偓的字。

# 钱仪吉诗文集版本考*

◇任　群**

**内容摘要：**钱仪吉是清代嘉庆、道光年间的著名学者、秀水派作家，有大量诗、文流传于世。他的诗集现存八种，总计三十六卷，文集至少有五种，总数超过二十六卷。晚清以来，钱泰吉及其门人、金兆藩、邵章、黄裳等搜集、整理过钱仪吉的诗集。除少部分被刊刻外，多数诗集仍以钞本的形式流传。钱仪吉生前刊刻过自己的文集《衎石斋记事稿》，身后其子钱彝甫在其原版基础上覆刻此书，并刊刻《续稿》，此二种今存，其他现存文集仍为稿钞本。总之，迄今尚未有一部真正意义上的《衎石斋诗文集》整理本问世。

**关键词：**钱仪吉　版本考证　整理本《衎石斋诗文集》

钱仪吉（1783—1850），字霭人，号新梧，一作心壶、星湖，又号衎石，浙江嘉兴人，清代嘉庆、道光年间著名学者、秀水派作家，生平著述多种①，事迹详见其门人苏源生（1808—1870）所撰《书先师钱星湖先生事》②。

本文探讨钱仪吉诗文集的版本情况，即诗集《闽游集》二卷、《北郭集》四卷、《澄观集》八卷、《定庐集》六卷、《刻楮集》四卷、《旅逸小稿》二卷、《旅逸续稿》二卷、《浚稿》八卷，计八种，三十六卷；

---

* ［基金项目］国家社科基金重大项目“清代诗人别集丛刊”，项目编号：14ZDB076。

** 任群，安徽师范大学中国诗学研究中心副教授，硕士生导师，主要研究方向为唐宋文学、古籍整理。

① 任群：《清代学人钱仪吉现存著述考》，陕西省社会科学院古籍所编《古文献整理与研究》第四辑，凤凰出版社 2019 年版，第 125—137 页。

② （清）苏源生撰《书先师钱星湖先生事》，闵尔昌纂录《碑传集补》卷十，明文书局 1975 年版。

文集《衎石斋记事稿》十卷、《衎石斋记事续稿》十卷、《飏山楼初集》六卷、《旅中见闻录——衎石先生古文》不分卷、《钱仪吉先生稿——遗文末刊稿》不分卷，计五种，总数超过二十六卷。

文本是一切研究的前提，然现存钱仪吉诗文集的状况却不容乐观，如今日所见诗集冠名为《衎石斋集》的，大多只是简单地将各种刻本、稿本、钞本汇总在一起。因此，到目前为止，尚未有真正意义上的整理本《衎石斋诗文集》[①]。以下探讨钱仪吉诗文集的编纂和版本情况，将分别从诗集和文集两个方面展开。

## 一 诗集

钱仪吉幼年即事吟咏，诗歌创作几乎贯其一生，上文所言八种诗集都有明确的编年，详见表1。

**表1 铁仪吉诗歌创作一览**

| | 集名 | 创作时间 | 年龄(岁) |
|---|---|---|---|
| 1 | 《闽游集》二卷 | 嘉庆三年(1798)至嘉庆五年(1800) | 16—18 |
| 2 | 《北郭集》四卷 | 嘉庆七年(1802)至嘉庆十三年(1808) | 20—26 |
| 3 | 《澄观集》八卷 | 嘉庆十四年(1809)至嘉庆二十四年(1819) | 27—37 |
| 4 | 《定庐集》六卷 | 嘉庆二十五年(1820)至道光九年(1829) | 38—47 |
| 5 | 《刻楮集》四卷 | 道光十年(1830)至道光十二年(1832) | 48—50 |
| 6 | 《旅逸小稿》二卷 | 道光十二年(1832)九月至道光十三年(1833) | 50—51 |
| 7 | 《旅逸续稿》二卷 | 道光十四(1834)至道光十五年(1835) | 52—53 |
| 8 | 《浚稿》八卷 | 道光十六年(1836)至道光三十年(1850) | 54—68 |

说明：此表在拙文《清代学人钱仪吉现存著述考》中已经著录，因本文需要，再附于此。

八集之中，唯有《刻楮集》《旅逸小稿》为作者生前所刻，“余稿则并藏于家，历三世守护维谨，虽宗族戚党不轻出示，故幸免散佚，然

① 按：书名《衎石斋诗文集》，非作者本意，钱氏欲名其集为《星湖居士集》，详见《与弟书存稿》第三十九通，此从《衎石斋记事稿》等例。

亦无力刊行，但缄闷而已”[1]。厥后，他的从侄孙钱志澄（1846—1904）[2]于光绪年间刊刻了《闽游集》，昆山李传元（1854—?）于1915年刊刻了《定庐集》，但《北郭集》《澄观集》《旅逸续稿》《浚稿》仍未能付梓，而将八种诗集作为一个整体予以整理出版更是一种奢望。

虽然如此，后世学人仍为之孜孜以求，晚清有钱泰吉（1791—1863）及其门人，民国有金兆藩[3]与邵章[4]，新中国有黄裳（1919—2012）等。

第一，钱泰吉是钱仪吉的堂弟，他与门人濮阳涝、潘贻谷率先开始了整理钱氏诗集的工作。他说：

> 给谏兄（按，即钱仪吉）诗稿手定本卷册不齐，兄谢世后，子孙未有能清写全部者。前年，余取至海昌，门生濮阳春泉（涝）属人钞成一部，余依元本对校，所改定之处，时仍旧本，而以所改字写于旁，以示学者金针。春泉爱而请藏，又倩人清写一部，俾余收藏。顷元之自澉山取元本，星海为携来，过慈溪，余留二十余日，父子细校各一过。乱离扰挠之时，逾七老翁不敢稍怠者，为我兄尽子弟之责，如是而已。自是，元本外有两清本矣，春泉之功不可没也。《记事续稿》，余劝蒋寅昉捐资刻成，《补稿》则海昌门人唐端甫（仁寿）誊写一部，不至孤本独存。九京有知，当必鉴之。咸丰辛酉九月二十五日泰吉手识。[5]

① 李传元跋，见《定庐集》卷后，民国四年（1915）刊本。

② 按：据江庆柏编著《清代人物生卒年表》（人民文学出版社2005年版），以下皆同。

③ 金兆藩（1868—1950），字钱孙，嘉兴人，学者、词人，参见郑逸梅撰《金兆藩传略》、周振甫《金兆藩传略补充》，《平湖文史资料》第3辑，浙江省平湖市委员会文史资料委员会1991年版，第1—3页。钱仪吉为金兆藩乡先贤，参见龚肇智《嘉兴明清望族疏证》上卷《秀水金氏》，方志出版社2011年版。

④ 邵章（1872或1874—1953），字伯絅，号卓庵，浙江仁和人，邵懿辰之孙，书法家、词人，参见伦明等著，杨琥点校《辛亥以来藏书纪事诗》，北京燕山出版社1999年版，第164页。

⑤ （清）钱泰吉：《序》，《闽游集》卷首，清光绪钱志澄刻本。

序文写作时间为咸丰辛酉，即咸丰十一年（1861）。材料表明，钱仪吉过世后，诗集手订本“卷册不齐”，无人整理。咸丰九年（1859），钱泰吉将这些手稿带到海昌（今浙江海宁），门人濮阳涝嘱人将这些零散的稿本抄成一部。随后，钱泰吉将濮阳涝的抄本与元本对校，此校本由濮阳涝收藏。之后，濮阳涝又将校本重抄一部，从而形成了钱仪吉诗稿一部“元本”、两部“清本”的基本格局。

钱泰吉子钱应溥（1824—1902）说得更加详细：

> 从父衎石给谏自定未刻诗稿三十卷，续有删改及补录者，以朱墨二色分志卷中。咸丰丁巳岁，先大夫属海昌潘稻孙茂才（贻谷）全录副本，其删改及补遗处，则手自过校，悉依原稿，濮阳彝斋（按，即濮阳涝）见而爱之，倩人别录全部，互易欣赏。两家各藏其一，而彝斋所藏，则先大夫手泽存焉，尤为可宝。辛酉以后，兵燹频耳，余家旧籍大半灰烬，先人遗集及从父未刻稿谨守未失。先大夫遁地至安庆，病中时为应溥道及海昌故交，累唏不怡，今年冬奉榇归葬，重与彝斋相遇，出示此编，纸墨如新，音容永隔，抚卷摩挲，不忍展视。稻孙于海昌城陷时，不屈殉节，无愧完人，对此手迹，尤令人感叹不置也。乙丑除夕，子密钱应溥敬记于陈氏发青草堂。[①]

钱应溥指出，钱仪吉自定的未刻诗稿有三十卷之多，而且“续有删改及补录者，以朱墨二色分志卷中”，此或即钱泰吉所谓的“元本”。他还提到了潘贻谷的功劳，其人于咸丰丁巳（咸丰七年，1857）“全录副本”，钱泰吉在此基础上“手自过校”。最后，才是濮阳涝“倩人别录全部”。

对照这两则材料，会发现不一致的地方。其一，抄录原稿时间不一致，前一则在咸丰九年，后一则在咸丰七年。其二，濮阳涝和潘贻谷角色不一致，前一则云“门生濮阳春泉（涝）属人钞成一部”，后一则说

① 按：见潘贻谷钞本《浚稿》卷末。

“先大夫属海昌潘稻孙茂才（贻谷）全录副本”。这些都令人费解。

其实，潘贻谷也是钱泰吉门人，曾助其修《海昌备志》，其中的《列女传》即出自潘手。钱泰吉的文集《甘泉乡人稿》（钞本）第十卷、第十二卷也赫然题着“受业世再侄潘贻谷谨录”。他们的关系应该不一般，且潘贻谷人品也有可圈点之处。咸丰十一年（1861）十一月，海宁被太平军攻占①，潘贻谷“闻乱，返城中。城陷，奔文庙，将投泮池，遇贼目杨文贵，命其党曳之，索金且欲屈以笔札”，他“抗声骂贼，贼怒，杀之于灵星门。妻马氏、次女兰姑俱绝食殉，长女萱姑先一日自经”。② 他的所作所为无疑是合乎封建文人价值观的，所以钱应溥才说他“不屈殉节，无愧完人”。钱泰吉作序时，为咸丰十一年九月二十五日，其时潘贻谷尚存，然而绝不提其人，是另有隐衷，抑或是版本之误，就不得而知了。

无论抄写者为濮阳涝，还是潘贻谷，钱泰吉所谓的“一元本二清本”应当是准确无误的，它们是后世所有钞本的源头。时至今日，潘贻谷钞本《衎石斋集》尚有二十四卷传世，比钱应溥所言“自定未刻诗稿三十卷”少了六卷。

该钞本现藏中国国家图书馆，分别为《澄观集》八卷、《定庐集》六卷、《旅逸续稿》二卷、《浚稿》八卷。每集封面大字题《衎石斋诗集》，然后是小字题各集名称和写作的时间。正文精楷抄写，半页九行，行二十一字。不避“仪吉”二字，避“奕”字③，正是咸丰钞本的直接证明。校勘文字随处可见，各集末有钱泰吉识语，如《旅逸续稿》末：“丁巳（1857）十二月初四日，泰吉校读。”《浚稿》末：“丁巳十月廿八日，弟泰吉校完《浚稿》八卷。兄捐舍于庚戌（1850）四月，今所录庚戌诗止三首，不知尚有稿否，候查补。”

---

① 许傅霈等纂（民国）《海宁州志稿》卷四十《杂志·兵寇》，《中国方志丛书》华中地方第 562 号，（台湾）成文出版社 1973 年版，影印民国十一年（1922）排印本。

② 按：参见（民国）《海宁州志稿》卷三十《忠义·潘贻谷传》。另，潘贻谷妻女事可参见李榕修（民国）《杭州府志》卷一六三。

③ 按：参见潘贻谷抄本《浚稿》卷一《戏题金鉴图格》，“博奕犹贤寓褒贬”的“奕”字缺末笔。

除此之外，卷中还时有钱仪吉之孙钱瑭的批注[①]，皆用“瑭”、“瑭注”或“瑭谨注”标明，如《定庐集》卷三《悼莘儿三首》眉批：“‘三首’，先公手改‘二首’，删末首。瑭注。”今有《清代诗文集珍本丛刊》影印本。[②]

第二，民国时期，金兆蕃、邵章为搜集、整理《衎石诗》做出了贡献。

该书现藏上海图书馆，包括《闽游集》（二卷，刻本）一册、《北郭集》（四卷，钞本）一册、《澄观集》（八卷，钞本）一册、《刻楮集》（四卷，刻本）和《旅逸小稿》（二卷，刻本）一册、《定庐集》（四卷，刻本）一册、《晚年诗稿》（五卷，刻本）一册、《庚子生春》（二卷，刻本）一册、《衎石斋诗补钞》（不分卷）一册，共八册，九种。[③]

八册之中，《北郭集》《澄观集》两种钞本的来源需要澄清，上海图书馆藏《衎石斋晚年诗稿》附录金兆藩题跋云：

> 此书刻成，寄伯英覆校。壬申（1932）九月杪，伯英暴疾卒，不及见印行，怆恨何如？既又从其哲嗣建人借钞《北郭》《澄观》两集，至癸酉（1933）春尽乃毕，合装为一函，未见甘泉先生写定本，终不敢目为全帙。十数年渴慕先生诗，得此已不啻鸿宝。立夏后一日记。[④]

此书指《衎石斋晚年诗稿》。伯英系钱振声字，为钱志澄之子，钱泰吉曾孙。[⑤] 钱振声去世后，金兆藩从其子钱建人处借抄《北郭》《澄观》

① 按：钱瑭，钱宝惠次子，字元之，生于清道光六年（1826），卒于清光绪五年（1879），参见钱仪吉、钱骏祥编撰《庐江钱氏年谱续编》卷六，民国七年（1918）刻本。

② 按：参见陈红彦、谢冬荣、萨仁高娃主编《清代诗文集珍本丛刊》第 427 册，国家图书馆出版社 2017 年版，定为清咸丰七年（1857）抄本。

③ 按：《晚年诗稿》为《旅逸续稿》《浚稿》的节本，《庚子生春》为钱氏家集，参见拙文《清代学人钱仪吉现存著述考》。又《晚清四部丛刊》所收《衎石斋诗》，包括《闽游集》二卷、《晚年诗稿》五卷、《澄观集》八卷、《北郭集》四卷，系出自金、章二人搜集的《衎石诗》。

④ 《衎石斋晚年诗稿》，1932 年刻本。

⑤ 按：此据嘉兴清芬堂钱霆先生提供的《嘉兴海盐钱氏世系简表》。

两集，可见是源于家藏本。

《衎石斋诗补钞》保存《定庐集》第三、四、五、六卷，《旅逸续稿》二卷，《浚稿》第四、五、七、八卷。卷末抄有钱应溥跋（已见前文），又有邵章识语，云“壬午（1942）冬季，邵章移录”，且题诗于后，云：

> 饮羽鸣琴句可师，残年秉笔赋缁衣。埙篪迭奏歌嘉道，香榭家声鼎盛时。
>
> 七集全诗未半镌，佳钞流传已经年。我今瓻借从头读，渴望书林足本传。①

“七集全诗未半镌”，或另有所指。钱仪吉全诗八集，邵章作此诗时，尚有《北郭集》《澄观集》《旅逸续稿》《浚稿》没有付梓。又有金兆藩跋，云：

> 壬午之岁，上海书肆又有《衎石诗》全稿出，物色之，尝至叶揆初图书馆议值，未谐，已而转之燕，为汪君轶唐所收，乃驰书伯絅悉心校勘，别钞二本，倩徐北订手录，癸未（1943）夏毕事。兆藩大病愈，得之，喜过望，今及获睹先生诗之全矣。安得刻成足本，伯絅所渴望，亦诗坛所同望也。装订成帙，已秋冬间矣。十月初五日，兆藩谨识。②

金、邵二人热心搜集、校勘钱氏诗集。1942年，金兆藩知道《衎石诗》全稿出现后，就拜托邵章“悉心校勘”，结果就有了《衎石斋诗补钞》一书。这部《衎石诗》全稿，“已而转之燕”，其后下落不明。《衎石斋诗补钞》对于校勘来说，还是有价值的。

---

① 《衎石斋诗补抄》卷末，民国抄本。

② 《衎石斋诗补抄》卷末，民国抄本。

第三，新中国成立后，学人黄裳收藏的《衎石斋集》（十三卷）为现存钱仪吉诗集的重要藏本之一。

此书为清代钞本，现藏国家图书馆，包括《闽游集》二卷、《澄观集》四卷、《北郭集》四卷、《定庐集》二卷、《家书》一卷，《清代诗文集珍本丛刊》已影印。

黄裳跋云：

> 石麒近自嘉兴收得钱衎石家稿本若干事，其云："《三国志会要》以沦缺泰半已，听其别售。"诗集稿本所收凡四种五册，此《澄观集》外，尚有《闽游集》二卷、《北郭集》四卷、《定庐集》二卷，皆写手端整，殆出之钱氏老妻寡媳之手者。郑叔问《国朝著述未刊书目》中著录之尚有《敝帚集》一卷，今不知尚存否。光绪己卯，衎石子彝父重梓《刻楮》《旅逸》二集，叙称"旧稿悉在长兄子瑭所，讫未续刊"。此数种殆即是家藏之本也。原订颇有蛀裂蠹残，当付工重装，他年当为流布之。学人遗业，世当珍护也。丙申献岁第八日，来燕榭中晴窗日暖，研朱漫记。①

钱氏家藏本，弥足珍贵，但只有《澄观集》《闽游集》《北郭集》《定庐集》四种，且非全本，如《澄观集》只有前四卷，《定庐集》只存前二卷。又有《家书》一卷，黄裳跋云：

> 此钱泰吉手书《家书札稿》一册，余与海宁钱氏家集多种，因收得之，付工重装，都为十四册，可谓好事之至矣。余最喜收此种家集，亦多重装，以便藏守。去岁得甫里许玄祐集十数种，近更收此，皆绝佳之书，因记。丙申（1956）四月。②

① 黄裳藏《澄观集》卷四末，国家图书馆藏清钞本。

② 黄裳藏《钱泰吉札稿》卷后，国家图书馆藏清钞本。

家书为道光二十三年（1843）、道光二十四年（1844）两年间，钱仪吉致钱泰吉之书信，一共十二通，后由钱泰吉抄录，得以流传。

以上谈到的三部衎石斋诗集，相对而言，潘贻谷钞本比较完整，且出自一人之手，又保存了钱仪吉、钱泰吉、钱瑭等人的校订手迹，弥足珍贵。

下面依次介绍表1所列八集的版本情况。

**1.《闽游集》**

（1）清刻本，二卷，国家图书馆、上海图书馆等均有藏本，钱志澄刻[①]，四周单边，黑口，半页十一行，行二十一字。书口上方为书名简称“闽”字和卷数，下方为页码，每卷单独分页。卷首有钱泰吉序（已见前文），然后是钱仪吉自序，有简目。卷终署名“从侄孙志澄命第四孙侑谨清稿”。正文避“玄”字，足证是清代刻本。卷首钱泰吉序“泰吉”二字缺末笔，正文中“仪吉”二字、“复”字、“森”字[②]末笔皆缺，且“仪”字加有方框。今有《晚清四部丛刊》影印本、《清代诗文集珍本丛刊》影印本。

（2）清钞本，二卷，系黄裳藏十三卷本《衎石斋集》之一。无目录，卷首有钱仪吉自序，残缺不全，序右下有“北京图书馆藏”方印一枚，正文第一页钤“黄裳青囊文苑”长印和“来燕榭珍藏图籍”方印各一枚，俱阳文小篆。半页九行，行二十一字。正文避“玄”字。

**2.《北郭集》**

（1）清钞本，四卷，系黄裳藏十三卷本《衎石斋集》之一，半页十一行，行二十一字。无目录，有钱仪吉自序。卷末题：“乙未（按，

① 按：《清代诗文集珍本丛刊》第430册定为宣统刻本，误。据俞樾《春在堂杂文·六编补遗》卷一《江苏候补道钱君（志澄）家传》、卷五《江苏候补道钱君墓志铭》可知，钱志澄字伊甫，为钱泰吉之孙，生于道光二十六年（1846），卒于光绪三十年（1904）二月九日，享年五十九岁。故此本应为清光绪刻本。

② 按：此处避钱复、钱炳森讳，前者为钱志澄曾祖，后者为钱志澄之父，参见龚肇智撰《嘉兴明清望族疏证》第十五《秀水钱氏》，第168页。

即1955年）冬日收于海宁钱氏，丙申（1956）新正重展题记。”末钤“黄裳”阴阳篆文方印一枚。正文“仪吉”二字缺末笔，且避“玄”“宁”“淳”字，应是清代同治年间或稍后的钞本，当出自钱氏家人之手，或即黄裳所云“殆出之钱氏老妻寡媳之手者”。

（2）金兆藩、邵章钞本，四卷，《衎石诗》九种之一。半页十二行，行二十二字。无目录，卷首为钱氏自序，署名“静读学人钱仪吉自序”。正文首页右上为书名卷数，左下署“嘉兴钱仪吉衎石”，中多有朱笔校改之处，避“玄”字，当源于清代钞本，今有《晚清四部丛刊》影印本。

### 3.《澄观集》

（1）清潘贻谷钞本，八卷，现藏国家图书馆，已见前文。

（2）清钞本，存一至四卷，系黄裳藏十三卷本《衎石斋集》之一。半页九行，行二十一字，卷首有自序。卷四末有黄裳题跋，已见前文。正文不避家讳，有钱氏子弟校读痕迹，如卷一末有钱泰吉题识，云：“尝为蜀王世子傅，‘教忠’一语，或指蜀事，然蜀王死张献忠之难，似太远，不知更指何事。此韵不敢妄改，可请莲翁酌之，如不能改此诗，只好归入外集。”又有钱振声识语，云：“谨按：此系先曾祖甘泉公指从伯曾祖给谏公《木末山谒方正学祠》诗两压‘秋’字而言。”甘泉指钱泰吉，给谏为钱仪吉。①

（3）金兆藩、邵章钞本，八卷，《衎石诗》九种之一。半页十二行，行二十二字。卷首有自序，无目录。避“玄”“弘”字，此本源于清代钞本，今有《晚清四部丛刊》影印本。

三本对校发现，潘贻谷钞本中钱仪吉兄弟删改之处，在后两者中都没有保存，由此推断黄裳藏本和金兆藩钞本很可能出自“清本”。

① 按：钱泰吉、钱振声识语，均针对《澄观集》卷一《木末山谒方正学祠》而发。方正学，即方孝孺，尝为蜀献王世子师，详见《明史》本传。“教忠”二字系《木末山谒方正学祠》诗中语，此诗韵脚两押“秋”字，但是意义不同，一为《春秋》之“秋”，一为秋季之“秋”。

**4.《定庐集》**

（1）清潘贻谷钞本，六卷，现藏国家图书馆，已见前文。

（2）清钞本，残本，存第一卷、第二卷，系黄裳藏十三卷本《衎石斋集》之一。卷首无序，无目录。正文半页九行，行二十一字。讳不避“仪吉”二字。书中有校读之处，如卷一《大行皇帝梓宫还京师，臣跪迎于安定门外，泣纪五律四首》，眉批：“‘律’字应低四格。”

（3）民国四年（1915）刻本，四卷，李传元刻，现藏上海图书馆。四周单边，黑口，单鱼尾，半页十二行，行二十二字。卷首钤有“积学斋徐乃昌藏书”阳文篆书长印一枚，有钱仪吉自序。正文右上为书名卷数，署名“嘉兴钱仪吉新梧”。书口上方为书名和卷数，下为页码，每卷单独分页。卷末有缪荃孙（1844—1919）和李传元题识。

据缪荃孙云，同治九年（1870），他在成都结识了钱仪吉三子宝宣，“闻见赅洽，语言隽永，因荃孙粗知向学，悉心教导，获益不浅”。后因李传元持《定庐集》来求序，遂书此语。[①]

李传元为钱仪吉外甥李德莪之子，号橘农，清光绪十五年（1889）进士，民国时官浙江提法使。[②] 其识语云：

> 光绪末，公曾孙旭寅卒，家益落，藏书尽出，手稿数十卷亦遂流落人间，入书贾手。《定庐集》钞本，会稽诸真长得诸市摊，珍为秘册，以示乙盦。乙盦亟假归，出以见示，相对惊喜。盖乙盦于公诗有深契，传元则敬仰而已，然笃好则同自少年时，相约访公全集，数十年不获一见，年各迟暮，身涉乱离，乃于无意中遇之，非所期也。乙盦劝付梓，传元亦力以自任，然钞本讹脱，恨无手稿可校对，复迟回久之。沤尹前辈自吴门来，言于公从孙伯英家见手稿甚多，亟驰函往问，乃知《闽游》《北郭》《澄观》诸集皆已收

① 参见杨红升撰《缪荃孙研究》第二章“交游考”，上海古籍出版社 2008 年版，第 30 页。

② 参见龚肇智撰《嘉兴明清望族疏证》第七十八《吴氏》，第 799 页。

> 得，《闽游集》已付梓矣，大为叹慰。伯英知传元将刊《定庐集》，即躬奉洁本至，且附甘泉公校语数则，益忻喜，然诗校诸本仅四之一。今春艺风前辈复携一本见示，行间改定，眉端补录，皆公自书，真手定本也，然亦尚缺庚辰至甲申五年之诗，乃知诸氏所藏，最为足本，遂以付梓，其无本可校者，暂从阙疑，后得手稿，当更校补也。……剞劂竟，敬书校刊始末，附于卷后。甲寅夏五，离孙李传元谨识。①

诸真长为诸宗元（1875—1932），浙江绍兴人，著名诗人，曾参加同盟会和南社。② 乙盦，沈曾植（1850—1922）之号，与李传元为表兄弟③，诗法私淑钱仪吉④。沤尹为词人朱孝臧（1857—1931）之号。艺风为缪荃孙之号。朱孝臧晚年退居苏州，与缪荃孙、诸宗元、沈曾植、李传元交往频繁。⑤

李传元的这段话，沈曾植有《〈定庐集〉序》可以印证：

> 是岁小除，艺风编修示余钱氏两世书翰巨卷及钞本钱氏家集，为言遗书散出事，蹙然慨息。既介绍桔农收之。越岁而山阴诸真长太守示余此集，写本精整，文句增改，识为先生亲笔。诗且□□□□⑥篇，与《刻楮》《旅逸》两稿，数几相等。望外得之，欢喜踊跃，急借以示桔农，桔农矍然曰："校勘摹刻，我责也，兄当助我。"余为请于真长，而真长许之。艺风亦复得钱氏所藏合校焉。于是先生中年诗略具，其先后可得而论焉。⑦

---

① 李传元跋，《定庐集》卷末，民国四年（1915）刻本。

② 刘绍唐主编《民国人物小传》第五册，上海三联书店2015年版，第388页。

③ 龚肇智撰《嘉兴明清望族疏证》第六十《沈氏》，第617、619页。

④ 许全胜撰《沈曾植年谱长编》，中华书局2007年版，第30页。

⑤ 参见沈文泉撰《朱疆村年谱》"1914年"条，浙江古籍出版社2013年版。

⑥ 按：原缺。

⑦ 钱仲联辑《沈曾植海日楼文钞佚序》（中），《文献》1990年第4期。按：《定庐集》刻本、钞本均无此文。

诸宗元得到了《定庐集》的家藏稿本①，遂持以示沈曾植。沈又借给李传元传观，后者认为此本“最为足本”，遂刊刻之。然而与六卷钞本相比，此本不仅分卷有异，且失收的作品也不少。②

（4）金兆藩、邵章《衎石斋诗补钞》本，《衎石诗》九种之一，存《定庐集》三、四、五、六卷，非全本。无目录，无序言，半页十二行，行二十二字。

### 5.《刻楮集》

此书与《旅逸小稿》皆经钱仪吉自刻，时间在清道光十二年（1832），后因战火，刊版无存，其子钱彝甫于光绪五年（1879）重校付梓，详见《旅逸小稿》卷末钱彝甫跋。

此为钱彝甫覆刻本，四卷，现藏上海图书馆、复旦大学图书馆等。四周双边，黑口，单黑鱼尾。鱼尾上方为书名卷数，下方为页码。半页九行，行二十一字。卷首有钱仪吉自序，无目录，每卷末题“男彝甫谨重校刊”。

### 6.《旅逸小稿》

钱彝甫覆刻本，二卷，款式与《刻楮集》同。以上二书《清代诗文集汇编》均已影印。

### 7.《旅逸续稿》

（1）清潘贻谷钞本，二卷，现藏国家图书馆，已见前文。

（2）金兆藩、邵章《衎石斋诗补钞》本，二卷，《衎石诗》九种之一。半页十二行，行二十二字，非全本。

---

① 按：诸藏本现有残本三卷（第二、三、四卷）传世，存杭州图书馆，已为《浙学未刊稿丛编》影印。

② 按：邵章对此本做过校勘工作，如上海图书馆藏《定庐集》刻本卷四末，邵章批注云：“钞本《定庐集》凡六卷，中缺诗四十首，别本录诗寄钱孙，补题眉端。癸未夏四月，邵章记于桥西别墅。”钱孙，为金兆藩字。

**8.《浚稿》**

（1）清潘贻谷钞本，八卷，现藏国家图书馆，已见前文。

（2）金兆藩、邵章《衎石斋诗补钞》本，《衎石诗》九种之一，存第四、五、七、八卷。

以上就是《衎石斋诗集》各集的版本情况。可以看出，钱仪吉诗集数量多，且多以钞本的形式流传，虽然也有一些单集的刻本出现，但是距刊刻八集的目标还相去甚远。

## 二 文集

相对于诗集而言，钱仪吉的文集版本不太复杂，具体情况如下。

**1.《衎石斋记事稿》十卷与《衎石斋记事续稿》十卷**

覆刻本，款式同前《刻楮集》。其由来，钱彝甫说得很清楚：

> 先给谏议公（按，即钱仪吉）撰著古文辞已刻者，《记事稿》《记事续稿》两种，各十卷。《记事稿》刻于道光甲午，《续稿》手自订定在己酉之冬，明年四月，遽捐馆舍，又四年，为咸丰甲寅，始刻于海昌蒋氏。庚申兵燹，先集稿板存嘉兴郡城者，一时俱烬焉。彝甫兄弟叔侄各以衣食奔走，未遑重梓，而仲兄谦山及伯氏两侄先后谢世，忽又二十年矣，叔兄子侑游蜀境，亦困甚，人事变迁，流光荏苒，兢兢焉，惟弗克负荷是惧。光绪丁丑始谋复刊，中间资竭停手，四阅寒暑，乃克蒇事，呜呼，幸已。……此《记事》两集重校，悉依原本，《续稿》第五卷《续良吏述序》文一首，乃原刻脱漏，谨以补入，其余不敢增损一字。光绪六年庚辰八月，男彝甫谨识。[①]

① 《衎石斋记事续稿》卷终附录。

作者生前在广州刻过《衎石斋记事稿》，苏源生《书先师钱星湖先生事》云："癸巳在粤，专取记事之文刻之，曰《衎石斋记事稿》十卷。"癸巳为道光十三年（1833）。然而钱彝甫跋云"刻于道光甲午"，即道光十四年（1834），结合卷首戚嗣曾序，当以道光甲午为是。

《衎石斋记事续稿》为作者道光二十九年（1849）手定，殁后，"咸丰甲寅（按，即咸丰四年，1854），始刻于海昌蒋氏"，乃钱泰吉"劝蒋寅昉捐资刻成"（见前文《衎石斋诗》卷首钱泰吉序），蒋寅昉为晚清海宁藏书家蒋光焴。前者为自刻，后者为手定，足见重视程度之深，而且《衎石斋记事续稿》卷十有《告亡儿宝惠文》，文献表明，钱宝惠卒于道光二十六年（1846）①，作者时年六十四，距去世只有四年，《衎石斋记事续稿》或具有总结意义。

然而这两个版本，均毁于"庚申（按，即咸丰十年，1860）兵燹"，直到光绪六年（1880）八月，钱彝甫才重订校刊，不仅"悉依原本"，而且还补上《衎石斋记事续稿》第五卷《续良吏述序》，"乃原刻脱漏，谨以补入，其余不敢增损一字"。可见，与原本相比，覆刻本更加完善。

《衎石斋记事稿》书前有张问陶题记，钤"船山"阴文方印一枚，有钱仪吉表兄戚嗣曾序，有目录。每卷正文第一页右上为书名和卷数，右下题"嘉兴钱仪吉新梧"，每卷终题"男彝甫谨重校刊"。《衎石斋记事续稿》卷首有牌记"咸丰四年甲寅，海昌蒋光焴寅昉校梓"，又有"光绪六年岁在上章执徐阳月，男彝甫谨重校刊"。无序，有目录，唯卷十终题"男彝甫谨重校刊"，书后附彝甫题识，已见前文。

**2.《飏山楼初集》六卷**

稿本，现藏国家图书馆。此书之由来，钱彝甫云：

骈俪之文，集中偶存一二，亦皆记事之作，别有手定俪体，约

① 参见上海图书馆藏王蘧常撰《嘉兴钱衎石先生年谱初稿》，稿本。

数十首，名《飏山楼稿》。飏山者，在澉浦祖茔之麓，左曰飏山，右曰麂山，先公尝自号“飏山樵”，故遂以名集也。[①]

苏源生《书先师钱星湖先生事》说：“甲戌，写成《飏山楼初集》十六卷。”甲戌为嘉庆十九年（1814）。至于《飏山楼稿》与《飏山楼初集》之关系，还有待于进一步探索。

此书曾被近代学者周悫（1894—1959）收藏，书前有周氏所录钱仪吉、钱泰吉二人传记和校勘记，书后有周氏跋。据周跋可知，此本乃1929年冬得于南京夫子庙。其跋云：

此本楷书精工，系子弟或门下士所缮。每半页十行，行二十字，目录大名之右方有“本庐江何氏”椭圆朱印一，下有“钱仪吉印”方印一，右白文，左朱文，及“飏山樵者”朱文方印一，末叶有“曹江读过”白文方印一，章法墨色均佳。前后无序跋，有目，卷一赋九，卷二志一，卷三论十三，卷四辨一、说五、记五，卷五之六序十有九，都记五十三篇。其刊入《衎石斋记事稿》者十，余均未刊就。稿中年月可考而最后者，为嘉庆二十一年丙子，考之《清史列传》，定庐以道光三十年卒，年六十八，当生于乾隆四十八年癸卯，是定庐方三十四岁官京师时也。

检书内夹签标“云注”者十一则，“江注”者四则，钤“晓沧”印者七则，商钧校订，或删或存，具见别裁，夹签外之眉注者十有二则，文中勾乙增损者十有一处，皆定庐亲笔点定，尤可宝贵。

夹签之“江注”者，即钤印末叶之曹江也。晓沧系沈炳垣，字紫卿，海盐人，道光乙巳进士，咸丰七年督学广西。[②]

---

① 《衎石斋记事续稿》卷终附录。

② 周悫跋，参见《飏山楼初集》卷末，《清代诗文集珍本丛刊》第429册，第602页。

周氏所言，已经非常详细，不再赘述。《清代诗文集珍本丛刊》已经影印此书。

### 3.《旅中见闻录——衎石先生古文》不分卷

钞本，现藏中国社会科学院文学所图书馆。封面题《旅中见闻录》，副标题作《衎石先生古文》。书前无序，无目录，半页八行，行二十四字。正文钤有“中国科学院文学研究所藏书”阳文篆印一方。书后有杨象济（1825—1878）跋，跋作于光绪四年（1878）夏四月，钤有“汲庵”篆字阳文印一方、“利叔”古文阳文印一方。利叔、汲庵，分别为杨象济字、号。

杨象济跋云：“吾友伯云于旅中录其杂文，有未列于刻本者，始知其文章之高也。”伯云，名里不详。考其书，实际收录古文六十二篇，其中有十四篇又见《飏山楼初集》，三篇见于《衎石斋记事续稿》卷九。另收《讯古》诗歌六首，已见于《浚稿》卷五。名曰《古文》，又收入诗歌，且《衎石斋记事续稿》咸丰四年已经刊刻，伯云却无从知晓，原因不详。

书中收有《飏山樵传》一篇，略曰：

> 飏山樵者，其氏名不著，其居邑百里无山，故志于山而托之樵也。其山在东海之滨，漖水之上，其远祖宅兆在焉，亦曰依吾先人云尔。其平居意念嗜好，无以大远乎流俗，然涉之而不能胶也。其寒暑困患不能去者惟书，其读书盖始于先人之撰著，若厚语，若廉鉴，终身诵之，怡怡焉。其为文辞歌咏，师唐杜牧、罗隐、姚合，宋梅尧臣、范成大，本朝厉鹗。其自为撰著，效宋徐天麟、娄机，元苏天爵，明焦竑。其仕慕汉左雄、晋傅玄，然慕之而不能似也。[①]

这就提供了钱仪吉号“飏山樵”之缘由及文学、学术之渊源。

① （清）钱仪吉：《旅中见闻录——衎石先生古文·飏山樵传》，清钞本。

### 4.《钱仪吉先生稿——遗文未刊稿》不分卷

稿钞本，现藏中国科学院图书馆。封面左为目录，右题《钱仪吉先生稿》。第二页右题“嘉兴钱仪吉先生手稿，镂香阁珍藏”，钤有“中国科学院图书馆藏”“士礼居藏”“段丁”“乐荼”“王芑孙”等印。[①]“镂香阁”为清代嘉兴收藏家王祖锡（1858—1908）斋号。[②]

正文半页十行，行二十四字，中国科学院图书馆著录为稿本。今检此册，正文避道光皇帝讳“宁”字，第一篇《先学士公遗事记》避其父名讳“福胙”二字，不避“仪吉”二字，其后诸文皆避“仪吉”，且前后字体迥异，因疑只有《先学士公遗事记》出自钱仪吉本人之手，所收文章篇目部分已见于《飏山楼初集》，实际有价值的文章只有八篇。

此书已经被收入《中国科学院文献情报中心藏古籍珍本丛书》第一辑，并于2017年在学苑出版社影印出版。

总之，相对于繁多的诗集而言，文集的版本比较简明，刻本《衎石斋记事稿》《衎石斋记事续稿》在保存钱仪吉文章的数量上已经占据优势，且前者为作者自刻，后者为作者手订，意义自不待言。《飏山楼初集》在作者传记中作十六卷，然而保存下来的只有六卷，弥足珍贵。《旅中见闻录——衎石先生古文》《钱仪吉先生稿——遗文未刊稿》中收录的古文则具有佚作的性质了。

---

① 按：“士礼居藏”为清代藏书家黄丕烈的藏书印。黄丕烈（1763—1825）和王芑孙（1755—1818）均比钱仪吉（1783—1850）年长二十岁以上，他们是否会收藏一位后辈的文章，似乎依然有讨论的空间。

② 参见倪文东编《二十世纪中国书画家印款辞典》，世界图书出版社2002年版，第83页。

# 日记研究的空间及相关问题探讨

## ——以周绚隆《易代：侯岐曾和他的亲友们》为中心*

◇张　剑**

明清易代之际，江南士夫抵抗最烈，所受荼毒亦最酷，“扬州十日”“江阴保卫战”“嘉定三屠”，家破人亡的惨剧让人触目惊心，其中嘉定诸翟（今上海市闵行区诸翟镇）侯氏的遭遇很有代表性。

侯氏原系山西上谷杨氏一脉，后过继侯家，宋室南渡始迁至嘉定，世代经营，至明中后期已成当地巨族；家中子弟人才辈出，峒曾、岐曾、岷曾三兄弟被誉为“江南三凤”，下一代的玄演、玄洁、玄瀞与玄洵、玄汸、玄泓，被誉为“侯氏六俊”。峒曾（1591—1645）为天启五年（1625）进士，刚正不阿，为政有声，崇祯十六年（1643）擢顺天府丞，未至而京师已陷，福王在南京即位，以通政使司左通政召，以疾辞。清顺治元年（1644）闰六月，嘉定人民为反抗剃发令，公推峒曾与同乡进士黄淳耀为首领，树起“嘉定恢剿义师”的大旗，清军反扑，城陷，峒曾及二子玄演、玄洁皆赴死。是时，峒曾之弟岐曾（1595—1647）与家人自城徙避于乡，负起奉母抚孤之责。然而，清廷对敢于抗命的家族惩处严厉，自峒曾殉难后，籍没之令频下，岐曾使尽浑身解数，行贿请托，也仅是将此结果延宕了一年多而已；顺治四年（1647）五月，他因藏匿陈子龙连染被逮，十四日被杀于松江，侯家被抄没，家资被洗劫一空，妇女大受惨辱。此后侯氏族人纷纷逃难，甚至隐姓埋

* ［基金项目］国家社科基金重大项目“中国近代日记文献叙录、整理与研究”，项目编号：18ZDA259。

** 张剑，北京大学中文系教授，主要研究方向为宋元明清文学与文献学。

名，有清一代，渐无闻人，昔日名门，就此衰微。

《侯岐曾日记》[1]（下文除必要之处，皆简称《日记》）起于丙戌年（顺治三年，1646）正月初一，止于丁亥年（顺治四年，1647）五月初十，这不足一年半的时间，正是侯氏由盛转衰的关键期。且《日记》除记重要时事及日常酬接外，亦将倾诉心曲、“事体宜存”（《日记》自序）的写给亲友的书札录入其中，因此，这部《日记》对于了解侯岐曾内心世界以及那段惊心动魄的岁月具有独特的史料价值。

《日记》收入《明清上海稀见文献五种》出版后，逐渐引起学界注意，出现了一些相关研究成果，但或失之简，或失之浅，或属于历史文学创作，真正有分量的学术论著当推冯贤亮的《清初嘉定侯氏的“抗清”生活与江南社会》[2]和周绚隆的《易代：侯岐曾和他的亲友们》[3]（下文简称《易代》）。冯著后来经过改编，成为其专著《明清江南的州县行政与地方社会研究》[4]的第五章“政治变动与日常生活”，意在通过《日记》展现江南士绅们的抗清活动以及他们在清廷密网捕杀下的日常生活；周著《易代》分八章：“孤臣碧血遗民泪——读《侯岐曾日记》”“谁不誓捐躯杀身良不易——士人的生死选择”“彩云散后空凭吊——闺阁膺世变”“王谢雕梁事已非——膏粱悲飘蓬”“避秦无计矢报仇——烈士夏完淳”“此生只合老书帷——塾师陆元辅”“失侣青春首似蓬——寂寞夏淑吉”“义仆与恶仆”。意在为《日记》中出现的诸多人物立传。如何立好传，让日记里的人物具有鲜活的生命感，不再是被宏大历史叙事遮蔽了的简单文字符号或抽象统计数字，这是日记研究的一大主题。本文拟以《易代》为中心对此略做探讨，并延伸性讨论如何拓展日记研究的空间等相关问题。

---

① （明）侯岐曾：《侯岐曾日记》，《明清上海稀见文献五种》，人民文学出版社2006年版。本文所引《侯岐曾日记》内容均出自此版本，为避文繁，以下只标作者名、书名及日记时间。

② 冯贤亮：《清初嘉定侯氏的“抗清”生活与江南社会》，《学术月刊》2011年第8期。

③ 周绚隆：《易代：侯岐曾和他的亲友们》，中华书局2020年版。

④ 冯贤亮：《明清江南的州县行政与地方社会研究》，上海古籍出版社2015年版。

## 一 人物与事件：弹力拼缀历史碎片

古代私人日记，虽然内容驳杂，目的、种类不一，但记录日常生活以备忘则为其大宗。故日记所及之人，常出现其他史料难以见到的宗亲姻戚、细民奴仆之名，且多书以简称或小名，即使所接人物于史有征，也常以字号乃至化名、代号称之；所记之事，亦常掐头去尾、简略言之。总之自己明白即可，不必像史传那样详其姓名字号及一生事迹。故日记中出现的人物和事件，初看往往只是一堆凌乱的文字符号，颇不易知其人其事。因此，欲研治日记里的人物，于此处必先究明，否则终如雾中观花，难有实获。

侯岐曾的日记，因涉及当时诸多抗清人物和事件，用语更加隐晦。如：

> 端哥原名完淳，今易名焻。先是瑗公依予虬江陈房，已改姓黄，名志华。时唯恐声迹少露，朝夕密通往来，止裁竹纸一小幅，缄题必呼“黄老”。予则久号“半生道人”矣。遭变来，道义至交远近略尽。其仅存者，俱改易姓名，如张采为山衣道人，姚宗典为虞文身，杨廷枢为庄复。入海诸贤，姑需后纪。①

其亲家夏允彝化名黄志华，夏允彝子夏完淳化名夏焻，张采化名山衣道人，姚宗典化名虞文身，杨廷枢化名庄复，他自己则称半生主人。另外《日记》还记载陈子龙化名车公，仆人侯驯化名川马，杨廷枢又号中道人等。但是《日记》并未将所有涉及之人的化名、代称都予以交代，而且相熟之人以及家庭成员的称呼，常常有不同的称呼和变化。如丙戌三月的两则日记：

---

① （明）侯岐曾：《侯岐曾日记》，丙戌正月十三。

粥后，泓夫妇别去。七侄妇为其弟操舟迎去。晚得吴门信，云沈老将北行，许缓颊于涿州、虞山两相公。[1]

午刻，两叔偕德符郡回，知三点少验。……侄出废文秘祝，亦犹存古意也。[2]

泓夫妇尚可推知是玄泓夫妇，两叔也可推知是文侯、公羊二叔；然其余人是谁，则颇难知晓。经《易代》考释，始知第一则中的七侄妇为玄演之妻姚妫俞，沈老则指公然索贿者沈宏之（字茂之），涿州指时任弘文院大学士兼礼部尚书的冯铨，虞山指时任礼部右侍郎的钱谦益，沈宏之崇祯间曾做过冯铨的幕客，"缓颊"指沈得贿赂后答应为侯氏"籍没"之事向冯、钱两人说情。第二则中的德符指其内侄张懿实（字德符），废文则是姚妫俞之父姚宗典的另一称呼，《日记》中经常出现的"废老""虞兄"也是指他，"存古"则是夏完淳之字，"存古意"指的是《日记》三月廿日所云的"见存古札，嘱通澥南音问"，即秘密与舟山鲁王方面联络。如果没有《易代》的解读，人物、事件皆如在五里雾中。

但要考索清楚这些人物或事件，又谈何容易？不但需要将《日记》本身的信息吃透，前后联系，反复排比；而且需要广泛查阅《日记》外的各种史料，寻绎其中的蛛丝马迹，层层剥笋，逐一落实。一句话，必须下足史家细密的考证功夫。

如侯门四位女眷出家后的法名，玄洵之妻夏淑吉法名净云；玄演之妻姚妫俞法名慧净，改号再生；玄洁之妻龚宛琼法名慧明，改号印光，又改妙指；峒曾之女达本法名道树，改号契中。这些法名在《日记》中都曾出现，但多未言明何人系何法号，《易代》完全靠前后文细心排比，推断得出；而且还据《夏完淳集》《国朝闺秀诗柳絮集》等史料考

① （明）侯岐曾：《侯岐曾日记》，丙戌三月十八。

② （明）侯岐曾：《侯岐曾日记》，丙戌三月廿一。

出夏淑吉另号神一和龙隐，借此纠正了自陈维崧《妇人集》以来将夏淑吉、夏龙隐当成两人之误。

再如《日记》中另一位出现频率较高的“管科”，侯家与官府交涉钱粮之事，多由他出面，似乎颇有地位，以至有的研究论著将之看作与侯家有亲戚关系的衙门中人。《易代》则据《月蝉笔露》所载“吏承牒报籍矣，老仆管科遇于途，醉之，去其籍”[①]，考明管科系对侯家忠心耿耿的老仆人，使读者对明末清初仆人的重要性有了直观的认识。

又如龚得和，在《日记》中出现了90余次，系侯岐曾姻亲，但大名及事迹不详。《易代》根据新发现的《疁城龚氏族谱》，考知龚元侃字得和，娶侯岐曾三女儿侯达真（《日记》中云“女华”，《国朝闺秀诗柳絮集》云其名为“蓁宜”），龚元侃系达真祖母龚氏之族侄（应出了五服），因此属于亲上亲。《疁城龚氏族谱》收有龚元侃之子所撰《文学南溟（龚元侃号）公行状》和《侯孺人行略》，这使我们对其夫妇的了解一下变得翔实起来。

当然，欲使《日记》中的人物具有生命活力和动态感，仅仅指实何人何事还远远不够，更不能止步于《日记》中的记载。高明的史家，会以日记中提供的内容为线索，广泛搜集和利用各种资料，竭尽所能地还原事件本身和人物真实面貌，最终使碎片化的文字符号连缀成一幅幅生动的历史画卷。《易代》自觉地运用了这种方法。其前言云：

> 日记虽因侯岐曾被杀中断了，却在我内心勾起了重重疑问：针对这个家庭接下来发生了什么？男人们死丧逃亡之后，侯家的女性是怎样熬过灾难的？侯氏后人的处境如何？深受侯岐曾思想影响的家庭教师陆元辅，在日后走向社会时，经历了怎样的思想转变？这一系列问题，促使我不断寻找材料和线索，希望能给自己一个满意的答案。[②]

① （清）侯玄汸：《月蝉笔露》，1931年铅印本。

② 周绚隆：《易代：侯岐曾和他的亲友们》，前言。

想要追寻这些人物在侯岐曾被杀之后的遭遇，从侯岐曾生前《日记》中自然无法获得答案，必须依赖其他各种传世资料。以陆元辅为例，《日记》中他的名字出现了60多次，作为侯氏的家塾先生，又是侯岐曾的学生，他与侯家关系无疑很密切，但是可能正因为熟悉，《日记》中极少对其进行介绍。他闻名后世的救孤义举和与诸多显宦的交游，都发生在侯岐曾身亡之后。《易代》第六章专为之立传，就借助了大量《日记》之外的史料，主要根据《陆菊隐先生诗文集》，并结合黄淳耀《陆翼王思诚录序》、陈瑚《菊隐先生文集序》《陆新川隐居七十诗序》、张云章《菊隐陆先生墓志铭》、归庄《小宛斋记》、钱澄之《菊隐诗为嘐城陆翼王赋》《与陆翼王》、姜宸英《菊隐说》、计东《菊隐赠言册序》、钮琇《觚剩》、秦瀛《己未词科录》、徐釚《送陆翼王南还》、王鸣盛《秋左堂集序》《朴村集书后》、民国《嘉定县续志》等史料总括而成。

《易代》中的陆元辅，自幼喜学，勤读不辍，后受业于黄淳耀和侯岐曾。黄淳耀对陆元辅有道德示范意义，侯岐曾更对其"勉以圣贤豪杰之事"。陆元辅为人宽厚，性情恬淡，为学不尚虚名，持论也不陷偏激。故明亡之际，在和多数读书人一样面临生死抉择时，他既不诎身贬节以求苟免，也不轻弃性命，做无谓的牺牲。这种性格决定了他后来人生道路的选择。

顺治三年（1646）四月初，侯玄泓邀陆元辅入家塾，教孤侄侯檠及长子开国读书。次年五月初十，侯氏再遭家难。危难之际，夏淑吉以孤子相托，陆元辅慨然允诺，成就了一段救孤的传奇。入侵者的暴虐，师友的鲜血，亲人的流离失所，加上自幼接受的夷夏之防、君亲之伦，都让他对这个异族建立的新政权一时难以认同。但是，这一切都抵不过现实的残酷和时间的无情，随着清朝统治的逐步稳定，自知明朝恢复无望、迫于生计的陆元辅的对抗之情逐渐淡化。

顺治十二年（1655），陆元辅的学生马莹乡试中举，有人从道义的立场表示惋惜，陆元辅撰写《送马生入泮序》声援自己的学生，他认为人虽无法选择时代，但只要道宗先圣，心存正统，即使参加了异族政权，也可以使“儒道不坠”，达到“时否而心亨，迹污而道洁”的境界。陆元辅借机对自己的人生重新进行定位，那就是在传道授经之余努力保存先世文献，坚持个人著述。

作为黄淳耀与侯岐曾的门人，他曾立志要做个“顶天立地的汉子”，当然不会在新朝求仕，康熙十七年（1678）朝廷召举博学鸿词，礼部尚书吴正治以其名荐，次年与试，他以语多规谏落第，但他又并没有隐居的资本，唯一擅长的就是教馆授徒。这样既能维持生计，也能继续传经授道，保斯文之不坠。因此他长期辗转于诸多豪门的家塾中授徒著书，又自号菊隐，始终不失自尊，以理学名家自持，直至晚年归家，贫病而终。该章标题“此生只合老书帷”是陆元辅《岁暮有感》中的诗句，也是他一生的形象写照。

有赖于材料的广泛搜罗和多角度的考证分析，陆元辅的生命史和内心世界第一次被丰富和清晰地呈现出来。看来，学术研究，无论自诩理论多么高明，方法多么玄妙，但有一些基本规律颠扑不破，需要共同遵循，那就是追求最大限度地还原历史，弄清史实。

顺便指出，《易代》附录的“侯氏家族成员信息简表”，虽曰“信息简表”，其实信息量很大，也是著者广稽史料后化繁为简的心血之作，是研究侯氏家族必须参考的指南。

## 二　存史与立传：深味乱世人的心态

侯岐曾撰述这部《日记》的初衷，在该书自序中曾有交代：

> 乙酉以前，予止有出书稿，诗文、杂撰，附入其中。乙酉以后，家遭覆荡，身陷□□。其间岁时阅历，都非耳目恒遘，为宜札记，以备后人稽考。且前此世务倥偬，日不暇给，今则坐卧斗室，翻幸流光多暇，犹得与笔墨作侣也。日纪断自丙戌为始，称“丙戌”者，亦犹义熙以后，止纪甲子云耳。所闻闽浙义师齐奋，隆武恩诏初颁，而干戈阻绝，遥遥未可为据也。执笔为新天子纪年，

敬俟南都克复之后。[①]

“义熙”为东晋安帝司马德宗年号，刘裕缢杀安帝，立恭帝，旋逼其禅位于己，国号“宋”，改元永初。陶渊明从此诗文纪年止书甲子，不用年号，表明誓不合作。侯岐曾亦仿此明志，以遗民自誓。从前他并无写日记的习惯，只是遭遇国破家亡的变故，才将每日见闻记录下来，“以备后人稽考”，可见他借日记存史的意识非常明显。这层意思，侯岐曾在丙戌十二月七日的日记中再次提及：“予有日纪，本为身丁大乱，虽穷乡日多异闻，欲一笔之，以备它年野史采择。”

易代之际，“存史”意识在遗民中可谓普遍现象，最著名的如宋遗民郑思肖的诗文集《心史》，其《总后叙》云：“夫天下治，史在朝廷；天下乱，史寄匹夫。史也者，所以载治乱、辨得失、明正朔、定纲常也……史而匹夫，天下事大不幸矣。我罹大变，心疚骨寒，力未昭于事功，笔已断其忠逆。所谓诗，所谓文，实国事、世事、家事、身事、心事系焉。”明末清初的士人，从处境、情感、心态和思想上与郑思肖相比都有过之而无不及，因此他们将该书引为知音，为之题跋吟咏不绝。同时，明遗民们也以自己的诗文抒亡国之痛，发去国之悲，昭不屈之节，寄光复之念，他们为忠义之士立传，希望其流芳后世，不朽于天地间。这其实蕴含了一种对新朝的文化对抗。侯岐曾的日记里，就特详于对南明政权及其相关人物的记载，哪怕是不能确定的讹传，他也会一一笔之于书，因此金元钰在题跋《日记》时才说：“忠孝之言，缠绵悱恻，几使后人不忍卒读。”从《日记》看，侯岐曾还拟将忠义死节之士汇编成册：

予有《死事纪略》《备考》二帙，止及本色（邑）。其它方在搜考，适元晋为予道新安事，因附识日纪中，俟异日别为一帙。[②]

---

① （明）侯岐曾：《侯岐曾日记》，自序。

② （明）侯岐曾：《侯岐曾日记》，丙戌七月十一。

别人有类似行为，他也积极支持：

> 乃若平生至交，十九捐躯赴难，麟伤凤落，痛愤何足以云。承问，略具一纸，以俟史笔发挥。[①]

通过记叙人物事迹反映历史，谓纪传体，中国史书向以纪传体为正史，侯岐曾欲为忠节之士立传或支持他人为之立传，也是仿效中国正史传统，希望他们被列入史册，彪炳千秋。但侯氏立传的对象只是忠节之士，今人对此时段人物的研究重点则集中于士大夫阶层及与之相关的遗民群体[②]，与之相比，《易代》的视野更为开阔，作者有意将目光下沉到更为广泛的阶层，其前言云：

> 一个在日记里满负着民族情结和家庭责任的鲜活生命，在历史的洪流中却微如尘埃！日记里那些泣血的文字和强烈的感情，在宏大的历史叙事中，并未能留下任何痕迹。……因此，依据日记、私人书信、回忆录和诗文作品，来还原和描述侯岐曾家族几代人在明清易代之际的价值选择和人生遭际，并由此观察这段历史的所谓“过程”，自然就成了我后来努力的方向。[③]

《易代》为之立传的人物中，既包括侯岐曾、陈子龙、夏完淳这样的忠义名士，也包括家族中或平凡或不平凡的妻儿老幼，甚至包括塾师和奴仆。可以说，《易代》想写的不仅是侯岐曾一人的生命史，也是嘉定侯氏一家的生命史，进而呈现一种处于传续和裂变过程的社会生命史。这种写法与林耀华的《金翼》有相似之处，亦可谓之曰“生命传

---

① （明）侯岐曾：《侯岐曾日记》，丙戌二月廿二《答丘天民》。

② 参见赵园《明清之际士大夫研究》下编《明遗民研究》，北京大学出版社 1999 年版；何宗美《明末清初文人结社研究》第五章第一节“明遗民现象概述”，上海三联书店 2016 年版。

③ 周绚隆：《易代：侯岐曾和他的亲友们》，前言。

记法”。不过依据作者亲身经验写成的《金翼》，用的是小说体裁，敷演空间较大，故事结构完整。《易代》追求言必有据，宁愿让读者觉得意犹未尽也不多做材料之外的发挥，秉承的是严谨的史家态度。如第三章“彩云散后空凭吊——闺阁膺世变”、第四章“王谢雕梁事已非——膏粱悲飘蓬”，分别考述侯门女眷的悲惨遭遇和侯门子孙的坚守挣扎，笔挟风霜，简要精审，很见功夫。但由于侯氏资料传世不多，作者又严于约束文字，每人分析有限，读之总觉有所欠缺。但是材料一旦相对丰富，《易代》完全可以写出生动饱满的人物生命传记来。第七章“失侣青春首似蓬——寂寞夏淑吉”，就是全书最令人难忘的章节之一。

夏淑吉生于官宦之家，自幼接受良好的教育，才貌双全，为人艳羡，然婚后命运之惨，又使人痛惜。崇祯十年（1637），夏淑吉嫁给侯岐曾的儿子玄洵，结婚次年，玄洵即因病而逝，让已怀身孕的夏淑吉陷入了无尽的悲哀。这场短暂的婚姻，留给夏淑吉的唯一安慰，是儿子侯檠。后来心灰意懒的夏淑吉托迹空门，法号净云。然而明清鼎革后，不幸的事接踵而来，父亲夏允彝因抗清失败自尽，公公侯岐曾和弟弟夏完淳先后被杀，祖母和庶姑（岐曾之妾）投水而亡，儿子侯檠成了这位几近绝望的年轻母亲挣扎着活下去的主要精神支撑。面对一连串的亲人的丧亡和诸多灾难，夏淑吉表现出了罕见的冷静和担当。她曾为侯氏籍产和取租之事，充任信使，前往松江找李雯帮忙。侯岐曾被杀以后，侯氏一门死丧狼藉，活着的人或出逃在外，或被缉拿在狱。又是夏淑吉挺身而出，于混乱中收拾残局。她不仅收埋了祖母龚氏和公公侯岐曾、庶婆刘氏的遗尸，又营救被逮的玄泓，并抚养其子侯荣。就是这样一位奇女子，上天却吝于给她些微照顾。顺治十年（1653），侯檠抛下他年轻的寡母，因病离世，让阅尽人间惨剧的夏淑吉，失去了红尘中最后的系恋，她心灰意懒，从此谢绝人事，一心焚修。连续的精神打击和生活磨难，无疑给夏淑吉的健康造成了严重的伤害，侯檠谢世后的第八个年头，她也走到了生命的尽头，死时年仅四十二岁。

林耀华在《金翼》中说：“人类生活螺旋式发展，诸如我们在黄家简要了解到的出生、教育、成婚、死亡等等，是一些总是会使生活脱离常规的阶段。每一个阶段引起一场危机，每场危机都激起变化，并伴随着一个把生活从偏离拉回到常规的仪式。”① 夏淑吉的一生，除了婚前少许的光亮，其他每一个阶段都是灰暗而令人绝望的。她的人生，是真正的悲剧，也是易代之际遗民家族及其女性成员的一个缩影。

当然，《易代》的“生命传记法”，并非仅止于对历史事实的爬梳考证，而是以考证为进入人物内心的前提，复以同情之理解与人物形成对话关系，呈现其内心世界的变化。《易代》前言云：

> 时至今日，每次重读这部日记，总有一种奇怪的感觉，仿佛它的作者重新恢复了生命，直接和我在对话。……我从没像读《侯岐曾日记》那样，能透过一个人的内心来理解这段历史，甚至跟着日记的主人一起经受种种煎熬。
>
> 社会的变化对世道人心的影响是巨大的，人不可能选择历史，也没有谁能完全超越自己的时代。这种影响既见诸士人阶层，也见诸底层民众。不论早年参加过直言社，深受侯岐曾思想影响的家庭教师陆元辅，还是侯氏家仆的身上，都有世易时移、人心变化的痕迹。考察这两类人，对我们理解社会上大多数人的心态变化，认识历史转折中这一看不见的过程，是有参考意义的。②

这种不仅重视一个人的内心世界，而且更加重视一个时代或某一群体人心变化的研究，其实已进入心态史学研究的领域。明清鼎革之际，山河变色，生灵涂炭，各方势力错综，民族矛盾凸显、文化矛盾剧烈，生命有朝不保夕之虞，士人内心充满莫可名状的紧张感与冲突感，实不可以常理推测。《易代》不止一次感慨，“太平年代的人，永远无法体会乱

① 林耀华：《金翼：中国家族制度的社会学研究》，生活·读书·新知三联书店 1989 年版，第 22 页。

② 周绚隆：《易代：侯岐曾和他的亲友们》，前言。

世人的心情"[①]，"太平年代的人，真的难以理解乱世的人心"[②]，因此《易代》在分析人物时，特别注意揭示这一激烈时代士人精神活动的复杂性。

如第一章"孤臣碧血遗民泪——读《侯岐曾日记》"，大致从隐迹避祸、籍没追租、遗民情结、家族变化四个方面，考述侯岐曾在乱后如何隐忍苟活，如何面对亲人丧亡的伤痛和官府盘剥的折磨，如何纠结于时好时坏的光复消息带来的希望与失望、欣喜与忧惧，如何痛心于局势变化对家庭亲情和社会环境造成的冲击等，将一位既因忠孝传统不能忘情于明朝光复，又负保全家族之责顾虑重重的遗民心态刻画得非常具体。

第五章"避秦无计矢报仇——烈士夏完淳"，既着力突出夏完淳视死如归的刚烈一面："人生孰无死？贵得死所耳。父得为忠臣，子得为孝子。含笑归太虚，了我分内事。"[③] 又发掘其眷惜家人的柔情一面："呜呼，言至于此，肝肠寸断，执笔心酸，对纸泪滴。欲书则一字俱无，欲言则万般难吐。吾死矣，吾死矣，方寸已乱。平生为他人指画了了，今日为夫人一思究竟，便如乱丝积麻。"[④] 对乱世中夏完淳内心复杂性的揭示也颇为生动。

心态史研究，容易出现"只见树木，不见森林"的碎片化和片面化弊病，《易代》对此似有足够的警惕。他为之单独立传的四人——侯岐曾、陆元辅、夏淑吉、夏完淳，虽然命运、性格和心态各有差异，但在乱世之际皆有一定的代表性。另外四章更是群体讨论。第三章、第四章分别考述覆巢之下的侯氏女性和男性群体命运，第八章"义仆与恶仆"从侯氏家仆延伸到明清之际的奴仆关系，都有意识地将群体的命运遭遇和价值观念纳入研究视野，以增强问题的整体感。第二章"谁不誓捐躯杀身良不易——士人的生死选择"写得尤为出色。

该章从标题中夏完淳的两句诗"谁不誓捐躯，杀身良不易"说起，

① 周绚隆：《易代：侯岐曾和他的亲友们》，第80页。
② 周绚隆：《易代：侯岐曾和他的亲友们》，第146页。
③ （明）夏完淳：《狱中上母书》，《夏完淳集》，中华书局1959年版，第153—154页。
④ （明）夏完淳：《遗夫人书》，《夏完淳集》，第154页。

认为这种面临生死抉择时的内心彷徨其实是一代士人的精神写照。当国家覆亡的消息传来时，那些地位越高的人心理上的压力越大，最初的冲动可能使他们想到过死，有诗坛“江左三大家”之称的钱谦益、吴伟业和龚鼎孳，皆想到过自尽，但最后都降了清。而拒不降清的夏允彝、夏完淳、黄淳耀、陈子龙、侯峒曾、侯岐曾等人，其实最初并未想死，特别是陈子龙，他死得很不甘心。不过，他们虽然对生命留恋，但在势穷力竭、屠刃加颈之时，均能舍生取义、慷慨面对，不愧为英雄。而像李雯、宋徵舆等在新政权统治下出仕的贰臣，想起尽节者或面对隐居者时，内心总有挥之不去的尴尬和愧疚，他们不自觉地又跌入了一种道德的困境中。即使隐居不仕之人，面对有些死者，也会有精神包袱。如嘉定的王泰际与黄淳耀为同榜进士，嘉定城破前，王泰际急走南门，逃脱苟活，没有和黄淳耀共同殉难，入清以后，他虽然坚持隐居不出，以遗民终老，但“畏死”的形象始终让他不能自安。该章细腻地分析了易代之际士人不同的生死观和出处选择，对此没有一味歌赞或是谴责，而是从“同情之理解”的角度，认为“生命对每个人来说都只有一次，取舍之际，各人的考虑永远是不同的”①，既看到一个时代众生的某种共相，又注意到个体在人生重要节点上各不相同的心灵挣扎和生存选择，可谓抓住了心态史研究的精髓。

一般认为，兴起于20世纪的心态史是历史学与心理学相融合的产物。近年来心态史除关注日记、志书、笔记、家谱、档案外，对集部文献越来越重视。而在文学研究领域，对具有人物生命史、心灵史意义的别集做文本细读与分析，向来是文学的入门训练之一；以带有感性力量的文字，呈现诸相真实和心灵奥秘，也本应是文学的看家本领。从这个意义看，心态史又可说是历史学、心理学和文学三者相融合的产物。《易代》作者充分发挥了其文学博士出身的优长，语言洗练准确又深情隽永，带有很强的感染力。如评夏氏姐弟的这两段文字：

① 周绚隆：《易代：侯岐曾和他的亲友们》，第80页。

> 十七岁的少年，为大义所激，不畏艰险，视死如归，千古所难。但在走向死亡的道路上，回首云中的故乡，对亲人的无限挂念，又不能不令他内心纠结。对于一个尚未成立的少年来说，这样的命运实在是过于残酷！这最后的哀鸣，刺穿历史的长空，足令听者动容。①

> 虽云佛法广大，无奈苦海无边；都说人生苦短，有时度日如年。夏淑吉用短暂的一生，承受了太多的苦难。这既是个人的不幸，更是时代的悲哀。历史的舞台虽然已经变换了背景，但生命的光华却永不褪色，我们应该记住她曾经青春曼妙、光彩照人，曾经德才兼备、勇而有谋，也曾经守节抚孤、志坚情柔。②

像这样简洁深刻而又饱含情感力度、带有感性之痛的文字，观之谁能不动容呢？可以说，《易代》之所以能肉骨还魂、传神共情地为人物立传，是与其深厚的文字表达功夫分不开的。

## 三　身体与情感：拓展日记研究空间

“怅望千秋一洒泪，萧条异代不同时”（杜甫《咏怀古迹五首》其二），凭着坚实的史料考证、真切的生命传记和精微的心态分析，《易代》作者仿佛和侯岐曾相会于三四百年前的历史时空，《日记》中的人物仿佛也一一复活。总体而言，《易代》为《日记》中人物立传的目的无疑是成功的，但是，抛去一些难免的笔误和校对疏漏不论，《易代》仍有美中不足之处。

《易代》的作者颇具侠气，他有感于“平凡的生命在多数人笔下都被压缩成了数字，更多的时候甚至都进不了统计数字中”③，因此除了

① 周絢隆：《易代：侯岐曾和他的亲友们》，第143页，评夏完淳。

② 周絢隆：《易代：侯岐曾和他的亲友们》，第179—180页，评夏淑吉。

③ 周絢隆：《易代：侯岐曾和他的亲友们》，第2页。

要为那些于史有征的人物树碑立传，也要为那些容易被人遗忘、忽略的小人物鸣不平，为他们幽渺的生命和尊严发出呐喊，认为也许他们才真正代表着社会的大多数人。据笔者所知，这本书最初拟名《易代：大变局中的小人物》，正反映出作者这一可贵的思想。但是，受限于材料，恰恰是最能体现其理念的第八章“义仆与恶仆”写得最为薄弱。

《易代》前七章均以诗句或诗化语言作为正标题，再以副标题点出立传对象，唯独第八章缺少副标题，直接以立传对象“义仆与恶仆”为正题，形式上与前七章已觉不谐；内容上，义仆部分写得相对具体，侯驯的忠义形象还算感人，但对另一位在《日记》中出现50多次的忠义老仆管科只是一笔带过，未免令人感到遗憾；朱国俊也是《日记》中经常出现的侯氏心腹之仆，如侯岐曾嘱咐他“要说我真病真危，即日呜呼哀哉。此语务使官府闻之，吃紧！吃紧！”①，“国俊谓吾家出入，须防耳目，苦劝且止，不得不止，似亦有数焉”②，他与主人的关系似乎值得一提。《日记》中还有侯岐曾自论义仆之语：“弦斋陷□，其仆王乾、李应万里赴难。又治书苍头钱尔彦，患难中未尝须臾离，何武陵之多义仆耶！”③ 如能引入论述，效果无疑更佳。侯氏恶仆仅举出潘恭一人，事又不详，以他族恶仆来补充，亦未能对前人所写有所突破。这当然主要是因为仆人资料太少，“巧妇难为无米之炊”所致。但相比他章，该章挖掘不深，有简单化和概念化之嫌也是事实。

《日记》毕竟为一己之史，呈现的是某一文体某一时间段的限知视角，欲得事物之全貌，就需要有广泛的比较研究。这种比较，既包括与本人其他文体的比较，更包括与相关的他人著述的比较。同一件事情，《日记》如何表达？其他文体如何表达？不同人不同时段又如何表达？中间有哪些变化？为什么会有这些变化？这些都是值得讨论的问题。《易代》也很重视对史料的广泛搜辑和比较方法的运用。如对夏完淳事

---

① （明）侯岐曾：《侯岐曾日记》，丙戌正月十七《报朱国俊》。

② （明）侯岐曾：《侯岐曾日记》，丙戌三月十七。

③ （明）侯岐曾：《侯岐曾日记》，丙戌七月十八。

迹的考述，就以《日记》与夏氏文集以及官方文件等互相比较，弄清了通海案的一些细节，也使人对夏完淳那篇情文并茂的名文《与李舒章求宽侯氏书》出笼的背景和经过有了全面的了解。再如清兵下江南以后，为了筹集军费和粮饷，曾向江南士绅摊卖人参，但又百般掩饰，甚至美化清廷下诏禁止摊派。《易代》则对比《日记》的相关记载“褚元携人参一缄来，乃青溪新令称奉旨求鬻于绅氓。吾家分得半斤，应输值十五金有零”①“城信来，亦言鬻参事，吾家父子几派四斤。今图领一免三，又有数金杂费，而三十二金正价，不待言矣”②，从当事人的角度揭穿了洪承畴所谓皇上“爱恤民生”，不准“摊派科敛”的谎言。然而百密一疏，《易代》也有遗珠之憾。

如第六章写陆元辅，所用材料极为丰富，也使用了张云章的《菊隐陆先生墓志铭》（以下简称《墓志》），却遗漏了侯开国的《征君陆菊隐先生行状》（以下简称《行状》）。一般来说，行状写于墓志之前，其功能是为撰写墓志或史传提供事实依据，因此行状所记要比墓志详细。如能将《行状》与《墓志》对比使用，也许会有意想不到的发现。如对陆元辅试博学鸿词科的记载：

> 戊午春博学鸿儒，汉阳吴公正治首以先生名入奏，时先生归方一年，力请当事代辞者再，皆不获，始束装就道，而部牒逾期矣。既至，仍馆孙氏（按指孙承泽），未尝事干谒，日检其家经史诸秘本，亲自缮录，或经月不出。其明年春，御试体仁阁，先生于诗赋中辄多讽谏语，主者得卷不敢荐；因奏荐举诸士年七十而未与选者，得授中书正字等衔以宠之，盖为先生辈发也。时先生年六十有三，具以实对，曰：“某三十年老秀才，无意进取久矣，若复引年饰词以博虚秩，是欺君也。”都人咸高其节。（《行状》）③

---

① （明）侯岐曾：《侯岐曾日记》，丙戌八月一日。

② （明）侯岐曾：《侯岐曾日记》，丙戌八月二日。

③ （清）侯开国：《征君陆菊隐先生行状》，《凤阿集》，清抄本。

康熙十七年，诏举博学鸿儒，前大学士吴公正治首以先生名荐，州县敦迫至京。先生念异时师友，尝抱隐痛，又既弃诸生，不欲违初心。召试诡不入格，又多规切语，主者得之不敢献。然先生辈三四人，诸公雅重其名，因奏未与选者，年近七十以上，加中书正字等衔以宠之。时先生年六十有三，具以实对，遂罢去。（《墓志》）①

《墓志》所记较简，删去了《行状》中陆氏自语："某三十年老秀才，无意进取久矣，若复引年饰词以博虚秩，是欺君也。"但增入"先生念异时师友，尝抱隐痛，又既弃诸生，不欲违初心""诡不入格"等语，突出了陆氏抗节的遗民形象。其实《行状》中的陆元辅，虽不以功名为念，但也没有刻意对抗的姿态，甚至连故意考不上的痕迹都不明显，这也许更接近真实生活中的陆元辅。《行状》与《墓志》还都记有陆元辅对个人著述的极端重视：

易箦前三日，开国自虞山归候先生于榻前，目眵不能视，因附耳高声者再。乃执开国手，亦高声呼余字者三，曰："汝归甚好，我著述中有第三支未详，汝精考索，为我急检补入。"开国因问何书，则杂以他语，卒不知其所以，伤哉。（《行状》）②

先生殆病矣，犹矻矻事编纂不少休，语云章曰："余于书，有所未卒业者若干种，与志所欲为稍稍裒聚而未编次者。今老矣，子能为我续成之乎?"云章唯唯，缩踖而退。（《墓志》）③

① （清）张云章：《菊隐陆先生墓志铭》，《清代诗文集汇编》第一七五册影印清康熙刻本《朴村文集》卷十四，上海古籍出版社 2010 年版。

② （清）侯开国：《征君陆菊隐先生行状》，《凤阿集》，清抄本。

③ （清）张云章：《菊隐陆先生墓志铭》，《清代诗文集汇编》第一七五册影印清康熙刻本《朴村文集》卷十四。

不论是病危之时还是临终之际，陆元辅首先想到的都是著述之事。侯开国系陆元辅最亲近的弟子，张云章与陆元辅则属互相钦佩的文友，通过不同人物的亲身经历，可以进一步证实陆元辅是以著述安身立命和为价值追求的。陆元辅著述的目录，《墓志》和《行状》也有记载，但《墓志》只作胪列："所著有《十三经注疏类抄》若干卷，《续经籍考》若干卷，《明季争光录》若干卷（按《行状》作《明史褒争光录》若干卷），《菊隐纪闻》若干卷，《文集》若干卷。尝欲辑本邑文献，未有成书。又《经籍考》虽经编次而欲重加论列，以续马端临之后，此先生未竟之志也。"[①] 而《行状》不仅比《墓志》多出"《十三经辨疑》若干卷、《考异》若干卷"[②]，且每种均加解说，无疑具有不容忽视的价值。

古人日记，对于身体的敏感和关注是一大特点，这正是身体史研究的范畴。几乎每部稍具规模的日记原稿里（强调原稿，是因为我们今天看到的日记有些曾经作者或后人删节改编），都有不少关于自己或他人疾病伤痛的记载。这可能和《孝经》"身体发肤，受之父母，不敢毁伤"的影响有关，更可能出于对生命本能的爱护和重视，古代医疗条件有限，疾病容易威胁到生命，故甚受人重视，况且医治多凭经验，不仅需要医者细心体察病症，亦需患者或家属详述其症。侯岐曾的日记，也有很多关于疾病的记载，最常见的病是疟疾，江南本就是疟疾的高发地带，侯岐曾家族多人包括他自己都曾染此病。特别是侯岐曾，因穷于应付籍没和追租，身心疲惫，顺治三年（1646）九月患上了疟疾，从此寒热交替，深受折磨，直至次年五月初八《日记》仍载"寒发稍轻"，未能痊愈，中间又时而便秘，时而暴泄，痒疾频发，实是痛苦不堪：

> 方幸疟期已移阳分，且从轻发落矣。忽而寒从足起，忽而热满周身，昏沉竟日，尚无滴汗。灯下勉起，忽发大吐，更馀又发大

① （清）张云章：《菊隐陆先生墓志铭》，《清代诗文集汇编》第一七五册影印清康熙刻本《朴村文集》卷十四。

② （清）侯开国：《征君陆菊隐先生行状》，《凤阿集》，清抄本。

吐，竟夕雨汗三四番，皆前此未有。[①]

予六七日大便不行，几欲废食，仍勉进糜。午余发热为常，宜羸瘦益甚，血肉至去其七分矣。所能自保者，神气耳。夜来发热颇厉，得微汗，渐解。尤苦痒甚，则热倍难除。[②]

以至侯岐曾感叹："每当热发，昏沉彻昼夜，几入鬼录。"[③] 侯氏之所以疟疾久而不愈，进而导致其他生理功能紊乱，也许正是内外交困，压力过大所致。《日记》对此也有透露："疟者，虐也，三日疟乃不意身尝之。祸患生平未经，则疾疢亦应生平所未经也。予致病有四大端：有不尽哭之哀，有不敢声之怒，有微而渐著之劳，有宿而愈壮之火。"[④] 将心态史与身体史结合起来，我们对侯岐曾的理解会更加深刻。

《易代》对疾病问题也有关注，只是力度不够，仅在第七章描述了夏淑吉之夫侯玄洵的病情，指出他于崇祯十一年（1638）死于心脏病，但对病状的分析未免笼统。文中引《月蝉笔露》记玄洵"中鬲（膈）痛急，不能俯仰"[⑤]，似为心绞痛发作症状，但文中又引侯峒曾《侄洵病中记序》，"其病从先天来，火伏焦腑间，长而发愤沉挚，百虑攻中，郁积致然。……家人见之，谓发狂疾"[⑥]，《月蝉笔露》亦有玄洵胸痛时作诗"每竟一幅，高跳狂叫……戊寅端坐而逝"[⑦] 的记载，但心绞痛发作时恰恰会迫使病人停止活动，不想说话，更不可能"高跳狂叫"。综合分析，玄洵实应为先天性心脏病或心肌病，成年后百虑攻中，心神受扰，并发精神病，最后很可能死于心肌梗死，心脏骤停，端坐而亡。玄洵的死亡，也意味着夏淑吉人生悲剧的开始。

① （明）侯岐曾：《侯岐曾日记》，丙戌九月十一日。
② （明）侯岐曾：《侯岐曾日记》，丙戌十二月廿四。
③ （明）侯岐曾：《侯岐曾日记》，丙戌九月廿五。
④ （明）侯岐曾：《侯岐曾日记》，丙戌九月十一。
⑤ （清）侯玄汸：《月蝉笔露》，1931 年铅印本。
⑥ （明）侯峒曾：《侄洵病中记序》，《侯忠节公全集》卷十一，1933 年木刻本。
⑦ （清）侯玄汸：《月蝉笔露》，1931 年铅印本。

身体史是20世纪80年代以来兴起的显学之一，其研究范围当然不仅是疾病伤痛及与之相关的医疗史、药物史等，还包括研究身体与政治、社会、文化的关系等，乃至衍生出身体政治学、身体社会学、身体文化学、身体叙事学、身体美学等分支学科，比如前述侯岐曾让仆人朱国俊向官府报告他“真病真危，即日呜呼哀哉”，就是以身体疾病对抗政治压迫的一种手段，其实“托病”无论古今皆是人们常用的一种策略。可见身体史这一角度，在日记研究中可以大有作为。

与身体史相似，情感史在日记研究中也有很大的开拓空间。情感史虽在20世纪80年代后获得迅速发展，但它成为史学界共识的标志，是在2015年8月于中国山东省济南市召开的第22届国际历史科学大会上，当时“历史化的情感”成为会议四大议题之一。情感是社会交流的基本方式，其中蕴含人与人之间的关系，有时候甚至能够创造或改变历史，比如“冲冠一怒为红颜”。情感史与心态史联系密切，从某种意义上可以说，前者是从后者中分化或细化出来的，因为广义的“心态”包括信仰、情感、习俗等所有主观方面。但心态史重在考察人在日常生活中所呈现出的精神状态和行为状态，没有将情感专门独立出来研究，在很大程度上仍将喜怒哀乐等情感视为人类以生理为基础而产生的具有普遍性的特征。① 情感史则不仅重视个人的情感体验，而且更加重视情感表达（不一定是内心真实情感体验）背后的历史意义，“通过研究情感体验与情感表达之间的张力来解读社会的权力关系、组织结构与文化特征”，“一个人的一言一行都包含着情感因素，个人或团体是否表达他们的情感，如何表达情感，为什么表达以及何时、何地、向谁表达情感，甚至故意表达与真实的内心情感体验相反的情感等，这些都是情感史家所关注的问题”。② 日记属于私密性质的个人成长记录，其中自然

① 参见冯永刚、李良方《论心态史视角下的教育史研究》，《山西大学学报》（哲学社会科学版）2018年第3期。

② 孙一萍：《情感表达——情感史的主要研究面向》，《史学月刊》2018年第4期。关于情感史的概况，参见王晴佳《当代史学的“情感转向”：第22届国际历史科学大会和情感史研究》，《史学理论研究》2015年第4期；〔澳〕查理斯·齐卡等《当代西方关于情感史的研究：概念与理论》，张广翔、周嘉滢译，《社会科学战线》2017年第10期。

蕴藏着丰富的情感体验和情感表达，颇宜从情感史角度切入研究。《易代》未能专力于此，本文也因篇幅所限，仅举侯岐曾日记中的两例说明其价值：

> 予八十一岁之乳母适至，病惫极矣，检赠一衣而去。予因念坡老在黄州，丧七十二岁之乳母，屡形简牍，重感人命脆弱，至于悼念久之。今吾与乳母明知向后勿复相见矣，而意思都觉淡然，此非情有厚薄也。坡老虽在迁谪，而居然太平；予虽栖故乡，而洊经离丧。所见不同，自有如此，因复咏坡诗云："存亡见惯还闲事。"此语未便造太上，正自一往有深情耳。①

自己行将就木的乳母来求帮衬，侯岐曾却因家中内外事交困，只赠一衣了事，可想老乳母肯定是失望而去，侯岐曾在《日记》中表达的情感好像是勘破生死存亡，因此一切淡然处之，但他内心情感体验真实如此吗？乳母因对被哺乳人有养育之恩，地位较为特殊，非一般雇工可比，中国传统文化和情感准则也要求善待乳母，侯岐曾引苏轼对乳母的态度与自己对比，并反复辩说，认为太上忘情其实"一往有深情"，正反映出其内心是为之不安的。

> 赇事，吾对诸仆但云必须商决龙江，而诸仆裂眼相向，吾不禁发怒，急提贷物掷付管科去，此昨午事也。②

侯岐曾兄弟此时尚未分家，日常收支合计一处，嘉定之难后峒曾仅存子玄瀞，奉母住于龙江故宅。侯岐曾为免籍没之危，不断向官府行贿，所需费用皆要从家族总账支出。从礼法制度和情感准则讲，家族中凡有重要的事情和花费，都宜与玄瀞母子商量而定。未料侯岐曾的仆人们对此

① （明）侯岐曾：《侯岐曾日记》，丙戌五月廿五。
② （明）侯岐曾：《侯岐曾日记》，丙戌正月廿九《寄侄》。

却不以为然，甚至横目相对。仆人势利，对孤儿寡母不免轻视，但没想到会有将主人置于独断专行、滥用财产等不义之地的危险，故侯岐曾才会大发脾气。从《日记》后来的记载看，外界确实渐渐流传出对侯岐曾的非议，似与家族财产有关，逼得侯岐曾只好分家，内心受到很大打击和伤害。诸仆敢于对主人"裂眼相向"，既说明侯岐曾御下宽仁，也说明他诸事过于依赖仆从，才造成其骄横之气，这也是明清之际主奴关系的普遍现象。从主仆两方面的不同情感表达，我们确能窥见其背后的社会形态和文化特点。

由于侧重点不同，作者对某些方面重描彩绘，就可能造成对其他方面关注不够，这几乎是所有写作者都难以避免的问题，因此《易代》对身体史和情感史较少着墨，说来并不算什么缺陷。但越是好的作品，人们越会对其吹毛求疵，求全责备，有时读之不能尽兴，恨不得挥笔添补。只是原作如此结构和取材，自有其用意所在，真要添补，或成蛇足。不过，能够使作品具有相对开放性和召唤性的空间，吸引读者参与进来，愿意为之感动为之忧喜，为之想象为之再创造，这可能也是一部优秀著作的魅力吧。

# 当代西方“文化研究”的理论总结之作

## ——评陶水平《文化研究的学术谱系与理论建构》*

◇席志武**

20世纪50年代末60年代初，理查德·霍加特的《识字的用途：工人阶级生活面貌》（1957）、雷蒙德·威廉斯的《文化与社会：1780—1950》（1958）与《漫长的革命》（1961）的出版，标志着“文化研究”（cultural studies）的正式发端。“文化研究”在当时被认为是一种新的研究文化（the study of culture）的方式。[①] 随着1964年伯明翰大学当代文化研究中心（CCCS）的成立，“文化研究”以其跨学科的学科特征、语境化的致思路径、政治批判的价值倾向，逐渐凸显了它的理论冲击力。在随后的发展过程中，“文化研究”从“反学科”变得“学科化”，从“反体制”变得“体制化”，它在世界各地的任意播撒，使之成为20世纪中后期最具影响力的学科理论范式。“文化研究”于20世纪80年代引入中国，彼时中国思想文化界正掀起一股向西方学习的“文化热”思潮，尽管“此文化”与“彼文化”并不等同，当时中国的大众文化也处于萌芽状态，但是其文化主义的研究路径与价值追求却受到了学界的广泛关注，并为90年代中国文化研究的兴起埋下了伏笔。以历史的眼光来看，英国“文化研究”迄今已有约60年历史，中

---

* ［基金项目］中国博士后科学基金第64批面上基金一等资助项目“报刊史视野下梁启超对近代中西文明观念的建构与反思”，项目编号：2018M640323。

** 席志武，南昌大学新闻与传播学院副教授，复旦大学新闻学院博士后，主要研究方向为近代报刊与文化理论。

① ［英］鲍尔德温等：《文化研究导论》（修订版），陶东风等译，高等教育出版社2004年版，第1页。

国对文化研究的接受也有30余年历史。尽管伯明翰大学当代文化研究中心早在2002年已被撤并，许多文化研究者也再无当初的理论宏愿，转而投身于其他研究，伊格尔顿在《理论之后》一书开篇也说“文化理论的黄金时期早已消失”[①]，但是，不得不承认的是，霍加特、威廉斯等人所开创的“伯明翰学派”及其后继者，仍像一个理论的“幽灵”盘旋在今天的文化研究与文学理论领域，对于我们今天探讨“文学理论的未来”仍具有启示性意义，值得做全面系统的整理和总结。陶水平的《文化研究的学术谱系与理论建构》（社会科学文献出版社2019年版）一书，就是当代西方文化研究的理论总结之作，对“文化研究”的历史语境、思想谱系、发展历程、理论构型、批评实践及借鉴意义等做了全面的探讨，堪称近年来国内“文化研究”方面的一大创获。

## 一 历史化的学术意识

说起“文化研究”，霍加特在伯明翰学派成立之初就宣称文化研究“没有固定的学科基础”，霍尔也强调了“文化研究”的“非学科”性质，并明确表示拒绝被任何“学科”收编。不过，“每一门知识都有自身的特征，都拥有一段历史，并在时间长河中经历了转变”[②]。“文化研究”本身的独特性，首先在于它与当代大众文化之间的内在勾连，任何大众文化都是历史与时间的构成性产物，这在某种程度上也决定了“文化研究”本身的历史向度。无论是霍加特论述“20世纪30年代的英国工人阶级文化”，还是威廉斯研究“1780—1950年的英国文化观念”，甚或是汤普森对“英国工人阶级形成”的讨论，都可以看出其中贯通的“历史化”研究思路。正是在这一意义上，“历史化”既是大众文化的构成因素，也是“文化研究”的重要维度，而对“文化研究”进行理论研究的学者，当然更需有明确、自觉的“历史意

① 〔英〕伊格尔顿：《理论之后》，商正译，商务印书馆2009年版，第1页。

② 〔法〕德·拉孔布、维斯曼：《语言的未来　对古典研习的再思考》，梁爽译，译林出版社2012年版，第79页。

识”。对此，有学者指出，文学史家会“‘跑到幕后’，去窥探文学创作的社会历史背景，设法理解创作意图、分析创作手法。……他随时随地都能从思想上构拟出能使作品重新获得美学意义的参照体系。这是一种历史的态度”①。作为“文化研究”的理论研究者，陶水平始终保持着一种清晰明确的“历史意识”，事实上，《文化研究的学术谱系与理论建构》一书体现得最为明显的，就是历史化的学术意识。

过去许多学者在论及“文化研究”的历史时，多倾向于把时间定格于1957年，从霍加特、威廉斯与汤普森出版的那几本著述讲起，对此，英国学者本·卡林顿（Ben Carrington）提出批评，认为现在关于英国文化研究发展的叙述，总是“倾向于强调学术文本的出版‘产生’了文化研究，而不是将这些文本看作更为广泛的社会政治背景的产物”②。正是基于这一观点，卡林顿强调，“文化研究的形成，首先是一项旨在对工人阶级成年人进行大众化教育的政治运动”③。他于此实则召唤的是一种明确的历史化意识，即对大众文化做出历史化审视，在历史中理解大众文化。在这一意义上，“历史化的学术意识”不仅指向历史的文本，而且指向文本的历史。它要求研究者在从事研究工作时不仅要占有大量的历史文献资料，还要对历史文献做出符合历史语境的解读。前者是后者的基础与前提，后者则是前者的目的与意义。

《文化研究的学术谱系与理论建构》一书可以说充分反映了陶水平对“文化研究”的历史化阐释和构建。在“导论”部分，作者首先以历史化的研究思路对“文化研究”的含义进行规定，明确该著所论“文化研究”指的是英国伯明翰学派的文化研究与其在英国的发展及其

① 〔法〕罗·埃斯卡皮：《文艺社会学》，颜美婷编译，南方丛书出版社1988年版，第93页。

② 〔美〕托比·米勒编著《文化研究指南》，王晓路等译，南京大学出版社2018年版，第223页。

③ 〔美〕托比·米勒编著《文化研究指南》，王晓路等译，第223页。

在世界各地播撒的人文学术思潮。[①] 这一表述本就体现出纵向的时间性意识。随后作者还对“文化研究”做出三个阶段的历史分期：20世纪四五十年代的奠基期，以早期伯明翰学派三大奠基人的原创性研究为标志；20世纪60年代至70年代末80年代初的鼎盛期，以伯明翰大学当代文化研究中心的成立至霍尔离开为标志；20世纪80年代之后的全球播撒期，以斯道雷、格罗斯伯格、费斯克等大批从中心走出的伯明翰学子移居世界各地播撒文化研究的学术种子为标志。该书的总体结构布局基本以此为线索展开，从第一章“英国近代文化精英主义：文化研究的先声”，到第五章“伯明翰学派的诞生与英国文化研究的正式崛起”，再到第十三章“文化研究的全球播撒与后现代转向”，论述的时间跨度从19世纪（英国19世纪“文化与文明”对立的文化保守主义和文化精英主义传统）到21世纪初（“文化研究”向世界各地的播撒带来全球性文化研究热），展现出一条明显的历史性脉络。在具体的章节论述中，这种“历史化”意识体现得更为明显，如在第一章中，作者指出，“英国伯明翰大学当代文化研究中心的成立与文化研究的兴起，其深层原因是出于超越英国近代以来的文化批评传统”，并且指出，英国近代以来二百余年的“文化与文明”传统“构成了英国当代文化研究的史前史”。[②] 随后，作者以历史化的思路，对这段被称作“文化研究的先声”的“史前史”做了细致的梳理。这种“历史化”的学术意识同样体现在其他章节，并贯穿于全书始终，成为本书的第一个主要特色。

## 二　事件化的研究路径

对于学术研究者而言，任何对学术史的回顾与总结都必然是对“历史”本身的一种“事后性制造”。进一步来说，学者研究的并非简

① 陶水平：《文化研究的学术谱系与理论建构》，社会科学文献出版社2019年版，第2页。

② 陶水平：《文化研究的学术谱系与理论建构》，第45页。

单的“历史事实”，而是要进一步探讨“事实”是如何被生产与制造出来的，并在此基础上形成一种“历史认识”，而这就需要一种“事件化”的研究思路。法国当代哲学家贝尔纳·斯蒂格勒（Bernard Stiegler）在《技术与时间》一书中指出，“事件发生在输入之前，而输入又发生在接受和阅读之前。这便构式了对过去，也就是在场的呈现方式”[①]。陶水平的《文化研究的学术谱系与理论建构》一书对当代西方文化理论进行总结，自然涉及如何书写与呈现“文化研究”历史的问题。关于这一点，作者在“后记”中也指出，“文化研究”的兴起是“当代西方学术史上一个意义重大而深刻的知识社会学事件”。[②] 任何探讨“事件”本身的方式，都意味着一种“事件化”的研究思路，而从“事件化”的路径来理解和探讨“文化研究”的学术谱系，则构成了本书的第二个特色。

“事件”（英语 event，法语 événement）这一概念源自拉丁语 éventus 与 éveniō，意指“发生、出现、结果”。伊格尔顿在《文学事件》中指出，“看待文学作品的方式可以分为两类：作为实体与作为事件”[③]。“实体—事件”呈现为一种二元对立的关系，前者即如俄国形式主义和英美新批评等派别，将文学视为一个封闭自足的文本系统；与之相对应，伊格尔顿所言“事件”不仅有“发生”（occurrence）之义，他特别强调的是一种发生的“结果”（consequence、result、outcome）之义。伊格尔顿以“事件”为视角来谈论文学，正是要改变过去“本质主义地”谈论文学的方式，由文学存在论转变为文学发生论，把文学视作一种意向性的文学行动。从这个意义上说，“事件”本身具有一种过程性的、动态的、生成性特点。[④] 与此同时，谈论“事件”还意味着要

---

① 转引自张一兵《斯蒂格勒〈技术与时间〉构境论解读》，上海人民出版社 2018 年版，第 154 页。

② 陶水平：《文化研究的学术谱系与理论建构》，第 545 页。

③ Terry Eagleton, *The Event of Literature* (Yale University Press, 2012), p. 188.

④ 无怪乎盛宁教授在谈到“event”时，还特别从“发生学”范畴上来强调其“发生”的动作意义，甚至因此认为，“The Event of Literature”应译为“文学的发生”。参见盛宁《代译序》，〔英〕伊格尔顿：《文学事件》，阴志科译，河南大学出版社 2017 年版，第 2 页。

“重构一个意识形态的语境”，把“它所回应的完整历史情境包容进来”。[①] 这种思路，实际上与福柯在《方法问题》（*The Question of Method*）中提到的“事件化”（eventualization）方法不谋而合。在福柯看来，“事件”是作为“事件化”的结果而出现的，“事件化”是对“自明性”“普遍性”的决裂，福柯借用“事件”来批判和反思过去的历史认识论，“试图重建事实后面的一张话语、权力、战略、实践网络”[②]，所强调的是知识生产的历史性、地方性、实践性与语境性。这也使得“事件”理论具有了方法论意义。

在《文化研究的学术谱系与理论建构》一书中，陶水平对“文化研究”的呈现与阐述充分体现出“事件化”的研究路径。在该书的各个章节中，作者特别关注的是文化研究人物及其理论的动态生成性与话语语境性特征，不仅全面梳理了相关人物（如霍加特、威廉斯、汤普森等）的生平与思想，而且对其思想观念的形成、语境与结构以及社会影响，都有具体而深入的阐发。举例而言，在第五章“伯明翰学派的诞生与英国文化研究的正式崛起”中，作者对伯明翰学派的历史出场及其话语语境做了深入阐述。作者指出：“英国文化研究的兴起既有英国近代以来的‘文化与文明’传统的文化渊源，也有二战之后英国社会发生深刻变化的现实原因。”[③] 而在论及伯明翰学派的突破性意义时，则写道：“以霍加特、威廉斯、汤普森为代表的新左派成人教育改变了早期成人文学教育仍然沿袭高雅文学批评的陈旧教学模式，走出了利维斯主义的文学精英话语的藩篱，转而展开通俗文化研究。同时，质疑庸俗马克思主义，强调文化的重要性。他们质疑高雅文化和通俗文化的简单二分及其背后的权力关系，肯定大众通俗文化对社会构型的积极意义，并用人类学、社会学和文学批评的方法对工人阶级文化和大众文化进行了令人耳目一新的解读。”[④] 作者的此番论述，正是在“事件”

---

① 〔英〕伊格尔顿：《文学事件》，阴志科译，第200—212页。

② 〔法〕勒薇尔：《福柯思想辞典》，潘培庆译，重庆大学出版社2015年版，第60页。

③ 陶水平：《文化研究的学术谱系与理论建构》，第170页。

④ 陶水平：《文化研究的学术谱系与理论建构》，第184页。

的“语境性”和“生成性”意义上凸显了“文化研究”的关系结构、时代价值和历史意义。在该著的“结语”部分，作者还立足于“事件”的“影响”与“后果”方面，论述了“文化研究”与当代西方文论的“文化转向”的历史性关联：“文化研究挑战现代文学研究的知识生产和理论形态，并从文学理论走向文化理论和文化批评的历程，与20世纪西方文论的两次转向是同步的，或者说，是对20世纪西方文论从‘语言学转向’走向‘文化转向’学术史的另一种认知方式和叙述方式。”①

金元浦在近期的一次访谈中说道：“在文化研究中，我特别关注文化研究的两个重要特点，这就是建立在事件哲学基础上的事件性和语境化，以及案例引导。……每一个文化现象都是一个事件，每一个研究也是一个事件，这种研究是研究者与事件之间双向交互、寻找意义的过程。”② 陶水平以“事件化”的思路对当代西方文化研究理论进行研究，本身亦构成了一个“事件”，其意义正在于，立足于当下中国本土的文论状况，探讨“文化研究”对于建构“中国文化诗学”的现实性意义。

## 三　本土化的理论探求

几乎所有“文化研究”的代表人物与其所处的时代文化与社会生活都有天然的紧密联系。以霍加特为例，他出身于英国工人阶级家庭，他的童年时代“造就了他对全民共享价值观的文化理想和社会实践，尤其是对工人阶级邻里关系持久的依恋”③，从而也使他的文化实践文本呈现出高度的“本土化”和“语境化”特征。这种特点在其他文化研究者身上体现得同样明显。对此，有学者指出：“文化研究最重要的

① 陶水平：《文化研究的学术谱系与理论建构》，第469页。

② 金元浦、罗如春：《文化研究：回应时代的召唤——金元浦教授访谈录》，《文化研究》2019年第2期。

③ 金惠敏主编《差异》第7辑，河南大学出版社2013年版，第98页。

特征便是它的‘极度语境化’。这种语境化就是它必然地呈开放状态，而在特定历史时间，在本土的具体化实践中展示或实现自身。”[①] 20世纪80年代以来，“文化研究”传入中国，在三十余年的发展过程中，中国学者对“文化研究”的接受与研究，一方面体现为对相关“文化研究”人物及其理论的阐释和研究，另一方面则是通过借鉴“文化研究”的理论路径来展开对当下中国本土文化现象的反思与批判。然而，不论是理论还是实践，都有一个他们共同关注的问题，就是“文化研究”的“本土化”问题。

“本土化”与“全球化”堪称一对孪生兄弟，二者始终都处于一种绞合的状态。英国学者约翰·汤林森（John Tomlinson）说：“现代世界中‘我们的文化’也从来不可能是‘本地生产的’，它一定包含了先前的（外来）文化之借鉴及影响，并且在成为这个总体化的部分之后，也仿佛‘变得自然而本土’。”[②] 英国社会学家罗兰·罗伯逊（Roland Robertson）甚至还发明了“全球本土化”概念[③]，以此来揭示“全球化”与“本土化”之间的共生关系与内在张力。自进入近代社会以来，中国的政治和文化就面临来自西方的坚船利炮与制度文化的剧烈“冲击”，被迫卷入“全球化”的浪潮当中，面对中西异质文化之间的冲突与碰撞，一大批志士仁人开始“求新声于异邦”，全面思考本土文化的出路问题。这种“焦虑”的状况可谓一直持续至今。仅就“改革开放”以来的中国文学理论界来说，我们不仅反思过文论的“失语症”，寻求过“古代文论的现代转化”，还对“本质主义”与“反本质主义”文论做出过全面探讨，近年来，中国文论界对“强制阐释”的深入反思，对建构“中国气派”的文艺理论的积极探索，都可以说是立足于“全球化”语境所做出的“本土化”努力。

陶水平毕十年之功，对当代“文化研究”做出深入探讨，用心甚专、用力甚勤，其背后的学术旨趣，并非仅仅满足于对当代“文化研

---

① 金元浦：《追寻文化的意韵：金元浦序跋集》，群言出版社2015年版，第29页。

② 〔英〕汤林森：《文化帝国主义》，冯建三译，上海人民出版社1999年版，第174页。

③ R. Robertson, *Globalization: Social Theory and Global Culture* (Sage, 1992), p. 19.

究”理论进行阐释和总结，而是源自作者近年来对“本土化”文论的一贯理论探求。在《文化研究的学术谱系与理论建构》一书的“后记”部分，作者明确谈到自己做“文化研究”的初衷，是“由于关注当代审美文化研究和文化诗学研究，对文化研究的兴趣日益浓厚，深感文化研究作为当代西方一种富于理论穿透力的人文知识形态，对于我国当代文学理论乃至美学理论研究都极具借鉴价值”①。可以说，本土化的理论探求，是陶水平写作此书的起点与最终归宿，这也构成了本书的第三个重要特征。

“文化研究”的本土化问题，长期以来都是学界关注的热点话题，如何从西方丰富的“文化研究”中汲取理论资源，并探讨中国自身的文化批评与文论建构问题，实际上在20世纪90年代就已经引起关注。如蒋述卓等指出，文化研究本土化进程有两个重要的节点，“一是20世纪90年代初的人文精神大讨论，另一个则是21世纪初的日常生活审美化争论”，这两场文化争论“使得文化研究真正在中国逐渐扎根”。② 正是通过这两次讨论，文论界基本上充分认识到了“文化研究”的积极价值，并达成了一系列理论共识，如在研究对象方面，开始把大众文化纳入文艺学的研究范围，对文艺学的边界进行“扩容”；在研究方法方面，来自文化学、社会学甚至政治经济学方面的理论资源极大地拓展和提升了文艺学的研究思路与学科格局。③ 对此，陶水平也明确指出，“文化研究”进入中国之后，一方面助推了大量立足于中国现实语境与和本土经验的当代文化研究与大众文化的崛起，另一方面对中国文论话语与文学批评有深刻影响，它“极大地拓展了文学研究和文学批评的理论边界和学科范围，也引发了人们对文化研究与文学理论关系等问题

① 陶水平：《文化研究的学术谱系与理论建构》，第544页。

② 蒋述卓、李石：《文化研究的本土化历程与当代语境》，《中国文艺评论》2015年第2期。

③ 赵勇教授曾在《关于文化研究的历史考察及其反思》（《中国社会科学》2005年第2期）一文中谈到文化研究的研究方法，他引用巴克的观点指出，“在认识论层面，文化研究的方法有三：民族志（ethnography），文本方法（textual approaches）和接受研究（reception studies）”。

的重新思考"[①]。

正是基于这一认识，陶水平不仅重新思考了中国文学理论的现状，更为重要的是，他还根据自己对"文化研究"近年来动向的观察，对"后理论时代"的"文化研究"做出前瞻性分析。如作者在"结语"部分谈到"文化研究"往何处去的问题时指出，回到文学研究领域可能是文化研究最好的归宿。作者分析指出："这是因为，以伯明翰学派为代表的英国文化研究原本就发端于以剑桥批评学派为代表的英国文学研究，旨在立足于跨学科视野，打开文化、拓展文化。"[②] 如今"文化研究"的观念与方法已被无限播撒，并成为一种"学科共识"，说明其学术使命已经完成。而且，更为重要的是，无论是在中国还是西方，在经历过"文化转向"的洗礼之后，都会出现一个共同的趋势，即"呈现一种重返文学文本、文献、审美、伦理与文化综合性研究的回归之路"[③]。由此，作者进一步提出了立足于中国文论"本土化"的判断与思考，认为"从文化研究走向文化诗学是一种最为理想的学术规划和学术工程"[④]。"文化诗学"是以童庆炳先生为代表的北师大文艺学团队在20世纪90年代中后期提出的一个学科范式转型的理论形态，它立足于当时中国文论的现实困境，试图打破过去以"新批评"为代表的"内部研究"与以"文化研究"为代表的"外部研究"的双重壁垒，建立"综合性的跨学科研究"[⑤]，进而实现文学的审美性与文化性的双向拓展和辩证统一。陶水平在《文化研究的学术谱系与理论建构》一书中针对"文化研究"理论展开了一场艰辛的长途跋涉，他的"本土化"理论诉求可以说是相当明确的，即立足于中国文论的主体性精神，进一步深入开展"文化诗学"研究，推进中国当代文论学科体系、理论体系和话语体系的建构。尽管"文化诗

① 陶水平：《文化研究的学术谱系与理论建构》，第483页。
② 陶水平：《文化研究的学术谱系与理论建构》，第518页。
③ 陶水平：《文化研究的学术谱系与理论建构》，第516页。
④ 陶水平：《文化研究的学术谱系与理论建构》，第497页。
⑤ 童庆炳、孙妙凝：《走向文学的综合性研究》，《中国社会科学报》（中央级）2014年1月3日。

学”自提出以来迄今已有二十余年，但是不得不说的是，“文化诗学”还是一个处于不断发展过程中的“本土化”文论，它在知识融合与文化实践当中还存在一些问题，而这也亟待学者同人做进一步的理论探求。

# Contents & Abstracts

## Study on the Origin of Stone Chamber of the Western Queen Mother

**Abstract**: Several reasons may explain the accounts of the Stone Chamber of the Western Queen Mother in the literature of the Han, Wei and Six Dynasties. On the one hand, the source of the Western Queen Mother Stone Chamber described in the literature of the Han, Wei and Six Dynasties is a reflection of the characteristics of the folk dwellings built by the ancient Qiangrong people in Hexi Corridor of Gansu province, Qinghai Province, southwest Sichuan and Yunnan Province. On the other hand, it also comes from the wooden walls and pavilion barriers built by the army and people in northwest frontier fortress with earth and stone during the period of unrest in the end of Han Dynasty, Wei and Jin Dynasties. It is a true reflection of folk legends on the living conditions of the masses in a specific historical period. In addition, a large number of records about the Stone Chamber of the Western Queen Mother in the literature of this period also came from taoists' reconstruction of the "cave" residence of the Western Queen Mother in imitation of Buddhist grottoes and stone rooms under the influence of the folk legends related to stones in Buddhist culture, a large number of Buddhist grottoes and stone rooms.

**Keywords**: the Western Queen Mother; Stone Chamber; *Book of Mountains and Seas*

## The Spread of *Shu Xu* in the Pre-Qin and Han Dynasties and the Dispute Between Contemporary Classic and Traditional Classic Schools

**Abstract**: The pre-Qin *Shu Xu* should be compile after *Xunzi* was written and before the unification of the Qin State, that is, from 238 BC to 221 BC. Because its compilation was influenced by Xunzi's school, its propagator should also be Xunzi's students in Qilu area. According to the Xiping Stone Classic, the *Shu Xu* of the Western Han Dynasty should not be passed on from Fu Sheng, but should be closely related to Kong Anguo. On the one hand, Kong Anguo and his descendants, Kong Yang, Kong Yan, Kong Huan, Kong Zili and Kong Ziyuan all inherited the traditional text *Shangshu*, making this kind of learning a tradition; on the other hand, although the non-traditional *Shangshu* school is such as Sima Qian, Ni Kuan and others learned contemporary classic texts, they are also closely related to Kong Anguo's *Guwen Shangshu*. After the appearance of *Guwen Shangshu*, contemporary scholars doubted the contents of *Shangshu Dazhuan*, but were unwilling acknowledge that *Shangshu* is flawed for political reasons.

**Keywords**: *Shu Xu*; *Shangshu*; Dispute Between Contemporary Classic and Traditional Classic Schools

## The Academic Interactions in the Formation of *An Introduction to the Scholarship in the Qing Dynasty*: A Reflection of the Opinions on Science of Liang Qichao

**Abstract**: Liang Qichao's *An Introduction to the Scholarship in the Qing Dynasty* is based on the *Transformation of Chinese thoughts in Qing*. A comparison of two works can tell the formation process of the masterpiece in which the academic interaction of Liang Qichao and Hu Shi played a significant role, especially the advice from Hu for adding a chapter covering

Zhang Binglin. The fact that Liang Qichao intended to use this book to support the Gongxue Society also reflected his intention to help his close friend Jiang Baili. Liang Qichao extracted a universal and modern scientific spirit outside the object entity of Qing Studies. In order to avoid the marginalization of the methodology of Qing Studies and the value of Ontology, Liang Qichao implied that emphasis should be placed on the scientific spirit shown by Qing Studies for the purpose of learning. Whether the object entities were used as means in the world or not was not that important. This was in line with Liang's idea of sorting out national heritage and bringing about a new culture, but also opposing "science omnipotence".

**Keywords**: Liang Qichao; *An Introduction to the Scholarship in the Qing Dynasty*; Hu Shi; Jiang Baili; Scientific Spirit

## An Analysis of the Characteristics to the Modernity Spirit of Root-Seeking Literature

**Abstract**: Root-Seeking Literature is an important link in the historical process of the pursuit of modernity in Chinese literature in the 20th century. It has participated in the modernity inquiry and spiritual construction of contemporary Chinese society in the way of literature and culture. The Root-Seeking Literature contains a strong appeal of modernity spirit, which embodies the distinctive characteristics of modernity spirit. Therefore, to analyze the pursuit of modernity spirit of Root-Seeking Literature from the relevant theoretical dimensions of modernity can not only deepen our understanding of Root-Seeking Literature, but also help us to understand the direction and efforts of Chinese literature modernity inquiry since 1980s. Root-Seeking Literature embodies the political, temporal and economic attributes of modernity; Reflection is an important spiritual feature of Root-Seeking Literature, cultural reflection brings aesthetic modernity artistic experience characterized by "desolation".

**Keywords**: Root-Seeking Literature; Modernity; Cultural Reflection

# An Analysis of the Truth of Wang Wei in An Lushan Rebellion "Served in a Rebel Government"

**Abstract**: There are many discrepancies between the *First Canonical Book of the Tang Dynasty*, the *Second Canonical Book of the Tang Dynasty* and historical records regarding "Wang Wei served in a rebel government" and "disloyalty of Wang Wei". First, it was the court dominated by chancellors that misjudged the sudden rebellion which led Wang Wei and a large number of officials to fall into the hands of the enemy. During An Lushan Rebellion, when Wang Wei was captured by insurgents, he and other officials were taken to the rebel capital at Luoyang where he was forced to accept a post in the administration. Despite his attempts to avoid actively serving the insurgents during the capital's occupation, he ended up becoming one of the rebels, with an official title. In fact, there was a reason why Wang Wei, who had always insisted on not succumbing to the rebels, ended up accepting the post. According to the loyal sentiments expressed in a famous poem he had composed while a prisoner of the rebels, he had no choice but to accept the post under coercion of insurgents, like having a halberd (a military weapon used in ancient China) around his neck. Later, with the ascendency of Suzong, and the Tang recapture of Luoyang from the rebel forces, Wang Wei was arrested, and became one of the first officials to be screened for disloyalty. Yet his brother Wang Jin, who served as an imperial high official, was not removed from office because of Wang Wei. Rather than being demoted to a lower rank, Wang Wei was restored to his former position in the emperor's court, and even received high courtesy from members of the royal family because of his loyalty. After the Southern Song Dynasty, Wang Wei was seriously stigmatized for so-called "disloyalty", the stigma attached to Wang Wei must first be clarified.

**Keywords**: Wang Wei; Disloyalty; An Lushan Rebellion; Stigmatized

# Research on the Transformation of Literary Styles of Ting Bi Ji Prose of the Song Dynasty

**Abstract**: In Song Dynasty, the Ting Bi Ji prose realized the transformation of style development in Tang and Song Dynasty in four aspects: form, literature genre, style of writing and trend of literature. In terms of form, with the changing of the carrier of literature text and the applied occasions, the words Ti Ming has become more and more important in the title of the Ting Bi Ji prose, the Ting Bi Ji prose has transformed from inscriptions on walls of administrative halls to Ji prose which is related to a list of officials. In terms of literature genre, there are some similarity and differences in the literature genre of the Ting Bi Ji prose between Tang Dynasty and Song Dynasty, it is caused by official system of the Song Dynasty inherit and update the official system of the Tang Dynasty. Meanwhile, with the influence of peculiar social morality and specifically political culture of the Song Dynasty, it spawned three kinds of special records of the Ting Bi Ji prose of Ji prose which is related to local administration, Ji prose which is related to educational institution and Ji prose which is related to fiscal institution. In terms of style of writing, the importance of a list of officials from rim condition to key position, the province of argumentation from narrow to vast and the structure of writing form simplex to multiple constitute the transformation of the Ting Bi Ji prose between Tang Dynasty and Song Dynasty. In terms of trend of literature, from pursue rectify to pursue free-flowing, from attach importance to narration to attach importance to argumentation, from pursue describe definitely to pursue accurate argument are the most obvious changes of the trend of literature of the Ting Bi Ji prose between Tang Dynasty and Song Dynasty.

**Keywords**: Song Dynasty; Ting Bi Ji; Transformation of Literary Styles

# The Jiading Literary School' s Efforts to Change the Literary Atmosphere with Sincere and Touching Work

## —Centering on Lou Jian's Literary Theory and Creation

**Abstract**: As a member of the historical school of "Authentic Articles" in the late Ming Dynasty, Lou Jian inherited the essence of Gui Youguang's articles, persuading Qian Qianyi to take the lead for the Jiading classical literary, promoting ancient academics while fighting against plagiarism which is epidemic in Seven Retro Literature School and unhealthily gloominess which is characteristic of Jingling School. Thus, Lou Jian's efforts in this respect were highly praised by Huang Zongxi, Wang Shizhen, and editor of *Siku Quanshu*. They recognized Lou Jian as a celebrated critic of literature fashion at a time when the Seven Retro Literature School and Jingling School dominated the literary world. They also recognized his article as the best one of the "Four Respectable People in Jiading" . Lou Jian emphasized originality and true temperament of works, believing the quality of articles should not be confined by the era, promoting the practice of drawing on classical academic tradition and confucianism of Han Yu and Ouyang Xiu as the root of articles. His works are thereby euphemistic, peaceful and elegant, sincerc and touching, which are derived from the philosophy of taking classics and history as the foundation of the article, a true reflection of his moral character of ethics and behavior. He devoted himself to inheriting the true classical literary with theory and practice, turning superficiality into succinctness, turning plagiarism into self-creation, turning the emptiness into simplicity and honesty, and making his contribution to the development of the original and bright and healthy literature in the late Ming Dynasty.

**Keywords**: Lou Jian; Jiading Literary School; Salvation Heart; Confucianism of Han Yu and Ouyang Xiu

## The Poetry Activity and Influence of Yan's Cottages in Huai'an in the Early Qing Dynasty

**Abstract**: In the early Qing Dynasty, Yan Xiuling, an important leader of Huai'an poetry circle, was rich in salt merchants, had many cottages in Huai'an, among which Juanxi cottage in Hexia district and Yi Pu An cottage in suburbs were famous poetry activity area。Under the influence of Yan Xiuling's personal temperament, talent, identity and other factors, the poetry activities in Juanxi and Yi Pu An have their own characteristics. Yan's poetry activities not only expanded the influence of Huai'an poetry circle, but also built and strengthened the spatial characteristics of the development of Huai'an poetry circle in the early Qing Dynasty.

**Keywords**: Yan Xiuling; Juanxi Cottage; Yi Pu An cottage; Huai'an poetry circle

## Stage Interest and Writing Room Feeling

### —On "Three Kingdoms" Theme Dramas in Yuan and Qing Dynasties

**Abstract**: Many "Three Kingdoms Drama" in Yuan and Qing Dynasties shared one similar aspect but more differences. "Three Kingdoms Drama" authors in Yuan Dynasty focused on "military affairs", while "Three Kingdoms Drama" authors in Qing Dynasty paid more attention to literati's depression and discontentment. Except for a clear difference on subject selection and ideology of "Three Kingdoms Dramas" in two dynasties, the aesthetic taste embodied an obvious difference between stage interest and writing room feeling.

**Keywords**: Yuan Drama; Qing Drama; Three Kingdoms Drama

## The Research of the Archetype of Jing Lanjiang

**Abstract**: Jing Lanjiang, a distinctive and exceptional character in *The Scholars*, like many other images in the novel, can find a ready archetype in reality, who is no other than Min Hua, the poet in Yangzhou and friend of both Wu Jingzi and his son Wu Lang. In the novel, Wu Jingzi grafts Jing Lanjiang into Min Hua's poetic identity, enthusiasm for poetic composition and related activities as well as his devotion to friendship. However, Wu Jingzi also weakens Jing Lanjiang's association with poetry, presenting the image of a merchant with a complicated and multi-layered personality, an embarrassing status in the scholars' circle and questionable motives in his poetical pursuits.

**Keywords**: *The Scholars*; Jing Lanjiang; Min Hua; Wu Jingzi

## Zheng Junli's "Nanguo" Learning Career in His Youth

**Abstract**: In 1928, Zheng Junli was admitted to the Drama Department of the Nanguo Art Academy at the age of 17. Due to his young age, he did not have the experience from "literature" to "revolution" and then to "literature" as the literati did in the Nanguo Society. However, he was also deeply influenced by the artistic atmosphere of Tian Han, Nanguo Society and Nanguo art Academy. He naturally accepted the idea of romance and aesthetic pure art, which also influenced his poetry and novel creation. It can be seen that his poems and novels have "montage consciousness" in the appearance of poetic situation, manipulation of characters' emotions, narrative of stories and construction of structures. Since then, he turned from aestheticism to revolutionary drama, from "dressing room" to "photography studio", just like the writers in Nanguo Society.

**Keywords**: Zheng Junli; Nanguo Art Academy; Nanguo Society; Modern Society

Wandering and Standing on Crossroad

—Discussing the Early Literary Theory and Literature Creation of Zhu Wen

**Abstract**: From 1928 to 1930, an important period for Zhu Wen, in which he formed his own literary theories. Meantime, Zhu Wen came to a crossroads and experienced painful struggle—confronting old "boredom" and searching for new "boredom" . During the process of confrontation and discovery, Zhu Wen turned from the enlightenment local literature to respect nationalist literature and art. However, he persisted in the pursuit of zeitgeist and true description of social reality. His works, as well, showed the content beyond nationalist literature and art. The paradox between literary slogan and literary creation not only showed the uniqueness of Zhu Wen's creation, but also revealed the limitation of nationalist literature and art.

**Keywords**: Zhu Wen;*Modern Writer*;Realism; Nationalism Literature

From Industry and Finance to National Bourgeoisie and Comprador

—Retrospect of Document Genealogy Before *Midnight* Was Published

**Abstract**: It is not the conflict between national bourgeoisie and the comprador class, but the growth and decline of industry and finance that was showed by Mao Dun's novel *Midnight* at the beginning of writing. However, the conflict between industry and finance gradually faded in the progress of writing emphasis shift, and finally became a kind of class relations representation. Before the *Midnight* was published in 1933, masses of evidences of writing emphasis shift and representation transition were left in the text details of several documents including "the notes of initial idea", *the outline*, the chapter outlines, and the manuscript of the novel. Different from the first version of *Midnight* and the versions after it, these documents showed Qu Qiubai's influences and left some representation which was not influenced by Qu, which makes the corresponding relation between finance and comprador as well as the corresponding relation between industry and national bourgeoisie more complex. The progress of writing emphasis shift and representation transition, makes the *Midnight* be read differently in different periods, and provides important materials for understanding Mao Dun's left creative vision.

**Keywords**: *Midnight*; Mao Dun; Qu Qiubai; Manuscript

## The Development and Dissemination of Marxist Literary Theory in Yan'an Before "Yan'an Talks"

**Abstract**: Before "Yan'an Talks" was published, there were three main ways for the development and dissemination of Chinese Marxist literary theory in Yan'an: the direct participation of the high-level leadership of the Communist Party of China, the various forms of literary organizations and the various styles of literary journals. Compared with the period of mass organizations and the League of Leftists, the development mode of Marxist literary theory before "Yan'an Talks" has both advantages and limitations. Its advantages lie in that Marxist literary theory has been fully and freely developed in the political stable democratic atmosphere, and has obtained unprecedented practical expression; on the one hand, its limitations lie in a large number of literary and art organizations do not have a core leading organization to carry out unified management, on the other hand, it also exposes many ideological problems in the relaxed and free atmosphere, which is not conducive to the realization of the Anti Japanese war. All these constitute the important background for the formation of "Yan'an Talks" and one of the important premises for a comprehensive and accurate understanding of "Yan'an Talks" .

**Keywords**: "Yan'an Talks"; Marxist literary Theory; Yan'an Literature and Art Period

## Textual Connection Between the Biography of Confucius' Disciples in Liu He' s Tomb and *The Biography of Zhongni Disciples in Historical Records*

**Abstract**: Through the investigation of "the biography of Confucius' disciples" in Haihunhou's tomb, it is found that the fundamental text is the *Biography of Zhongni Disciples in Historical Records*. This shows that they are consistent in terms of literal expression, general idea and text structure. Among them, even if it is true to refer to the Analects of Confucius, it is also to supplement the relevant content from the *Biography of Zhongni Disciples*. This quotation of biography shows that Historical Records has become an important document for Han people to know Confucius and his disciples, as well as their theories before Liu He died.

**Keywords**: Tomb of Haihunhou; Liu He; Confucius' Disciples; Historical Records; Biography of Zhongni Disciples

## Re-Discussion on *The Biography of Zhao Yi in History of Later Han Dynasty*

### —On the Source of Historical Materials in *History of Later Han Dynasty*

**Abstract**: For Zhao Yi' s experience in the first year of Guanghe (178), *The Biography of Zhao Yi in History of Later Han Dynasty* has a vivid and detailed record. However, there are a lot of contradictions in the details of the figures, official positions, time, and the system involved. The emergence of this situation can not be simply attributed to the errors of historical facts, but to the special source and nature of historical materials in *The Biography of Zhao Yi*. Due to the interruption of the compilation of *Dong Guan Han Ji*, the later generations, when writing biographies of characters in the late Han Dynasty, such as *The Biography of Zhao Yi*, lacked the basis of national history materials, and could only rely on the historical materials of the miscellaneous biography such as the supplementary biography, the group biography and the county book. Because of the change of the source and nature of historical materials, there are many plots in *The Biography of Zhao Yi*, which are similar to the records of novelists. The investigation of this case will help us to further understand the composition of historical materials and the mode of historical writing in *History of Later Han Dynasty*.

**Keywords**: Zhao Yi; *History of Later Han Dynasty*; Miscellaneous Biography; the Source of Historical Materials

## A Textual Research on the Courtesy Name of Poet Han Wo of the Late Tang Dynasty

**Abstract**: The courtesy name of poet Han Wo of the late Tang Dynasty was called "Zhi Guang" during Tang and Five Dynasties. Later from the Northern Song Dynasty, however, other names such as "Zhi Yao", "Zhi Yuan" and "Long Guang" gradually appeared. This dissertation addresses the question of why "Zhi Guang" is the most likely to be the correct one. The rare book *Xianglian Collection* currently stored in China and Japan, and some other poetry anthologies that involve this book, all of which demonstrate that Han Wo signed his name as "Zhi Guang". Wu Rong, a close friend of Han Wo, also called him "Zhi Guang" in his own poetry. In addition, resources from history of the former dynasties, officially compiled books in pre-modern times such as *New Book from The South* (*authentic record*), *New Book of Tang*, *Xuanhe Calligraphic Florilegium* revealed Han Wo's courtesy name as "Zhi Guang". Besides, people of the Song Dynasty who have seen or collected Han Wo's poetry also called him "Zhiguang". Therefore, other courtesy names such as "Yao" "Yuan" and so on may be due to their similarities in character shape with "Guang".

**Keywords**: Han Wo; Zhi Guang; Tang poetry

## Textual Research on the Edition of Qian Yiji's Anthologies

**Abstract**: Qian Yiji was a famous scholar during the reigns of Jiaqing and Daoguang in the Qing Dynasty. He was also a poet of the Xiu Shui School. Qian Yiji has a large number of essays that have been preserved. There are eight collections of his poems, for a grand total of thirty-six volumes. There are also at least five collections of his anthologies, which are more than twenty-six volumes. Since the late Qing Dynasty, Qian Taiji and his students, including Jin Zhaofan, Shao Zhang and Huang Chang, had collected and sorted Qian Yiji's poems. Qian Yiji's poetry anthologies, except for a small part that has been printed and engraved, most of them are still circulated in the form of banknotes. When Qian Yiji was alive, he once published and engraved his anthology *Notes of Kan Shi Zhai*. After Qian's death, his son Qian Yifu reproduced the original manuscript of his father's book and published a further sequel of it. As a result, *Notes of Kan Shi Zhai* and its sequel are still available today, while Qian's other anthologies still exist in the form of banknotes. In short, up to now, there has not been a full-edited text of *Kan Shi Zhai Anthology*.

**Keywords**: Qian Yiji; Textual Research on Edition; Full-Edited Text of *Kan Shi Zhai Anthology*

## Discussion on the Space of Diary Research and Related Issues

—Centered on Zhou Xuanlong's *Dynasty Change*: *Hou Qizeng with His Relatives and Friends*

## A Theoretical Summary of Contemporary Western "Cultural Studies"

—Comment on Tao Shuiping's *Academic Genealogy and Theoretical Construction of Cultural Studies*

# 《励耘学刊》稿约

《励耘学刊》（《励耘学刊》文学卷）是由北京师范大学文学院2005年创办的学术集刊，每年一卷两辑，每辑35万字左右。《中文社会科学引文索引（CSSCI）（2017—2018）》来源集刊。主要刊发海内外具有原创性的文学研究论著，旨在交流学术信息，展示学术精品，维护学术规范，推动学术健康发展。一经刊用，赠送作者样书2册，并致薄酬（包括网络和光盘使用费）。

《励耘学刊》诚邀海内外学人不吝赐稿，现将稿件处理相关事项公告如下：

1. 实行匿名审稿制。审稿时间一般为3个月，审稿期内请勿将稿件另投。

2. 来稿以电子文本为宜，字数以10000字至30000字为宜，学术价值较高者篇幅不受限制。

3. 稿件内容包括题目、作者署名、摘要（300字以内）、关键词（3个至5个）、正文、注释，具体格式请参照《文学遗产》。基金资助论文请在首页以注释形式标注，说明项目名称、编号；文末附作者简介和联系方式。

4. 每年出版两辑：第一辑于1月10日截稿，预计6月出版；第二辑于6月10日截稿，预计12月出版。

学术联系人：杜桂萍教授、李怡教授、马东瑶教授

收稿邮箱：liyunxuekan@163.com

通信地址：北京市新街口外大街19号北京师范大学文学院

《励耘学刊》编辑部邮编100875

图书在版编目（CIP）数据

励耘学刊．2020 年．第 2 辑：总第三十二辑/杜桂萍主编．--北京：社会科学文献出版社，2020.12
ISBN 978-7-5201-6972-1

Ⅰ．①励…　Ⅱ．①杜…　Ⅲ．①汉语-语言学-丛刊
Ⅳ．①H1-55

中国版本图书馆 CIP 数据核字（2020）第 255531 号

励耘学刊（2020 年第 2 辑　总第三十二辑）

主　　编／杜桂萍

出 版 人／王利民
责任编辑／刘同辉
文稿编辑／程丽霞

出　　版／社会科学文献出版社（010）59366556
地址：北京市北三环中路甲 29 号院华龙大厦　邮编：100029
网址：www.ssap.com.cn
发　　行／市场营销中心（010）59367081　59367083
印　　装／三河市龙林印务有限公司

规　　格／开　本：787mm × 1092mm　1/16
印　张：25.25　字　数：374 千字
版　　次／2020 年 12 月第 1 版　2020 年 12 月第 1 次印刷
书　　号／ISBN 978-7-5201-6972-1
定　　价／116.00 元